权威·前沿·原创

皮书系列为

“十二五”“十三五”“十四五”时期国家重点出版物出版专项规划项目

智库成果出版与传播平台

中国碳达峰碳中和进展报告（2022）

REPORT ON THE PEAK CARBON EMISSION AND CARBON NEUTRALITY (2022)

主　编／国家电力投资集团有限公司
中国国际经济交流中心

社会科学文献出版社
SOCIAL SCIENCES ACADEMIC PRESS (CHINA)

图书在版编目(CIP)数据

中国碳达峰碳中和进展报告. 2022 / 国家电力投资集团有限公司, 中国国际经济交流中心主编. -- 北京 : 社会科学文献出版社, 2022.12
（低碳发展蓝皮书）
ISBN 978-7-5228-1185-7

Ⅰ. ①中… Ⅱ. ①国… ②中… Ⅲ. ①中国经济－低碳经济－经济发展战略－研究报告－2022 Ⅳ. ①F124.5

中国版本图书馆CIP数据核字（2022）第225631号

低碳发展蓝皮书
中国碳达峰碳中和进展报告（2022）

主　　编 / 国家电力投资集团有限公司　中国国际经济交流中心

出 版 人 / 王利民
组稿编辑 / 邓泳红
责任编辑 / 宋　静
责任印制 / 王京美

出　　版 / 社会科学文献出版社 · 皮书出版分社（010）59367127
地址：北京市北三环中路甲29号院华龙大厦　邮编：100029
网址：www.ssap.com.cn
发　　行 / 社会科学文献出版社（010）59367028
印　　装 / 天津千鹤文化传播有限公司

规　　格 / 开　本：787mm × 1092mm　1/16
印　张：24.75　字　数：410千字
版　　次 / 2022年12月第1版　2022年12月第1次印刷
书　　号 / ISBN 978-7-5228-1185-7
定　　价 / 158. 00元

读者服务电话：4008918866

编　委　会

吴水木　国家电投战略研究院产业发展研究部高级工程师、博士
王　欣　国家电投战略研究院产业发展研究部高级经济师、硕士
李春雨　国家电投战略研究院战略规划研究部副主任，正高级工程师、博士
张轲轲　国家电投战略研究院碳经济研究部副主任，高级工程师、硕士
郑　宇　国家电投战略研究院产业发展研究部硕士
陆　昊　国家电投战略研究院产业发展研究部硕士

中国国际经济交流中心课题组：
陈　妍　中国国际经济交流中心科研信息部副部长，副研究员、博士
何七香　中国国际经济交流中心科研信息部助理研究员、博士
刘　梦　中国国际经济交流中心科研信息部助理研究员、博士
翟羽佳　中国国际经济交流中心科研信息部助理研究员

主要编撰者简介

主 编

何勇健 国家电力投资集团有限公司战略规划部（政策研究室）主任、国家电投战略研究院院长，正高级经济师。曾长期在国家计委、国家发展改革委、国家能源领导小组办公室和国家能源局工作，研究领域包括能源战略规划、价格管理、节能减排、统计分析、电力市场改革及监管等。曾组织编制国家《能源发展“十二五”规划》《能源发展“十三五”规划》《能源发展战略行动计划（2014–2020 年）》等多项规划，主持参与火电标杆电价、环保电价、能源消费总量控制、煤炭减量替代、可再生能源补贴电价附加等政策制定。作为主要参与者和执笔人，曾两次荣获国家发展改革委学术研究成果奖一等奖，三次荣获国家能源局软科学研究成果奖一等奖。发表研究论文多篇，在业内有较大影响力。

景春梅 中国国际经济交流中心科研信息部（能源政策研究部）部长，研究员、经济学博士，主要从事能源政策和能源改革研究。作为主持或主要参与人完成中财办、国研室、国家发改委、国家能源局及国经中心等重大课题 80 余项，获国家发展改革委优秀研究成果奖和国家能源局软科学优秀研究成果奖一、二、三等奖共 8 项。出版《能源革命与能源供给侧改革》《城市燃气价格改革：国际经验与中国选择》《能源转型、雾霾治理和民生用能协调推进——以天然气保供保暖为例》《加强能源国际合作研究》《中国氢能产业政策研究》等著作11部，在《瞭望》《经济日报》《中国日报》等媒体公开发表文章100余篇。撰写内参报告100余篇，近30篇报告获国家领导人批示，关于氢能产业发展、能源体制革命、电力体制改革、油气体制改革、油气价格改革、油气交易中心等多项建议转化为重要政策决策。作为主要起草人，完成《氢能产业发展中长期规划（2021–2035年）》文件起草。参与电改9号文报中央政治局常委会前的专家论证。多次参与国家发展改革委、国家能源局相关政策论证、课题招标及结题评审。

副主编

范宇峰　国家电投战略研究院副院长，博士、正高级经济师。曾长期在北京大学、国家电投集团战略规划部、中央研究院、中国电力工作。研究领域包括能源战略规划、产业发展、企业改革与企业管理、电力市场及碳市场等，熟悉国家宏观经济形势、国内外能源行业趋势及相关政策法规，先后主持或参与完成国家部委和集团公司委托的关于战略管理体系研究、综合智慧能源发展模式研究、国际化发展战略研究、核电产业布局研究、国有资本投资公司改革试点方案研究、售电侧电力体制改革研究等60余项软科学课题研究工作，多次获得行业和集团公司优秀成果奖。

王成仁　中国国际经济交流中心科研信息部处长，副研究员、博士。主要研究领域为宏观经济政策、能源经济等。在《宏观经济管理》《经济日报》《瞭望》《经济研究参考》《中国经贸导刊》《上海证券报》等发表论文30余篇，参与省部级课题10余项，涉及电力体制改革、能源价格、油气交易中心、氢能产业、新能源发展等。编著出版《中国新能源》《中国氢能产业政策研究》《能源转型、雾霾治理和民生用能协调推进——以天然气保供保暖为例》《加强能源国际合作研究》等著作。

序　一

2022年，世界百年未有之大变局与世纪疫情交织，全球极端天气频发，乌克兰危机、地缘政治冲突等外部环境发生深刻变化，能源安全问题凸显，应对气候变化面临新的挑战，全球碳中和进程在曲折波动中加速推进。

实现碳达峰碳中和，是党中央统筹国内国际两个大局作出的重大战略决策。在百年未有之大变局下，"双碳"目标是挑战，更给我们带来了巨大的历史机遇。

一是我国新能源、输配电、电动汽车及相关智能控制技术大多处于全球并跑或领跑地位，巨大的技术、产业能力和市场空间，将给我国引领能源革命、推动工业革命和人类文明发展带来历史性机遇。

二是我国风光资源丰富，"双碳"将加快开发利用风光等新能源，加速能源清洁低碳转型，实现习近平总书记提出的"能源的饭碗必须牢牢端在自己手里"的要求，保障能源本质安全。

三是在"双碳"目标驱动下，新能源与数字化、智能化将加速融合创新，为我国在能源相关的科技领域引领世界创造条件。

四是"双碳"将推动我国经济发展由"要素驱动"向"创新驱动"转换，有利于提高产业链、供应链稳定性，推动产业转型升级和经济高质量发展。

五是在"双碳"发展进程中，新能源开发利用逐步替代煤炭和油气，为能源生产消费与生态环境保护协同发展提供了新的机遇，将加快推动生态文明建设。

六是“双碳”有利于打造新能源、新基建、新产业，促进乡村振兴与新型城镇化相结合的发展模式，拉动经济，创造就业，实现居民增收，促进区域和城乡协调发展。

七是碳中和已经成为世界各国发展合作的最大公约数，在全球推动实施低碳转型发展，实现合作共赢，有利于构建人类命运共同体。

一年来，面对国际能源市场动荡和国内疫情多点散发干扰，我国坚定推动能源转型和减污降碳，进一步明确煤炭作为能源兜底保障的定位，启动大型风光基地建设，“双碳”工作持续有序推进。党的二十大报告对“双碳”工作作出了进一步部署，提出要积极稳妥推进碳达峰碳中和，立足我国能源资源禀赋，坚持先立后破、通盘谋划，有计划分步骤实施碳达峰行动，为我国“双碳”工作明确了原则、指明了方向。

一年来，“双碳”工作扎实有序推进，实践成果丰硕。在此背景下，国家电力投资集团联合中国国际经济交流中心继续跟踪“双碳”进展，共同出版《中国碳达峰碳中和进展报告（2022）》，希望使读者全面系统准确地了解我国“双碳”政策和环境的新变化、发展的新思路、工作的新举措，为我国积极稳妥推进“双碳”工作贡献绵薄之力。

钱智民

国家电力投资集团有限公司

董事长、党组书记

2022 年 11 月

序　二

进入2022年以来，国际形势错综复杂，新冠肺炎疫情影响持续，逆全球化之势不减，地缘政治、乌克兰危机、大宗商品价格上涨等因素交织，欧洲重启煤电以缓解能源危机，能源安全重要性凸显，国际碳中和步伐回摆。国内疫情多点散发，经济增长压力加大，能源保供稳价形势严峻，实现"双碳"目标面临更多挑战。在内外压力下，我国仍坚持推进"双碳"工作，有关部门先后出台能源转型、节能降碳增效、工业、城乡建设、交通运输等领域40多项政策文件，各地区、各行业结合实际细化行动方案，"1+N"政策体系不断完善，落实举措进一步健全，取得积极进展。

新时代，我国开启了全面建设社会主义现代化国家，以中国式现代化全面推进中华民族伟大复兴的伟大征程。要坚持以推动高质量发展为主题，加快建设现代化经济体系，能源消费规模仍将稳步提升。我们必须妥善解决经济增长需求与"双碳"目标约束的矛盾。从长期来看，我国实现"双碳"目标的方向不会改变。从短期来看，实现"双碳"目标不能只讲降碳、不顾安全，只求转型、不计成本，必须守住能源安全和经济增长的底线，把握好降碳控碳节奏，做好"先立后破"大文章。

首先，扎实推进煤炭资源清洁高效利用。以煤为主的资源禀赋决定了我们要千方百计用好煤炭。2021年出现"一刀切""运动式"减碳、拉闸限电等现象，党中央及时纠偏，确立"先立后破"总原则。2022年乌克兰危机持续演进，引发全球能源供需格局发生巨大变化，确保能源安全、保经济增长的需求更为迫切。在此背景下，应切实按照先立后破、有序推进的总体要求，立足以煤为主的基本国情，合理控制煤炭消费总量，进一步释放煤炭优质产能，有序推进减量替代，促进煤炭清洁高效利用。大力发展现代煤化工、精细化工、化工新材料等产业，开发高端燃料、材料产品，支持煤制油气、甲醇、烯烃等先进技术应用，发展氢冶炼产业，推动储能、氢能以及碳捕捉、封存与应用（CCUS）等技术创新。

其次，要在推进煤炭与新能源融合发展上下功夫。国家已规划4.55亿千瓦装机风光大基地，主要分布在内蒙古、新疆、青海等西北地区。要实现如此大规模可再生能源项目并网和消纳，首要解决新能源间歇性、波动性和电力运行安全问题，煤电将扮演重要角色。要夯实煤电作为电力安全保障的基本定位，顺应新能源电力比例逐步提高的需要，促进煤电向可靠性和可控性等服务电源角色转变，支持新能源电力大规模、高比例消纳。要探索煤电与风光电融合发展新路径，大力发展“风光火储氢”源网荷储一体化配电网络，创新微电网、智慧能源、虚拟电厂等模式，积极发展新型储能技术，促进多能互补联动。要积极发展可再生能源制氢产业，探索“氢—电”耦合新路径。西北地区电力负荷规模小，大部分新能源电力需要外送消纳，要妥善解决好外送通道规划建设问题。

再次，加快推进能耗“双控”向碳排放“双控”转变。能耗“双控”对促进节能降耗有重要作用，但对绿色清洁能源的总量和强度缺乏差别约束，与“双碳”目标下提升清洁能源比重的要求不相适应。同时，我国地区间经济发展水平差异大、能源供需错配现象突出，只抓能耗“双控”，不能直观体现清洁能源输出地既支撑国家经济增长又有效降低碳排放总量的贡献。国家发改委等三部委已印发《关于加快建立统一规范的碳排放统计核算体系实施方案》，提出到2023年基本建立职责清晰、分工明确、衔接顺畅的部门协作机制，进一步加强相关统计基础，稳步开展各行业碳排放统计核算工作，有关措施仍要抓紧落实。

最后，差异化推进“双碳”国际合作。实现“双碳”目标有赖于国际社会的共同努力，在乌克兰危机等因素影响下，全球气候变化进程受阻。美欧对俄制裁对欧能源体系造成较大冲击，美国不仅达到打击俄罗斯的目的，还通过向欧洲高价出售能源赚取超额利润，严重破坏能源国际关系。作为世界上最大的两个经济体，美国对中国遏制打压，气候变化合作受佩洛西窜访台湾事件影响被迫暂停。中美两国在气候领域有长期合作基础，拜登政府也致力于碳减排应对气候变化，气候问题特使约翰·克里多次呼吁中美恢复双边气候谈判，未来中美两国仍有望进一步深化气候变化合作。同时，应加强与俄罗斯在能源保障、通道建设、支付结算体系建设等方面合作。要扎实推进共建绿色“一带一路”，完善绿色低碳国际合作机制。

“双碳”战略提出至今已逾两年，中国国际经济交流中心与国家电力投资集团有限公司继续跟踪“双碳”进展，合作推出新版报告，助力我国“双碳”工作稳步推进，希望能为党中央、国务院以及各部门、各地方推动有关工作提供参考。

张晓强

中国国际经济交流中心

常务副理事长、执行局主任

2022 年 11 月

摘　要

在乌克兰危机、地缘政治、极端天气、能源市场震荡等多重因素作用下，全球应对气候变化压力逐步加大，能源安全问题凸显。部分国家短期内增加化石能源消费，全球碳中和进程“回摆”，碳中和推进难度增大，但绿色低碳仍是国际主流。我国政府高度重视应对气候变化，扎实有序推进碳达峰碳中和工作，“1+N”政策体系不断完善，落实举措进一步健全，取得积极进展。但国内疫情多点散发，经济增长压力加大，能源安全形势不容乐观。

长远来看，我国推进实现“双碳”目标的方向不会改变。短期内，推进“双碳”目标既要重转型，更要保安全，要妥善解决好新矛盾与新问题。应立足高质量发展和建设社会主义现代化强国需要，把握好降碳控碳节奏，稳步推进能源结构调整和产业绿色低碳转型，加快规划建设新型能源体系，加强需求侧节能降碳提质增效，发展绿色低碳产业，健全“双碳”政策体系，务实开展国际合作，积极稳妥推进“双碳”工作。

首先，深入推进“双碳”战略。立足以煤为主的基本国情，守住能源安全和经济发展的底线，有序推进煤炭减量替代，大力提升新能源占比，加速能源结构转型。加快推进产业结构绿色化、低碳化，加强能源保供稳价，优化需求侧管理，深入实施节约优先战略。

其次，加快能源结构调整。把握“先立后破”原则，着力推进煤炭资源清洁高效利用，促进煤电与风光电力融合发展，增强油气资源安全保障能力，鼓励氢能、新型储能等快速发展，探索多能互补新模式，支持绿色能源供应新业态加快成长。

再次，促进产业绿色低碳转型。严控“两高”产业盲目发展，适度有序发展清洁低碳的新兴高载能产业。加快传统产业改造，推进节能提高能效，促进高碳燃料、原料替代。大力发展现代新材料、清洁能源装备、工业节能设备、智能监测设备等产业，壮大碳排放管理、综合能源服务、统计监测服务等产业。

又次，完善“双碳”政策体系。着力解决市场体系不健全、价格传导机制不顺畅、政策叠加效果不佳、数据标准规范不统一等问题，加快绿电、绿证、碳排放市场建设，推进能耗“双控”向碳排放总量和强度“双控”转变，夯实“双碳”工作制度基础。

最后，加强“双碳”国际合作。在新冠肺炎疫情频发、乌克兰危机、大国博弈等内外部压力下，推动中美重启应对气候变化合作，加强与俄在油气资源供应、能源通道建设、金融支付结算等方面合作，差异化推进与欧盟、东盟、共建“一带一路”国家等合作，积极参与国际气候治理。

关键词：碳达峰碳中和　化石能源消费　能源转型　产业转型　国际合作

Abstract

Due to multiple factors, such as the Ukraine crisis, geopolitics, extreme weather and volatility in the energy market, pressure on the global climate change is increasing and energy security is becoming an important issue. Some countries increased fossil energy consumption in the short term, and the global carbon neutrality process may "swing back", making it more difficult to promote carbon neutrality. However, green and low-carbon is still an international mainstream. The Chinese government pays great attention to addressing climate change, continuously improves the "1+N" policy system for carbon peaking and carbon neutralization, improves implementation measures, and makes positive progress. However, the epidemic situation in China is more sporadic, the pressure on economic growth is increasing, and the energy security situation is not optimistic.

In the long run, the direction of our efforts to achieve the carbon peaking and carbon neutrality goals will not change. In the short term, to advance the goal, we should not only focus on green transition, but also ensure security, and properly solve new problems. We should promote it basing on the need of high quality development and construction of socialist modernization, control the pace of decarbonization, steadily push forward green and low-carbon energy structure adjustment and industry transformation, accelerate the planning and construction of the new energy system, strengthen the energy efficiency and energy saving, develop green industries, improve the system of policy and practical international cooperation, make efforts to achieve the carbon peaking and carbon neutrality goals.

First, we need to deepen the "dual-carbon" strategy. Based on our national situation that coal is taken as the key primary energy, we will keep the bottom line of energy security and economic development, orderly promote the reduction and replacement of coal, vigorously increase the share of clean energy, and accelerate the transformation of the energy structure. We will accelerate efforts to make our industrial structure greener and low-carbon, strengthen energy supply and price stability, improve demand-side management, and fully implement energy saving priority strategy.

Second, accelerate the adjustment of energy structure. Following the principle of "building first, breaking later", we will promote the clean and efficient use of coal, promote the integrated development of coal power and power generation of clean energy, enhance the ability to ensure the security of oil and gas, encourage the rapid development of hydrogen energy and new types of energy storage, explore new models of multi-energy complementarity, and support the growth of new forms of green energy supply.

Third, promote green and low-carbon transformation of industries. Strictly control the development of high energy consumption and high pollution industries, moderate and orderly develop clean and low-carbon emerging high-load energy industries. We will accelerate the transformation of traditional industries, promote energy conservation, increase energy efficiency, and promote the substitution of high-carbon fuels and raw materials. We will vigorously develop industries such as new materials, clean energy equipment, industrial energy-saving equipment, intelligent monitoring equipment, and strengthen industries such as carbon emission management, comprehensive energy services, and statistical services.

Fourth, improve the policy system. We will improve the market and price system, solve problems such as inconsistent data standards and regulations. We will accelerate the development of green power, green permits, and carbon emission markets, and move from the control of energy consumption to the control of total and intensity of carbon emissions.

Finally, we need to strengthen international cooperation on climate change. Under the internal and external pressure, we will promote the cooperation on climate change, strengthen the cooperation with Russia in the oil and gas resources, energy supply channel construction. strengthen the cooperation with European Union, the association of south-east Asian nations (ASEAN), and "the Belt and Road" countries, actively participating in international climate governance.

Keywords: Carbon Peak and Carbon Neutrality; Fossil Energy Consumption Swing Back; Energy Transition; Industrial Transition; International Cooperation

目录

Ⅰ 总报告

Ⅱ 大家视角

Ⅲ 专题篇

Ⅳ 政策篇

V 国际篇

VI 案例篇

皮书数据库阅读**使用指南**

总 报 告

B.1
中国碳达峰碳中和最新进展、面临挑战及建议

国家电力投资集团有限公司课题组　中国国际经济交流中心课题组

摘　要： 在国内疫情多点散发、经济增长压力持续加大，乌克兰危机、要素价格暴涨与大国博弈等内外部因素作用下，我国碳达峰碳中和工作稳步推进，取得积极进展。展望未来，“双碳”支持政策体系将更加完善，新模式、新业态加速涌现，不同地区和行业碳达峰路径进一步差异化、明细化，工作推进将更加务实。下一步，需把握先立后破、有序推进的总体要求，筑牢保障能源安全和保持经济持续增长的底线，加快规划建设新型能源体系，积极稳妥推进“双碳”工作。大力推进煤炭资源清洁高效利用，有序发展现代煤化工等原料用煤产业。着力推动煤炭与新能源优化组合，实现新能源大规模发展。

加快产业结构转型步伐，有序发展高载能新兴产业和绿色低碳产业。全面加强能源资源节约与循环利用，加大需求侧管理力度。健全“双碳”基础性制度和政策体系，夯实工作基础。差异化推进国际合作，为实现“双碳”目标构建良好外部环境。

关键词： 碳达峰碳中和　低碳转型　化石能源消费

2022 年以来，国内外形势出现复杂变化。乌克兰危机持续演进，迫使欧洲深陷能源供应紧张泥潭，碳中和进程出现暂时性回摆。全球能源供需结构随之变动，大国博弈阻滞全球应对气候变化工作推进。国内疫情多点散发，经济增长面临前所未有的压力，先立后破，保障能源安全的重要性凸显。长远来看，我国推进“双碳”目标实现的决心和信心不会变，碳达峰行动方案将加速落地，各地区、各行业实现碳达峰的路径和举措将更加明确，“双碳”工作体制机制也将进一步完善，确保“双碳”目标如期实现。

一　国际碳中和进展及动向

（一）总体进展

1. 能源相关二氧化碳排放量创下历史新高

受新冠肺炎疫情影响，2020 年能源需求大幅下降，全球能源燃烧和工业过程产生的二氧化碳排放量降低 18.6 亿吨。伴随各国经济逐步恢复，2021 年全球二氧化碳排放量出现强劲反弹，同比增长 6%，达到 363 亿吨（见表 1），较 2019 年疫情前水平还高出约 1.8 亿吨，是有史以来年度最高水平。

分能源品种看，煤炭使用产生的二氧化碳排放量创历史新高，达到 153 亿吨，占全球二氧化碳排放量超过四成。天然气消费需求明显增加，产生的二氧化碳排放量约 75 亿吨。石油使用产生的二氧化碳排放量约 107 亿吨，仍低于疫情前水平。2021 年，电力和供热部门的二氧化碳排放量最多且增长最快，占全球排放增量的 46%，其次是工业、交通、建筑等领域。

表 1　2019~2021 年能源相关二氧化碳排放情况

单位：百万吨，%

二氧化碳排放量				增长率	
	2019 年	2020 年	2021 年	2019~2020 年	2020~2021 年
总计	36077	34221	36257	−5.1	6.0
其中：煤炭	14768	14409	15268	−2.4	6.0
石油	11344	9940	10693	−12.4	7.6
天然气	7270	7164	7489	−1.5	4.5
生物质能燃料和浪费	231	242	269	4.7	11.2
工业过程	2464	2465	2540	0	3.0

资料来源：国际能源署（IEA），课题组制表。

截至 2022 年 6 月，已有超过 130 个国家和地区宣布碳中和目标或计划，这些国家和地区约占全球二氧化碳排放总量的 83%、全球经济总量的 91%、全球人口总数的 80%。全球已有 54 个国家实现碳达峰，其中大部分属于发达国家，这些国家占全球碳排放总量的 40%。中国、新加坡、墨西哥等国家承诺在 2030 年前实现碳达峰，届时实现碳达峰国家将占全球碳排放量的 60%，到 2050 年大部分国家和地区将实现碳中和。碳达峰碳中和目标的如期实现与能源消费结构紧密相关，能源结构相对清洁的国家压力较小，而中国、印度等以煤炭为主的国家任重道远（见图 1）。

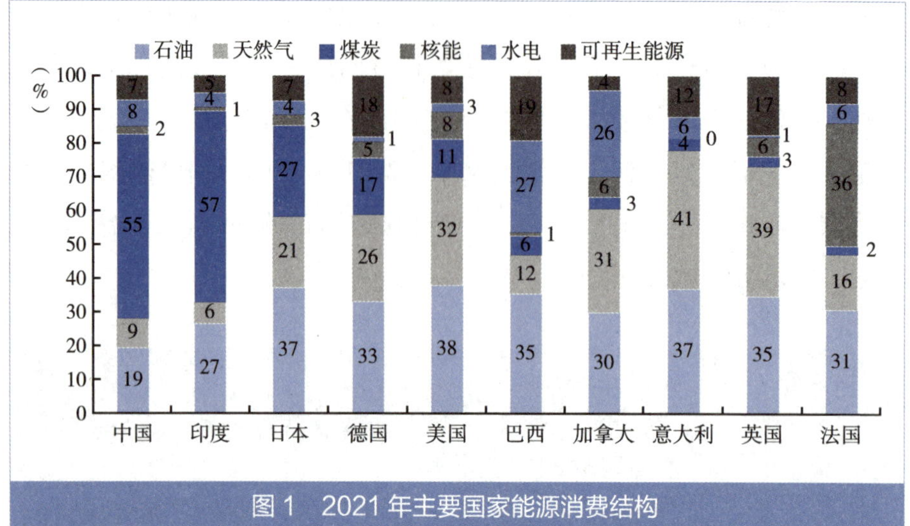

图 1　2021 年主要国家能源消费结构

资料来源：英国石油公司（BP），课题组制图。

2. 能源短缺背景下化石能源消费出现“回摆”

世界各国虽然积极推进能源结构改革，但为保障能源安全，仍难以摆脱对化石燃料的依赖。2021 年，全球化石燃料占一次能源使用量的 82%，其中石油、煤炭、天然气消费分别占 31%、27%、24%。一方面，为减少能源价格飙升带来的不利影响，政府补贴大幅提高。包括经济合作与发展组织（OECD）、二十国集团（G20）等在内的 51 个国家政府对化石燃料的消费补贴由 2020 年的 3624 亿美元增至 2021 年的 6972 亿美元，支持金额增加将近 1 倍，并将在 2022 年进一步增加。另一方面，全球经济从新冠肺炎疫情冲击中开始复苏，天然气价格上涨导致燃煤发电量增加。2021 年全球煤炭消费量显著上升，达到 160.10 艾焦耳，较上一年增长 6.3%，其中欧盟地区增长 13.2%，德国增长 17.5%，法国增长 20.5%（见表 2）。欧洲煤炭消费量自 2013 年起逐年下降，由 15.80 艾焦耳降至 2020 年的 9.48 艾焦耳，但在 2021 年升至 10.01 艾焦耳，同比增长 5.9%。同时，2021 年，美国煤炭消费量也出现 2013 年以来的首次增长，由 2020 年的 9.20 艾焦耳上升至 10.57 艾焦耳，增长 15.2%。

表 2　全球主要国家和地区的煤炭消费量情况

单位：艾焦耳，%

国家或地区	煤炭消费量			年增长率	
	2011 年	2020 年	2021 年	2021 年	2011~2021 年
北美地区	21.25	9.97	11.28	13.5	−6.1
其中：美国	19.70	9.20	10.57	15.2	−6.0
中美和南美地区	1.25	1.31	1.46	11.4	1.6
欧洲地区	15.98	9.48	10.01	5.9	−4.6
其中：欧盟	10.75	5.97	6.74	13.2	−4.6
法国	0.41	0.19	0.23	20.5	−5.5
德国	3.28	1.81	2.12	17.5	−4.3
意大利	0.64	0.21	0.23	8.1	−9.8
英国	1.32	0.20	0.21	3.2	−16.8
独立国家联合体	5.57	5.08	5.17	2.2	−0.7
其中：俄罗斯	3.94	3.29	3.41	4.0	−1.4
中东地区	0.43	0.36	0.34	−6.6	−2.3
非洲地区	4.13	4.17	4.21	1.2	0.2
亚太地区	109.85	120.70	127.63	6.0	1.5
其中：中国大陆	79.71	82.38	86.17	4.9	0.8
印度	12.76	17.40	20.09	15.8	4.6
日本	4.62	4.57	4.80	5.2	0.4
韩国	3.50	3.02	3.04	0.7	−1.4
越南	0.73	2.10	2.15	2.5	11.4
全球总计	158.46	151.07	160.10	6.3	0.1

资料来源：BP，课题组制表。

2022 年，在异常天气、地缘政治等因素影响下，部分国家和地区陷入能源短缺困境，不得不通过增加煤炭等化石能源用量来应对危机，全球煤炭消费量进一步升高。由于天然气严重短缺，德国、法国、波兰、英国等欧洲多国开始推进煤炭发电、取暖计划，部分燃煤发电站和核电厂被推迟关闭，多座已关停的煤电或石油发电厂被重启。美国能源信息署（EIA）近期发布的《短期能源展望报告》显示，当前美国电力需求正以每年2.5%的速度快速增长，远超燃烧效率的提高以及天然气和可再生能源替代速度，预计2022年美国煤炭产量将增加2000万短吨，总量达到5.98亿短吨。受2021年秋季超长季风气候影响，印度煤矿被淹，出现燃煤危机。2022年以来，印度高温天气导致电力需求加大，遭受近六年来最严重的断电事故，印度在增加煤炭进口的同时，计划于2022年底前新开12座煤矿。

2022年全球煤炭需求将重回历史高位，量价齐升。全年消费量可能达到80亿吨，为近十年最高水平（见图2）。

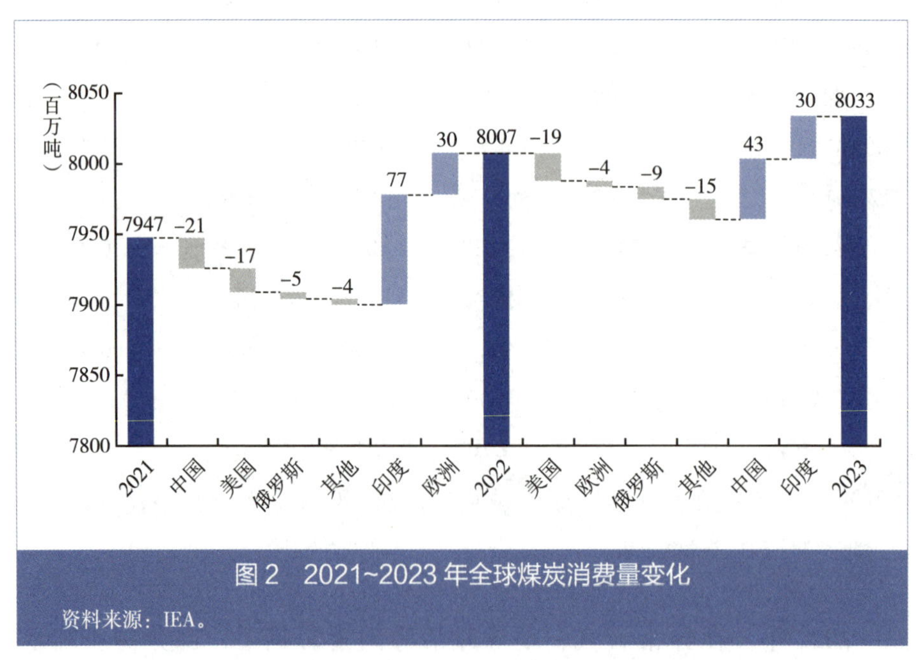

图2　2021~2023年全球煤炭消费量变化

资料来源：IEA。

与此同时，国际煤炭价格连创新高，与2020年10月均价不足60美元/吨相比，2021年10月澳大利亚纽卡斯尔港（NEWC）、欧洲三港（ARA）、南非理查德港（RB）动力煤价格分别达到253美元/吨、280美元/吨和242美元/吨，到2022年7月分别上涨至433美元/吨、397美元/吨、370美元/吨，较2020年平均涨幅超过6倍，虽近期略有回落，但仍保持高位（见图3）。

图3　2020~2022年国际动力煤价格变化

资料来源：Wind。

3. 低碳能源技术创新加速

为实现碳中和目标，能源技术创新迫在眉睫。研究显示，在过去20年，低碳能源技术的全球专利数量不断增长，尤其是2015年以来，化石燃料技术专利数量呈现下降趋势，与低碳能源技术的快速发展形成鲜明对比（见图4）。

图4 2000~2019年全球能源技术国际专利增长情况

资料来源：欧洲专利局（EPO）；IEA，Patents and the energy transition。

整体来看，2010~2019年，欧洲地区研究机构和企业在低碳能源技术创新方面处于领先地位，相关技术专利数量占全球低碳能源技术专利总量的28%，其次是日本（25%）、美国（20%）、韩国（10%）和中国（8%），各个国家和地区在不同低碳能源技术领域有所专长（见表3）。从发展趋势看，能源供应技术（Energy supply technologies）创新减少，使能技术（Enabling technologies）和终端应用技术（End-use technologies）加速创新。2019年，终端应用领域技术专利数量占低碳能源技术专利总量的60%，而能源供应领域技术专利数量仅占17%。同时，电池储存、智能电网等使能技术不断创新，推动市场应用成本不断下降。与2010年相比，锂电池价格已下降90%，电网管理成本也降低2/3，加快低碳能源的规模化应用。

表 3　低碳能源技术发展情况

类别	典型技术领域	技术专利领先的国家和地区
能源供应技术	风能	欧洲
	太阳能（包括太阳能光伏、太阳能热、其他太阳能等）	欧洲（太阳能热）、韩国（太阳能光伏）
	其他可再生能源（包括地热能源、水电、海洋能源等）	欧洲（海洋能源）
	非化石来源的燃料（包括生物能源、回收再利用的能源等）	美国（生物能源）
	核能（发电）	美国
使能技术	碳捕集、利用与封存（CCUS）	美国
	电池储能	日本、韩国
	氢能和燃料电池	日本
	智慧电网	—
终端应用技术	建筑	—
	生产（包括化工和炼油、金属和矿物加工、农业、消费产品等）	韩国（消费产品）
	交通（包括电动汽车及相关基础设施、车用燃料电池、航空、水运、铁路相关技术等）	欧洲（铁路）、日本（电动汽车、其他道路车辆）、美国（航空）、中国（铁路）
	计算和通信	韩国、中国

资料来源：EPO，IEA，课题组制表。

4. 地缘政治和极端天气成为新的挑战

全球政治合作是实现碳中和的关键，国际政治冲突将直接影响全球能源合作。以乌克兰危机为例，美国带头拱火俄乌矛盾，于 2022 年初推动欧盟对俄进行能源领域制裁，“去俄化”措施对欧能源体系造成较大冲击，加之 9 月北溪天然气管道泄漏，让欧洲深陷能源危机。多国学者表示欧洲国家已“上当”，美国此举不仅离间国际关系，加剧地缘政治矛盾，还趁火打劫向欧洲高价出售能源赚取利益。虽然欧洲国家一直是能源绿色转型的急先锋，但新能源尚不能满足发展需要，多国重启火电致使碳排放量增加，碳中和进程受阻。

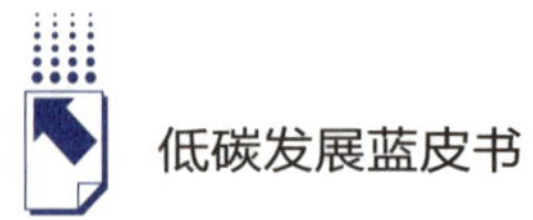

极端天气使传统能源需求增加。世界气象组织（WMO）的报告显示，2015~2021 年是有记录以来最热的七年，即使拉尼娜现象带来降温，2021 年全球平均气温仍比 1850~1900 年工业化前的平均气温高出约 1.11 摄氏度。由于风力异常减弱，2021 年欧洲不少地区风电产量较 2016~2020 年五年的平均水平降低 45%。2022 年 7 月是有气象记录以来全球最热的三个 7 月之一，罕见的高温干旱导致水库河流水量不足、水电能力断崖式下降，西班牙水力发电量处于近 20 年来的第二低水平，我国四川水电日发电量降幅达 50%。用电需求增加，但电力生产能力下降，多地能源严重短缺，不少国家和地区增加传统化石能源消费，增加二氧化碳排放，进一步加大应对气候变化压力。

（二）典型国家做法

1. 重启煤电和核电以解燃眉之急

为摆脱对俄罗斯的油气依赖，欧洲多国不得不重启煤电和核电应对能源短缺困境。2021 年，欧洲电力系统中天然气发电的占比为 27.7%，其中，意大利、荷兰、英国占比分别达到 51%、46% 和 40%（见图 5）。在“去俄化”制裁下，欧洲多国多措并举保障能源安全。2022 年 6 月，德国通过紧急法令重新启用被封存的燃煤电厂，将增加约 1/3 的煤炭发电量；8 月初，米尔海姆火力发电厂率先重启；8 月下旬，欧洲单机容量最大的燃煤发电站海登煤电厂也重新启用，初步预计将运营到 2023 年 4 月底，以帮助缓解德国冬季能源短缺的状况；10 月，联邦内阁通过法案，将尚在运行的三座核电站运营时间由 2022 年底延长至 2023 年 4 月 15 日，并考虑必要时重启已关闭的核电站。6 月，奥地利政府决定重启境内最后一座煤电厂——梅拉赫煤电厂，该煤电厂此前已于 2020 年春季关停。英国政府推迟燃煤电厂的关闭计划，保障冬季电力供应。9 月，法国被迫重启已于 3 月关停的圣阿沃尔德煤电厂，获准自 10 月起的未来半年内运行 2500 小时，满足法国大东区约 1/3 家庭的用电需求；要求法国电力公司（EDF）在冬季前重启32座核反应堆。此外，欧洲议会将核能列为绿色能源，释放重启或加快核电发展的积极信号。

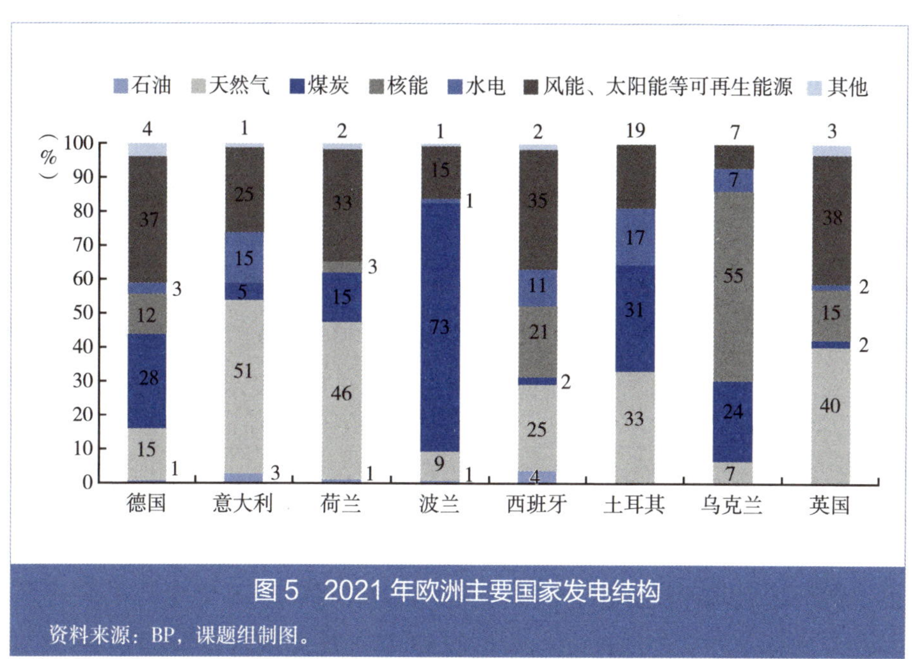

图5　2021年欧洲主要国家发电结构

资料来源：BP，课题组制图。

2. 实施更为积极的可再生能源发展战略

2021年全球可再生能源装机容量达到3064 GW，同比增长9.1%，其中水电、太阳能和风能分别占40%、28%和27%。可再生能源新增装机容量的88%由太阳能和风能提供。我国是可再生能源增量大国，可再生能源装机规模已突破11亿千瓦，稳居世界第一。美国拜登政府鼓励清洁能源发展以应对气候变化，《2022年通胀削减法案》在光伏、风电、氢能等新能源领域给予高达3690亿美元的财政补贴支持，这是美国历史上最大的一项气候支持计划。

欧洲一直是全球可再生能源发展的引领者。受乌克兰危机影响，欧洲国家坚定谋求能源独立，加速推进化石能源替代进程。2022年3

月，欧盟“欧洲廉价、安全、可持续能源联合行动方案”（RePowerEU）将提速2030年1000GW太阳能装机目标，并计划快速推进“减碳55”（Fit for 55）。7月，欧洲议会根据“可再生能源指令”（RED），决定到2030年可再生能源占欧盟能源的比重提高到45%。同时，欧盟委员会批准了由德国、法国、西班牙等15个成员国联合发起的氢能项目（IPCEI Hy2Tech），将氢能作为能源转型的重要选择。

各国也加速推进可再生能源计划，2022年3月，法国制定面向2050年的“法国能源计划”，加快清洁能源替代化石燃料以应对气候变化和电力需求，确保碳中和目标实现。4月，英国发布《能源安全战略》，加大对核能、海上风电、氢能等领域投资，力争到2030年实现95%的电力来自低碳能源；9月，英国工党表示换届当选后将成立国有能源集团Great British Energy，投资可再生能源项目，助力英国能源独立。7月，德国通过《可再生能源法》（EEG2023）修正案、“复活节一揽子”（Osterpaket）计划等能源政策，目标是到2030年可再生能源发电量占总电力需求的至少80%，到2035年电力供应“基本实现碳中和”；8月与加拿大签订建立“跨大西洋的加拿大—德国供应走廊”的氢能合作意向书，表示氢能将在德国未来的能源供应中发挥重要作用。

此外，为加快交通领域降碳，欧洲国家纷纷出台新能源汽车鼓励政策。欧洲汽车制造商协会（ACEA）数据显示，2021年欧洲新能源汽车销量227万辆，是全球第二大新能源汽车市场，新能源汽车渗透率约为19%。根据高工产业研究院（GGII）数据，2022年1~8月，欧洲新能源汽车累计销售137.6万辆，同比增长5%，新能源汽车渗透率为16.8%。需求扩张带动动力电池销量增长。韩国市场研究公司SNE Research统计数据显示，2022年1~8月，全球动力电池装机总量为287.6 GWh，同比增长78.7%，连续26个月呈增长态势。其中，中国动力电池装机量达到168.1GWh，同比增长112%。

3. 加快碳市场建设和改革进程

碳市场在全球范围迅猛发展，覆盖范围不断扩大。国际碳行动伙伴组织（ICAP）发布的《2022 年度全球碳市场进展报告》显示，目前全球已有 25 个碳排放交易系统正式运行，覆盖全球 17% 的温室气体排放，涉及区域的 GDP 占全球 GDP 的 55%，另有 22 个碳市场计划近期投入运行。2021 年，欧盟出台“Fit for 55”一揽子计划对碳市场实施方案进行全面改革，包括逐年降低碳排放上限、减少免费配额、扩大碳市场覆盖范围等。2022 年，欧洲议会通过碳边境调节机制（CBAM）修正提案，将在钢铁、铝、电力、水泥、化肥、有机化学品、塑料、氢和氨等高能耗产品领域，对碳排放限制政策相对宽松的国家或地区的企业征税，与欧盟碳排放交易体系并行，互为补充。作为美国首个强制性碳排放权交易体系，区域温室气体减排行动（RGGI）于 2021 年倡议成员州启动碳市场体系审查，审议 2030 年后进一步削减排放上限，实施更严格的排放要求。韩国积极改革碳排放交易体系规则，取消区分国内国际的碳抵消，实施更严格的碳排放上限，扩大碳排放交易体系覆盖范围到总排放量的 73% 以上。此外，俄罗斯库页岛、印度尼西亚、马来西亚、菲律宾等国家和地区也开启碳市场试点和建设工作。

4. 加强国家层面气候领域合作

携手应对气候变化已成为各国共识。2021 年 11 月，第 26 届联合国气候变化大会（COP26）在落实《巴黎协定》与应对全球气候变化的国际治理谈判中取得重要进展，印度、泰国、尼泊尔等国家做出新的净零承诺，巴西调整其消极的气候政策并加入《关于森林和土地利用的格拉斯哥领导人宣言》，各国承诺和行动的落实将助力全球气候治理工作。中美两国于 2021 年 4 月达成《中美应对气候危机联合声明》，并在 COP26 发布《中美关于在 21 世纪 20 年代强化气候行动的格拉斯哥联合宣言》。2022 年 8 月，受美国国会众议长佩洛西窜访台湾事件的严重影响，中美双边气候变化商谈被迫暂停。作为应对气候问题的重要参与者，中美两国在气候领域有长期合作基础，拜登政府也致力于碳减排应对气候变化，气候问题特使约翰·克里多次呼吁中美恢复双边气候谈判，未来中美两国仍有望进一步深化气候变化合作。

（三）主要跨国公司做法

1. 调整发展战略加速绿色转型

随着各国提出碳中和目标和路径，企业也加速绿色转型。美国通用汽车以打造可持续的未来出行为目标，推动脱碳减排，将电气化、氢燃料电池、自动驾驶及车辆互联作为重点发展领域，预计 2020~2025 年投入 350 亿美元加速电动汽车业务发展。传统油气企业积极布局新能源业务，马来西亚国家石油公司于 2022 年 6 月设立全资控股子公司 GENTARI，为商用、工业及零售客户提供可再生能源、氢能及绿色出行解决方案，通过综合业务模式实现企业脱碳。公司在全球拥有 1.1 GW 的可再生能源运营和开发能力，已签署 12 份氢能项目开发谅解备忘录，在印度和马来西亚市场安装 190 多个充电桩，交付超过 250 辆电动车。

2. 构建低碳环保生产体系

企业生产经营活动过程中存在大量碳排放，不少企业通过建设绿色制造体系，实现内部节能减排。松下电器提出力争到 2050 年实现 3 亿吨以上的二氧化碳减排目标，相当于目前全球二氧化碳总排放量的 1%，具体措施包括加速节能技术创新，促进车载电池、供应链管理、制冷制热等领域创新，研发和利用新能源设备等。苹果公司于 2020 年实现运营过程 100% 碳中和，并将在低碳产品设计、提高效能、推进可再生能源利用以及工艺、产品创新等方面投入更多资源降碳。苹果公司在全球有超过 110 个制造合作伙伴承诺在生产其产品时 100% 使用可再生能源，苹果公司预计将在2030年实现所有产品在制造、使用等全环节的碳中和。

3. 加快减排固碳技术应用

各行业加快开展碳中和相关业务，着重培育减排固碳技术，适度借助碳抵消手段。英国石油公司（BP）积极开拓碳捕获、利用与封存（CCUS）业务，2019年投资碳捕获公司C-Capture开展CCUS技术研发，2020年参与英国北海关于碳运输和存储基础设施的项目，将提赛德和亨伯赛德地区工业排放二氧化碳封存至海底，预计2026年建成运营可减少英国工业碳排放的50%。BP还开展碳抵消业务，2020年购买美国最大植树公司Finite Carbon股权，抵消超过8000万吨碳排放量。壳牌公司在中国陕西榆林、广东大亚湾等地开展碳捕集与封存（CCS）技术项目，建设碳捕集量达1000万吨的海上CCS集群。宝马集团对动力电池进行回收再利用的闭环管理，2022年与浙江华友循环科技有限公司合作，通过拆解动力电池，高比例提炼镍、钴、锂等核心原材料，100%用于宝马新能源汽车动力电池的再生产，减少矿产资源开采碳排放的70%，显著降低动力电池全生命周期的碳足迹。

4. 开发和推广绿色低碳产品

通过技术创新打造绿色产品已成为企业发展的重要方向。日立能源在实现自身运营使用100%非化石能源电力的同时，结合客户在可持续发展领域需求及日立的技术专长，推出EconiQ™环保型变压器，助力国家电网打造我国首个“零碳”变电站。梅赛德斯－奔驰提出力争2030年前能够实现乘用车碳排放减半的目标，并大力发展电动汽车，2022年推出的纯电车型EQE的部分车身结构采用100%可回收钢材，有效降低60%的能耗。此外，公司还在欧洲市场30万个公共充电站推出“绿色充电”功能，确保将与车辆充电等量的可再生能源电力输入电网。

（四）未来趋势

近两年，受地缘政治、恶劣气候、乌克兰危机等因素影响，全球碳中和进程受到阻滞，但长期来看，全球坚定推进绿色可持续发展的方向不会改变，发展清洁能源、实现绿色低碳转型仍是各国共同追求。

1. 如期实现碳中和目标的难度加大，但低碳转型发展方向不会改变

各国实现碳中和目标的主要路径都是从电力系统出发，降低化石能源尤其是减少煤炭的发电占比，提高风电、水电、光伏、生物质能等清洁能源比重，同时改善整体能源结构，增加电力使用以减少甚至淘汰煤炭和石油的使用，加快氢能应用等。受地缘政治、技术发展等多重因素影响，部分国家和地区的碳中和目标有所变动，例如丹麦首都哥本哈根已放弃 2025 年前实现碳中和目标，另外还有一些国家虽作出净零排放承诺但尚未出台针对性减排措施，或将影响碳中和目标的如期实现。但从长远来看，各国追求碳中和、加快能源转型、共同应对气候变化的方向没有改变。

2. 能源安全在一段时间内成为关注重点，加快推进化石燃料从主体能源向保障性能源转变

2022 年初以来，欧洲较为激进的能源政策在乌克兰危机中暴露出严重的能源安全问题，缺油少气、电价高涨的严峻挑战为世界各国能源安全敲响警钟。面对错综复杂的国际局势，能源市场贸易风险逐步加剧，各国寻求能源独立的愿望不断加深，推动可及性更强且清洁低碳的可再生能源快速发展是共同追求。未来，可再生能源将逐步替代化石能源作为主体能源使用，而作为调节和补偿风能、太阳能等资源波动性的手段，化石燃料储备在能源结构中将承担更多保障性作用。

3. 全球加大清洁能源投资力度，我国将在能源转型中发挥重要作用

2021 年，全球一次能源消费量为 595.15 艾焦耳，我国能源消费量占全球的 26%，且能源结构以煤为主，绿色低碳转型空间巨大。2022

年上半年，全球可再生能源投资额达2660亿美元，创下最高投资纪录，我国可再生能源投资额占全球总量的43%，成为全球清洁能源发展的“领头羊”。其中，大型太阳能项目投资较上年增长173%，风电项目投资同比增长107%，远超世界平均水平。我国海上风电装机容量已超过英国和德国，达到全球风电总装机容量的40%，沙漠地区大型太阳能和风力发电厂建设项目也已开始。据IEA预测，2022年全球可再生能源发电量将增长10%，成为增长最快的电力供应来源，中国将贡献全球增量的45%。此外，我国能源领域制造企业也位于世界前列，全球十大风力涡轮机制造商和太阳能组件制造商中，分别有6家和8家来自中国。

二　中国碳达峰碳中和最新进展

目前，我国碳达峰碳中和“1+N”政策体系已经建立，“双碳”顶层设计已正式出台，分领域、分行业实施方案和支撑保障措施正在加速完善，各省（区、市）先后制定了本地区碳达峰实施方案，企业积极加入碳达峰碳中和行动，“双碳”工作取得积极进展。

（一）“双碳”总体进展

我国能源绿色低碳转型正在稳步有序推进，清洁能源消费量在能源消费量中的比重快速攀升，产业结构持续优化升级，能源效率水平不断提升。

1. 单位GDP碳排放明显下降

当前，我国经济发展任务依然很重，能源消耗量及碳排放总量仍处在上升期。与此同时，我国加快绿色低碳转型，节能减排效果突出。根据国家统计局数据，2021年我国以5.2%一次能源消费总量增长支撑了8.1%的国内生产总值增速。二氧化碳排放也得到较好控制，BP 数据显示，2021 年我国能源活动产生的二氧化碳排放量增速控制在约 5.5%，达到 105 亿吨。以此测算，我国能源活动产生的二氧化碳排放量与 GDP 的比值保持下降趋势，由 2010 年的 2.54 吨二氧化碳 / 万元 GDP 下降至 2021 年的 0.96 吨二氧化碳 / 万元 GDP。

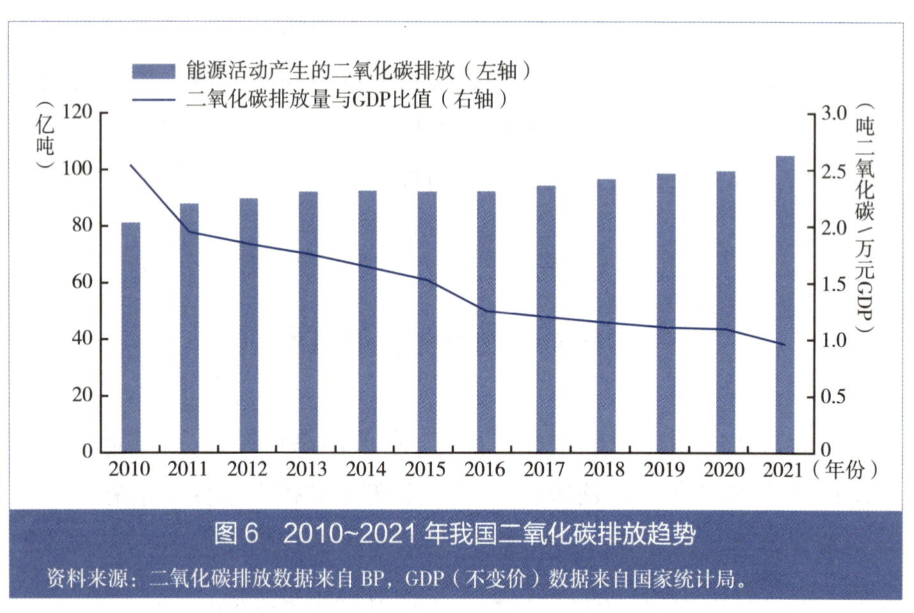

图 6　2010~2021 年我国二氧化碳排放趋势

资料来源：二氧化碳排放数据来自 BP，GDP（不变价）数据来自国家统计局。

2. 能源结构向绿色低碳转型

我国能源消费总量稳步提升，清洁能源占比快速提高。2021 年，我国一次能源消费总量 52.4 亿吨标准煤，同比增长 5.2%。其中，煤炭消费量升至 29.3 亿吨标准煤，同比增长 4.6%，但消费占比降至 56.0%，同比下降 0.9 个百分点，较 2012 年下降 12.5 个百分点。天然气和水电、核电、风电等清洁能源消费量逐年升高，2021 年合计占比升至 25.5%，较 2012 年提高 11 个百分点（见表 4），能源结构绿色低碳转型成效显著。

表 4　2012~2021 年我国一次能源消费情况

单位：万吨标准煤，%

年份	能源消费总量	占能源消费总量比重			
		原煤	原油	天然气	水电、核电、风电
2021	524000	56.0	18.5	8.9	16.6
2020	498314	56.9	18.8	8.4	15.9
2019	487488	57.7	19.0	8.0	15.3
2018	471925	59.0	18.9	7.6	14.5
2017	455827	60.6	18.9	6.9	13.6
2016	441492	62.2	18.7	6.1	13.0
2015	434113	63.8	18.4	5.8	12.0
2014	428334	65.8	17.3	5.6	11.3
2013	416913	67.4	17.1	5.3	10.2
2012	402138	68.5	17.0	4.8	9.7

资料来源：国家统计局。

3. 电力结构不断优化

我国电力装机总量稳步增长，2021 年我国电力总装机容量达到 23.77 亿千瓦。电力装机结构不断优化，火电装机占比逐步下降，风光等新能源装机占比逐年提高。2021 年，火电装机 12.97 亿千瓦，占比由 2012 年的 71.5% 下降到 2021 年的 54.6%；风电装机 3.28 亿千瓦，占比由 2012 年的 5.4% 上升到 2021 年的 13.8%；太阳能发电装机 3.07 亿千瓦，占比由 2012 年的 0.3% 上升到 2021 年的 12.9%；水电装机 3.91 亿千瓦，占比 16.5%；核电装机 5300 万千瓦，占比 2.2%（见图 7）。根据国家发展改革委数据，截至 2022 年上半年，我国可再生能源装机规模已突破 11 亿千瓦，水电、风电、太阳能发电、生物质发电装机均居世界第一。

从发电量来看，我国发电量规模逐年上升，2021 年达到 8.38 万亿千瓦时，较上年的 7.63 万亿千瓦时增长 9.83%。电量结构不断优化，火电虽然仍是我国主力电源，但所占比重已从2012年的78.6%降至2021年的67.4%。风电、太阳能发电量合计占比由2012年的2.1%升到2021年的11.7%（见图8），增长明显。

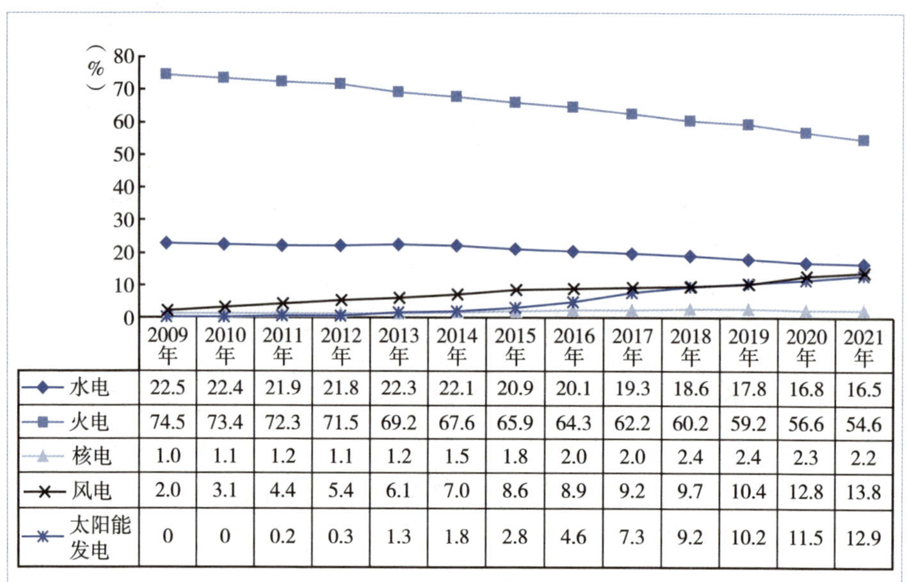

	2009年	2010年	2011年	2012年	2013年	2014年	2015年	2016年	2017年	2018年	2019年	2020年	2021年
水电	22.5	22.4	21.9	21.8	22.3	22.1	20.9	20.1	19.3	18.6	17.8	16.8	16.5
火电	74.5	73.4	72.3	71.5	69.2	67.6	65.9	64.3	62.2	60.2	59.2	56.6	54.6
核电	1.0	1.1	1.2	1.1	1.2	1.5	1.8	2.0	2.0	2.4	2.4	2.3	2.2
风电	2.0	3.1	4.4	5.4	6.1	7.0	8.6	8.9	9.2	9.7	10.4	12.8	13.8
太阳能发电	0	0	0.2	0.3	1.3	1.8	2.8	4.6	7.3	9.2	10.2	11.5	12.9

图7　2009~2021年我国各类型电源装机容量占比变化

资料来源：Wind数据库。

4. 产业结构持续升级

近年来，我国深入推进供给侧结构性改革，化解落后产能取得积极成效。以钢铁行业为例，根据国家发展改革委数据，2012~2021年合计退出过剩钢铁产能1.5亿吨以上，取缔地条钢1.4亿吨。同时，大力发展战略性新兴产业。近几年高技术制造业增加值保持10%左右高增速，持续快于工业增加值总体增速（见图9），2021年高技术制造业增加值占规模以上工业增加值比重达到15.1%，比2012年增加5.7个百分点，新产业、新业态、新模式等“三新”产业增加值占GDP的比重达到17.25%。

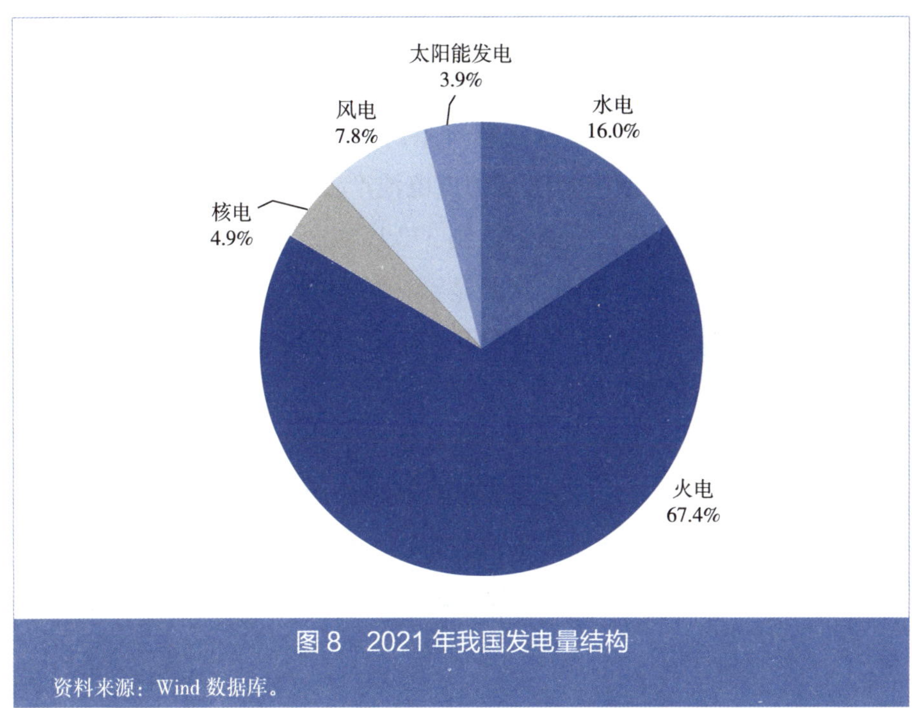

图 8　2021 年我国发电量结构

资料来源：Wind 数据库。

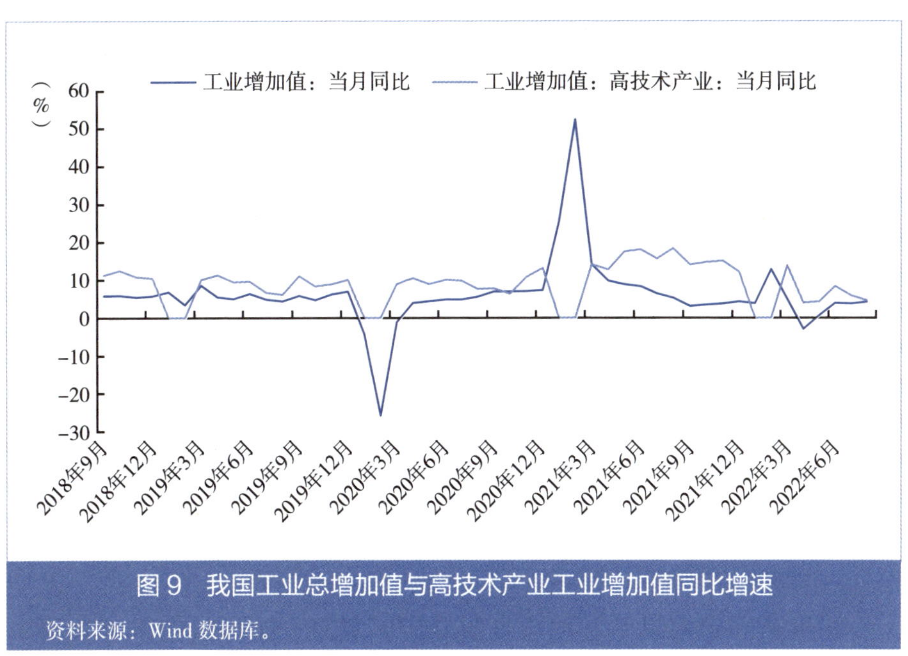

图 9　我国工业总增加值与高技术产业工业增加值同比增速

资料来源：Wind 数据库。

作为国家战略性新兴产业，新能源汽车近年来发展迅速。2022 年前 8 个月，我国新能源汽车销量达到 386 万辆，比上年同期增长 1.1 倍；保有量达到 1099 万辆，约占全球一半。与此同时，我国动力电池出货规模快速增加。根据中国汽车动力电池产业创新联盟数据，2022 年 1~9 月，我国动力电池产量累计达到 372.1GWh，同比增长 176.2%。需求扩张带动锂价大涨，Wind 数据显示，2022 年 9 月底碳酸锂价格涨至 51.3 万元 / 吨，较 2021 年初的 5.3 万元 / 吨上涨近 9 倍。

5. 能源资源使用效率提升

近年来，我国大力推动节能减排和资源节约集约循环利用，引导重点用能行业企业节能改造，能源资源利用效率大幅提升。单位 GDP 能耗保持下降趋势，2021 年降至 0.56 吨标准煤 / 万元（见图 10），较 2012 年下降了 26.4%，单位 GDP 水耗下降了 45%，主要资源产出率提高 58%。

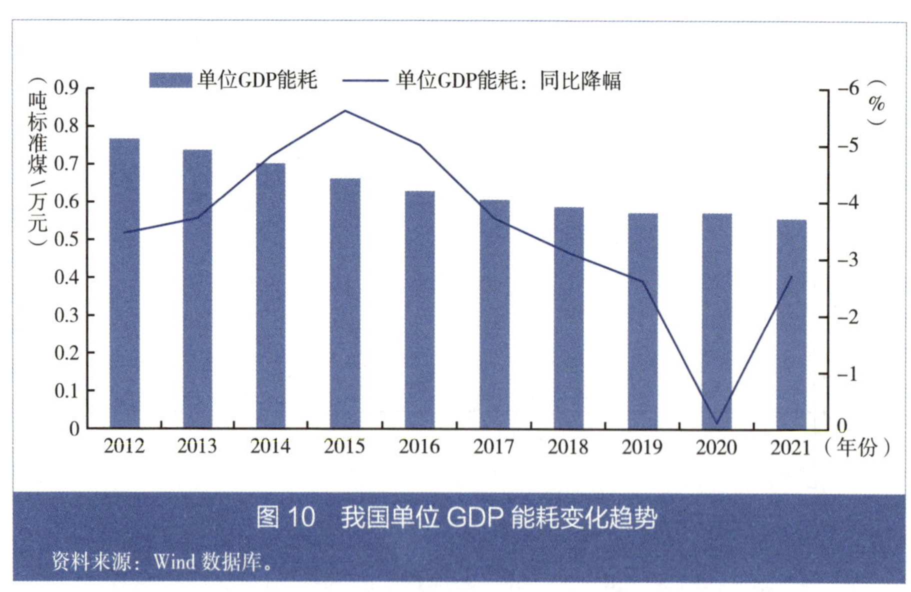

图 10 我国单位 GDP 能耗变化趋势

资料来源：Wind 数据库。

6. 全国碳市场加速建设

建设全国碳市场是利用市场机制控制和减少碳排放的重要政策工

具。2021 年 7 月 11 日，全国碳排放权交易市场上线交易。一年多来，市场制度体系初步建立，市场运行总体平稳，促进企业减排和碳定价方面的作用初步显现。截至 2022 年 7 月 11 日，全国碳市场累计成交额超过 84.90 亿元，成为世界上运行规模最大的碳市场，共纳入发电行业重点排放单位 2162 家，年覆盖温室气体排放量 45 亿吨二氧化碳。根据生态环境部的部署，下一步将按照“成熟一个行业批准发布一个行业”的原则扩大碳市场覆盖行业范围，逐步纳入石化、化工、建材、钢铁、有色、造纸、航空等行业重点排放单位，碳市场规模将进一步扩大。

（二）“双碳”主要工作动态

1. 碳达峰碳中和“N”政策体系快速完善

我国碳达峰碳中和“1+N”政策体系已经建立。2021 年 10 月，我国“双碳”工作的顶层设计《关于完整准确全面贯彻新发展理念做好碳达峰碳中和工作的意见》和《2030 年前碳达峰行动方案》（以下简称《行动方案》）发布。2022 年以来，各部门围绕《行动方案》提出的“碳达峰十大行动”工作部署，在所涉及的能源、节能、交通、城市建设等重点领域出台 40 多项政策，“双碳”政策体系中的“N”正在快速建立和完善，对相关行业的定位和发展方向作出了重要的部署，为下一步我国“双碳”行动指明了方向。

表 5　一年来“碳达峰十大行动”相关政策及保障措施

十大行动及保障措施	政策名称	公布时间
能源绿色低碳转型	国家发展改革委、能源局《关于完善能源绿色低碳转型体制机制和政策措施的意见》	2022 年 1 月
	国家发展改革委、能源局《“十四五”现代能源体系规划》	2022 年 3 月
	国家发展改革委、能源局《氢能产业发展中长期规划（2021–2035 年）》	2022 年 3 月
	国家发展改革委等六部门《煤炭清洁高效利用重点领域标杆水平和基准水平（2022 年版）》	2022 年 5 月

续表

十大行动及保障措施	政策名称	公布时间
能源绿色低碳转型	国家发展改革委、能源局《关于促进新时代新能源高质量发展的实施方案》	2022 年 5 月
	国家发展改革委等九部门《"十四五"可再生能源发展规划》	2022 年 6 月
节能降碳增效	国务院《"十四五"节能减排综合工作方案》	2022 年 1 月
	国家发展改革委等四部门《高耗能行业重点领域节能降碳改造升级实施指南（2022 年版）》	2022 年 2 月
	生态环境部等七部门《减污降碳协同增效实施方案》	2022 年 6 月
工业领域碳达峰	工业和信息化部《"十四五"工业绿色发展规划》	2021 年 12 月
	工业和信息化部、国家发展改革委、生态环境部《关于促进钢铁工业高质量发展的指导意见》	2022 年 2 月
	工业和信息化部等六部门《关于"十四五"推动石化化工行业高质量发展的指导意见》	2022 年 4 月
	工业和信息化部、国家发展和改革委员会《关于化纤工业高质量发展的指导意见》	2022 年 4 月
	工业和信息化部、国家发展和改革委员会《关于产业用纺织品行业高质量发展的指导意见》	2022 年 4 月
	工业和信息化部等五部门《关于推动轻工业高质量发展的指导意见》	2022 年 6 月
	工业和信息化部等六部门《关于印发工业水效提升行动计划》的通知	2022 年 6 月
	工业和信息化部等六部门《关于印发工业能效提升行动计划》的通知	2022 年 6 月
	工业和信息化部、国家发展改革委、生态环境部《关于印发工业领域碳达峰实施方案》的通知	2022 年 8 月
城乡建设碳达峰	中共中央办公厅、国务院办公厅《关于推动城乡建设绿色发展的意见》	2021 年 10 月
	住房和城乡建设部《"十四五"建筑业发展规划》	2022 年 1 月
	国务院《"十四五"推进农业农村现代化规划》	2022 年 2 月
	住建部《"十四五"住房和城乡建设科技发展规划》	2022 年 3 月
	住房和城乡建设部《"十四五"建筑节能与绿色建筑发展规划》	2022 年 3 月
	农业农村部、国家发展改革委《农业农村减排固碳实施方案》	2022 年 6 月
	住房和城乡建设部、国家发展改革委《城乡建设领域碳达峰实施方案》	2022 年 7 月

续表

十大行动及保障措施	政策名称	公布时间
交通运输绿色低碳	国务院《“十四五”现代综合交通运输体系发展规划》	2022 年 1 月
	交通运输部《绿色交通“十四五”发展规划》	2022 年 1 月
	交通运输部、国家铁路局、中国民用航空局、国家邮政局《贯彻落实〈中共中央 国务院关于完整准确全面贯彻新发展理念做好碳达峰碳中和工作的意见〉的实施意见》	2022 年 6 月
循环经济助力降碳	国家发展改革委《“十四五”循环经济发展规划》	2021 年 7 月
	工业和信息化部等八部门《加快推动工业资源综合利用实施方案》	2022 年 2 月
绿色低碳科技创新	国家能源局、科技部《“十四五”能源领域科技创新规划》	2022 年 4 月
	科技部等九部门《科技支撑碳达峰碳中和实施方案（2022—2030 年）》	2022 年 8 月
碳汇能力巩固提升	国家市场监督管理总局、中国国家标准化管理委员会《林业碳汇项目审定和核证指南》	2021 年 12 月
	自然资源部《海洋碳汇经济价值核算方法》	2022 年 2 月
绿色低碳全民行动	教育部《加强碳达峰碳中和高等教育人才培养体系建设工作方案》	2022 年 5 月
各地区梯次有序碳达峰	各地区根据自身发展定位、经济社会发展实际和资源环境禀赋出台的碳达峰碳中和政策	
保障措施	国家开发银行《实施绿色低碳金融战略支持碳达峰碳中和行动方案》	2021 年 12 月
	生态环境部《做好 2022 年企业温室气体排放报告管理相关重点工作》	2022 年 3 月
	中国银保监会《银行业保险业绿色金融指引》	2022 年 5 月
	国家税务总局《支持绿色发展税费优惠政策指引》	2022 年 5 月
	财政部《财政支持做好碳达峰碳中和工作的意见》	2022 年 5 月
	国家发展改革委、国家统计局、生态环境部《关于加快建立统一规范的碳排放统计核算体系实施方案》	2022 年 8 月

2. 煤炭作为兜底保障能源的定位进一步确立

我国富煤贫油少气的资源禀赋决定了未来一段时间内煤炭在能源体系中仍将发挥重要作用。2021 年下半年的“拉闸限电”等问题，提醒我们能源低碳转型非一日之功，“运动式”去煤既不科学也不现实。2022 年 3 月，国务院副总理韩正在煤炭清洁高效利用工作专题座谈会上表示，要切实发挥煤炭的兜底保障作用，确保国家能源电力安全保供。2022 年 5 月，国家发展改革委、国家能源局发布的《关于促进新时代新能源高质量发展的实施方案》指出，大型风电光伏发电基地建设，要以其周边清洁高效先进节能的煤电为支撑，煤电的“兜底”作用进一步确立。短时期内，煤炭消费总量仍有上升空间，煤炭供应依然趋紧，产能还将进一步扩大。2022 年 4 月 20 日，国务院常务会议指出，要发挥煤炭的主体能源作用，2022 年新增煤炭产能 3 亿吨。

3. 新能源大基地建设提速

推动可再生能源对化石能源的有序替代，是实现“双碳”目标的必然选择。目前，整体规模达 4.55 亿千瓦的沙漠、戈壁、荒漠大型风电光伏基地项目正在加快推进，项目清单已经印发，纳入国务院印发的扎实稳住经济一揽子政策措施当中（见表 6）。项目主要布局在内蒙古、宁夏、新疆、青海、甘肃等地区，这些地区正积极推进项目建设。根据《“十四五”可再生能源发展规划》，“十四五”期间，可再生能源消费量在一次能源消费增量中占比将超过 50%，发电量增量在全社会用电量增量中的占比超过 50%，风电和太阳能发电量实现翻倍。

表 6　4.55 亿千瓦风光大基地规划布局方案

基地类型	基地名称	到 2030 年规划建设装机	“十四五”已规划新能源装机规模
沙漠基地	库布齐（内蒙古）	2.84 亿千瓦	3900 万千瓦
	乌兰布和（内蒙古）		2100 万千瓦
	腾格里（内蒙古）		4500 万千瓦
	巴丹吉林沙漠基地（内蒙古）		2300 万千瓦
采矿沦陷区	陕北	0.37 亿千瓦	1900 万千瓦
	宁夏		600 万千瓦
	蒙西		400 万千瓦
	晋北		800 万千瓦
其他沙漠和戈壁地区		1.34 亿千瓦	

资料来源：国家发展改革委、国家能源局《以沙漠、戈壁、荒漠地区为重点的大型风电光伏基地规划布局方案》。

4. 加快推动新能源全面参与市场交易

随着新能源装机量和发电量的不断提升，新能源参与电力市场交易的重要性、紧迫性愈加凸显。2022 年 1 月，国家发改委、国家能源局发布《关于加快建设全国统一电力市场体系的指导意见》，目标到 2030 年基本建成全国统一电力市场体系，国家市场与省（区、市）/ 区域市场联合运行，新能源全面参与市场交易。两部门发布的《关于加快推进电力现货市场建设工作的通知》中指出，有序推动新能源参与市场交易，统筹推动绿电交易、绿证交易工作。支持具备条件的新能源电力现货试点不间断运行，尽快形成长期稳定运行的电力现货市场。目前，两批电力现货市场试点省份中已有多地开展了新能源现货市场化交易，陕西、青海、新疆等省份也已发布新能源发电企业参与市场化交易实施方案，新能源电力市场建设未来还将进一步加快。绿电交易、绿证交易市场也在加速建设，根据国家发展改革委数据，截至 2022 年 9 月底，我国绿电交易成交电量已超 200 亿千瓦时，核发绿证超 5000 万张，折合电量超 500 亿千瓦时。

5. 能耗“双控”向碳排放“双控”转变

能耗“双控”制度是我国推动能源转型、提高能效的重要手段。但随着新能源比例的不断提高，未区分清洁能源和非清洁能源，单纯对能耗进行控制的弊端逐步显现。2021 年 12 月，国务院印发的《“十四五”节能减排综合工作方案》提出，“十四五”新增可再生能源电力消费量，不纳入能源消费总量的考核当中。2022 年 1 月，习近平总书记在中共中央政治局第三十六次集体学习时提出，要进一步完善能耗“双控”制度，健全“双碳”标准，构建统一规范的碳排放统计核算体系，推动能源“双控”向碳排放总量和强度“双控”转变。“双控”对象的转变，强化了我国碳减排措施的精准性，有利于统筹发展和减排，突出了控制化石能源消费的政策导向，为清洁能源发展进一步松绑。

（三）企业主要实践

1. 中央企业和龙头民营企业先行

近一年来，各行业中央企业、龙头民营企业“双碳”行动不断加快，有效带动全产业绿色低碳转型。“双碳”目标发布后，能源、钢铁、电力等各行业中央企业积极响应，制定碳达峰碳中和行动方案，推动企业绿色低碳发展。目前，已有近 20 家中央企业发布了“双碳”行动方案。2022 年 8 月，《中央企业节约能源与生态环境保护监督管理办法》正式实施，要求中央企业积极稳妥推进碳达峰碳中和工作，企业碳排放将与负责人考核挂钩。在推动自身减碳行动的同时，更好地发挥中央企业示范与带头作用，加快产业链落后产能退出与绿色低碳发展步伐，提升市场对相关产业发展前景和潜力的信心，带动更多企业加入绿色低碳发展行列。

表 7　各行业中央企业“双碳”行动方案发布情况

行业	企业名称	行动方案及主要目标
能源	中国石油天然气集团有限公司	《中国石油绿色低碳发展行动计划 3.0》（2022 年 6 月）：按照“清洁替代、战略接替、绿色转型”三步走总体战略，力争 2025 年左右实现“碳达峰”，2035 年外供绿色零碳能源超过自身消耗的化石能源，2050 年左右实现“近零”排放
	中国海洋石油集团有限公司	《中国海油“碳达峰、碳中和”行动方案》（2022 年 6 月）：“十四五”期间，中国海油碳排放强度力争下降 10%~18%，新能源等战略性新兴产业投资占全部资本性支出之比达到 5%~10%。力争 2028 年实现碳达峰，2050 年实现碳中和，非化石能源产量占比超过传统油气产量占比
	中国核工业集团有限公司	《中核集团碳达峰碳中和工作行动纲要》（2022 年 1 月）：集团在 2025 年力争当年核风光水等各类清洁能源发电量等效减排二氧化碳超过 2.5 亿吨，万元产值综合能耗比 2020 年下降超过 13.5%，万元产值二氧化碳排放比 2020 年下降超过 18%，鼓励有条件的重点单位率先实现碳达峰；2030 年力争当年核风光水等各类清洁能源发电量等效减排二氧化碳超过 5 亿吨，万元产值二氧化碳排放比 2005 年下降 65% 以上；2060 年推动核能成为我国的主力能源

续表

行业	企业名称	行动方案及主要目标
电力	国家电网有限公司	《国家电网“碳达峰、碳中和”行动方案》(2021 年 3 月):“十四五”期间，国家电网规划建成 7 回特高压直流，新增输电能力 5600 万千瓦。到 2025 年，公司经营区跨省跨区输电能力达到 3.0 亿千瓦，输送清洁能源占比达到 50%
	中国南方电网公司	《南方电网公司碳达峰行动方案》(2022 年 3 月):到 2030 年，南方五省区和港澳地区的能源电力行业和公司自身碳排放率先达峰，服务支撑南方五省区非化石能源消费占一次能源消费比重超过 42%;风电、太阳能发电新能源装机达到 2.5 亿千瓦以上，非化石能源装机占比达到 65%，非化石能源发电量占比达到 61%;电能占终端能源消费比重达到 38% 以上
	中国大唐集团有限公司	《中国大唐集团有限公司碳达峰与碳中和行动纲要》(2021 年 6 月):2021~2030 年为达峰阶段，非化石能源装机占比升至 60% 左右，每度电二氧化碳排放减少 20% 左右。2030~2060 年为减排阶段。非化石能源装机升至 90% 以上，确保 2060 年前实现碳中和并力争提前碳中和
通信	中国联合网络通信集团有限公司	《中国联通“碳达峰、碳中和”十四五行动计划》(2021 年 6 月):实施“3+5+1+1”行动计划，建立 3 大碳管理体系——碳数据管理体系、碳足迹管理体系、能源交易管理体系，聚焦 5 大绿色发展方向，深化拓展共建共享，数字赋能行业应用
	中国移动通信集团有限公司	《中国移动碳达峰碳中和白皮书》(2021 年 7 月):到“十四五”期末，在公司电信业务总量增加 1.6 倍的情况下，碳排放总量控制在 5600 万吨以内
	中国电信集团有限公司	《中国电信碳达峰、碳中和行动计划》(2021 年 8 月):“十四五”期间，实现 4G/5G 网络共建共享节电量超过 450 亿千瓦时，新建 5G 基站节电比例不低于 20%。大型、超大型绿色数据中心占比超过 80%，新建数据中心 PUE 低于 1.3。到“十四五”期末，实现单位电信业务总量综合能耗和单位电信业务总量碳排放下降 23% 以上
航空	中国南方航空集团有限公司	《南方航空碳达峰碳中和行动方案》(2021 年 11 月):大力推进先进生物液体燃料、可持续航空燃料等替代传统燃油，提升终端燃油产品能效。到 2030 年，民用运输机场场内车辆装备等力争全面实现电动化

资料来源：课题组整理。

民营企业数量庞大，资源型和劳动密集型企业较多，是我国绿色低碳发展的重要群体。近一年来，民营企业“双碳”行动明显加快，特别是一些龙头企业，在践行绿色低碳发展的同时，推动产业链整体绿色低碳转型。比如，华为推动生产经营及产品服务过程中的绿色低碳转型，2021 年使用可再生能源电量超 3 亿千瓦时，较上一年增长 42.3%，主力产品平均能效提升至 2019 年的 1.9 倍，并对重点产品检测整体碳足迹，推动上游供应商设定碳减排目标。腾讯宣布实施“净零行动”，承诺不晚于 2030 年实现自身运营及供应链的全面碳中和，不晚于 2030 年 100% 使用绿色电力。

2. 新能源领域布局加速

在“双碳”政策推动下，新能源产业迎来新一轮爆发，企业布局明显加快。国家能源、华能、华电、三峡等企业“十四五”期间新增新能源装机目标均超过 70GW。光伏领域，装机快速增长带动中上游企业产能提升。根据中国光伏行业协会数据，2021 年初至 2022 年 6 月，我国企业光伏扩产项目超过 300 个。2022 年上半年，多晶硅、硅片、电池、组件产量同比增长均在 45% 以上。分布式光伏项目发展迅速，据《中国电力报》数据，2021 年新增分布式光伏装机约占全部新增光伏装机量的 55%，首次超过集中式光伏新增装机。国家电投《建设世界一流光伏产业宣言（2022）》提出，将以分布式光伏和户用储能为基础，探索新能源保供新模式。中国石化拟计划在“十四五”期间建设 7000 座分布式光伏发电站点。风电领域，根据国信证券数据，2022 年 1~8 月全国风电招标容量规模达到 65.3GW，已打破 2019 年创造的全年纪录，招标方主要为华能、国家能源、华电、华润、国家电投等中央企业、国有企业。其中海上风电招标规模达到 13.2GW，同比增速快于陆上风电。

3. 现代煤化工加速发展

在“双碳”目标下，煤制油、煤制气、煤制烯烃等现代煤化工产业已成为煤炭清洁高效利用的重要方向。煤制油气方面，2022 年 8 月，全球单体规模最大煤炭间接液化项目——国家能源集团 400 万吨 / 年煤炭间接液化示范项目通过竣工验收。煤制油气行业呈现良好发展态势。根据石化联合会数据，2022 年上半年，8 家煤制油项目的产能利用率为 86.8%，较上年同期提高 9.2 个百分点，产量、销量、主营业务收入分别同比增长 11.8%、16.7% 和 64.8%；4 家煤制气项目的产能利用率高达 104.5%，同比提高 16.7 个百分点，产量、销量、主营业务收入分别同比增长 42.9%、47.4% 和 138.3%。煤制化工品方面，2022 年 9 月，全球最大的在建煤化工项目——陕煤集团煤炭分质利用制化工新材料示范项目一阶段（180 万吨 / 年乙二醇）工程正式建成投产；同月，世界首套煤制聚乙醇酸可降解材料示范项目由国家能源集团实现工业化生产。我国煤化工产业正向高端化、多元化、低碳化快速发展。

4. CCUS、氢能等技术研发和项目试点加快

"双碳"目标的实现需要关键技术重大突破做支撑。近年来，企业纷纷加大 CCUS 和氢能等领域的技术研发投入和项目试点。2022 年 8 月，中石化齐鲁石化 - 胜利油田 CCUS 项目正式注气运营，是国内建成的首个百万吨级 CCUS 项目。6 月，中海油与壳牌（中国）、埃克森美孚（中国）公司签署了大亚湾区 CCUS 集群研究项目谅解备忘录，拟共同建设中国首个海上规模化碳捕集与封存集群，储存规模可最高达 1000 万吨 / 年。氢能方面，可再生能源制氢项目进展迅速，目前全国项目已超过 40 个。其中，新疆库车绿氢示范项目全部采用光伏、风电等可再生能源发电制氢，制氢规模将达到每年 2 万吨，是目前全球最大的绿氢项目。输氢环节，2022 年 7 月，中石油玉门中长距离输氢管道全线贯通。掺氢管道也在开展研究和项目示范，其中国家电投在辽宁朝阳 10% 比例的天然气管道掺氢示范项目安全运行一年有余。终端应用方面，我国氢燃料电池汽车增速较快，截至 2021 年底氢燃料汽车保有量达到近 9000 辆。2022 年上半年销量 1803 辆，同比增长 192%。国家电投氢能公司全自主研发的"氢腾"燃料电池汽车，在 2022 年北京冬奥会期间累计接驳人数超 16 万人次，实现"零失误、零故障"。在钢铁

行业，宝武集团、河钢集团、鞍钢集团等钢铁企业近两年也纷纷开展氢冶金示范工程。2022 年 9 月，全球首套绿氢零碳流化床高效炼铁新技术示范项目——鞍钢集团氢冶金项目开工，预计 2023 年投入运行。

5. 企业碳资产管理关注度提升

碳资产是指在碳交易体系下，政府分配给企业的碳排放量配额，以及企业投资开发的零排放项目或者减排项目所产生的可在碳市场交易的减排信用额。随着碳市场覆盖企业规模不断扩大，如何做好碳资产管理逐渐引起企业关注。目前，中石油、中核集团、宝武集团、河钢集团等企业先后成立碳资产管理公司，中石化、中海油也设立专门碳资产管理部门，主要负责企业碳数据、碳交易、碳资产运营等业务。未来，碳资产管理还将有很大的发展空间，并与碳金融业务深度融合，为企业低碳转型提供更大助力。

三　面临的挑战

当前，我国产业转型面临经济增长约束及成本和技术等制约，能源结构调整还需把握好转型与安全的关系，新能源大规模发展体制机制仍不顺畅，“双碳”目标推进与地区间差异有待更好协调，金融工具应用、市场体系建设等方面还不够完善，“双碳”国际合作外部冲击因素增多。未来仍需统筹考虑，妥善应对挑战，促进“双碳”工作行稳致远。

（一）产业低碳转型面临稳增长、降成本、促创新等多重约束

一是经济增长内在需求与“双碳”目标约束矛盾凸显。我国正处于高质量发展和建设社会主义现代化强国的阶段，经济增长对能源消费的需求仍将稳步提升。我国城镇化率稳步增长，近十年平均增速为 1.39%，2021 年为 64.72%，要达到西方发达国家水平（80% 左右）大

约还需十年，与碳达峰进程整体一致。同时，我国碳排放总量仍不断增加，2021 为 119 亿吨，占世界碳排放总量的 33%，其中能源行业碳排放量占总排放量的 88%。此外，我国万元 GDP 能耗为 0.46 吨标准煤，远高于大部分发达国家（美、日、德分别为 0.21 吨标准煤、0.19 吨标准煤、0.16 吨标准煤）。既要确保经济增长需要，又要在较短时间内实现“双碳”目标，任务紧迫而艰巨。

二是传统行业转型升级承压。在“双碳”目标背景下，我国传统行业普遍面临绿色低碳转型压力，但转型成本高、技术路径不一，需要长时间摸索和试验。以炼化行业为例，部分传统炼化产能面临关停并转、优胜劣汰局面，行业生产重心正逐步转向更清洁的交通运输能源、炼油特色产品等，国内大型钢铁企业也纷纷参与布局氢冶金等低碳项目。然而，“绿电—电解水制氢”在成本上短期内难以和“高炉—转炉”长流程开展竞争，在工艺上仍需重点解决可再生能源制绿氢与冶金流程的耦合等问题。

三是新兴低碳产业受技术、材料、能耗指标等因素制约。IEA 分析指出，全球 2050 年实现净零排放的关键技术中，目前有 50% 的技术尚未成熟。同时，可再生能源电力还面临稀有材料严重短缺问题，包括光伏的度电材料镍、铟、镓、锗、碲等稀有金属，以及风电的钕、镨、镝等稀土元素。2022 年以来，电池级碳酸锂价格持续高位，压缩动力电池环节利润空间，电池成本上涨对新能源汽车产业形成较大压力。此外，在能耗“双控”制度下，部分新兴产业和大数据中心的发展受能耗指标限制，平衡能耗、碳减排和经济发展之间的关系，是“双碳”目标面临的突出挑战之一。

（二）能源结构调整需解决好保安全、顺机制、强技术等问题

一是能源低碳转型与能源安全保供处于两难困境。我国是世界上最大的能源消费国，目前经济发展仍以高碳化石能源为基础，煤炭依

然是保障我国能源安全的“压舱石”。2021 年，我国煤炭产量和消费量分别占全球总量的 50.5% 和 53.8%，同比增长分别为 6.0% 和 4.9%。同时，乌克兰危机导致欧洲能源危机以及全球大宗商品价格持续走高，我国能源保供稳价间接承压。此外，我国去产能及“双碳”目标约束，叠加冬季采暖负荷大，导致缺煤、高煤价并衍生出“煤荒式电荒”，煤电企业生存困难，煤电角色转变困难。

二是新能源大规模发展机制体制不顺。当前我国新能源电力并网仍面临外送通道不畅、电力电量平衡不够、市场机制不顺等难题，电力系统的消纳能力和经济性问题较突出。此外，新能源发展缺乏合适的电力辅助服务费用补偿与分摊机制，平价新能源难以承受辅助服务市场对资金的需求。

三是储能、氢能、CCUS 等“双碳”领域技术突破和商业化应用仍需时日。新型储能参与电力市场交易是系统性工程，仍需完善规划建设、调度运行、电力市场、安全管理等方面措施。氢能产业发展仍面临氢源不绿、技术不强、成本不菲（绿氢成本高）、场景不多、标准不全等瓶颈，产业同质化问题较为突出。CCUS 项目普遍面临产业流程长、能耗损失大、成本负担重等难题。如煤电示范项目捕集每吨二氧化碳将额外增加 140~600 元的成本，短期内难以大规模应用。

（三）区域发展不均衡加大“双碳”工作统筹协调难度

一方面，受地理位置、资源禀赋、产业分工等因素影响，我国碳排放分布存在明显的区域不均衡。一是碳排放总量差别较大。2019 年我国排放量最高的 6 个省份（山西、山东、内蒙古、江苏、辽宁、陕西），其排放总量占全国排放量的比例高达 47%，而排放量最少的 15 个省份，排放总量仅占全国排放量的 21%。二是所处碳排放阶段不同。例如，山西、山东、内蒙古、广东等省份碳排放总量仍保持增长趋势，北京、吉林、河南、重庆和青海等省市近年则出现了碳排放量持续下降的趋势，部分省份碳排放增速逐渐放缓，正处于碳排放平台期。因此，“双碳”工作需要统筹好整体和局部的关系，不能搞齐步走、“一刀切”式减碳。

另一方面，碳数据统计制度仍不够完善。目前联合国政府间气候变化专门委员会（IPCC）指南的计算方法是基于国家地域内所有部门的排放，未涉及省、市、县区域间的跨界和交叉性问题。我国能源供需存在逆向分布格局，如晋蒙陕新等煤炭资源富集的省份煤电外送多用于支撑东部发达地区，但与电力相关的碳排放有一部分计在供给地，难以有效发挥减排激励机制的作用。

（四）“双碳”推进仍缺乏足够资金和金融工具支持

一是实现“双碳”目标所需资金缺口较大。据国家气候战略中心预测，为实现碳中和目标，到 2060 年我国新增气候变化领域投资需求规模 139 万亿元，2021~2060 年年均增加 3.48 万亿元。自 2018 年以来，我国年均新增气候投融资贷款 1.7 万亿元，与每年超 3 万亿元的新增投资需求相比仍有较大缺口。此外，气候投融资领域涉及低碳绿色产业和碳汇、碳捕集等负碳产业，投融资活动具有周期长、收益低、投资大等特征。对于金融机构和投资者而言，提高自身对绿色项目的识别能力和风险把控能力尤为重要。

二是参与投资主体较为单一。当前“双碳”目标所需的资金缺口仍以绿色信贷、绿色债券、绿色保险等传统的绿色金融业务为主，且参与主体多为国内政策性金融机构及大型中资商业银行。对多边和双边国际组织绿色项目资金的利用还远远不够，国内民营资本等市场化手段潜力也有待挖掘，需调动更多的国际资本、社会资本及公共资金参与。

三是碳金融产品及衍生品较为欠缺。近年来，我国陆续推出碳中和债券、绿色债券、碳远期交易、碳排放权抵质押融资等创新型碳金融产品。由于碳排放权交易市场规模有限，金融机构对接受以碳排放权为担保品的融资方式仍处于探索阶段，绝大多数交易属于金融机构的“首单”“首笔”试点实践。我国绿色信贷规模仍占整体绿色金融资金总额的90%以上，且相关金融业务过于集中在银行端口，碳金融产业及衍生品尚未形成真正具有竞争优势的市场规模。

（五）“双碳”市场体系和运行机制尚不健全

一是我国碳排放权交易市场刚刚起步，覆盖行业和参与主体还不够丰富，市场流动性仍不够充分，尚未真正形成企业自主减排的倒逼机制及参与市场交易的激励机制。二是我国电力市场改革依然面临电源结构优化、价格机制改革、竞争效率提升等多重挑战，加之各地电力现货市场建设进展和交易规则存在较大差异，增加了建设全国统一电力市场的难度。三是我国绿电交易还处于试点阶段，尚未完全展开，且绿证与国家核证自愿减排量（CCER）仍处于并行的状态。四是碳市场与电力市场的协同发展和价格衔接机制有待完善，尤其需要进一步打通电力市场价格传导的堵点，使电价更好地反映市场供需及碳减排成本。

（六）“双碳”国际合作面临绿色壁垒、地缘政治、大国博弈等冲击

一是面临欧盟碳关税等绿色贸易壁垒。近年来，以欧盟为代表的西方发达国家利用其在绿色减排政策、技术、标准等方面的既有优势，通过设置绿色壁垒、征收碳关税等手段，不断强化在全球气候变化领域的领导权和话语权。例如，2022年6月，欧洲议会通过了关于建立碳边境调节机制（CBAM，“碳关税”）草案的修正方案，美国参议院金融委员会已收到《清洁竞争法案》的“碳关税”立法提案，英国提出要推动欧盟和G7国家共同创建“碳关税”联盟。二是地缘政治冲突恶

化了国际气候合作环境。乌克兰危机使国际环境更为复杂，全球大宗商品供应遭遇剧烈冲击，欧洲能源价格飙升，其溢出效应迅速蔓延到其他国家，导致各国经济危机和通胀压力加剧，我国也不同程度承压。三是中美博弈的持续为“双碳”国际合作增加了不确定性。欧洲能源供应体系和战略规划的调整为中欧清洁能源合作带来新机遇，但同时面临美国等大国博弈的挑战。

四 展望与建议

（一）未来展望

2022 年，国际形势错综复杂，新冠肺炎疫情影响持续，逆全球化之势不减，在地缘政治、乌克兰危机、大宗商品价格上涨等因素作用下，能源安全问题更加突出，国际碳中和步伐暂时放缓。国内疫情多点散发，经济增长压力加大，“碳冲锋”、“一刀切”、拉闸限电、煤电矛盾等问题显现，能源安全重要性更为突出，“双碳”目标实现面临更多挑战。长期来看，我国实现“双碳”目标的方向不会改变；短期内，在复杂多变的国际形势和能源资源供给压力作用下，仍需遵循以煤为主的基本国情，做好“先立后破”大文章。

1.“1+N”政策体系将进一步完善

2022 年以来，有关部门先后出台 40 余项政策文件，内容覆盖能源绿色低碳转型、节能降碳增效、工业领域碳达峰、城乡建设碳达峰、交通运输绿色低碳等专项行动，推动碳达峰碳中和“1+N”政策体系不断完善。下一步，将进一步制定出台钢铁、石化化工、有色金属、建材、电力、石油天然气等重点行业实施方案。同时，有关碳排放统计核算、考核评价等数据标准、工作规范及制度体系将进一步明确，加快推动能耗“双控”向碳排放“双控”转变，为“双碳”工作推进奠定坚实基础。此外，有关部门将进一步细化出台保障政策，助力“双碳”工作取得实效。

2. 新模式、新业态将不断涌现

一是新能源相关新业态、新模式大发展。中国作为风电、光伏装备供给和消费大国，在全球新能源发展中具有重要地位，将为新产业兴起、新模式拓展提供重要市场空间。在新型电力系统建设过程中，智慧电网、智能微网、分布式电源、新型储能、虚拟电厂、用户等多主体交织互动，将逐步改变电网角色，催生出更多新业务和应用场景，促进新能源更大规模、更高比例使用，推动能源绿色低碳转型。

二是碳吸收控制等领域技术不断进步。在能源安全压力下，妥善用好煤炭资源、准确定位化石能源成为理性选择。解决集中使用化石能源带来的碳排放问题将受到更多关注，以 CCUS 为代表的碳吸收控制等技术将得到快速发展，碳捕捉成本将进一步降低，下游应用更为多元丰富。

三是数字技术与“双碳”融合，平台经济空间广阔。“双碳”目标实现是一项跨行业、跨领域、跨地区、全流程的系统工程，客观上需要全面推进数字技术应用，以实现碳的全程实时追踪与控制，应用新技术、新手段达到减碳控碳的效果。以综合能源服务商、碳管理数字化平台服务商等为代表的新平台经济将蓬勃发展，从企业、行业、区域、全国等层面，构建全方位的数字化碳管理体系，促进碳源可溯、碳量可查、碳可捕捉、碳品可用，切实推进“双碳”目标实现。

四是绿色消费、循环经济等新模式更受追捧。在“双碳”目标约束下，绿色消费、循环经济、节能增效等需求侧管理新模式将更受关注。特别是在海外能源供给、矿产资源（包括新兴矿产品种）供给不确定性增加的情况下，转变生产生活方式、降低能源资源消耗、提高资源利用效率、回收再利用等空间很大，绿色建筑、新型材料、绿色生活、绿色金融等规模将不断扩大。如首批新能源电动车即将迎来电池“退役潮”，将带动相关产业和技术大发展。

3. 不同地区和行业碳达峰路径呈现差异化

随着“双碳”工作持续推进，各地区各行业碳达峰行动方案逐步完善，达峰时间上有先后、路径上有差异，这与不同地区经济社会实际直接相关，也与地区在国家能源资源保供和经济产业发展中的定位不同有关。东部发达地区碳达峰时间较早，中西部地区特别是煤炭资源富集地区在能源保供稳价中发挥重要作用，碳排放总量和强度很难在短期内降低，在保障国家能源安全、保持地方经济增长和落实“双碳”目标要求之间仍难实现较好的平衡。如上海、深圳等市表示力争碳排放总量在 2025 年达峰。宁夏、四川等地争取在 2029 年达峰。下一步，仍需在确保总量达峰的前提下，按照“共同但有区别的责任”原则，充分尊重地方实际和经济发展需要，推动碳达峰路径差异化，切实发挥市场手段作用，弱化行政干预。要区别对待传统的高耗能、高排放产业与新兴高载能产业，实现新旧动能平稳转换，促进经济稳定增长。

4.“双碳”推进策略将更加务实

一是能源转型更加重视能源安全。在国内外因素作用下，能源安全重要性进一步凸显，特别是在我国油气资源对外依存度较高、中美摩擦长期存在的大背景下，“双碳”推进将更加重视能源安全因素。二是煤炭主体能源地位在一段时间内仍不会改变。以煤为主的国情要求我们用好煤炭资源，千方百计促进煤炭清洁高效利用。我国煤炭优质产能将进一步释放，自产煤炭规模将进一步扩大。同时，为促进间歇性、波动性风光电大规模、高比例并网，主做调峰的先进煤电规模也将稳步提升。三是国际合作更加追求实效。在当前国际环境变化和地缘政治因素作用下，应对气候变化国际合作将更突出国别差异，大国博弈更为激烈，竞争与合作关系同时存在。我国与俄罗斯油气资源合作将进一步扩大，对欧新能源产业与技术交流也将更加深入，对美合作虽遇阻滞但未来潜力较大，与新兴国家能源资源合作也将更加细致深入。

（二）政策建议

面对复杂的内外部环境，应立足高质量发展和建设社会主义现代化强国需要，在坚定降碳的同时保障能源安全，把握好降碳控碳节奏，稳步推进能源结构调整和产业绿色低碳转型，加快规划建设新型能源体系，加强需求侧节能降碳提质增效，发展绿色低碳、节能环保和循环经济，夯实“双碳”政策基础，务实开展国际合作，积极稳妥推进“双碳”目标实现。

1. 积极稳妥推进“双碳”工作

把握先立后破、有序推进总体要求，立足以煤为主的基本国情，控制煤炭消费总量，兜住能源安全和经济发展的底线，有序减量替代，推进煤炭消费转型升级。稳步推进煤炭和新能源优化组合，促进煤电由“主力电源”向“主力电源与服务电源并重”转变，构建适应新能源大规模发展的体制机制，加速能源结构向绿色低碳转型。加大力度推进能源保供稳价，强化能源产供储销全链条建设，增强电力系统安全性和稳定性。加强需求侧管理，实施节约优先战略，加快发展绿色低碳与循环经济，发展现代煤化工等高端产业。提升绿色低碳技术水平，加快关键核心技术攻关。

2. 促进煤炭资源清洁高效利用

准确定位煤炭资源，发挥煤炭保能源安全和促进新能源发展“双轮驱动”作用，推进煤炭清洁高效利用。夯实煤电作为电力安全保障的基本定位，促进煤电向可靠性和可控性等服务电源角色转变。推动煤电节能降耗改造、供热改造和灵活性改造“三改联动”。探索煤电与风光电融合发展新路径，促进“风光火储”一体化发展。优化煤电参与市场的机制，探索建立容量市场，逐步降低煤电发电量，保留必要装机容量。促进煤化工产业转型升级与高质量发展，支持煤制油气、甲醇、烯烃等先进技术应用，促进精细化工、化工新材料产业发展，开发高端燃料、材料产品。加快推进传统煤化工产业升级改造。加快突破煤气化技术，发展有自主技术的煤气化技术装备。加快钢铁、建材等绿色化转型步伐，发展精深加工产业，着力推行产品绿色设计，建立健全绿色制造体系。

3. 支持新能源平稳健康发展

大力发展“风光火储氢”源网荷储一体化配电网络，创新微电网、智慧能源、虚拟电厂等模式，提升就近消纳风光电能力。积极发展固态电池、钠离子电池、氢储能等新型储能技术，促进“风光火储”互补联动。大力发展可再生能源制氢产业，探索谷电制氢、离网制氢、网电制氢等多种模式，开展“氢—电”融合试点，实现低成本、规模化绿氢供应。统筹解决新能源大基地电力外送问题，同步规划电力送出通道，统筹下游消纳，推动建成投产一批、开工建设一批、研究论证一批多能互补输电通道。进一步完善新能源电力跨区消纳机制。完善新能源电力参与市场的机制，推动新能源电力全部进入电力现货市场，探索实施“强制配额制 + 绿证交易”方式。完善跨区域电力交易市场，建立容量交易市场，鼓励“风光火储氢”一体化分布式电源参与市场交易。理顺绿电、绿证和碳市场等之间关系，促进“证电分离”交易，提升绿证交易活跃度。探索绿证市场与碳排放市场衔接。

4. 推进产业结构绿色低碳转型

实施节能降碳行动，促进高排放产业燃料、原料替代，加快提升绿氢等应用规模，切实降低碳排放量。适度有序发展新兴高载能产业。在电气化率不断提高、能源消费总量不断扩大的过程中，应调整“一刀切”限制高载能产业的思路，鼓励采用绿色新技术、科技含量高、附加值高的用能大产业加快发展。利用碳排放市场、绿证市场等平台，促进高载能产业减碳降碳，实现零碳发展。大力发展现代新材料、清洁能源装备、工业节能设备、智能监测设备等产业，壮大碳排放管理、综合能源服务、统计监测服务等产业。加快实施钢铁、建材、石化、

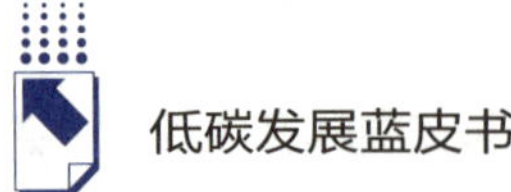

化工等行业绿色化改造工程，推广绿色先进工艺流程，提升产业绿色化发展水平。

5. 全面加强能源资源节约利用

把能源资源节约利用作为需求侧管理、实现“双碳”目标的重要手段，推动节能降耗提高能效。一是全链条推进生产端节能提效改造，推广节能生产方式。将节能理念贯穿到各行业产品和服务供给各环节，推广应用先进节能技术、现代节能材料、节能工艺与流程。探索将节能、绿色生产等作为强制性标准贯标实施。二是倡导节能生活方式，营造资源循环使用良好环境。加强水电气等能源资源综合循环利用，支持多能互补、多式联产发展。加强能源需求侧管理，建设绿色低碳城市、数字智慧城市，鼓励发展虚拟电厂等新兴主体，提升综合能效管理水平。三是发展循环经济，提高能源资源利用效率。在电动汽车电池大批退役背景下，积极发展电池回收、拆解、再利用相关产业。支持发展废钢回收及加工产业。促进产品全生产周期无害化处理，推进原料减量化、材料轻型化、利用循环化，构建覆盖全国、渗透各地区各行业的循环经济体系。

6. 加快健全“双碳”支持政策体系

尽早实现能耗“双控”向碳排放总量和强度“双控”转变。区分能源消费总量与碳排放总量，调整能耗“双控”与碳排放“双控”不匹配的统计考核机制。妥善解决能源外送地区在保障全国能源供应的同时将碳排放留在本地的问题，探索建立适宜的补偿机制，在碳排放总量和强度考核中予以考虑。健全碳排放标准、统计、监测、考评等数据体系和工作基础。统筹全国能源供需统计与各地区能源消费数据，建立准确的能源与碳排放数据库，实时监测碳排放情况。统一规范碳排放计量分析与考核评价机制，综合判断各地“双碳”工作推进程度，把握好全国总量达峰与各地差异化达峰节奏。健全支撑“双碳”目标实现的市场体系与体制机制，扩大碳排放市场参与主体范围，纳入钢铁、化工等“两高”产业，探索清洁能源主体及用户参与机制。探索碳定价机制，突破市场范围、主体类别、行业和地区限制，以用能规模、碳排放量为基础评估碳价格，引导企业降低高碳能源消费，提高清洁能源消费比重。

7. 差异化推进“双碳”国际合作

一是加强与欧洲国家绿色低碳技术交流合作。发挥我国风电光伏产业链优势，加大与欧洲可再生能源项目合作。引进欧洲先进技术，共同开发第三方国家市场。加强与欧盟碳边境调节机制协调，系统分析 CBAM 运行机制及对我国的影响，提出应对举措，保障我国公平竞争与发展的合理权利。二是加强与美国应对气候变化领域合作。利用美国重启气候变化合作契机，弱化其对我国光伏等新能源产业威胁，把握主动权。加强全球能源治理体系建设方面沟通，争取有利位置。三是加强与俄罗斯在能源保障、通道建设、支付结算体系建设等方面的合作。加强与俄罗斯油气等资源合作，适度加大进口规模，争取有利条件，开辟新的能源供应通道，降低马六甲等通道依赖度。与俄罗斯开展能源贸易支付结算体系建设方面合作，扩大人民币国际影响力。四是扎实推进共建绿色“一带一路”。加强绿色低碳技术共享与联合攻关，帮助落后国家实施煤电改造项目，提升清洁发电水平。促进绿色低碳设备装备进入共建“一带一路”国家市场，完善绿色低碳合作机制。五是积极参与全球气候变化治理体系变革。参与制定全球碳排放核算、国际碳定价、清洁能源合作等规则，推动构建体现中国声音和全球共同利益的气候变化治理体系。

大家视角

B.2
关于低碳城市评价指标体系建构问题

张大卫*

摘　要： 低碳城市建设旨在持续减少能源供应系统和终端能源消费部门的温室气体排放量，建立绿色低碳发展的城市生态体系，实现相对“零排放”。本文借鉴国内外相关实践与研究成果，认为应从城市空间规划、低碳社区、绿色交通、绿色建筑、

* 张大卫，中国国际经济交流中心副理事长、秘书长，经济学博士，博士生导师，中国区域经济 50 人论坛成员。曾任河南省发展和改革委员会主任、河南省人民政府副省长、河南省人大常委会副主任等职。长期从事区域经济和产业经济的发展研究工作，发表经济社会发展领域研究论文多篇。主持编制河南省“十五”“十一五”规划、中原城市群规划、郑州航空港经济综合实验区发展规划等。著有《打造中国经济升级版》《航空经济概论》《国际著名智库机制比较研究》《加快构建中国特色新型智库生态圈》《E 国际贸易——下一代贸易方式的理论内涵与基础框架》等。

绿色能源等九大方面，构建我国低碳城市评价指标体系。同时，要充分认识低碳技术在减少化石能源依赖、提高能源安全、节能减排和创新业态、提供大量新就业岗位等方面的重要性。解决好指标可获得性不高且各地统计口径不统一的问题，在指标体系中体现城市“环境容量”的理念，制定科学、适用、规范统一的技术标准和制度，抓紧补齐指标缺失和数据不足两块短板，扎实推进低碳城市建设工作。

关键词： 低碳城市　指标体系　政策扶持　管理创新

目前，中国已有数十个低碳试点城市，这些试点城市承担的主要任务是以尽可能少的温室气体排放，推动城市经济持续稳步增长和城市充分就业及国民收入的稳步提高。这一探索实施的要点是持续减少能源供应系统和终端能源消费部门的温室气体排放量，提高城市碳汇水平，建立起绿色低碳发展的城市生态体系，最终实现相对“零排放”的目标。

为加强对这一问题的研究和追踪评价，中国国际经济交流中心成立了低碳生态城市体系课题组。课题组研究认为，实现低碳城市发展目标的主要手段，一是低碳技术的发展及应用；二是改造传统产业，发展绿色低碳产业、循环经济等；三是实施有效的低碳管理，包括制度、政策、目标和规划管理等；四是建立良好的微循环系统，其中包括绿色消费、居民行为和低碳社区建设等。

从国内外实践情况看，城市追求低碳发展的目标，一般应聚焦于以下几个领域：绿色能源、绿色交通、绿色建筑、绿色产业、环境共生、低碳社区、城市空间规划、低碳管理体系等。

因我国尚缺乏统一的低碳城市指标体系。课题组对国内外一些可

资借鉴的指标体系进行分析后，归纳出一些基本特点。现将这些指标体系设计的分类框架（一级指标）举例如下。

①联合国人居署人居议程指标体系：安居、社会发展、环境管理、绿色发展管理。

②全球城市指数指标体系：城市服务、生活质量。

③联合国可持续发展指标体系分为 17 大类 179 个指标。一级指标主要涉及：消除贫困，消除饥饿，良好健康与福祉，优质教育，性别平等，清洁饮水与卫生设施，廉价和清洁能源，体面工作和经济增长，工业、创新和基础设施，缩小差距，可持续城市和社区，负责任的消费和生产，气候行动，水下生物，陆地生物，和平、正义与强大机构，促进目标实现的伙伴关系。

④中国人居环境奖评价指标：居住环境、生态环境、公共安全、经济发展、资源节约。

⑤中国城市发展战略绩效指标体系：经济生活、社会发展、生活质量、城市基础设施、环境管理、国际合作。

⑥中国城市科学发展综合评价体系：经济发展、公共服务、居民福祉。

⑦中国低碳城市评价体系：规划目标、媒体传播指标、新能源与低碳产品、低碳出行、绿地面积、绿色建筑、空气质量、减碳与再生资源、公众满意度、一票否决制等。

⑧住建部中国城市可持续发展指标包括：居住环境、生态环境、社会和谐、公共安全、资源节约、社会发展。

⑨中国国际经济交流中心与哥伦比亚大学、阿里研究院、飞利浦（中国）合作，分别推出了国家、省级和 100 个城市的可持续发展评价指标体系。一级指标为：经济发展、社会民生、资源环境、消耗排放、治理保护。

中国国际经济交流中心低碳生态城市体系课题组向有关部门建

议，在设置指标体系时，可选取国外 14 个和国内 11 个指标体系以供参考，同时在此基础上，建议形成中国低碳城市评价指标体系的基础框架，如表 1 所示。

表 1　低碳城市评价指标体系

类别	指标
一、城市空间规划	1. 紧凑的城市结构 2. 低能耗和低温室气体排放 3. 环境友好 4. 可持续城市发展
二、低碳社区	1. 密集的城市网格 2. 适宜步行的街道 3. 多功能混合邻里社区
三、绿色交通	1. 以人为本 2. 资源节约 3. 服务高效 4. 出行距离合理 5. 交通结构可持续
四、绿色建筑	1. 被动式设计 2. 能源节约
五、绿色能源	1. 提升能源效率 2. 发展可再生能源
六、绿色经济	1. 绿色消费 2. 绿色产业
七、环境共生	1. 海绵城市 2. 森林城市 3. 城市基础设施
八、定性指标	低碳生活
九、综合指标	生态足迹

实现低碳城市的发展愿景，有三个关键问题需引起高度关注，即技术进步、政策扶持和管理创新。

联合国政府间气候变化专门委员会（IPCC）及《应对气候变化技

术开发与转让北京宣言》都强调了低碳技术对减少化石能源依赖、提高能源安全、节能减排和创新业态、提供大量新就业岗位的重要性，而这些技术是需要一些有效的政策来提供保障的。IPCC 报告中提出的有关技术与政策条件如表 2 所示。

表 2　中国城市目前适用的低碳技术和措施

行业	中国城市适用的关键技术和做法	有效的政策和措施
能源供应	加快能源强度的改进； 发电行业的低碳化； 发展可再生能源技术； 核能； 高效天然气； 联合循环发电或热电联产替代燃煤； 发电； 尽早使用 CCS	针对可再生能源技术的上网电价补贴； 差别电价
交通运输	改造交通运输方式的技术和行为减缓； 节约燃料的机动车； 混合动力车； 低碳燃料替代； 公共交通优先； 非机动化交通运输（自行车、步行等）	利于节能的城市规划； 提高排放标准； 车辆购置税； 有吸引力的公共交通低票政策； 基础设施规划影响流动需求； 征收燃油税； 实施《汽车燃料消耗量标识》
建筑	超低建筑节能标准， 高效照明和采光， 高效电气； 高效供热和制冷装置； 节能墙体材料和建筑物护围结构节水技术； 智能化楼宇	家电标准和能效标签； 建筑法规； 政府强制采购节能产品； 制度； 绿色照明推广； 阶梯水价
工业	广泛升级、更新替换和推广利用现有的最优技术； 创新； 推广使用高能效终端设备； 余热和可燃气体回收； 材料回收利用和替代； 控制非 CO_2 气体排放； 采用交叉性基础措施； 减少废弃物、再利用、循环利用和能源回收	节能工程； 推动企业节能； 关停落后产能； 针对能源服务公司（ESCO）的激励措施； 节能监察制度

续表

行业	中国城市适用的关键技术和做法	有效的政策和措施
林业	植树造林和再造林； 减少毁林； 木材替代； 森林管理； 使用林产品获得生物能以替代化石燃料的使用	实施林业工程
空间规划	高密度居住与就业的共地分步、实现土地利用高度多样性和整合、提高可达性、投资公共交通； 抓住快速城市化地区的机遇； 系统评估气候行动方案对城市整体排放的影响； 控制城市尺度	提升参与气候行动计划城市的财政能力和管理能力

目前，实现低碳城市发展目标，仍有一些技术亟待突破，如储能技术、碳捕捉与碳储存技术等。在政策措施上也有如何使绿色能源价格被市场接受并具有竞争力、鼓励发展分布式能源以使民众及市场主体分享绿色供能福利问题等。

构建低碳城市指标体系，仍需面对一些指标可获得性不高且各地统计口径不统一的问题。因而在管理创新方面，首先是在目标管理上，要尽快实现由能耗总量、强度"双控"向碳排放总量与强度"双控"转变，将碳排放总量、单位产值碳排放、人均碳排放、碳汇、生物多样性等方面指标尽快纳入统计体系。

其次是在指标体系中输入城市"生态足迹"管理理念。"生态足迹"又称为"生物生产力地域空间"或"具有适当承载力的生态系统"。笔者习惯于将其称为"环境容量"，即一个城市要有废弃物可以消纳而资源可以再生的能力，并要形成新的自然生态系统。这就需要在城市发展的同时，能配套规划一定的具备生物生产力的土地和水域空间，并与城市周边的绿水青山、田畴沃野衔接融合在一起。更需要加快将生态环境的管理由标准管理、总量管理、质量管理向容量管理转变。

推进低碳城市管理创新，还需要在制定科学、适用、规范统一的技术标准和制度建设上下工夫，如建立温室气体排放与节能目标责任考核制度，统计、核算、监测、报告、核查制度，投资项目碳排放评估及准入制度，低碳产品标准、标识、认证制度，低碳发展财税与专项资金支持制度等。我们已跨入数字化时代，现代信息技术的发展与集成，使大数据对实物、人的活动、事件、场景、信息都可进行精准描述，因而在构建指标评价体系时，要利用好大数据资源和手段，以增加其精准性。同时，要在确保国家数据安全、社会数字产权和个人数据隐私保护的基础上，划定好公共数据应用边界，推动政府公共管理数据得到充分开发运用，增加指标体系的权威性。

标准和指标体系的构建是引导发展方向及重点的大事，是国家核心利益与核心竞争力的重要组成部分。中国城市高质量发展和低碳城市建设，要抓紧补上指标缺失和数据不足两块短板。

B.3

新发展阶段积极稳妥推进碳达峰碳中和的重点任务和路径

王一鸣[*]

摘　要： 全球应对气候变化紧迫性不断上升，中国推进碳达峰碳中和行动为全球应对气候变化作出新贡献。新发展阶段积极稳妥推进碳达峰碳中和，要把握好减碳和经济增长的动态平衡，在双重目标约束下寻求最优路径；要以能源绿色低碳转型为核心，加快规划建设新型能源体系；要推进工业、建筑、交通领域绿色低碳转型，确定各领域各行业“十四五”“十五五”碳排放增量控制目标；要完善能源消费总量和强度调控、碳排放统计核算制度、碳排放权交易制度，构建碳达峰碳中和的基础制度体系。

关键词： 气候变化　碳达峰　碳中和　绿色低碳转型

---

* 王一鸣，中国国际经济交流中心副理事长，第十三届全国政协委员、经济委员会委员，国务院发展研究中心原副主任、研究员，兼任中国社会科学院大学博士生导师、中国人民大学兼职教授。1989 年毕业于南开大学，获经济学博士学位，其后长期在国家发展和改革委员会工作，曾担任国家发展和改革委员会宏观经济研究院常务副院长、国家发展和改革委员会副秘书长等职。1993~1994 年，曾在比利时老鲁汶大学应用经济系做访问学者一年。主要从事发展战略和规划、宏观经济和政策等方面的研究工作，先后在国内外重要刊物上发表学术论文和理论文章 200 余篇，独著、合著、主编学术著作 10 余部。为享受国务院颁发的政府特殊津贴专家。曾多次获优秀研究成果奖励。

一　推进碳达峰碳中和面临的新形势新挑战

气候变化是全人类面临的共同挑战。近年来，极端气候事件频发，乌克兰危机后一些欧洲国家气候政策回摆，给应对全球气候变化带来新挑战。中国实施积极应对气候变化的国家战略，加快推进绿色低碳转型，在全球应对气候变化中发挥日益重要的作用。

（一）应对全球气候变化的严峻性紧迫性进一步上升

根据联合国政府间气候变化专门委员会（IPCC）2021 年 8 月和 2022 年 2 月发布的第六次评估报告第一工作组和第二工作组的报告，人类活动产生的温室气体排放已经导致全球气温升高约 1.1℃，如果全球变暖在未来几十年或更晚的时间内超过 1.5℃，人类自身、自然系统、生物多样性都将面临额外的严重风险。《科学》杂志近期发表的研究成果表明，随着全球气温的持续上升，更多灾难性的气候变化将陆续出现。在今天的温度条件下，5 个危险的气候临界点可能随时被触发，分别是格陵兰岛的冰川崩塌、西南极冰川崩塌、广泛的多年冻土融化、拉布拉多海对流崩溃、热带珊瑚礁大量死亡。而随着变暖的持续，更多临界点将面临失守的风险。2022 年夏天，全球各地高温热浪、陆冰融化，超强降水和严重干旱等极端气候事件频发，烈度加强，各国能源短缺频现。中国 2022 年的高温热浪叠加干旱，也造成电力需求迅速上升和供应紧张。当前全球气温还在不断升高，极端气候事件将更加频繁，全球气候变化形势更趋严峻，事态的发展正如联合国秘书长古特雷斯在埃及沙姆沙伊赫举行的《联合国气候变化框架公约》第二十七次缔约方大会（COP27）气候落实峰会上所说的那样，“我们踏上了通往气候地狱的高速公路，我们的脚踩在了油门上”。“人类必须有决心行动起来为应对气候变化而战”。

当前，受到乌克兰危机影响，全球能源供需矛盾加剧，欧洲出现能源危机，一些欧洲国家气候政策出现回摆，德国等国家重启了煤电，增加了煤炭消费和碳排放。但可以预见，《巴黎协定》确定的全球绿色低碳转型长期大趋势已经不可逆转。根据国际货币基金组织 2022 年 10 月发布的《全球经济展望》，如果目前立即开始实施正确的措施，并在未来八年内分阶段落实，那么成本将会很小。然而，如果可再生能源转型被推迟，成本将大大增加。全世界必须在 21 世纪第二个十年结束前将温室气体排放量减少至少 1/4，才能在 2050 年之前实现碳中和。要实现这一重大转变，将不可避免地带来短期经济成本——但与减缓气候变化的诸多长期收益相比，这些成本微不足道。

（二）中国在应对全球气候变化中发挥日益重要的作用

过去十年，中国保持应对气候变化的战略定力，加快推进绿色低碳转型，成为应对全球气候变化的积极参与者和重要贡献者。2012~2021 年，中国以年均 3% 的能源消费增速支撑了年均 6.5% 的经济增长，单位 GDP 二氧化碳排放量比 2012 年下降约 34.4%，单位 GDP 能耗比 2012 年下降 26.3%，累计节能约 14 亿吨标准煤。煤炭消费比重从 2014 年的 65.8% 下降到 2021 年的 56%，年均下降 1.4 个百分点，是历史上下降最快的时期。可再生能源装机占全球 1/3，全球 80% 以上的风电、光伏设备组件都来自中国。用于可再生能源的累计投资已达到 3800 亿美元，总量居全球第一。

2021 年以来，中国积极落实《巴黎协定》，进一步提高国家自主贡献力度，围绕碳达峰碳中和目标，有力有序有效推进各项重点工作，取得显著成效。中国已形成碳达峰碳中和“1+N”政策体系，制定中长期温室气体排放控制战略，推进全国碳排放权交易市场建设，编制实施国家适应气候变化战略。经初步核算，2021 年，单位国内生产总值二氧化碳排放比 2020 年降低 3.8%，非化石能源占一次能源消费比重达到16.6%，新能源累计装机容量达到11.2亿千瓦，水电、风电、光伏发电累计装机容量均达到或超过3亿千瓦，均居世界第一。这些事实和数据表明，在一些发达国家气候政策回摆的情况下，中国推进碳达峰碳中和行动坚定不移，取得的成效为全球应对气候变化作出重要贡献。

二　推进碳达峰碳中和要把握好减碳和经济增长的平衡

党的二十大进一步阐明“分两步走”全面建成社会主义现代化强国的总的战略安排，力争2030年前碳达峰、2060年前实现碳中和，与我国社会主义现代化建设“分两步走”战略安排具有同向性和同步性。党的二十大报告提出到2035年人均国内生产总值达到中等发达国家水平和碳排放达峰后稳中有降的目标，并提出积极稳妥推进碳达峰碳中和的政策取向。我们既要保持合理的经济增速以实现人均国内生产总值达到中等发达国家水平目标，又要实现碳排放达峰后稳中有降的目标，在这两个约束条件下寻求最优的路径。

（一）人均 GDP 达到中等发达国家水平必须保持合理增速

从世界银行划分的标准看，发达经济体的门槛值为人均国民收入2万美元，发达经济体平均水平高达4.8万美元，剔除卢森堡、新加坡等体量偏小的经济体，人均GDP平均水平也在3.5万~4万美元。中国必须通过保持合理的经济增速迈过人均GDP2万美元的台阶，然后通过经济增长质量和经济基本面改善带动汇率提升，努力实现人均国内生产总值达到3.5万~4万美元水平。

2020年我国国内生产总值为101万亿元，按当年平均汇率折算，人均GDP为1.04万美元。按照2035年人均GDP较2020年翻一番进行推算，到 2035 年人均 GDP 就能超过 2 万美元，迈过发达经济体门槛值。考虑到我国人口即将达峰且达峰后保持相对稳定，2020~2035 年国内生产总值年均实际增速必须达到 4.73%，才能实现人均 GDP 翻一番的目标。

考虑到前高后低的因素，2020~2025 年国内生产总值年均增速应达到 5.5% 左右，2026~2035 年达到 4% 左右。2020~2021 年我国国内生产总值两年平均增长 5.1%，2022 年有望增长 3.2% 左右，实现预期目标的任务仍然十分艰巨。中等发达国家水平是动态的，我们要达到的是 2035 年的中等发达国家水平，国内生产总值应保持比预期增速更快的速度增长，才能确保实现预期目标。这就要求今后一个时期必须保持合理的经济增速，努力实现经济质的提升和量的合理增长。

（二）实现碳达峰后稳中有降必须保持必要的减碳力度

我国是全球碳排放大国，根据《BP 世界能源统计》，2020 年能源领域的二氧化碳排放量为 99 亿吨，占全球排放总量的 30% 左右。过去十年，我国碳排放进入平台期但总量仍有上升。2022 年以来，煤炭“保供稳价”对抑制通胀发挥了重要作用，但同时也带来煤炭行业的反弹。2022 年前 10 个月，全国煤炭产量 36.8 亿吨，同比增长 10%，创历史高位；全国新增发电装机 12796 万千瓦，其中火电 2733 万千瓦，占比达 21%；火电发电占比仍接近 70%，减碳压力仍然较大。

力争 2030 年前碳达峰，碳达峰后稳中有降，关键在于尽可能提前达峰。碳达峰，实际上是要把排放增量速度尽可能降下来并使之趋向于零。达峰后稳中有降，实际上是增量速度降为零后开始趋于下降的过程。从国际上碳排放轨迹来看，许多早期工业化国家在 20 世纪 90 年代甚至更早时期就实现了碳达峰，但达峰之后的碳排放下降速度十分缓慢。达峰后可能是一个平台期，并可能会出现波动，还可能出现多峰突起、波动下降，但最重要的是保持战略定力，坚持推进减碳进程。

我国产业结构偏重、能源结构偏煤、能源效率偏低，给实现碳达峰后稳中有降的目标带来更多挑战。我国钢铁、有色金属、建材、石化、化工等高能耗产业比重偏高，2021 年煤炭消费比重已下降到 56%，但占比仍然偏高。这就要求立足我国能源资源禀赋，坚持先立后破，有计划分步骤实施碳达峰行动，完善能源消费总量和强度双控，重点控制化石能源消费，加快规划建设新型能源体系，确保实现碳排放达峰后稳中有降的目标。

（三）在减碳和稳增长目标双重约束下寻求最优路径

把握好减碳和经济增长的平衡，最重要的是推进技术进步。从科学技术发展的规律看，在技术没有取得突破性进展前，碳减排的速度是相对缓慢的。在减排的平台期，技术的发展处于量变积累之中，但一旦量的积累转化为质变，技术发生革命性突破，碳排放便将进入快速下降的通道。因此，要加大低碳、零碳、负碳技术的研发和产业化投入，加强科技创新能力建设，加快先进适用技术研发和推广应用，构建有利于碳达峰碳中和的科技创新体制机制。

推动结构调整，通过培育绿色低碳的新增长引擎，可以发挥减碳和驱动增长的双重作用。要加快推动物联网、大数据、人工智能技术向制造领域的广泛渗透，促进制造业高端化、智能化、绿色化发展，培育新一代信息技术、人工智能、生物技术、新能源、新材料等战略性新兴产业，这既能够推动传统产业减碳，又能为经济增长培育新引擎。

发展零碳能源，同样可以在有效减碳的同时为经济增长注入新动力。近年来，我国以风电、光伏发电为代表的新能源发展成效显著，装机规模稳居全球首位，发电量占比稳步提升，成本快速下降，已基本进入平价无补贴发展的新阶段。同时，新能源开发利用仍存在电力系统对大规模高比例新能源接网和消纳的适应性不足、土地资源约束明显等制约因素。这就要求对未来煤、电、油、气、新能源和可再生能源进行科学合理的战略部署，坚持先立后破、通盘谋划，使化石能源逐步退出建立在可再生能源安全可靠的替代基础上，逐步提高风电、光伏、生物质发电等发电装机和发电量的比重，更好发挥零碳能源在能源保供增供方面的作用，助力碳达峰碳中和。

三　推进碳达峰碳中和要以能源绿色低碳转型为核心

化石能源是人类活动温室气体排放的主要来源。由于二氧化碳以外的其他温室气体的零排放更难实现，而通过森林碳汇、碳捕集与碳封存（CCUS）等来实现碳中和的作用相对有限，推进碳达峰碳中和要以能源绿色低碳转型为核心。

（一）积极稳妥推进能源绿色低碳转型

积极稳妥推进能源绿色低碳转型，关键是处理好能源绿色低碳转型与能源安全的关系。能源安全，最重要的是能源资源的可靠保障和资源利用的可持续性。随着能源资源开发利用技术和经济条件的变化，特别是新能源技术迅速发展，我国能源资源禀赋条件正在发生变化。从传统能源视角看，我国能源资源的基本特点是“富煤缺油少气”，但从新能源视角看，我国风能、太阳能、生物质能等可再生能源是赋存最多的能源资源。我国石油、天然气等优质化石能源资源难以自给，长期依靠煤炭不可持续，但丰富的风能、太阳能、生物质能等可再生资源可以保障我国能源长期可持续供应，同时也可以逐步摆脱对化石能源的依赖。

我国风能、太阳能等可再生能源资源十分丰富。随着风能、太阳能开发利用技术进步和经济条件的变化，风电、光伏发电成本大幅下降。光伏发电国内最低上网电价已低至 0.15 元 / 千瓦时。国内陆上风电已经可以平价上网，海上风电竞价 0.2 元 / 千瓦时，风电、光伏发电成本已经比火电更便宜。随着大规模储能系统成本迅速下降，可以大幅度降低稳定安全供电成本。以风电、光伏发电为主的非化石能源一次电力和终端用能高度电气化，将大幅度降低我国能源总成本。从技术条件看，传统化石能源经过多年发展，已经进入技术成熟阶段，难以有重大技术突破，而可再生能源还处在技术发展前期，随着新技术不断涌现，大幅度提高能源效率和降低成本的空间还很大。

保障能源安全，短期内要充分利用既有能源供应能力，确保市场供需平衡，并有效应对市场经济条件下的价格波动和经济风险。同时，要不断加快发展非化石能源，提高零碳能源供给能力，提高能源安全保障水平。在确保化石能源逐步退出建立在可再生能源安全可靠替代基础上的条件下，要合理控制化石能源的扩张，尽可能用可再生能源替代化石能源。

（二）加快规划建设新型能源体系

推进碳达峰碳中和，要以“新能源 + 储能”取代化石能源为主要途径，加快规划建设新型能源体系。这个体系以风电、光伏发电、生物质能发电为主要能源，构建源网荷储多能互补的零碳能源格局。目前，风电、光伏发电成本持续降低，市场竞争力逐步增强。未来除了少量工业生产仍然需要煤炭，绝大多数用能场景都可以通过零碳能源来实现。生物质能的开发利用有巨大的潜力，应成为零碳能源的重要组成部分。生物质能可以以固态、液态和气态等多种形态存在，相对于风电、光伏发电不稳定不可调的特点，生物质能发电更加稳定可控，需要把生物质能纳入国家能源发展规划的总体战略，加大生物质能开发力度，使其与风电、光伏发电、水电等共同构成零碳能源体系。

建设以零碳能源为主体的新型能源体系，需要构建新型零碳能源供应系统和重构终端能源消费系统，用水电、太阳能、风能、生物质能和其他可再生能源替代煤炭、石油、天然气，能源消费向高度电气化、数字化、智能化的绿色低碳模式转型。目前，能源供应端已逐渐转向发展零碳能源，随着供应端零碳能源规模扩大，如果消费终端不能同步发展有利于消费零碳能源的电能替代，零碳能源就无用武之地。因此，需要加快在能源消费终端全面布局电能替代，提升电气化水平。在新型能源体系下，从非化石能源直接得到电力，实现终端用能高度电气化，大幅度简化用能过程，除生物质能源燃料外，绿氢成为主要二次能源，这将推动能源体系的系统性转变，并将大幅度提高能源利用效率。

电力系统零碳化是整个能源供应系统碳中和的基础和主要路径。电力系统需要比碳中和目标提前 10 年左右实现零碳化。要推动电力体制改革，加快建设适应新能源占比逐渐提高的新型电力系统。推进适应能源结构转型的电力市场建设，有序推动新能源、储能、互动式有序用电的发展，实现电力系统稳定可靠安全运行。

四　推进工业、建筑、交通领域绿色低碳转型

虽然能源领域是碳排放的主要来源，但工业过程和其他领域的排放也是碳排放的重要来源，需要持续深化工业、建筑、交通领域的绿色低碳转型。

（一）推动工业领域绿色低碳转型

落实煤炭、石油、天然气、钢铁、有色、石化、化工、建材等传统产业碳达峰碳中和实施方案，确定各行业具体碳达峰时间和峰值范围，确定“十四五”“十五五”碳排放增量控制目标，逐年降低排放增量。树立并滚动更新行业能效标杆水平和基准水平，鼓励工业企业实

施节能降碳改造、工艺革新和数字化转型，引导工业企业开展清洁能源替代，降低单位产品碳排放，逐步形成零碳能源消费模式。抓住新一轮科技革命和产业变革机遇，推动大数据、物联网、人工智能等新一代信息技术在工业领域的广泛应用，推动低碳用能技术、低碳生产工艺、低碳新型原材料及制造技术和工艺、高度电气化终端用能系统等技术创新。促进数字技术与实体经济深度融合，加快产业数字化、智能化、绿色化转型。坚决遏制高耗能、高排放项目盲目发展，依法依规退出落后产能。

（二）推进交通运输绿色低碳转型

优化交通运输结构，加快发展以铁路、水路为骨干的多式联运，协同推进交通出行的智能化、绿色化。推广节能低碳型交通工具，推行大容量电气化公共交通和电动、氢能等清洁能源交通工具。推进新能源汽车与电网能量互动试点示范，促进电动车成为电力运行的储能系统和可调度储电电源。推进交通基础设施绿色化提升改造，开展多能融合交通供能场站建设，完善充换电、加氢、加气（LNG）站点布局及服务设施。尽快解决电动车大规模有序充放电系统技术标准化，降低交通运输领域清洁能源用能成本。

（三）加快建筑领域绿色低碳转型

优化建筑用能结构，推动超低能耗建筑建设。加快既有建筑节能改造，提升建筑节能标准，健全建筑能耗限额管理制度。推动超低能耗建筑、低碳建筑规模化发展，发展先进建筑结构。推广保温绝热、高效空气热交换、热泵、空气质量控制等技术，降低建筑物对采暖制冷等的能源需求。完善建筑可再生能源应用标准，提高可再生能源使用比例。鼓励光伏建筑一体化应用，支持利用太阳能、地热能和生物质能等建设可再生能源建筑供能系统。

五　完善碳达峰碳中和的制度和政策体系

新发展阶段推进碳达峰碳中和，需加强顶层设计，统筹推进碳排放统计核算制度、碳排放权交易制度等基础制度建设，完善能源消费总量和强度调控、绿色金融发展等政策。

（一）完善能源消费总量和强度调控

强化能耗强度约束性指标管理，增强能源消费总量管理弹性，重点控制化石能源消费，新增可再生能源和原料用能不纳入能源消费总量控制。逐步从能源消费总量和强度调控转向碳排放总量和强度“双控”制度，统筹建立科学合理的碳达峰碳中和综合评价考核制度。合理确定各地区能耗强度降低目标，加强能耗“双控”政策与碳达峰、碳中和目标任务的衔接。

（二）建立碳排放统计核算制度

加强基础能力建设，建立涵盖国家、地方、企业、设施、产品等多层级碳排放统计核算体系，制定统一规范的碳排放统计核算体系实施方案，建立健全重点行业企业碳排放报告核查制度。定期编制和更新国家温室气体排放清单，逐步形成碳排放总量和强度发布机制。围绕重点行业、城市、区域三个层面，开展碳检测评估试点工作。建立碳排放普查制度，建设国家统一的碳排放管理信息系统。

（三）健全碳排放权交易制度

构建由法规规章和技术规范等构成的全国碳排放权市场制度体系，建立健全碳排放权登记、交易、结算、企业温室气体排放核算报告核查等配套制度，完善相关交易规则和核算标准。加强从业机构和重点排放企业监督管理，加强对企业碳排放报告编制监督和审核，严厉打击弄虚作假和数据造假行为。

（四）积极发展绿色金融

完善绿色金融标准体系，增加绿色金融产品和服务供给。完善碳减排支持政策工具，支持清洁能源、节能环保、碳减排技术等领域发展。完善环境信息依法披露制度，加强信息披露要求和金融机构监管。推动绿色信贷稳步发展，扩大绿色债券发行规模，丰富完善绿色金融产品和市场体系。鼓励社会资本设立绿色低碳产业投资基金，形成政府和市场主体共同推动绿色低碳转型的合力。

参考资料

《中共中央 国务院关于完整准确全面贯彻新发展理念做好碳达峰碳中和工作的意见》，《人民日报》2021 年 10 月 25 日。

中华人民共和国国务院：《2030 年前碳达峰行动方案》，《人民日报》2021 年 10 月 27 日。

《BP 世界能源统计年鉴》，2021。

中华人民共和国生态环境部：《中国应对气候变化的政策与行动 2022 年度报告》，2022 年 10 月。

潘家华：《深刻认清碳中和核心路径及本质规律》，《中国电力企业管理》2022 年第 8 期。

王一鸣：《中国碳达峰碳中和目标下的绿色低碳转型：战略与路径》，《全球化》2021 年第 6 期。

David I. Armstrong McKay et al., "Exceeding 1.5℃ global warming could trigger multiple climate tipping points," *Science* (2022).

B.4

电力安全与“双碳”目标下的中国煤电蜕变逻辑

王志轩*

摘　要：连续两年出现的全国部分地区拉闸限电或电力短缺反映出能源电力转型中的安全风险就在身边，防范电力安全风险是一项系统工程，任重道远。因此，立足我国国情，在电力安全和“双碳”目标下，要下好煤电这盘大棋、难棋、活棋，中国煤电的“蜕变式”发展成为必然。煤电的蜕变在于功能的改变，但功能的改变是多功能和渐进的，其功能逐步实现是随着碳达峰碳中和的深入和保障能源安全的需求而变化的。因此，在近中期发展中，一是正确处理煤电转型与能源安全、低碳发展的关系；二是继续发挥好煤电在电力、电量中的主体作用；三是严格科学控制新建煤电项目；四是发挥好煤电作为长周期备用电源的优势；五是加强科学规划；六是发挥好煤电的综合能量中心功能；七是完善与煤电使命相适应的政策环境。

关键词：电力安全　“双碳”目标　煤电蜕变

* 王志轩，教授级高级工程师，中国电力企业联合会原专职副理事长，国家气候变化专家委员会委员，国家能量系统标委会副主任委员，中国电力企业联合会专家委员会副主任委员，华北电力大学新型能源系统与碳中和研究院院长，主要研究领域为能源电力发展与环境保护、资源节约、应对气候变化方面的政策、规划、技术标准等。

一　传统能源逐步退出要建立在新能源安全可靠的替代基础上

（一）电力安全风险就在身边

2021年2月2日，中国电力企业联合会发布《2020-2021年度全国电力供需形势分析预测报告》，报告预计，2021年全国电力供需总体平衡、局部地区高峰时段电力供应偏紧甚至紧张。分区域看，东北、西北电力供应存在富余；华东电力供需平衡……[①] 半年之后的9月28日，新华社“新闻视点”发布的新闻调查中提到，多地为何“拉闸限电”？后续电力供应能否保障？“限电停产是当下热词。在电力供应紧张背景下，全国多地发布限电通知，大部分地区则将重点放在企业上，部分企业错峰生产或者停产。”“近期，辽宁、吉林、江苏、浙江、广东等地相继发布有序用电或限电通知。”[②] 2022年3月29日，国家气候中心“气候预测公报”第15期预测：“长江流域上游和下游部分地区降水略偏多，中游降水较常年同期偏少；太湖流域降水较常年同期偏多。”约半年后的8月17日，澎湃新闻报道：四川7月水电来水偏枯四成、8月以来偏枯达五成，水电日发电量大幅下降；四川的电力供需形势已由7月的高峰时期电力“紧缺”，转变为全天电力电量“双缺”局面。[③] 为什么在中国电力得到长足发展，解决了长期以来的以电力短缺为主要特征的电力供需矛盾之后，这种大面积缺电的情况还会发生？毫无疑问，权威行业机构及权威气象部门的预测是集各种因素于一体、采取经验判断、科学预测再加专家意见之后的综合性预测的结果，但实际情况与预测不符，充分说明了对未来电力供需情况及天气

① 《中电联：2021年全社会用电量预计增长6%~7%》，新华网，2021年2月2日。
② 《多地为何“拉闸限电”？后续电力供应能否保障？》，新华网，2021年9月29日。
③ 《四川电力保供形势严峻：能源大省为何缺电？对五大支柱产业影响几何？》。

变化状况，以现有的科学认知和技术手段仍然难以做出准确判断。气象条件的变化只是影响电力供需特性及电力低碳转型的关键因素之一，能源电力转型中的安全风险就在身边，必须时刻防范“黑天鹅”“灰犀牛”式电力安全风险。

（二）防范电力安全风险是系统工程

对于连续两年全国部分地区出现拉闸限电或电力短缺的原因，已有权威机构的调查报告以及相关文献进行了大量分析，国家也及时采取了应对措施。尽管不同地区的缺电各有特点，但防范电力安全风险是系统工程。在 2021 年的部分地区出现拉闸限电之后，党中央国务院高度重视，多次召开能源电力保供会议对保障能源电力安全提出了新要求。有关政府部门也相继颁布了相关文件，例如，采取提高煤炭产量、调整煤价与电价机制、完善能源消费“双控”制度、提高电力系统灵活性、加强厂网协调、推进电力市场化改革提高市场化电量比重、加快新能源建设的同时加快抽水储能电站及新型储能设施建设、积极开展电力需求响应、完善有序用电机制等综合性措施。对于 2022 年出现的四川等地缺电情况，在以上新出台措施的基础上，进一步发挥制度和大电网的优势，加大了省份间电力调配输送，尽可能减少对缺电地区人们的用电影响及经济社会的影响。

（三）防范电力安全风险任重道远

人无远虑，必有近忧。在人类社会共同应对气候变化的严峻挑战下，中国碳中和目标要 2060 年前实现，从碳达峰到碳中和的时间只有 30 年左右，而发达国家完成这一进程约需 60 年。所以，对我国来讲，能源低碳转型已经迫在眉睫，且实现社会主义现代化与低碳引领下的经济社会的深刻变革要同步推进；在百年未有之大变局的国际形势下，在新冠肺炎疫情、乌克兰危机及地缘政治引起的世界经济社会的变革及能源格局的重塑下，能源电力安全的风险因素不断加大，也必将深刻影响中国发展的各个方面。因此，电力行业作为能源转型的主力军，如何从自身出发，在确保能源电力安全的前提下实现“双碳”目标将是世纪难题。

（四）习近平总书记为破解能源安全的世纪难题提供了“钥匙”

2022 年 5 月 16 日出版的第 10 期《求是》杂志刊发的习近平总书记的重要文章《正确认识和把握我国发展重大理论和实践问题》，是总书记2021 年 12 月 8 日在中央经济工作会议上讲话的一部分。文章指出，“绿色低碳发展是经济社会发展全面转型的复杂工程和长期任务，能源结构、产业结构调整不可能一蹴而就，更不能脱离实际。如果传统能源逐步退出不是建立在新能源安全可靠的替代基础上，就会对经济发展和社会稳定造成冲击”。“实现碳达峰碳中和目标要坚定不移，但不可能毕其功于一役，要坚持稳中求进，逐步实现。要立足国情，以煤为主是我国的基本国情，实现碳达峰必须立足这个实际。在抓好煤炭清洁高效利用的同时，加快煤电机组灵活性改造，发展可再生能源，推动煤炭和新能源优化组合，增加新能源消纳能力”。① 学习习近平总书记讲话，有以下四个方面的启示。

一是电力安全是能源安全的核心。从 20 世纪 30 年代起，电力从最初仅用于照明、电报等有限应用范围，迅速扩展到国民经济和人民生活的各个方面。例如，1985 年，我国电能在终端能源消费中的比重为 7.43%，2021 年增长到约 26%，随着以可再生能源发电促进低碳发展的趋势不断加快，这个比重还会持续提升，电能必将成为终端能源消费的主体。由于电力生产和消费的基本特征是电能的发、输、变、配、用是在电网中瞬间同步完成的，如果一个环节甚至是一个环节中

① 习近平：《正确认识和把握我国发展重大理论和实践问题》，《求是》2022 年第 10 期。

的某个部分发生了问题，超过电力系统安全稳定所设定的物理规律约束，则瞬间就会发生电力系统故障，轻者电能质量下降、个别用户断电，重则引起电力系统崩溃，造成更大范围的重大电力安全事故。在人类应用电能的初期，电能主要用于照明等小范围场景，发生事故时可以用蜡烛、油灯替代。但是，在电能普遍应用的当今以及未来成为能源消费主体时，一旦发生重大事故，对经济社会造成的影响将是难以估量的。未来能源安全更多的是以电力安全相关的形式表现出来，电力安全越来越成为能源安全的核心。而电力安全中的核心议题是如何解决好短时（日间）波动的、不稳定的可再生能源发电稳定可靠供应问题；如何解决好较长时间（多日）在多发的不利气象条件下的电力稳定供应问题；如何解决好长时间（月、季）偶发重大不利气象条件和重大灾害天气条件下的电力保底供应问题。

二是坚持电力安全前提下实现“双碳”目标及多目标优化。安全、绿色、经济三要素构成了能源多目标平衡的“能源三角”。更安全、更绿色、更经济是能源发展的不懈追求，但是三个要素之间具有互相制约性，一个要素的目标会制约另外两个要素目标的实现，不可能三个目标都达到最好，只能追求多目标平衡。在三个要素中，“安全”是根本，是起决定性作用的要素，没有能源安全，其他两个要素就无从谈起。“双碳”是“绿色”要素的最重要内涵，由于我国“双碳”总体目标已经明确，且这个目标要在能源安全的前提下实现，因此，“双碳”目标要在能源电力领域分解及目标措施化（如风电、光伏的装机容量目标），实现这些目标性措施的经济性以及多目标平衡是必须坚持的基本原则。

三是要下好中国煤电这盘“大棋”“难棋”“活棋”。以传统的化石能源发电为主体的电力系统向以可再生能源为主体的电力系统转变，解决系统的灵活性处于关键性地位。从现状和近中期来看，中国煤电作为系统灵活资源的主体是必然选择。这是由中国能源资源禀赋和煤电的显著特色决定的。由于发展阶段、能源资源禀赋、技术进步水平等不同，不同国家的能源电力结构是不同的。全世界的能源消费结构仍然是化石能源占绝对地位，约为82%，中国约为84%，基本相同。但是，发达国家的能源转型总体进入以油、气等化石能源为主的时代，是中、低碳电力系统向可再生能源时代过渡；而我国总体是以煤炭为主的化石能源时代，是高碳的电力系统，但也必须向可再生能源时代过渡。根据BP《世界能源统计年鉴2021》中的数据计算，2020年全球燃煤发电量占总发电量的比重为35.1%，经济合作与发展组织（OECD）为19%，美国为19.7%，日本为29.7%，印度为72%，中国是60%。而且中国燃煤电厂正处于服役期的早期阶段，煤电装机容量的占比约为47%，是最大的单一电源。之所以是煤电“大棋”，是因其比重大，“难棋”是因其高碳，“活棋”是因其年轻、高效、先进。

四是中国煤电的“蜕变式”发展成为必然。对中国煤电来说，在电力安全前提下和“双碳”目标约束下如何发展是非常复杂但又必须回答的问题，因为增量式发展与“双碳”目标相悖，而快速减量式发展对电力安全形成严重影响，功能和内在的逐步“蜕变”式发展成为必然。煤电蜕变不仅要从原有功能定位上转变，在保障电力安全的前提下更好地支撑新能源发展，更好地促进能源电力系统提升效能，同时煤电自身要向低碳化和多功能方向演进。

二　中国煤电特点

（一）要把握好中国煤炭煤电区别于其他国家的“差距”与“差别”

就技术特征看，燃煤发电技术是世界通用的技术，不同国家没有明显差异。随着燃煤发电技术和材料及制造加工技术的不断进步，煤电机组参数从亚临界到超临界，再到超超临界，不断地提高；蒸汽再热方式也从一次再热向二次再热转变；蒸汽温度由 580℃到 600℃，再到 620℃，向 650℃、700℃挺进；近年来，我国煤电机组供电煤耗持续处于世界先进水平。[①] 但是，由于发电能源资源禀赋不同、发展阶段不同、体制机制不同、用户特性不同（如处于不同纬度地区的国家对供热、空调的需求不同），不同国家的燃煤发电量在总电量中的比重、机组运行年龄、煤电功能、运行效率（年利用小时数）、污染排放控制效果等不同。在这些不同中，有的体现出“差距”，需要通过技术或体制创新来不断缩小；而有的体现出“差别”或者是“特征”，需要根据具体问题具体分析是改进、改变还是维持；还有一些不同是随时间、空间条件的不同体现出“差距”或“差别”。发达国家由于已经实现了现代化，在能源转型中建立起以石油、天然气、新能源为主的能源体系，煤炭即将完成作为能源的历史使命，在应对气候变化中不断压缩煤炭煤电退出时间表（当能源安全受到威胁时，煤炭及煤电又得到重视）。2021 年 4 月 22 日，习近平主席以视频方式出席领导人气候峰会并在发表重要讲话中指出：“中国将严控煤电项目，‘十四五’时期严格控制煤炭消费增长、‘十五五’时期逐步减少。”在同年 9 月 21 日第七十六届联合国大会一般性辩论的视频重要讲话中指出，中国不再新建境外煤电项目。既表明了中国在应对气候变化中严格控制煤炭与煤电的决心，又表明了中国对于不同时空条件下煤炭与煤电发展的区别。

（二）中国煤电发展中经常被问到的问题

中国是世界上发电装机和发电量最大、风电光伏发电装机和发电量最大，同时也是煤电装机和发电量最大的国家，但煤电装机更受到

① 岳光溪、顾大钊主编《煤炭清洁技术发展战略研究》，机械工业出版社，2020。

世人关注。以下问题在文献中、论坛中、研究中、相关谈判中经常会遇到。

——中国能源消费以煤为主，中国电力以煤电为主，要在2060年前实现碳中和目标，煤电是否应快速退出？

——煤电即便不能快速退出，但为何还要新建燃煤电厂？

——煤电年运行小时数现在大约是4300小时，但煤电自身可以运行到6000小时甚至更高，即使按设计时的5500小时计算，还有1000多小时的富余，为什么不在提高利用小时数上做文章，而是不断新建煤电？

——从实际结果看，中国煤电企业多年大面积亏损，至少严重亏损的企业是不是应该停止发电、破产、退出？

——中国大气污染主要是燃煤引起的，而大约55%的煤炭用于发电，一年就需要燃烧约22亿吨原煤，从解决环境污染的角度看，煤电退出不是一举多得吗？

——光伏、风电经过多年技术进步和大规模发展，其上网电价已经与煤电基准电价持平，甚至更低，已经有了经济上的竞争力，那为什么不能全部由新能源发电满足新增加负荷需求，并加快替代煤电？

——煤电企业或者投资对煤电是不是有特别爱好？

——发达国家多年都在关煤电、退煤电，中国是不是也应当加快关、退？

等等，这样的疑问还有很多，不再一一列出。然而要解开这些质疑，就必须讲清楚中国煤电的现状及在能源转型中的定位及使命！

（三）中国煤电的基本特点

一是煤电比重持续下降，但仍然是电力电量的主体。根据中国电力企业联合会《2021-2022 年度全国电力供需形势分析预测报告》[①]，截至 2021 年底，全国发电装机容量达到 23.8 亿千瓦。其中，火电 13.0 亿千瓦（其中以煤电为主，为 11.1 千瓦），常规水电 3.5 亿千瓦，核电 0.53 亿千瓦，并网风电 3.3 亿千瓦，并网太阳能 3.28 亿千瓦。非化石能源装机合计 11.2 亿千瓦（含生物质发电），占比约 47%。2021 年，全国总发电量 8.38 万亿千瓦时，非化石能源发电占比 34.6%（其中，水电占 16%，核电占 4.86%，风电占 7.8%，太阳能发电占 3.9%），煤电发电量占比 60%。2020 年，非化石能源发电装机及发电量比 2005 年分别提升了 21 个和 16 个百分点，煤电装机容量和发电量比 2010 年分别下降 18 个和 22 个百分点。从图 1 中可以直观看出，火电比重的下降主要是风电、太阳能发电装机比重的增长带来的。水电装机容量虽然一直在增长，但比重呈下降趋势。但不论从发电装机还是发电量来看，煤电仍然是电力、电量的主体。

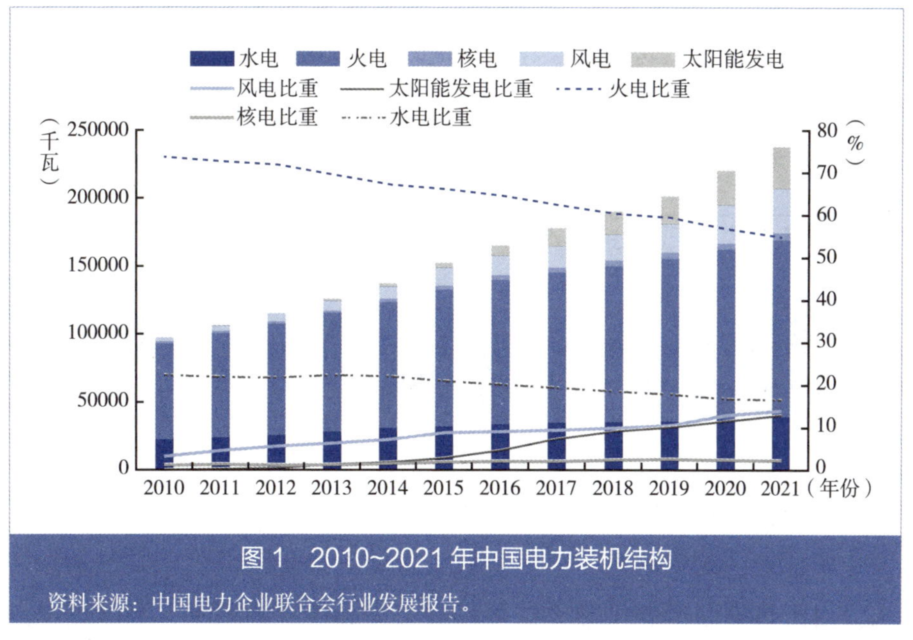

图 1　2010~2021 年中国电力装机结构

资料来源：中国电力企业联合会行业发展报告。

① 中国电力企业联合会:《2021-2022 年度全国电力供需形势分析预测报告》，2022。

二是煤电机组发电热效率世界领先。在火电装机比重下降的同时，火电自身结构也持续优化，大容量、高参数机组比重持续提升，单机 30 万 kW 及以上火电机组容量占火电机组总容量的比重由 2010 年的 72.7% 上升到 2020 年的 80.8%。同时，火电发电效率不断提高，主要是通过淘汰落后机组、对现役机组进行节能提效改造、建设高参数大容量机组以及提高热热电联产机组的比重等措施实现的。从图 2 可以看出，2007 年我国每千瓦时火电发电标准煤耗已与美国水平相当，2017 年与效率最高的日本水平相当。由于我国的发电效率此后持续提升，当前平均效率达到 43%，处于世界领先水平。

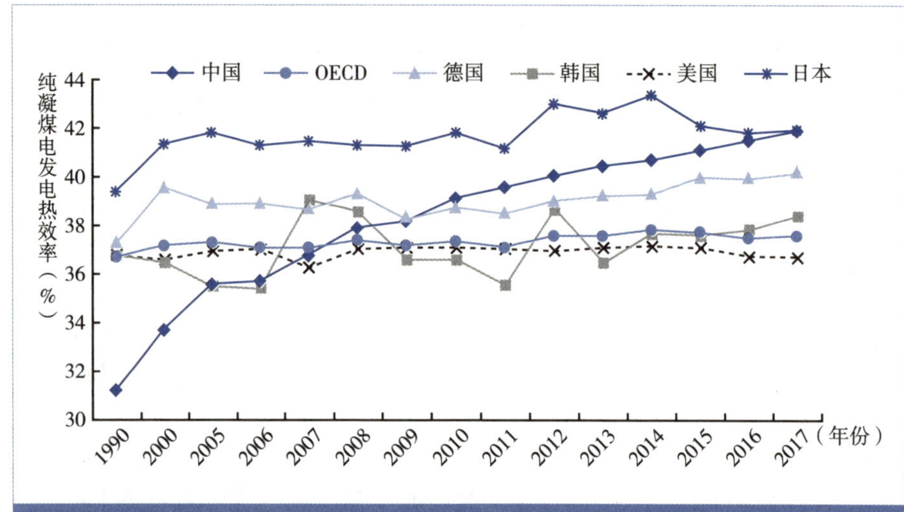

图 2　各国纯凝煤电机组发电热效率比较

资料来源：中国数据根据历年中国电力企业联合会《中国电力行业年度发展报告》整理，其他国家和地区数据根据国网能源研究院《国际能源与电力统计手册》整理。

三是煤电是中国热电联产的主力热源。我国国土面积大，北方及部分中部地区的供热需求大，且有大量的工业热源需求，供热是硬需求。由于热电联产的供热方式可以极大提高能源利用率，我国煤电热电联产是提供热源的主要途径，且随着能效要求的不断提高，热电联产的范围还要扩大。由图 3 可以看出，我国热电联产机组发电量占煤电发电量的比重明显高于其他国家和地区，但热电联产机组的热效率低于德国，与韩国、美国持平，原因主要是我国热电联产机组数量多但平均热电比较低，从图 4 中的热电比曲线就可以明显看出这一点。提高热电比是未来发展的方向。

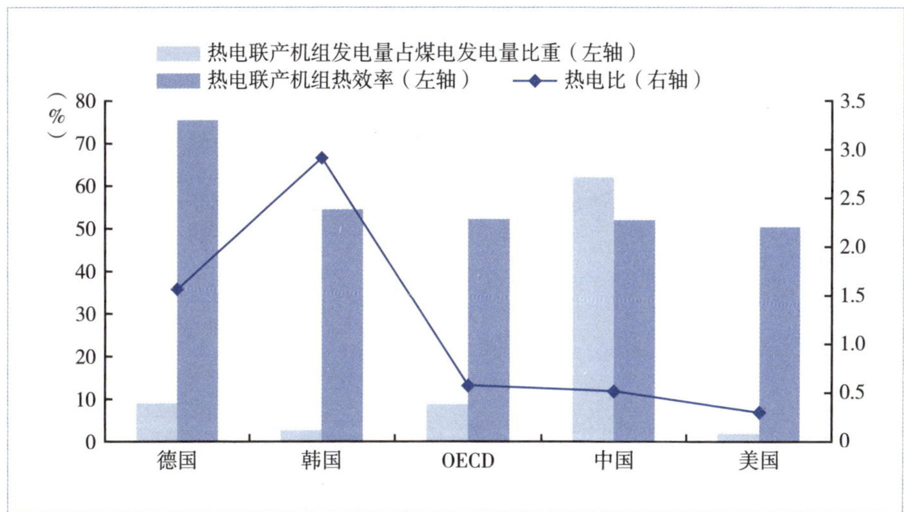

图 3　不同国家和地区煤电热电联产机组占比及热效率比较

资料来源：中国数据根据历年中国电力企业联合会《中国电力行业年度发展报告》整理，其他国家和地区数据根据国网能源研究院《国际能源与电力统计手册》整理。

四是煤电大气污染物排放控制取得显著成效，对环境质量的改善起到决定性作用。我国煤炭的 50% 以上用于发电，由于燃煤电厂容易集中控制污染，通过技术进步和环保电价的政策支持，我国在常规大气污染物排放方面取得举世瞩目的成就。我国电厂烟尘（颗粒物）治理从 20 世纪 90 年代开始就采取高效电除尘器，2006 年开始采用烟气脱硫措施，2011 年开始采用烟气脱硝措施。从图 4 可以看出，2014 年底污染物排放大幅度下降，此后又开始超低排放改造。2021 年全国电力烟尘、二氧化硫、氮氧化物合计排放量比排放峰值时降低了约 93%。

火电单位发电量的烟尘、二氧化硫、氮氧化物排放量分别为 22 mg/kWh、101 mg/kWh、152 mg/kWh。[①] 火电常规污染物的排放量占全国排放量的比重不到10%。由于火电厂排放属于高架源排放，经大气的扩散和自净作用后对环境质量的影响更小，对于改善我国长期以来严重的大气污染起到了决定性作用。从图中还可以看出，由于煤电效率不断提高，单位发电量的碳排放强度也相应不断降低，达到世界先进水平。

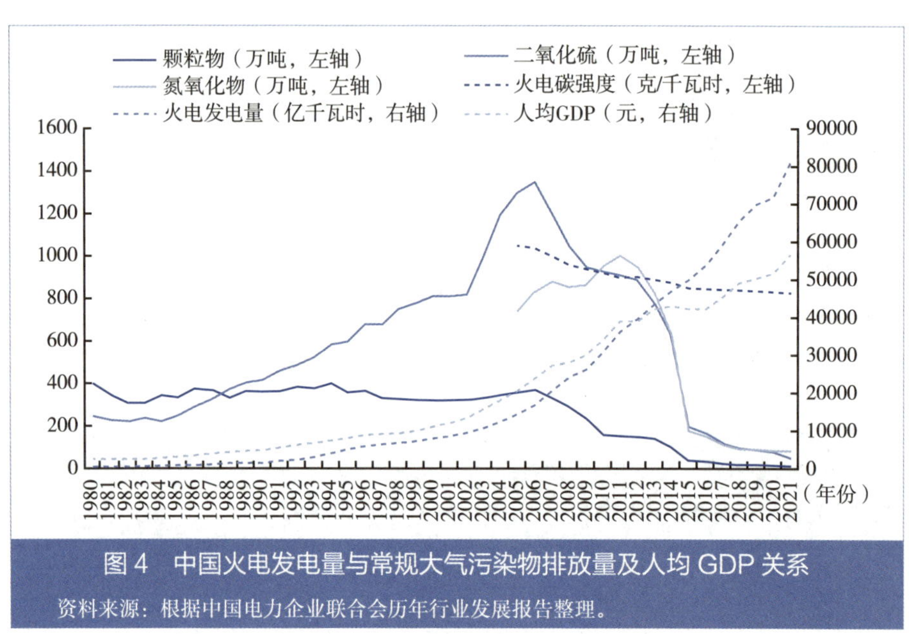

图 4　中国火电发电量与常规大气污染物排放量及人均 GDP 关系

资料来源：根据中国电力企业联合会历年行业发展报告整理。

五是为支持新能源发展，煤电年利用小时数下降是必然趋势。年利用小时数即年发电量除以机组额定容量所得，体现了满负荷时的设备年利用率。发电设备的年利用小时数是衡量电力系统总体效率的重要指标（见图 5）。

① 中国电力企业联合会:《中国电力行业年度发展报告 2022》，中国建材工业出版社，2022。

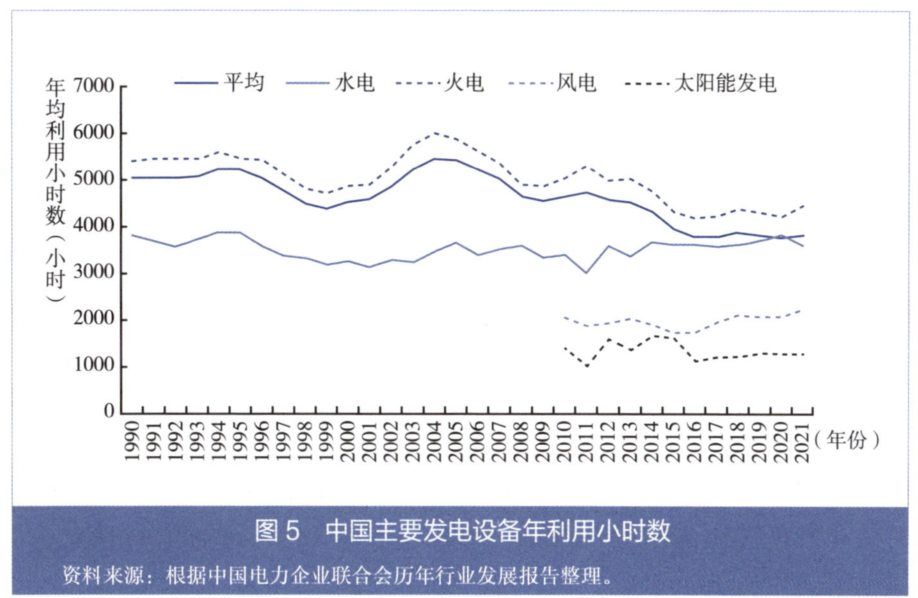

图 5　中国主要发电设备年利用小时数

资料来源：根据中国电力企业联合会历年行业发展报告整理。

从图 5 可以看出，中国主要发电设备利用小时数年际变化有以下几个特点。一是火电机组平均利用小时数最高（实际是核电年利用小时数最高，但核电等机组比重低，为简化内容图中未画出核电、气电等利用小时数曲线，2021 年利用小时核电为 7802.4 小时，燃气发电为 2688 小时）。因火电比重最大，总设备的年利用小时数的变化规律基本由火电决定，整体呈波动下行趋势。二是由于太阳能发电的利用小时数大约为 1100 小时，风电约为 2000 小时，而水电基本保持在 3600 小时左右，总体波动下行的规律与风电、光伏发电比重的逐步提高有关。三是从多年实践中看，火电利用小时数过高时如大于 5500 小时，基本为缺电状态，要保持稳定供电，同时提高新能源消纳比重，煤电利用小时数下降是必然的。

三　中国煤电转型政策要求

2020 年 9 月 22 日，国家主席习近平向全世界宣示，中国二氧化碳排放力争于2030年前达到峰值，努力争取2060年前实现碳中和。此后，中国构建了碳达峰碳中和“1+N”政策体系，进入“十四五”时期，中国出台了“十四五”规划以及与规划配套的政策文件。“十四五”是中国开启第二个百年奋斗目标进程的起点，以新发展理念推动高质量发展成为新时代发展的主题，生态文明建设进入以降碳为重点战略方向的阶段。

（一）对煤炭及煤电在保障能源安全上做出新部署

要立足以煤为主这个基本国情和实际，坚持先立后破、通盘谋划，传统能源逐步退出必须建立在新能源安全可靠的替代基础上。

要夯实国内能源生产基础，要确保能源供应，实现多目标平衡、多渠道增加能源供应。

保障煤炭供应安全，保持原油、天然气产能稳定增长，加强煤气油储备能力建设。

要实现煤炭供应安全兜底，完善煤炭等产供储销体系，健全煤炭产品、产能储备和应急储备制度，完善应急调峰产能、可调节库存和重点电厂煤炭储备机制，建立以企业为主体、市场化运作的煤炭应急储备体系。

促进石化化工与煤炭开采等产业协同发展。

（二）对发挥煤电在能源安全中重要作用做出新定位

加快推进煤电由主体性电源向提供可靠容量、调峰调频等辅助服务的基础保障性和系统调节性电源转型，充分发挥现有煤电机组应急调峰能力，有序推进支撑性、调节性电源建设。

按照电力系统安全稳定运行和保供需要，加强煤电机组与非化石能源发电、天然气发电及储能的整体协同。

根据发展需要合理建设先进煤电，保持系统安全稳定运行必需的合理裕度。

建立煤电机组退出审核机制，承担支持电力系统运行和保供任务的煤电机组未经许可不得退出运行，可根据机组性能和电力系统运行需要经评估后转为应急备用机组，对无法改造的机组逐步淘汰关停，并视情况将具备条件的转为应急备用电源，支持利用退役火电机组的既有厂址和相关设施建设新型储能设施或改造为同步调相机。

（三）对加快推进煤炭及煤电在清洁低碳发展上提出新要求

推动煤炭等化石能源清洁高效利用，促进燃煤清洁高效开发转化利用。

稳妥有序推进大气污染防治重点区域煤炭减量，实施清洁电力和天然气替代。引导企业转变用能方式，鼓励以电力、天然气等替代煤炭，推进以电代煤。

以沙漠、戈壁、荒漠地区为重点，加快推进大型风电、光伏发电基地建设，以其周边清洁高效先进节能的煤电为支撑，对区域内现有煤电机组进行升级改造，推动煤炭和新能源优化组合，构建以稳定安全可靠的特高压输变电线路为载体的新能源供给消纳体系。

（四）在提高灵活性、供热改造上对煤电提出新要求

大力推动煤电节能降碳改造、灵活性改造、供热改造“三改联动”。

存量煤电机组灵活性改造应改尽改，完善煤电机组最小出力技术标准，科学核定煤电机组深度调峰能力，优先提升 30 万千瓦级煤电机组深度调峰能力，推进企业燃煤自备电厂参与系统调峰。

持续推进北方地区冬季清洁取暖，推广热电联产改造和工业余热余压综合利用，逐步淘汰供热管网覆盖范围内的燃煤小锅炉和散煤，鼓励公共机构、居民使用非燃煤高效供暖产品。

鼓励现有燃煤发电机组替代供热，积极关停采暖和工业供汽小锅炉，对具备供热条件的纯凝机组开展供热改造。

鼓励在合理供热半径内的存量凝汽式煤电机组实施热电联产改造，在允许燃煤供热的区域鼓励建设燃煤背压供热机组，探索开展煤电机组抽汽蓄能改造。

（五）在科技创新的示范工程建设上对煤电做出新安排

在燃气轮机、煤炭清洁高效开发利用等关键核心技术领域建设一批创新示范工程。包括先进燃煤发电、超临界二氧化碳发电、老旧煤电机组延寿升级改造、煤制油、煤制气、先进煤化工等技术研发及示范应用，在晋陕蒙新等地区建设二氧化碳捕集利用与封存示范工程等。

从以上政策要点不难看出，中国煤炭是保证整体能源安全的重要支撑，而煤电是保障电力供应安全和安全稳定生产运行的重要支撑，以及新能源发展的重要支撑。随着新能源的不断发展，煤炭及煤电会逐步减少，失去主体能源的地位，并不断降低比重。但是，这一过程必须在能源安全的前提下，在煤炭及煤电自身不断推进清洁发展中进行。

四　煤电蜕变中功能定位

（一）煤电功能定位思考

煤电的蜕变在于功能的改变，但功能的改变不是单一的，也不是突变的，而是多样的和渐进的。这些功能的逐步实现是随着碳达峰碳中和的深入和保障能源安全的需求而变化的（见表 1）。从功能定位看是七个方面：电力、热力的基础支撑，系统灵活性调节，与新能源打捆输送，平抑系统成本，综合提质增效，维护产业链和供应安全，战略备用（长周期储能）。

<table>
<tr><th colspan="17">表 1　煤电功能定位及内涵范围</th></tr>
<tr><th>功能定位</th><th colspan="4">电力、热力的基础支撑</th><th>系统灵活性调节</th><th colspan="2">与新能源打捆输送</th><th colspan="2">平抑系统成本</th><th colspan="5">综合提质增效</th><th>维护产业链和供应链安全</th><th>战略备用（长周期储能）</th></tr>
<tr><td>内涵描述</td><td colspan="4">电力、电量的兜底保供，热电联产的热力保障</td><td>大规模新能源接入电网后，以保障电力系统安全稳定运行所需灵活性调节电源</td><td colspan="2">为提高集中式大规模开发的新能源，远距离输电的系统的稳定性和效益</td><td colspan="2">在能源电力转型的初、中期过程中，煤电对平抑电力系统总成本的作用</td><td colspan="5">由于中国煤电运行年龄约 12 年，还有二三十年的时间，在转型过程中，煤电自身也要不断“学习”和发挥多种功能，以最大限度发挥综合功能，提质增效，促进绿色低碳循环发展</td><td>煤电是能源、煤炭产业链和供应链中的关键</td><td>在传统的负荷备用、检修备用、事故备用之外，为了防止由于大比例新能源条件下出现的多日、周、月、季不利于新能源发电的条件下的应急发电装机</td></tr>
<tr><td>内容描述</td><td colspan="2">供电：弥补电量供应缺口和常规备用以及跨区调用</td><td colspan="2">供热：煤电热电联产对工厂、园区、居民的汽、热、冷的需求</td><td>调峰；提供转动贯量并调节电压、频率、功角等</td><td colspan="2">在西部地区建设大规模风电、光伏发电并通过特高压输送，煤电起稳定支撑作用</td><td>维持和平抑终端电价的合理水平</td><td>煤电资产的合理保值</td><td>生物质掺烧</td><td>城市生活污水处理污泥掺烧</td><td>低品位能源利用</td><td>绿色二次能源掺烧</td><td>其他：如固体废物综合利用</td><td>煤矿、电煤运输环节、煤炭提效转化、地方经济、就业等</td><td>既要考虑在全国联网，大范围资源配置条件下的备用电源；也要考虑在重要城市及负荷中心建设（保留）必要的煤电和具有热电联供性能的燃煤发电机组及供应链系统</td></tr>
<tr><td>范围</td><td>当地</td><td>全局</td><td>工业</td><td>园区</td><td>居民</td><td>电力系统</td><td>西部重点地区</td><td colspan="2">电力系统</td><td>农村农业</td><td>中等城市园区</td><td>煤矿坑口</td><td>氢、氨、互补等</td><td>区域或产业循环</td><td>经济社会及煤炭、运输行业</td><td>支撑大电网的重要电源基地以及重要负荷中心、重点城市</td></tr>
</table>

（二）煤电在近、中期发展思考

一是正确处理煤电转型与能源安全、低碳发展的关系。首先，要明确目标，坚定信心，确保实现经济社会发展、能源转型、“双碳”目标；其次，要认识到“双碳”工作的长期性、复杂性、艰巨性；再次，要树牢能源安全的底线思维和转型的基本前提；最后，要坚持统筹兼顾、实事求是、区别对待、因地制宜的原则方法。

二是煤电在近、中期要继续发挥好电力、电量的主体作用。前已述及煤电的定位和功能发生了变化，即由电力、电量的主体作用逐步向灵活性调节和多功能过渡。但这个过渡不是一蹴而就的，而是一个一二十年甚至更长间的过程。煤电作为单一能源品种的发电量仍然占60%，处于绝对主导地位，而且不论从资源保障还是从系统成本看，我国煤电比天然气发电在当前有一定优势。

三是严格、科学控制新建煤电项目。由于煤电在经济社会、能源转型、上下游产业、电力系统等体系中的功能不同，不论从全局电力系统看，还是从区域电力系统看仍然需要新建部分煤电机组来解决能源电力安全供应问题。同时，需要特别注意的是，在“双碳”目标下，要坚持在保障能源安全条件下优先发展新能源发电这一既定的目标。在现阶段要根据中国国情，充分发挥好煤电机组支持整个能源系统低碳清洁转型的作用（不是片面追求利用率）是中国能源系统优化的核心任务和迫切任务。既不能盲目、大面积、“一刀切”、全面封堵煤电建设或大规模退出煤电建设——近年来我国一些地方出现的缺电情况，并不仅是缺灵活性资源引起的，而且是缺少刚性的、稳定的电力、电量资源；也必须充分考虑新建任何一座煤电，都有发生经济、产业、碳等方面的锁定效应的风险。

四是发挥好煤电作为长周期备用电源的优势。由于煤电在能源电力系统中的功能定位发生了变化，中国煤电装机容量多少与煤电发电量多少和二氧化碳排放多少并无直接关系。同时，不论是抽水蓄能还是电化学储能，只要是以电作为载体的无源式储能，都不宜成为长周期或战略备用电源，为保障电力系统的战略安全，一些必要的煤电机组可能长期处于备用状态。

五是加强科学规划。由于新能源发展更多地受到自然、社会、技术、电力系统特性等方面的制约，这就对电力规划提出了更严要求，需要把“双碳”目标、能源电力安全、经济性多目标平衡的账算清。这一要求使得煤电装机规模具有很大的不确定性，需要结合当地实际慎重决策新上煤电项目。在一定意义上讲，“十四五”规划中煤电实际上是发挥“补缺”作用，对于一个具体地区而言要依据经济社会和能源电力变化的形势确定具体项目。同时，应积极推进能源互联网发展和电力需求侧响应机制，使煤电等多种能源优化利用并与需求侧互动共同促进低碳发展。

六是发挥好煤电的综合能量中心功能。建设一座燃煤电厂要考虑能源资源分布、负荷分布、交通运输、电力输入输出、地质、水源、气象等诸多条件，一旦建成，则会形成以电厂为中心的区域小社会。从这个意义上讲，燃煤电厂的厂址资源也是稀缺资源。要根据燃煤电厂和当地特点，因地制宜，以循环发展促推低碳发展发挥综合效能。如在推进“三改联动”时要充分结合当地实际进行论证，在确保安全基础上，高度重视适应性。不能片面、极端追求高参数、大容量和高效率、极低排放等目标，而是要“以功能和目的确定改造参数”，防止“一刀切”，盲目改造。再如，污染治理、综合利用措施要向精准、协同、低碳方向拓展。要高度重视机组调节性能变化对污染控制措施的影响，做到污染控制设备稳定性、可靠性、经济性和低碳要求之间的协调，一次污染物与二次污染物控制协调，高架点源污染控制与无组织污染源控制协调，固体废物大比例低附加值利用和高附加值利用协调等。

七是要有与煤电使命相适应的政策环境。在认识上要让煤电有合理的、承担历史使命的经营环境，高度防范煤电生产经营困境演变为系统性风险。例如，煤电设备平均利用小时的降低会提高燃煤发电成本（包括战略备用电厂），本质上体现的是低碳发展成本和高质量供电成本，这一成本要传导到终端电力消费中。目前，对煤电发展必须有一个清醒的认识，在低碳发展要求和煤电长期亏损下，投资者已无主动建设煤电的动力，为保障电力系统安全稳定以及为了配套新能源发展需要建设的部分煤电要有合理的政策引导。为实现碳中和，煤电大规模退出历史舞台具有必然性，但现在不是大规模退出的时机，而是要正确引导、让其发挥更多功能的时候。从政策机制来讲，应充分发挥市场机制的作用，通过容量电价、可调性电价以及政府的特殊政策（对战略备用机组）等机制设计，让煤电找准新的定位、发挥好新的功能。

专题篇

B.5
推进煤炭清洁高效利用

——将吐哈高含油煤田转变为"油田""气田"的建议*

景春梅**

摘　要： 在"双碳"目标下，煤制油、煤制气等现代煤化工产业正在成为煤炭清洁高效利用的重要方向。新疆吐哈地区煤炭资源储量大、煤炭中含油气比例高，做好当地富油煤的开发利用将对保障我国油气供给发挥重要作用。在富油煤提取油气的可选技术路线中，低温热解分质利用技术具有产油率高、环

* 此文通过中国国际经济交流中心 2022 年 3 月 23 日《要情》第 12 期上报，得到李克强、张春贤、马兴瑞等同志肯定性批示。在收入本书时做了个别修改。

** 景春梅，中国国际经济交流中心科研信息部（能源政策研究部）部长，研究员，经济学博士，主要从事能源政策和能源改革研究。

境效益好等显著优势，是吐哈富油煤提取油气的优选路线。建议从国家战略层面对吐哈富油煤炭资源开发利用进行科学规划、前瞻布局，充分挖掘吐哈煤炭“煤田 + 油田 + 气田”的巨大资源潜力，将吐哈地区打造成为保障国家油气安全的重要能源基地。

关键词： 煤炭资源　煤制油　煤制气　煤化工　吐哈地区

乌克兰危机和欧洲能源危机深刻警醒我们强化能源安全保障的重要性。2021 年下半年以来，我国曾一度面临煤炭、电力供应短缺，习近平总书记、李克强总理多次强调，推进“双碳”工作要立足能源禀赋以煤为主的基本国情，坚持先立后破，抓好煤炭清洁高效利用。2022 年两会期间，习近平总书记参加内蒙古代表团审议时指出，“不能把手里吃饭的家伙先扔了”，进一步强调了煤炭作为主体能源的重要性。

在我国探明的煤炭储量中，低阶煤始终占到 50% 以上。低阶煤中蕴藏着丰富的油、气和化学品资源，我国已探明的煤炭资源中富含油气的低阶煤就有 8000 亿吨。① 若把这部分富油煤的油气提取出来，将对推动我国煤炭清洁高效利用、保障油气安全具有重大的现实意义。新疆吐哈地区（吐鲁番、哈密）已探明富含油气的富油煤可采储量达 1100 亿吨②。若全部采用低温热解提取油气分质利用，可在保留近 700 亿吨高热值清洁煤的基础上，再增加 110 亿吨可用油、7 万亿立方米可用天然气，这是目前我国石油探明储量的 3 倍、天然气探明储量的 83%，将有效改观我国油气对外依存度高的能源格局，资源价值、经济效益、环境减排综合效益可期。

---

① 根据自然资源部发布的《中国矿产资源报告（2019）》2018 年煤炭资源查明储量测算所得。

② 根据新疆煤田地质局公开数据。

一 吐哈地区富油煤炭资源开发利用将对保障我国油气供给发挥重要作用

中国煤炭地质总局发布的第三次全国煤田最新数据显示，我国垂深2000米以浅的低阶煤预测资源量26118.16亿吨，主要分布于陕西、内蒙古、新疆等西部地区，占全国煤炭资源总预测储量的57.38%。2019年我国低阶煤产量已占到全国煤炭总产量的55%以上[①]，随着煤炭主产区西移，“十四五”期间低阶煤产量将越来越大。如何用好低阶煤关系我国煤炭清洁高效利用的全局。

新疆吐哈地区煤炭资源储量大，其中仅哈密地区预测资源储量就达5700亿吨[②]，居全疆第一位。在东、中部地区煤炭资源已基本查明并成熟开发的背景下，新疆吐哈地区将成为西部煤炭资源开发的热点和重点。从煤质上来看，吐哈地区的煤质具有高挥发分（40%以上）、高含油率（含油率6%~20%）、低硫、低灰的显著特点。高含油率是吐哈地区煤质区别于内蒙古、山西等主要煤炭产区煤质的主要特征，其中含油率8%以上的富油煤达1100亿吨。

储量大和高含油气率，使吐哈煤田资源呈现“吐哈煤田 = 煤田 + 油田 + 气田”的可喜状况。鉴于我国油气的高水平对外依存度和日益复杂的国际能源地缘政治因素，应从战略高度超前谋划，充分考虑吐哈地区1100亿吨富油煤的开发利用，为提高我国油气资源自给率、推动绿色低碳发展发挥重要作用。

---

① 《低阶煤清洁利用大有可为》，《中国能源报》2021年8月。

② 中华人民共和国国务院新闻办公室：《新疆哈密7大矿区煤炭探明储量2000亿吨》，http://www.scio.gov.cn/m/zhzc/8/2/Document/1075693/1075693.htm。

二　低温热解分质利用是吐哈富油煤提取油气的优选技术路径

吐哈地区富油煤提取油气的可选技术路径主要有煤制油技术（含直接液化和间接液化）、煤制气技术、煤的中温热解分质利用技术、煤的低温热解分质利用技术等五种，上述技术均已成熟并投入工业化应用。在"双碳"目标下，吐哈煤炭提取油气的技术路径选择，必须锚定国家能源安全战略需要，立足于煤质自身特点，综合考虑不同技术的产出效益和对生态环境的影响。

煤制油技术在保障能源安全方面具有重要战略意义，但对于吐哈煤炭来讲并不是最优方式。一是能源转化效率低，煤直接液化的能源转化效率仅为55%~58%，煤间接液化的能源转化效率仅为40%~44%；二是耗水量较大，煤直接制油吨油耗水5吨以上，煤间接制油吨油耗水8吨以上，存在加重当地水资源负担的现实风险；三是成本高，吨油品成本为3800元左右，油价较低时项目在经济上的可持续性将面临挑战，已投产的煤制油项目长年处于亏损状态；四是能耗高、排碳量大，煤制油技术是煤的化学变化，打破了原有的分子结构，造成其能耗高、排碳量大，以煤间接液化技术为例，万元GDP能耗为4.19吨标准煤，万元工业增加值能耗为6.61吨标准煤，吨油品CO_2排放量为10.39吨。

煤制气技术对煤种要求不算高，原料适应性较好。但能源转化效率仅为42%~56%，水耗高达6.9吨/千方气，工业增加值能耗高达8.37吨标准煤/万元，管网建设、气体输送面临较大困难。

煤炭分质利用技术是煤制油气技术路线之一，主要依托低温热解技术将煤炭分级分质转化为焦油、煤气和半焦或提质煤，是实现煤化工产业高端化、多元化、低碳化发展的重要途径，是国民经济"十三五"规划和能源"十三五"规划重点支持的煤炭清洁高效利用技术。与其他煤炭清洁高效利用方式不同，煤炭分级分质梯级利用属于源头控制，其热解过程主要属于物理变化，经过工艺比较简单的中低温干馏热解，可得到低成本的洁净煤、煤气和焦油产物。相比中温热解（650~850℃，即兰炭工艺），低温热解（350~600℃）原料适应性强，具有煤焦油产率高、煤气成分好、热值高、经济效益好、环境效益好的显著优势。把低温热解技术与高效燃煤发电技术耦合，将煤炭分级分质转化为油、气、电，能够实现煤炭清洁高效利用，可大幅减少燃煤污染，比现有煤炭应用技术节能10%以上。由于工艺流程短，低温热解能源转化率可达93.20%，吨油水耗仅为2吨，CO_2排放量仅为1.9吨/吨油（气），工业增加值能耗为0.98吨标准煤/万元，GDP能耗仅为0.67吨标准煤/万元，可实现利润200元/吨、税收100元/吨。此外，低温热解的单条线生产能力大，而且已投入大规模工业化应用。在陕西榆林、河北唐山，已建成60万吨/年、500万吨/年工业化应用项目。其中，河北唐山曹妃甸建设的500万吨/年低阶煤低温热解分质利用项目已连续稳定运行8年。

三　吐哈地区富油煤低温热解分质利用的预期效益

吐哈地区1100亿吨富油煤，通过低温热解分质利用后，预计可产生如下综合效益。

（一）增加油气供应

提供110亿吨可用油、7万亿立方米可用天然气的增量，可大为缓解我国油气供应高度依赖进口的状况，使我国油气供应格局出现新的重大变化。此外，煤炭中提取出的煤焦油，具有低温、凝点低的天然特性，适宜制成特种油品，对高寒极端低温地区军事装备的正常运转具有重要作用。

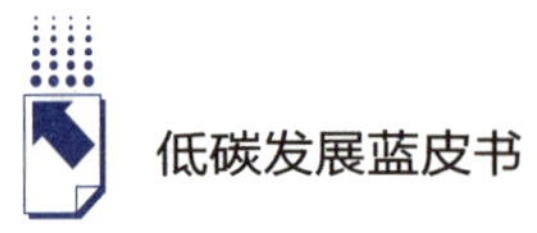

（二）增加清洁煤电供应

可得到近 700 亿吨清洁煤，清洁煤相比原煤，水分脱除、挥发分降低、热值提高，作为燃料燃烧效率更高，是优质的民用、供暖用清洁燃料；低温热解产出的清洁煤与中温热解产出的半焦相比，又有可磨性好的优势，适宜于燃煤电厂作为发电配煤原料。

（三）环保效益显著

我国烟尘排放量的 70%、SO_2 排放量的 85%、氮氧化物排放量的 60%、CO_2 排放量的 85% 都来自劣质煤直接燃烧①。低温热解技术产出的清洁煤相较原煤，硫、氮等有害元素脱除，1100 亿吨原煤低温热解后完全用于燃烧，累计可减少排放 $CO_2$275 亿吨、$SO_2$3.17 亿吨、氢氧化物 9570 万吨、粉尘 4.5 亿吨，大为减轻环境污染。

（四）经济效益可观

1100 亿吨富油煤如果按原煤售出，产值仅为 40 万亿元；低温热解以后，可产出的清洁煤、可用油、可用天然气，产值合计可达 142.5 万亿元。2020 年，新疆工业增加值能耗为 5.42 吨标准煤 / 万元，GDP 能耗为 1.51 吨标准煤 / 万元；哈密市工业增加值能耗为 4.26 吨标准煤 / 万元、GDP 能耗为 2.06 吨标准煤 / 万元，若使用低温热解技术，可大大提升新疆维吾尔自治区、哈密市工业增加值，降低万元 GDP 能耗水平，带来巨大的经济效益。

四　加快吐哈地区富油煤开发利用的建议

吐哈富油煤炭资源，是我国立足国内保障油气供应安全的重要战

① 中国疾病预防控制中心:《煤炭的真实成本——大气污染与公众健康》。

略资产，应按照中央推进“双碳”工作的总体要求，从国家战略层面对其开发利用进行科学规划、前瞻布局，使吐哈地区煤炭资源为保障我国能源安全、实现“双碳”目标发挥最佳效能。

（一）加强顶层设计

站在保障国家油气自给的战略高度，充分挖掘吐哈煤炭“煤田+油田+气田”的具大资源潜力，坚决摒弃将其作为一般煤炭简单“采、运、烧”的粗放利用方式，将吐哈富油煤资源作为国家油气倍增的突破口，科学用好、管好、保护好吐哈富油煤这一宝贵资源。加强对吐哈富油煤资源勘察、开发、利用的统筹规划，合理安排富油煤资源的开发节奏，在开发中保护，在保护中开发。建议对已开发投产的富油煤矿，逐步实现先经低温热解提取出油气后再允许外运使用；对暂无采矿权人富油煤资源进行储备和保护，与国家能源安全战略和矿产资源开发规划梯次衔接，推动富油煤资源的保护与合理利用。

（二）以低温热解为先导多元推动煤炭清洁利用

依据当地资源禀赋、产业基础、环境容量等因地制宜、分类施策，按照“宜油则油、宜气则气、宜化则化”的发展思路，立足丰富优质的富油煤基础，以低温热解分质利用为先导，与先进的煤制油气技术相结合，科学稳妥有序发展现代煤化工。开展产品多元化生产技术研发，突破煤制油气、富油煤低温热解及煤制化学品联合耦合工艺和产品联合加工技术，着力加强各产品间的横向耦合发展和废副资源的综合利用，实现产业协同发展。

（三）矿权精准配置

以分级分质利用的理念，选取先进低温热解技术将吐哈地区单一煤炭资源转化为“煤、电、油、气”复合能源。建立吐哈地区富油煤资源清洁高效开发的统筹机制，对富油煤矿的招拍挂设置前置条件，先把煤中的油气提取出来，再允许剩下的煤做燃料和原料使用，确保富油煤资源的精准配置、优质优用，达到优质资源与先进技术、示范项目的系统耦合。

（四）政策定向扶持

优先支持选择资源综合利用率高、技术装备先进、市场前景好的低温热解分质利用技术作为煤制油气战略基地技术支撑开展升级示范，承担必要的示范任务。重点支持既掌握先进低温热解技术又有在疆投资意愿的企业，政策定向扶持企业，企业全力推动项目，将吐哈地区打造成为保障国家油气安全的重要能源基地。

参考文献

《中共中央 国务院关于完整准确全面贯彻新发展理念做好碳达峰碳中和工作的意见》，(2021-09-22)[2022-10-26]，http://www.gov.cn/zhengce/2021-10/24/content_5644613.htm。

《能源发展“十三五”规划》，http://www.nea.gov.cn/2017-01/17/c_135989417.htm。

中华人民共和国自然资源部:《中国矿产资源报告 2022》，地质出版社，2022。

《低阶煤分质分级已经取得突破性进展，“十四五”有望大范围推广》，https://www.xianjichina.com/news/details_224945.html。

景春梅:《能源革命与能源供给侧改革》，经济科学出版社，2016。

姜耀东:《我国富油煤资源浪费不容小觑》，人民政协网，http://www.rmzxb.com.cn/c/2022-03-03/3062385.shtml。

《煤炭清洁计划出台 分质分级阶梯利用》，http://www.nea.gov.cn/2015-05/07/c_134217881.htm。

李维明:《低温热解分质利用（上、下）》，《中国经济时报》2016 年 5 月 20 日。

B.6

新形势下天然气发展战略及建议

孙慧　杨雷*

摘　要： 本文以“双碳”战略和乌克兰危机为背景，结合天然气的能源特性和时代要求，分析了中国天然气的发展方向，研判了天然气的利用结构，提出了天然气发展建议。在“双碳”目标、能源安全等多因素共同作用下，天然气的“灵活易储”特性，决定了其可在新型能源体系和新型电力系统中发挥调节性能源和灵活性电源作用。天然气的“清洁低碳”特性，决定了其发挥基础能源的支撑作用。综合考虑天然气与增长动能、CCUS 技术、不同发展阶段需要的适配性，认为不同用气领域应遵循不同的发展模式。2040 年前天然气应重点拓展气电和工业燃料两个领域，助力其实现减污降碳与产业升级的协调统一。2040 年后结合碳中和技术进步，天然气应重点减少工业燃料和城镇燃气两个用气相对分散的领域用气。建议持续加大油气资源勘探开发和增储上产力度，增强天然气发展底气；巩固多元进口战略，深化国际合作，提升天然气抗风险能力；优化天然气利用方向，补齐天然气调峰短板，提升天然气适应能力；坚持创新发展，塑造天然气发展新优势。

* 孙慧，博士，北京大学能源研究院高级工程师、助理研究员，主要从事天然气战略规划、政策制定和市场研究工作；杨雷，博士，北京大学能源研究院研究员、副院长，北京大学碳中和研究院副院长，清华大学能源转型与社会发展研究中心学术委员会委员，国际燃气联盟（IGU）协调委员会主席，《国际石油经济》《油气与新能源》编委会副主任。

关键词： 天然气　碳达峰　碳中和　能源安全

近年来，世界百年未有之大变局持续演化，中国天然气发展也面临着新的形势和新的变化。随着我国把实现碳达峰碳中和作为新时代的重大战略目标，能源转型持续加快。2022 年 10 月习近平总书记在中国共产党第二十次全国代表大会上提出加快规划建设新型能源体系。[①]在积极稳妥推进“双碳”战略过程中，天然气在新型能源体系中能发挥什么作用，发展前景如何，备受社会各界关注。不同研究机构对天然气如何发展观点也有较大差异，站在新的历史起点上，需要结合天然气自身能源特性，继续深入思考，进一步凝聚发展共识。

自 2022 年乌克兰危机以来，石油、天然气和煤炭等能源产品价格大幅度波动，跨国石油公司退出俄罗斯相关油气业务，欧洲主动或被动减少俄罗斯方向管道天然气供应量，美国等地流向欧洲的液化天然气量（LNG）增加，欧洲计划扩大 LNG 接收站建设，天然气价格高位震荡。全球天然气格局正在重塑，能源安全的重要性再一次凸显。在此背景下，对于已成为世界第一大天然气进口国，进口依存度超过 40%，始终与“保供”一路同行的中国来说，适应形势、优化发展同样至关重要。

本文以“双碳”战略和乌克兰危机为背景，结合天然气的能源特性，分析了中国天然气的发展方向，研判了天然气的利用结构，提出了天然气发展建议。

一　中国天然气发展方向分析

伴随我国经济的快速发展，天然气陆续发挥了经济、便捷、清洁

① 习近平：《高举中国特色社会主义伟大旗帜 为全面建设社会主义现代化国家而团结奋斗——在中国共产党第二十次全国代表大会上的报告》，2022 年 10 月 16 日。

等能源特性，成为增长最快的化石能源。在发展初期，即 1949~2004 年，天然气主要集中表现为油气田周边的化工原料用气，这时天然气的发展由“价格低廉”的能源特性决定，主要表现为集中利用。2004 年西气东输商业运营标志着中国天然气进入快速发展期。其中，2005~2016 年为快速发展期的第一阶段。在这一阶段，随着天然气长输管道的建设，与煤球和液化石油气（LPG）相比，天然气的便捷、经济能源特性促使其在居民生活领域快速发展。经济优势更是促进了气代油的发展。天然气从油田周边扩展至我国 31 个省份，从化工原料用气领域扩展至城镇燃气、工业、发电、交通等四大行业 16 个细分领域。利用方式上由集中利用开始向分散使用转变。2017 年后天然气进入快速发展期的第二阶段。这一年我国《大气污染防治行动计划》进入收官之年，天然气的清洁、灵活、见效快等能源特性和大气污染防治时代背景相结合，使“煤改气”成为天然气发展的阶段特征。

分析天然气的未来发展方向同样需要将天然气的能源特性与国家大势、能源大势深入结合。在“双碳”战略、能源安全等多因素共同作用下，我国能源清洁低碳转型的方向不会改变。随着新型能源体系的规划建设，非化石能源消费在能源消费结构中的占比会继续提高，到 2060 年消费比重将达到 80% 以上[①]。随着非化石能源，特别是新能源消费占比的提高，中国能源消费将逐渐呈现三个“高度统一”特征，即能源消费与电力消费高度统一、一次能源消费与终端能源消费高度统一、能源调峰与电力调峰高度统一。这时，因新能源不稳定、不连续、不易储、难预测等特性带来的能源安全问题将逐渐成为我国能源发展需要解决的首要大事。这个问题将体现在年、季度、月、日、小时、分钟等不同时间尺度上。目前，中国在季度和年等

① 《中共中央 国务院关于完整准确全面贯彻新发展理念做好碳达峰碳中和工作的意见》，(2021-09-22)[2022-10-26]，http://www.gov.cn/zhengce/2021-10/24/content_5644613.htm。

长时间尺度上的调峰手段主要依靠煤电灵活性改造。但在实现碳达峰迈向碳中和的过程中，煤炭的二氧化碳高排放特征能否满足碳中和需要存在较大疑问。而目前的储能技术优势主要体现在小时、分钟等短时间尺度调峰方面。因此，寻找更多的低碳 / 无碳技术促进新能源大规模高质量发展至关重要。从历史规律来看，解决新能源发展存在的问题不能仅依靠一种手段，需要建立多元化、互相补充的能源系统或者解决方案。与此同时，非化石能源消费比重从 2020 年的 15.9% 提高至 80% 以上不会一蹴而就。为满足能源安全、经济发展、人民生活等多重目标，散煤治理、北方清洁取暖等仍将继续发展。在工业领域，2020 年直接电力消费仅占工业终端用能的 25.5%，部分领域如陶瓷、玻璃等行业的电窑炉技术还不太成熟，工业终端用能完全或大比例用电仍需要发展。在居民生活领域，传统烹饪习惯也给电气化率的快速提高带来挑战。

在上述背景下，本文认为天然气的发展方向主要体现在两个方面。一是利用“灵活易储”能源特性，以燃气发电为载体，在新型能源体系和新型电力系统中发挥调节性能源和灵活性电源作用，与新能源融合发展。燃气发电机组启停简单迅速、爬坡速率快，能够适应电网小时、天、月、季节等不同时间尺度的调峰需求，调峰需求适应面宽[①]，可与燃煤电厂、储能等组成联合体共同助力新能源发展。二是利用“清洁低碳”能源特性，补充煤炭发挥基础能源的支撑作用。突出表现为两点：第一，沿海发达省份煤电退役后本地电源供应出现空缺，需要气电补位；第二，工业和民用领域的燃煤锅炉和窑炉退出后用能出现缺口，需要天然气补齐。总体来看，近中期天然气可促进能源系统减污降碳、助力新能源快速发展，远期在能源系统中可发挥“稳定器”和“调节器”作用，提升能源系统的韧性和稳定性，助力能源安全平稳供应。

---

① 王炜玮、孙慧、杨雷:《大力推动燃气与多种能源融合发展——双碳目标下燃气行业发展战略探讨》,《城市燃气》2022 年第 7 期。

二 中国天然气利用方向研判

天然气利用方向的变化应重点考虑三方面因素。一是与增长动能的适配性。未来天然气需求增长动能主要来自两个方面：替代煤炭，融合新能源。因此，能有效体现增长动能的行业将得到较大发展。二是与碳捕获、利用与封存（CCUS）技术的适配性。考虑CCUS更适用于集中大规模碳排放，判断未来天然气利用结构应朝着提升集中利用程度的方向发展。三是与发展阶段的适配性。天然气利用方向应根据不同发展阶段需要有序调整。

在居民公服领域，天然气的用户数量多，单个用户用气量较小，属于典型的分散利用，CO_2捕捉和利用的难度也较大。但数千年饮食习惯和生活习惯决定了天然气在该领域的用能偏好，也决定了天然气被替代是个缓慢的过程，天然气作为主力燃气气源的地位短时间仍无法撼动。因此，认为，在该领域天然气应遵循“稳增稳降”发展模式，预计2040年前天然气仍将保持增长，之后逐渐向“燃气补充气源”转变。同时，居民公服领域是典型的民生用气，属于天然气保供的重点，随着天然气由燃气主力气源向补充气源的转变，保供压力也将逐步释放。

在采暖领域，壁挂炉采暖的特点与居民用气相似，用户数量多，用气分散。燃气锅炉房数量同样较多，但规模大小不一，大型燃气锅炉房的CO_2捕捉和利用难度相对较小。目前，天然气采暖在北京、河北等典型地区占比较高，从北方15个省份来看天然气在各种清洁取暖方式中位居第二[①]。同时，采暖用气也属于天然气保供的重点。综合考虑“双碳”战略、能源安全、天然气保供等多方面因素，本文认为天

① 孙慧、闵俊豪、王军等:《北方地区天然气取暖进展及展望》,《石油规划设计》2020年第5期。

然气在该领域应遵循“稳增快降”发展模式。协同电气化水平的提升步伐，2040 年前天然气重点满足北方清洁取暖推进、长江流域采暖需求释放等带来的采暖用能缺口，2040 年后逐步过渡为“清洁采暖调峰热源”，天然气在该领域的保供压力也会逐步缓解。

在交通领域，天然气的使用以单辆车或者单艘船为单位，同样具备用户数量多、用气较分散的特点，CO_2 捕捉和利用的难度大。与采暖相似，本文认为天然气在交通领域同样应遵循“稳增快降”发展模式。压缩天然气（CNG）将继续保持逐年萎缩态势。而对于 LNG 车船，考虑电池、氢能等的技术进步，预计 2035 年前车船 LNG 仍将保持增长，2035 年后将快速萎缩。

在发电领域，天然气单体用气规模大，用气较为集中，CO_2 捕捉和利用的难度也相对较小。随着天然气与新能源融合发展，天然气将逐渐呈现模式升级、规模提升、地位上升的典型特点。模式方面，预计以配合“三北”地区风电光伏基地建设为目标的基地型融合发展外送模式，以配合沿海地区海上风电发展为目标的海洋型融合发展消费模式，以及以工业园区多能互补、综合供能为目标的园区型融合发展服务模式将逐渐成为天然气发展的主流①。规模方面，用气规模在 2020 年 523 亿立方米的基础上，具备达到 4~5 倍规模的潜力。地位方面，发电用气将逐渐占到天然气用气总量的 50% 以上。

在工业燃料领域，天然气用户数量多，单体用气规模差别较大，CO_2 捕捉和利用的难易程度差别也较大。天然气在该领域应遵循“稳健发展、上大退小、稳增稳降”发展模式。在减污降碳协同治理作用下，燃煤锅炉和窑炉逐渐减少，预计 2040 年前工业“煤改气”增长以“稳”为主。之后天然气将逐步退出用气规模小、用气相对分散的工业领域。

---

① 王炜玮、孙慧、杨雷：《大力推动燃气与多种能源融合发展——双碳目标下燃气行业发展战略探讨》，《城市燃气》2022 年第 7 期。

在化工原料用气领域，天然气用户数量少，单体规模差异大，同时有“固碳”优势。天然气在该领域应遵循“稳健发展、前增后降”发展模式。在合成氨和甲醇领域，天然气替代煤炭的优势相对较小，总体用气将以保持稳定为主，小型化工用气将逐渐减少。在制氢领域，中短期内炼化企业为尽快实现碳达峰，会阶段性将煤制氢转换为天然气制氢，但从长期来看，随着可再生能源制氢技术的进步，天然气制氢用气将逐步回落。值得指出的是，氢能基础设施与天然气具有一定的协同性，尤其是输送和储存等领域，掺氢输送和存储也日益受到重视。

总体来看，2040 年前天然气应重点拓展气电和工业燃料两个领域，助力实现减污降碳与产业升级的协调统一，利用方向呈现各领域“同步增长、发电领跑”格局，天然气利用结构总体呈现城镇燃气、发电、工业“三足鼎立”态势。2040 年后结合碳中和技术进步，天然气应重点减少工业燃料和城镇燃气两个用气相对分散的领域用气。各用气领域呈现“一升一降两稳”格局，即发电保持增长、城镇燃气下降、工业燃料和化工原料用气稳中有降。利用结构由“三足鼎立”逐渐转变为发电“一家独大”。

表 1　天然气各用气领域特点分析

领域	用气特点	碳中和方式	发展方向
居民公服	用户数量多，使用分散，CO_2 捕捉利用难度较大	碳汇	以电代气
采暖	壁挂炉：用户数量多，用气分散，CO_2 捕捉利用难度较大 燃气锅炉：用户数量多，使用分散，CO_2 捕捉利用难度依规模而定	壁挂炉：碳汇 燃气锅炉：碳汇 / CCUS	壁挂炉：以电代气 燃气锅炉：依供热需要适当发展
交通	用户数量多，使用分散，CO_2 捕捉利用难度较大	碳汇	以电代气，以氢代气
发电	单体用气规模较大，用气集中，CO_2 捕捉利用难度较小	CCUS	与新能源融合发展

续表

领域	用气特点	碳中和方式	发展方向
工业燃料	用户数量多，单体用气规模差别较大	碳汇 /CCUS	逐步退出用气规模小、用气相对分散的工业领域
化工原料	用户数量少，单体用气规模较大，具有“固碳”优势	CCUS	逐步淘汰用气规模小、用气相对分散的企业

三　中国天然气发展建议

一是持续加大油气资源勘探开发和增储上产力度，增强天然气发展底气。国产资源是能源安全的“兜底保障”，是极端情况下天然气底线平衡的基石。近十年，我国天然气储量持续保持高峰增长，天然气产量快速增长。截至 2021 年底，我国天然气（含煤层气、页岩气）剩余技术可采储量 72492.97 亿立方米[①]，天然气产量 2076 亿立方米[②]。建议持续加大勘探开发力度，加强前沿技术研究和关键核心技术攻关，提高天然气峰值产量，延长稳产期，降低成本；继续加大改革力度，引导和鼓励更多主体积极参与天然气勘探开发；针对低丰度、低品位天然气资源出台相应的财政支持政策。

二是巩固多元进口战略，深化国际合作，提升天然气抗风险能力。一方面，吸取欧洲经验教训，继续坚持多元、多渠道引进海外资源。特别是在乌克兰危机发生后，俄罗斯天然气出口战略更多转向东方，我国沿海 LNG 的引进和接收站的建设速度可能低于预期，这时我们更需要合理平衡陆上管道气与沿海 LNG 的引进节奏。另一方面，依托油气企业全产业链优势，鼓励它们积极寻求境外投资机会，打造境外天

① 中华人民共和国自然资源部：《中国矿产资源报告 2022》，地质出版社，2022。

② 国家能源局石油天然气司、国务院发展研究中心资源与环境政策研究所、自然资源部油气资源战略研究中心：《中国天然气发展报告（2022）》，石油工业出版社，2022。

然气全产业链，提升国际合作的深度和广度。此外，还应利用好国际燃气联盟（IGU）、国际能源署（IEA）等在国际上有较大影响力的国际组织，提升全球天然气治理的参与层次和参与水平，共同推动全球天然气市场行稳致远。

三是优化天然气利用方向，补齐天然气调峰短板，提升天然气适应能力。一方面，充分发挥天然气灵活易储、清洁低碳的能源特性，引导推动天然气与新能源融合发展、与煤炭互补发展。处理好天然气近期规模增长与远期降碳之间的协同关系，逐步提高天然气的集中利用水平，逐步缓解行业调峰用气需求增长。另一方面，继续加快地下储气库等调峰设施的建设，消除天然气自身的调峰压力，为天然气发挥调节性能源和灵活性电源作用夯实物理基础。积极研究天然气掺氢储存运输等领域的发展。

四是坚持创新发展，塑造天然气发展新优势。一方面，通过科技创新带动天然气增产稳产，加快大容量燃气轮机国产化，降低终端用能成本。开展“天然气发电 + 燃气轮机国产化 + 可再生发电 +CCUS”全链条一体化科技示范，整体推动相关技术进步及应用。另一方面，持续推动能源体制变革，打破油气、电、热等传统单一能源品种生产供应模式，推动传统能源企业向综合性能源公司转型，为多种能源融合发展，特别是天然气与新能源融合发展创造制度条件。

B.7
数字化变革下的新型电力系统分析

李　鹏*

摘　要： 推动经济社会发展绿色化、低碳化，是实现高质量发展的关键环节。在深入推进能源革命和数字中国建设的背景下，能源基础设施将成为经济社会数字化、低碳化转型的基础，助力实现新旧动能转换和能源治理现代化。作为实现中国“3060”双碳目标的关键路径，新型电力系统将作为新型能源体系的核心领域，在以5G催生万物互联的物联网时代，呈现有别于传统电力系统更为丰富的内涵与外延。本文全面阐述了新型电力系统的本质革新，剖析了数字化变革下新型电力系统的重要特征，揭示了能源革命、数字变革和产业革新相互关联的内在逻辑，并提出了新型电力系统建设的典型场景及关键路径。

关键词： 5G技术　物联网　虚拟电厂　微电网

党中央、国务院高度重视数字技术与传统产业的融合发展。党的十九大和十九届五中全会，分别就数字产业化与产业数字化发展作出明

* 李鹏，研究生学历，高级工程师，现任国家电力投资集团战略规划部副主任，兼任中国可再生能源学会常务理事，主要研究方向为新能源产业发展趋势、新型电力系统和能源系统碳达峰碳中和路径。

确部署，推动数字经济和实体经济深度融合。党的二十大报告中提出，要深入推进能源革命，加快规划建设新型能源体系；加快数字中国建设，促进数字经济和实体经济深度融合。加快研究构建新型能源体系，是分阶段稳步推进碳达峰碳中和的重要举措，是推动经济社会发展绿色化、低碳化进程，实现高质量发展的关键环节。

一　新型电力系统将成为新型能源体系的核心基础设施

习近平总书记提出中国“3060”双碳目标后，各方对于实现碳中和的路径基本达成共识，即大力提升电能在终端能源消费中的比重，通过构建新型电力系统，使绿电成为电能供给的主要来源，支撑经济社会实现低碳发展。根据初步估算，到2060年，我国非化石能源发电量将占到全社会用电总量的2/3，电能占终端能源消费的比重将从目前的25%增加到60%~70%，这也意味着，新型电力系统将成为新型能源体系建设的核心基础设施——在数字技术的全面赋能中，发电侧、分布式电源、用户侧的配电资产，以及海量的用户数据将深度链接，实现系统运行逻辑的全面重塑和清洁能源占比的大幅提升。

与此同时，在以5G技术为代表推动的第四次工业革命浪潮中，信息网络将步入万物互联的物联网时代，传统产业与互联网技术的衔接将更为紧密，机器社交的属性也将更为凸显。届时，能源将作为物联网的介质广泛存在，能源基础设施将成为能量流、信息流、价值流的交互平台。比如，在未来能源网络中，灯杆、变电站、充电桩、储能电站等基础设施，除了具备能源终端的属性外，还将承担不同的产业角色，成为物联网的重要平台型终端和关键网络节点。

在物联网时代，能源基础设施的布局、结构、功能和系统集成方式将得到极大优化，并实现不同能源品种的高效转化、分布式与集中式的高效协同，将催生以能源为中心的数字经济新产业、新业态和新模式，为传统产业转型升级和全社会绿色低碳转型提供绝佳的历史机遇。

二　现有电力系统的物理架构和运行逻辑将无法保证“3060”双碳目标的如期实现

在供给侧，大力发展以风电、光伏为代表的新能源，是有计划、分步骤实施碳达峰行动的主要措施。根据《关于完整准确全面贯彻新发展理念做好碳达峰碳中和工作的意见》，到2060年，我国非化石能源占一次能源消费比重将达到80%，初步估算，届时新能源年发电量将达到8万亿千瓦时，非化石电源年发电总量将达到11.5万亿千瓦时。

在消费侧，过去40年，我国终端电气化率大约每年提升0.5个百分点，未来要实现碳中和，40年的时间电能占终端能源消费的比例要提升到40%，也就意味着我国终端电气化率的速度要提升1倍，每年增长1个百分点。按此估算，到2060年，我国人均年用电量将达到12500千瓦时，达到美国目前的人均水平，届时全国年用电量将达到17.5万亿千瓦时，在目前的基础上翻一番，要同步实现碳达峰碳中和的目标，绝大部分的电量增量将由新能源提供。

然而，随着新能源大规模建设和并网，电力系统“双高”“双峰”的特性日益明显，原有电力系统的供需两端都将发生结构性的变化。一方面，由于新能源固有的随机性和间歇性约束，系统的可靠性严重偏低，且交流系统的频率难以维持；另一方面，新型负荷尖峰化趋势，空调负荷、电动汽车充电负荷等新型负荷迅猛增长，最大负荷与平均负荷之比持续提升，最大负荷持续时间相对较短，而且呈现明显的区域化和季节性的特征。这都要求电力系统的物理架构和运行机制要发生根本性的转变。

三　新型电力系统和新型能源体系建设将带来运行逻辑和系统形态的全面革新

党的二十大报告指出，推动经济社会发展绿色化、低碳化是实现高质量发展的关键环节。加快构建新型电力系统和新型能源体系，高比例新能源接入只是其外在表征，“新型”的核心和内在逻辑，主要呈现以下四个重点特征。

一是新型电力系统将呈现高度离散化的特征。清洁能源占比更高的新型电力系统和新型能源体系，需要对新能源的波动性和间歇性有很强的适应能力；同时，新能源还具有离散化的本质特征。如果沿用既往电力系统单方面要求新能源适应电网的运行逻辑，系统成本将不可避免地大幅抬升。因此，在上述要素的相互作用下，在发电侧，需要与电源同步配置灵活性资源，并集成应用功率预测等数字化技术完成自我优化，实现发电侧资产价值的最大化将成为常态。在用户侧，随着分布式能源生产和利用方式的发展，自发自用和就近消纳的电量占比将不断提升，并涌现出大量可自平衡、自运行、自处理的微电网系统，成为配电网辅助服务的主要来源。

二是配电网将成为电力系统发展的主导力量。构建新型电力系统的过程，实质上是对配电网物理架构和运行逻辑的全面重塑，即物联网技术驱动下的一场新的“配电网革命”。一方面，就近取材、就地利用是提高能源利用率方式的更优路径，未来电动车等新型负荷的快速增长也将推动配电网设施的不断更新，习近平总书记重点提出的分布式智能电网将成为未来能源发展的重要领域。构建形成多个独立的微电网，并与大电网实现高度灵活的互相备用支撑，将成为未来能源供给的重要方式。另一方面，新型电力系统中配电网将承担绝大部分系统平衡和安全稳定的责任，绝大多数交易也将在配电网内完成。现有的配电网不仅需要在物理层面重构，更需要在数据互联互通、电量交易和投资等领域推进体制机制革新，为系统运行逻辑的重塑和效率提升提供必要的制度基础。上述要素都决定了配电网将取代输电网，成为新型电力系统的投资热点。

三是用户侧将深度参与系统的平衡。未来，源网荷互动将成为系统运行的常态，可中断负荷的普遍引入和虚拟电厂的普及应用，将充分发挥用户侧的灵活性。根据模型测算，如果要保障 2030 年前实现新能源的规模化发展，预计电源侧将承担 50%~60% 的灵活性资源需求，30% 左右需要通过挖掘用户侧灵活性解决，其余的 10% 需要通过包括抽水蓄能在内的各类储能设施解决。因此，未来除了需要大量提供可中断负荷的大用户外，具备调节能力的用户（比如电动车、空调负荷、热泵等）也应该成为重要的系统灵活性资源。实际上，正如习近平总书记指出的，碳中和的进程也是重构人类经济社会低碳生产和生活方式的进程，未来的用电侧的用能方式甚至包括目前大规模工业生产的组织形式都很有可能发生颠覆性的变化，用户侧的灵活性调节的潜力将远远超出我们目前的想象，甚至构建起一个“荷随源动”的全新的能源体系也是完全可能的。

四是数据的互联互通将催生全新的商业模式。随着以 5G 技术为代表的数字化、智能化应用深入发展，互联网将向物联网深入拓展，电力系统将在不久的将来完成数字孪生的过程；水、电、气、热、冷等生产要素也将在物联网平台上实现相互转换，提高能效的同时大幅提升清洁能源的消费占比。但是与物理网络的天然垄断不同，数字电网和物联网的发展将呈现多元化的态势，数字化技术赋能也将形成全新的生产力。未来，基于物理网络的数字网络将为市场交易和商业模式创新提供良好的平台；能量流、信息流、价值流的融会贯通，也将成为新型电力系统与新型能源体系建设和技术发展的核心制高点。

四　数字变革将成为推动能源变革的主要力量

数字变革下的新型电力系统和新型能源体系建设，核心要义就是以数字化技术应用推进多种能源的协同、集中式与分布式的协同，实现不同能源品种间的相互转化和高效利用，推动能源流、信息流和价值流的优化配置，更好地连接电源与用户，促进整个能源系统更高质量、更有效率、更可持续的发展。

物联网时代，将深度推进现有各类产业的数字化和互联互通。预计到“十四五”末期，5G专网应用将成为常态，基于5G的能源物联网初现雏形，并在“十四五”时期成为能源生产和消费的主要应用形式。

一是数字技术将成为推动能源变革的主要力量。数字技术能够实现从发电侧到负荷侧的智能经济绿色管理，以此减少能源消耗，提高能源利用效率和多种能源利用的协同效率；同时，有效减少常规能源，尤其是煤炭资源的使用，更好地推动分布式电源的开发和利用，推动能源生产和供应模式多元化，逐步提高能源系统中新能源占比。据此判断，“十四五”时期，5G网络在能源领域的主战场将涉及以下两个场景。一个是全面建成北上广深等核心城市的5G网络，并在此基础上积极推进智慧城市建设；能源行业也将以数字化为切入点，融入智慧城市建设。另一个是智慧矿山、智慧电厂、智慧工厂等封闭场景中5G专网的应用，推动传统能源系统运行与管理模式向高度智能化、精确化和标准化转变，促进能源系统各环节的互联互动互补，带动上下游产业链共商共建共享。

二是5G技术将实现从互联网到物联网再到多网融合的进化。随着5G技术的不断成熟和5G基础设施建设加速，以“万物互联”为标志的物联网时代即将到来。物联网的本质是5G技术驱动下的“产业+互联网”，未来的物联网必然是多个网络的聚合体，能源的基础设施将成为重要的网络平台，网络节点设备也将承担不同的产业角色，5G 技术驱动下的能源网天然会成为“多网融合”的重要组成部分。“多网融合”的核心就是在建设数字化能源网络的过程中，使得能源的基础设施同步满足其他网络平台对于数据的需求。届时，联入物联网平台的终端数量将达到百亿数量级，且各类终端的定位和数据需求会产生交叠。通过各类要素的充分流通和高效利用，带动传统产业全要素生产率的提高。

三是物联网将推动智慧能源系统构建。物联网时代的突出特征是机器社交。以能源网为例，能源真正的终端用户并不是个体的人，而是各类用能设备，人是享受能源服务的对象。所以能源网的终极形态是用能设备之间互联互通和机器社交。如果目前的数据处理能力按照摩尔定律递进的话，考虑到物联网时代的终端数量将达到目前的 100 倍以上，现在的数据处理能力将不足以支撑物联网时代中央集控的需求。因此，大量的边缘计算设备和去中心化的相关技术，比如区块链的普及应用将成为物联网时代信息处理的主要方式。同时，在以上科技进步的推动下，未来 AI 技术将得到长足的发展，数据的获取和处理将由机器社交网络解决。因此，未来能源网将以能源的分布式生产和利用为突出特征，同时，在云大物链等数字化技术的驱动下，能源系统未来将真正进化成自平衡、自运行、自处理的源网荷储一体化的智慧能源系统。

五　新型电力系统和新型能源体系建设的关键场景与路径

构建新型电力系统和新型能源体系的本质内涵，在于如何以更低的系统成本将清洁能源的绿色价值传导至用户。在物联网时代，一方面，大工业生产将会向定制的个性化生产转变，导致负荷中心逐渐分散；另一方面，通过数字化、智能化技术，可以实现随着全天电价波动调整工艺流程，不用夜间休息。比如黑灯工厂，极大地降低用电成本、提高能效；同时，组织内的分工也将向社会高效分工转变。

总体而言，在碳中和场景的驱动下，工艺流程、用能模式的转变，都将会引发商业模式的重构和关键技术创新，这也将构成新型电力系统和新型能源体系建设的关键场景与路径。

（一）未来能源利用的两大场景

零碳园区：自深圳蛇口工业园区兴起至今，我国现有各类园区约 2.5 万个，对国家经济贡献达 35% 以上。园区普遍多呈现产业集群分布、能源消耗总量大、电能质量和可靠性要求高等特点，目前工业园区用能占我国工业用能近 70%；与此同时，据测算，2022 年园区数字化投资将达到 1920 亿元，园区经济已成为我国经济发展的主要承载平台和增长动力。未来，零碳园区将以分布式能源站为基础，结合数字化、智能化技术支撑的智慧能源服务平台建设，实现电、热、冷、气、水等生产要素的横向协同，以及源、网、荷、储等系统环节的纵向协同，进一步提高分布式光伏、风电、储能的利用率。

综合能源站：未来全社会的绿色低碳转型，还需要进一步打通电与热的网络壁垒，实现更为广泛的多能互补。综合能源站不仅聚合了分布式电源和用户，同时也聚合了电、热、冷、气、水等常见的能源要素。在物联网环境中，通过数字网络融合协作统筹各类能源基础设施和系统平台，既可以实现良好的供需互动和能源的灵活转换，并在此基础上实现清洁能源占比的进一步提升；同时，综合能源站与数据增值服务一体化运营，也可以推动整个能源系统的智慧互动，以此来提升能效，促进整个能源系统的效率优化提升。

（二）构建新型电力系统的三大关键技术

虚拟电厂技术是能源服务的核心。随着源网荷储一体化项目的大规模推广应用，分布式能源、微网、储能等新业态的迅猛发展，将为虚拟电厂的发展提供丰富的资源；虚拟电厂也将和现有的调度系统有效衔接，最大限度提升系统灵活性，以协调互补和与电网友好互动的特性，成为未来电力系统平衡的重要组成部分。同时，虚拟电厂还可为用户带来稳定、经济的能源供应，提升能源保障能力，为区域发展提供转型升级的新动能。

直流微电网技术重塑系统形态。以“去中心化”为逻辑起点重构电力系统形态，是新型电力系统建设的本质内涵。在电力系统的最末端，通过构建以分布式光伏、电力电子变压器、储能、直流负荷为基础的直流微电网，在自平衡与自调度的基础上，实现分布式能源的就地消纳与源—网—荷—储的智能互动，或将成为未来构建新型电力系统的重要方式。

构建面向新型电力系统的储能网络。未来，车载动力电池及梯次利用、5G 基站对储能的需求；城市建筑的 UPS 系统，园区、建筑、岸电和大数据中心为保障供电可靠性对于储能设施的需求，以及新能源并网的调频调峰需求，构成了储能海量的市场规模。通过有效聚合供电侧储能装置、用户侧电动汽车移动储能及梯次电池固定储能，充分利用既有储能设施的边际效益，形成超大规模储能网络，通过虚拟电厂等形式参与电网互动和调峰，在提高储能设施利用率的同时，最终推动新能源渗透率的逐步提升。

六　结语

在物联网信息技术飞速发展和能源系统脱碳进程不断加速的背景

下，能源行业发展的边界条件和底层逻辑已经发生根本性的变化。能源革命与数字化变革的相融并进，不仅有利于推动构建新型电力系统和新型能源体系，更有利于推动构筑我国核心竞争新优势，加速工业革命和社会进步，使我国更为全面、深入地参与到气候变化全球治理的过程中。

当前，我国已经在新能源、5G 技术、储能等领域占据产业制高点，历史赋予了我们赶超甚至引领的难得机遇。在以数据为核心驱动经济社会发展的物联网时代中，只有顺势而为，加速推动以电网数据为核心的电力数据互联互通与开放共享，加快推动配网侧改革，全面放开配网交易，才能进一步加快推动新型电力系统和新型能源体系建设。由此，打破部门间、政府与企业间、产业间的壁垒，催生以能源为中心的数字经济新产业、新业态和新模式，最终打造出清洁能源高效利用的全新图景，推动我国经济发展的质量变革、效率变革和动力变革，以最小的社会成本实现经济社会的高质量可持续发展。

B.8
"绿电—绿氢—绿氨"一体化发展现状与趋势

李建伟*

摘　要： 将电氢进一步拓展到下游产品，以绿电赋能、绿氢为纽带、合成氨为氢载体，解决氢气长距离输送和长时间存储问题，拓展绿电转化链路。特别是在沙漠、戈壁、荒漠等新能源大基地绿色风光资源送出需求下，将绿电转化为绿色氢氨，为大规模绿电消纳提供解决方案。氨在化工、能源、农业等产业领域具有广泛的应用场景，通过"绿电—绿氢—绿氨"一体化发展，跨链贯通能源与化工领域，在规模化消纳新能源的同时，推动对合成氨生产及相关应用产业的深度脱碳。本文在梳理合成氨产业发展现状的基础上，分析绿氨应用前景及当前存在的问题，并提出发展建议。

关键词： 绿氢　绿氨　风光电力资源　行业脱碳

在"双碳"目标下，我国加快能源清洁低碳转型，提升能源安全保障能力，在沙漠、戈壁、荒漠等重点地区规划新建大型风光能源基地。当前，沙戈荒风光基地电力依靠特高压送出的消纳通道建设还需

---

* 李建伟，国家电力投资集团有限公司科技与创新部主任，高级工程师，长期在能源领域从事相关技术管理工作。

加强，电氢协同发展消纳新能源进入快速发展期，但受限于氢的高储运成本，绿氢现阶段还无法实现大规模、长距离送出。考虑将绿氢的零碳价值向下游产品传递，利用绿氢合成易储运的绿氨、绿醇或绿油，延长循环经济产业链。其中，合成氨广泛应用于化工、能源、农业等领域，利用绿氢制备绿氨并产业化推广，既能充分消纳新能源大基地绿电，降低弃风弃光率，又能支撑合成氨应用行业实现深度脱碳，推动产业清洁发展。

一　应用现状

（一）发展意义

绿氨合成将是绿氢应用的重要方向。在全球低碳发展背景下，绿电制绿氢从源头上减少了碳排放，但氢气液化温度低、存储压力高，难以长距离输送和长时存储。氨是氢与氮结合的化合物，易液化存储，可作为零碳燃料使用，相同单位体积储氢密度是液氢的 1.7 倍，是经济高效的氢载体，作为化工领域应用普遍的原材料，其制、储、运产业系统网链成熟完备，可极大转移和释放绿氢产业的发展空间。

绿氨的发展对行业脱碳有重要作用。氨作为重要的化工原料，在社会经济发展中占据重要地位。氨按照制备原料来源不同，分为“棕氨”“蓝氨”“绿氨”[①]。传统合成氨的生产往往伴随着大量的碳排放，制氨工艺的低碳化对实现碳中和至关重要。蓝氨生产相比棕氨可降低 85% 的二氧化碳排放量，但只有使用可再生能源制备绿氨方可实现真正意义上的全周期零碳排放。如将绿氨作为一种零碳燃料，用于船用燃料、火电燃料、氨燃料电池等，能有效实现合成氨工业、交通、能源等产业领域的低碳化绿能替代。

① 棕氨产自化石燃料；蓝氨产自结合碳捕获的化石燃料；绿氨产自可再生能源电解水生成的氢。

（二）消费格局

1. 国际市场

国际合成氨消费中远期呈上涨趋势。世界合成氨消费总量为 1.75 亿吨 / 年，其中中国、东欧、南亚、美国和中东地区居世界合成氨产量及消费量前五位，合计占比为 72.9%，我国合成氨产量位居世界第一。国际合成氨消费主要在化肥领域，占总消费量的比例达 81.6%，其中尿素作为最大的消费领域，消费占比约为 54.2%，工业用合成氨的占比也在增加。近几年，由于中国氮肥产能过剩，产业政策控制产量、淘汰落后产能，合成氨产能有所下降，但东欧、美国、中东产量都有所增加。从中远期来看，世界合成氨产能整体呈现增长态势，预计到 2025 年，世界合成氨消费量达到约 1.99 亿吨 / 年。

近年来，国际能源资本开始大举进入绿氨行业，全球多个大型绿氢—绿氨项目正在推进，部分项目如表 1 所示。

表 1　全球部分大型绿氢—绿氨项目

国别	项目简况
印度	2020 年，印度大型光伏企业携手南京凯普索，建成世界上首个绿色氨项目，该项目利用可再生能源每年生产超过 1500 吨绿氨，减少 CO_2 排放量约 6240 吨
美国	2020 年，美国最大气体产品和化工公司在沙特阿拉伯联合开发 400 万千瓦的制氢项目，预计投产后每天生产 650 吨绿氢，为了便于运输和出口，应用“氢氨转换技术”每年生产 120 万吨绿氨
沙特阿拉伯	2020 年，沙特阿拉伯高科技新城 NEOM 宣布建设一个世界级的绿色氨工厂，由美国空气产品公司（Air Product）、德国蒂森克虏伯公司和丹麦托普索公司（Haldor Topsoe）等联合开发，远期规划绿色合成氨年产量 120 万吨
哈萨克斯坦	2021 年，哈萨克斯坦国家能源公司和德国 Svevind 公司签署合作备忘录，在哈萨克斯坦中西部的荒原建设 45GW 的可再生能源制氢项目，生产的绿色氢气将用于绿色合成氨的生产，预计合成氨年产量 1500 万吨

续表

国别	项目简况
挪威	2021 年，全球最大的氨生产商挪威 Yara 国际公司与挪威可再生能源巨头 Statkraft 以及可再生能源投资公司 Aker Horizons 宣布，要在挪威建立欧洲第一个大规模的绿色氨项目
法国	法国法能集团（Engie）和当地矿用炸药生产商 Enaex 合作，共同开展绿色合成氨项目，远期规划绿色合成氨年产量 70 万吨

2. 国内市场

国内合成氨消费结构不断调整优化，与国际类似，化肥领域消费占比达到 80.0%，对合成氨市场有着重大的影响。随着 2016 年我国化肥零增长目标提前实现，化肥消费进入平台期，从而影响了合成氨的消费增长，但随着工业经济的增长，从 2019 年开始，合成氨消费止跌回升，2021 年我国合成氨表观消费量为 5990 万吨。从发展趋势来看，化肥领域消费合成氨占比呈现下降趋势，非肥料领域的消费主要应用于环保、新材料和化学品等工业领域。总体来看，合成氨消费呈现刚性支撑的特点，在 2030 年前规模仍将保持增长，预计到 2025 年国内合成氨总需求约为 6400 万吨 / 年。

我国合成氨原料结构与国际合成氨原料结构有着较大差异。国际上合成氨以天然气为主要生产原料，国内合成氨以煤为主要原料，占总产能的 77%。近年来，受国内淘汰落后产能以及能耗双控等影响，合成氨产能有所下降，但未来工业领域需求的增加，将刺激合成氨产能的进一步提升，预计到 2025 年，国内合成氨总产能将达到 7000 万吨 / 年。

我国绿氨产业处于试验和开发示范阶段，内蒙古等地区已有不少企业正积极推进绿氢—绿氨项目，部分示范项目如表 2 所示。

表2　国内部分绿氢—绿氨项目

时间	项目
2022年3月	乌拉特后旗绿氨技术有限公司绿氢合成氨项目获准予备案公示，产能30万吨/年
2022年3月	包头市达茂旗绿氨技术有限公司绿氢合成氨项目获准予备案公示，产能30万吨/年
2022年3月	包头市达茂旗风光制氢与绿色灵活化工一体化绿氢制合成氨（绿氨）项目获准予备案公示，产能10万吨/年
2022年3月	赤峰市人民政府与远景科技集团签订战略合作协议，建设风光制绿氢绿氨一体化示范项目，产能152万吨/年
2022年8月	大安风光制氢合成氨一体化示范项目完成可研外审，产能18万吨/年

二　前景展望

（一）政策导向

1. 国际发展要求

绿氨作为氢载体和零碳燃料，将为实现碳中和发挥重要作用。据国际能源署发布的全球能源行业2050年净零排放路线图研究报告，至2050年，全球氢能需求量将增长至5.28亿吨，其中约60%来自电解水制氢，占全球电力供应的20%，并将有超过30%的氢气用于合成氨和其他燃料。未来，氨不仅用于氮肥与化工原料，还将作为能源燃料，满足全球航运能源需求的45%，并与一氧化碳掺烧，实现碳减排。目前国际绿氨产量与每年氨消耗量相比，仅占据微小份额，氨被视作“氢2.0”，行业发展潜力巨大。

世界各国在交通、电力、化工、钢铁等各领域，正在加快布局绿氨。日本、澳大利亚、荷兰和英国等国相继制定了使用绿氨储存和出口盈余可再生能源的计划。日本已组建绿色氨协会，并在日本经济产业省成立了氨能源理事会，对氨燃料的使用提出政策建议。韩国相关企业和研究机构联合签署了“碳中和的绿色氨组织”工作协议，全面聚力开发“绿色氨生产—运输—提取—利用”绿氨全周期技术。

2. 国内政策要求

我国进入“十四五”能源结构调整关键期，密集发布多项政策，支持绿氢、绿氨发展，推动能源结构转型和能耗双降。

2022 年 1 月，我国发布《“十四五”新型储能发展实施方案》，要求加大力度发展电源侧新型储能，促进沙漠、戈壁、荒漠大型风电光伏基地开发消纳。拓展氢（氨）储能应用领域，开展依托可再生能源制氢（氨）的储能试点示范，满足长周期、多时间尺度的储能应用需求，氨的储能属性确立。

2022 年 2 月，我国发布《高耗能行业重点领域节能降碳改造升级实施指南(2022 年版)》，其中对合成氨行业提出节能降碳改造升级实施要求，推动开展绿色低碳能源制合成氨技术研究和示范，优化合成氨原料结构，增加绿氢原料比例，降低合成氨生产过程碳排放。

2022 年 3 月，我国发布《氢能产业发展中长期规划（2021-2035 年)》，明确指出，到 2025 年，形成较为完善的氢能产业发展制度政策环境，初步建立较为完整的供应链和产业体系，氢能示范应用取得明显成效。

2022 年 8 月，我国发布《工业领域碳达峰实施方案》，要求扩大绿色低碳产品供给。大力发展绿色智能船舶，加强船用混合动力、LNG 动力、电池动力、氨燃料、氢燃料等低碳清洁能源装备研发，推动内河、沿海老旧船舶更新改造，加快新一代绿色智能船舶研制及示范应用。氨的低碳燃料属性正式确立。

（二）技术发展

随着绿氢制备技术的发展，以绿氢取代灰氢制备绿氨，进而发展全周期零碳合成氨技术，是降低合成氨工艺能耗和碳排放的理想手段之一。

1. 绿氢技术

绿氢通常是指利用可再生能源电力电解水所制备的氢气，目前主流电解水技术包括碱性水电解槽（AE）、质子交换膜水电解槽（PEM）和固体氧化物水电解槽（SOE）等。电解水制氢过程的电耗成本占总成本的75%~85%，电价的高低直接决定了绿色氢能的经济性。我国可再生能源制氢潜力巨大，风电、光伏装机容量均为世界第一，随着国家碳减排体系的进一步完善，以及氢能产业发展政策支撑，风、光发电成本不断下降，制氢设备能耗指标不断降低，绿色制氢技术水平达到规模化条件等因素的驱动，可再生能源制氢技术会迎来更快的发展与突破。据预测，2030年可再生能源制氢成本有望实现与化石能源制氢平价，2050年可再生能源制氢将成为主流的制氢技术。

2. 绿氨技术

传统合成氨主要采用哈伯工艺法生产，从化石燃料中制取氢气，然后在高温和高压下将氢气与空气中的氮气结合，整个工艺流程耗能巨大且产生大量二氧化碳。由于中国富煤少气的特点，中国传统的合成氨工艺以煤为主要原料，生产每吨氨需要排放超过4.5吨的二氧化碳，其中工艺流程排放的二氧化碳占2/3以上。可通过捕捉生产过程中的碳排放，降低合成氨生产过程的碳排放，但最根本的解决方案，还是使用可再生能源电解水生产的绿色氢气作为原料气，不仅可以避免对化石能源的消耗，还可以简化工艺流程，减少生产过程中二氧化碳的排放。

国内外正在积极开展绿氨技术的研究和应用，主要包括先进合成氨工艺和催化剂耦合绿氢、新型低温低压合成氨工艺和催化剂、前沿的合成氨工艺（光催化、电化学、等离子体、化学链等工艺）等[①]。

---

① 《中国绿氨产业链年度报告》。

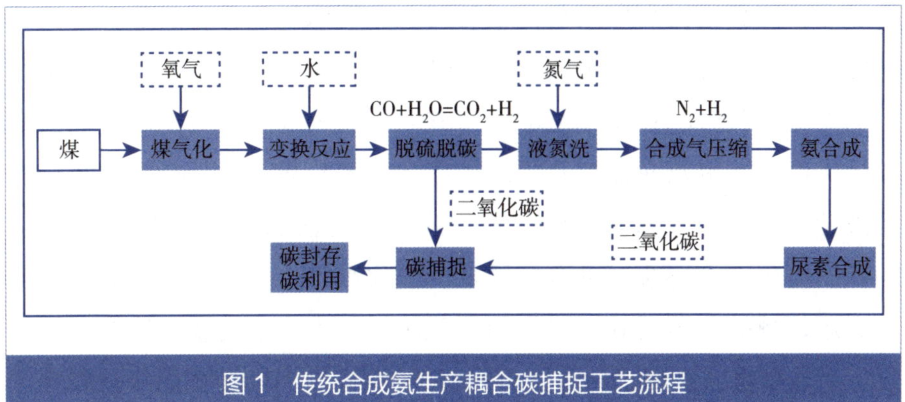

图 1　传统合成氨生产耦合碳捕捉工艺流程

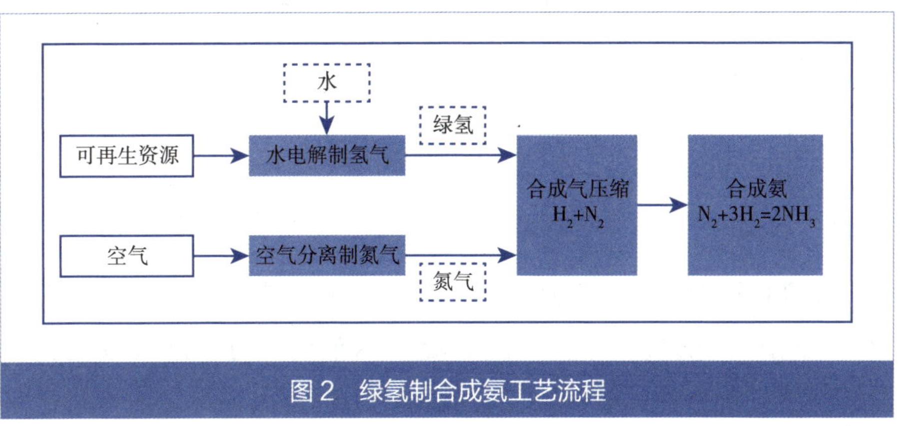

图 2　绿氢制合成氨工艺流程

（三）场景突破

氨的用途正日渐趋于多样化。氨除了作为工业原料，还可以作为燃料推动航运、交通行业低碳化清洁化发展，以及作为发电厂燃料。随着碳价格的上涨，碳金融市场不断升温。2021 年国际能源署报告预测，为实现净零排放，到 2050 年，氢氨燃料将占到运输燃料的近 30%，绿氨作为燃料将有广阔的新市场，最终有可能会超过作为肥料的巨大需求。

随着电解制氢成本的下降，绿氨替代正在加速。氨作为储能介质，可以在新能源出力高峰或负荷低谷时，电解水制氢并合成氨，并液化存储；在新能源出力不足或负荷高峰时，利用氨燃料进行发电，满足用电需求，调解峰谷差。发电应用方面，通过逐步在火电厂提高掺氨燃烧比例，能有效降低二氧化碳排放和能耗总量。此外，绿氨还有望在液化天然气（LNG）发电技术中应用，将液氨与LNG以热量标准20%的比例混合燃烧，可有效降低二氧化碳排放。交通应用方面，氨在交通领域的应用还处于研发与示范阶段，主要走内燃机路线，预计液氨运输船将会是理想的首批用户。2021年10月，中国船级社发布了《船舶应用氨燃料指南（征求意见稿）》，这是国内首个氨能船舶的规范文件。

三　问题分析

（一）绿色氢氨制备成本高，影响产业规模化发展

较高的经济成本制约了绿色氢氨产业规模化发展。绿氢大规模产业化尚未实现，绿氨产业也处于示范期，尚未进入商业化阶段。天然气价格的大幅波动，导致国际上短暂出现绿氢的价格比灰氢价格更便宜的现象，但总体来看，以绿氢为原料的氨储能和氨燃料在经济性方面尚未形成竞争力。据测算①，绿电转化制绿氨的成本在2030年开始才会在一些小众市场低于基于化石能源制氨。国内主要为煤制氨，在减排压力下，并随着未来国内的绿氢价格下降，预计到2040年，绿氨经济性将相较化石能源制合成氨更具成本优势。

---

① Mahdi Fasihi, Robert Weiss, et. al., “Global potential of green ammonia bassed on hybrid PV-wind power plants”, *Applied Energy*, 2021, volume 294.

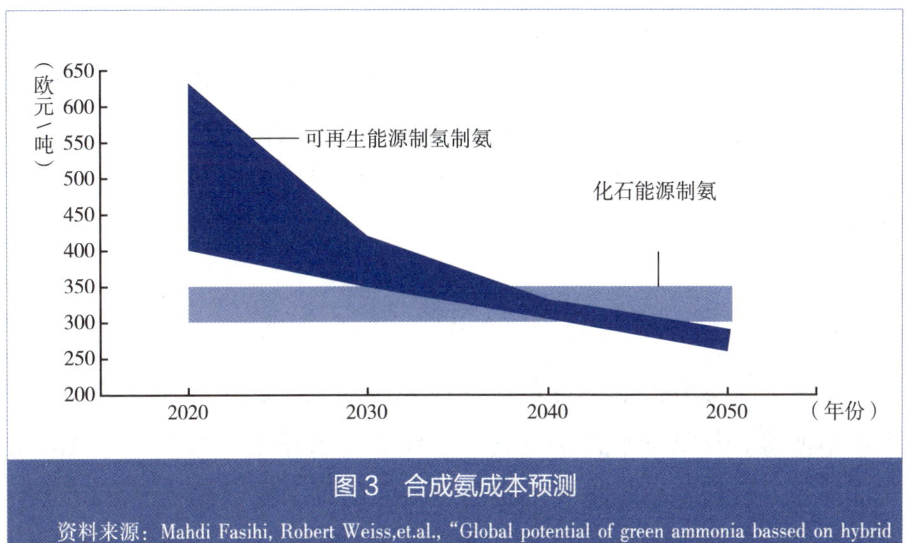

图 3　合成氨成本预测

资料来源：Mahdi Fasihi, Robert Weiss,et.al.,“Global potential of green ammonia bassed on hybrid PV-wind power plants”, *Applied Energy*, 2021, volume 294。

（二）产业链上下游连续稳定运行时间不匹配

新能源与化工系统之间存在运行连续稳定不匹配的问题。新能源发电小时数在 1500~3000 小时，且呈现波动性和不连续性，下游制氢制氨化工工艺要求 7000~8000 小时连续稳定运行，以保障项目安全性和经济性。为平滑新能源出动出力特性，一是可以考虑通过增加储电或储氢设施，提升系统稳定性，保证连续稳定生产，但项目建设投资费用将大幅增加；二是可连接电网做支撑，解决绿电供应的不连续性问题，但绿电上下网会产生过网费、容量费等费用附加，增加电价成本；三是电源侧绿电与火电混合输配，也会影响下游产品的“绿色”属性认证。

（三）绿氨用作零碳燃料的技术保障仍有待突破

绿氨用作零碳燃料推动行业减碳，还需在应用技术及安全性上持续突破。技术方面，氨比化石燃料更难点燃，燃烧速度更慢，大多数氨发动机需要先注入一定量的柴油或氢气辅助启动；氨发动机可能会产生氮氧化物，也是一种强大的温室气体，需要在燃烧过程控制及尾气催化处理方面进一步取得突破，以减少温室气体的产生和排放。安全性方面，氨具有易挥发性，具有毒性，船用绿氨发动机存在氨泄漏的风险。

（四）与国际接轨的绿色认证体系尚不健全

我国关于绿氨产品的绿色认证体系还未完全建立。目前国内认证主体不明确，认证标准尚不完善，未建立与国际接轨的“绿”色减碳认证体系。合成氨也是世界上贸易量较大的大宗化学品之一，2020 年世界合成氨贸易量为 1711 万吨，占总消费量的 9.9%，未来产品的国际化认证也尤为重要。“绿电—绿氢—绿氨”的减碳“绿”色认证，关键在于中间产品绿氢的认证。国际上对绿氢的认证要求也日益严苛，以欧盟为例，2022 年 5 月发布的《可再生能源指令（征求意见稿）》，对绿氢提出“纯绿”认证要求，需要离网的新能源制氢，或者是绿电比例超过 90% 的网电制氢且与新能源场站之间保证小时级电量平衡，同时发电设施的投产时间不早于电解槽投产时间 3 年，方能符合绿氢认证标准，绿电与绿色氢氨一体化项目的建设要求愈加严苛。

四　发展建议

（一）建立基于全国统一大市场的管理体系

打通“绿电—绿氢—绿氨”一体化项目审批路径。明确沙戈荒风光大基地可再生能源电氢氨一体化项目审批路径，明确就地、就近制绿氢、制绿氨的审批监管要求，以及跨行业、跨部门、跨地区一体化审批主体、流程及路径。氢能已初步明确其能源属性，应配套管理机制，明确主管部门，完善氢能制储运用各个环节的管理制度和审批流程，将氢能纳入能源管理体系范畴。通过政策打破区域壁垒，突破基地电能外送受到特高压通道条件以及新能源波动性等因素的限制，支持绿色氢氨产业规范化发展。

（二）优化绿色氢氨产业发展的支撑性政策

在绿色氢氨产业培育初期配套相应支持政策。在项目实施过程中，争取“自发自用、余电上网”的支持政策，依托电网缓解可再生能源制氢与下游绿氨产业之间连续稳定运行时间不匹配的问题。新能源指标方面，配套发布纯绿氢、绿氨（醇、油）项目新能源指标支持政策，且建设指标应区别于并网发电的新能源项目，在指标获批过程中给予政策倾斜。给予政策补贴，绿色产业对新能源的就地消纳和当地的产业经济有较大的带动作用，但目前绿色属性的氢、氨还未取得应有的溢价空间，成本很大程度上依赖于制氢成本和可再生能源电价，建议考虑在税收、补贴、过网费、容量费等方面制定适当的优惠政策，减轻企业投资压力，支持绿色氢氨产业规模化发展。

（三）加强绿色氢氨产业协同控制技术突破

推进产业链上下游关键技术研发，利用技术手段缓解可再生能源制氢与下游绿氨产业之间连续稳定运行时间不匹配的问题。利用制氢设备的宽负荷调节技术和制氢系统柔性控制技术，提高可再生能源电解水制氢系统宽功率波动适应性；加快突破下游化工装置的宽负荷柔性安全稳定运行技术，与上游制氢系统进行匹配。

（四）配套绿氨作为零碳燃料的标准管理规范

制定绿氨作为零碳燃料的全周期标准管理规范。技术标准方面，构建绿氨安全生产、运输和利用产业链技术标准，提升氨系统和操作程序的安全性管理水平，加强运行监管，开展风险评估，通过严格的安全程序把氨制储运用和控制有害气体排放纳入相关管理标准，夯实氨作为零碳燃料首批在航运进行示范应用的发展根基。认证标准方面，布局与国际政策及市场接轨的绿色产品认证体系，绿氨的绿色认证关键在绿电和绿氢，应建立全国统一的绿电双边交易体系，获得权威的绿色环境价值认证电力，建立覆盖绿氢—绿氨制储运全周期的认证管理体系，明确认证主体，带动绿色氢氨产业标准化发展。

（五）支持绿氢—绿氨关键技术攻关及产业示范

开展绿色低碳合成氢氨技术研究与应用示范。高效、低成本绿氢技术开发已形成循环产业生态并加速推进，绿氨技术作为脱碳新途径日益受到重视。一是优化合成氨工艺，提升系统集成设计与优化控制能力，推动节能降碳改造，提升能量转换效率，降低系统能耗；二是氨燃料发动机技术研究，研发结构设计紧凑、燃烧高效的氨发动机系统，并研究通过选择性催化反应及燃烧过程控制技术，实现氮氧化物减排；三是开展掺氨 / 纯氨燃烧研究，优化燃烧参数，提升氨燃烧的稳定性；四是示范应用方面，推动绿色氢氨生产以及储能一体化示范以及绿氨在船舶燃料利用、燃气轮机无碳燃料利用等绿能替代方面的应用示范。

B.9
我国新型储能发展路径与趋势展望

刘　坚*

摘　要： 新型储能是实现电力系统深度脱碳的核心技术。尽管近年来以锂离子电池为代表的新型储能技术应用取得重大进展，但也面临日益严峻的资源供应和成本问题，面向碳达峰碳中和目标，新型储能发展战略和路径仍需系统谋划。本文回顾了近期我国新型储能政策及产业进展，分析了新型储能当前面临的主要问题，探讨了近中远期新型储能需求规模、运行方式和技术结构。我们认为波动性可再生能源发电的发展规模、电力消费总量、电力负荷特性是决定新型储能需求的关键因素。随着波动性可再生能源发电渗透率的不断提升，新型储能的应用场景将更趋多元，各类储能技术与储能方式的应用规模也将因市场竞争力的变化而转变。倡导多元技术发展、寻求跨界解决方案是我国推进新型储能产业发展过程中需要重视的基本理念。

关键词： 新型储能　波动性可再生能源　长时储能

*　刘坚，博士，国家发改委能源研究所副研究员，从事新能源汽车、储能、氢能领域研究。

一 面临的形势

（一）产业进展

自2021年以来，我国新型储能政策密集出台。2021年8月，国家发展改革委、国家能源局印发了《关于鼓励可再生能源发电企业自建或购买调峰能力增加并网规模的通知》，提出超过电网企业保障性并网以外的规模按照15%~20%容量、时长4小时以上的挂钩比例配建或购买调峰储能能力①。2022年3月，国家发展改革委、国家能源局印发《"十四五"新型储能发展实施方案》，提出电化学储能系统成本降低30%以上和推动长时间电储能、氢储能、热（冷）储能等新型储能项目建设②。此外，《新型储能项目管理规范（暂行）》③、《电力并网运行管理规定》④、《电力辅助服务管理办法》⑤、《电化学储能电站并网调度协议示范文本（试行）》⑥等政策又分别从项目准入、备案、建设、并网、调度等各环节对新型储能接入电力系统提出了具体要求。2022年5月印发的《关于进一步推动新型储能参与电力市场和调度运用的通知》进一步聚焦运行环

① 国家发展改革委、国家能源局：《关于鼓励可再生能源发电企业自建或购买调峰能力增加并网规模的通知》，https://www.ndrc.gov.cn/xxgk/zcfb/tz/202108/t20210810_1293396.html?code=&state=123。

② 《国家发展改革委、国家能源局关于印发〈"十四五"新型储能发展实施方案〉的通知》，https://www.ndrc.gov.cn/xwdt/tzgg/202203/t20220321_1319773.html?code=&state=123。

③ 国家能源局：《关于印发〈新型储能项目管理规范（暂行）〉的通知》，http://www.gov.cn/gongbao/content/2021/content_5662016.htm。

④ 国家能源局：《关于印发〈电力并网运行管理规定〉的通知》，http://zfxxgk.nea.gov.cn/2021-12/21/c_1310391369.htm。

⑤ 国家能源局：《关于印发〈电力辅助服务管理办法〉的通知》，http://zfxxgk.nea.gov.cn/2021-12/21/c_1310391161.htm。

⑥ 国家能源局、国家市场监督管理总局：《关于印发〈并网调度协议示范文本〉、〈新能源场站并网调度协议示范文本〉、〈电化学储能电站并网调度协议示范文本（试行）〉、〈购售电合同示范文本〉的通知》，http://zfxxgk.nea.gov.cn/2021-12/28/c_1310417604.htm。

节，提出独立主体、发储联合体两种新型储能参与电力市场方式，并明确独立储能电站向电网送电的，其相应充电电量不承担输配电价和政府性基金及附加①。在政策推动下，我国新型储能产业快速发展，2021年底全国新型储能装机容量接近600万千瓦，预计2030年全国储能市场规模超过2亿千瓦，其中新型储能占比有望达到50%。

（二）面临的问题

1. 供应链资源瓶颈凸显

当前锂电池是新型储能项目的主流技术，也是支撑新能源汽车产业发展的关键技术。2021年以来，受新能源汽车市场需求快速增长、上下游扩产周期错配、部分企业囤积居奇以及期货市场不规范等因素影响，碳酸锂、电解镍、电解钴等锂电池上游原材料价格持续上涨，锂电池储能系统设备采购中标单价已从1200元/kWh上升至1500元/kWh。2022年1~9月国内新能源累计销量同比增幅接近2倍，预计未来2~3年新能源汽车市场仍将处于高速增长期，动力电池需求的增长将加大锂电池上游资源供应压力，储能系统降本难度也随之提升。

2. 市场收益存在不确定性

新型储能并非提升电力系统灵活性的唯一途径，抽水蓄能、煤电灵活性改造、天然气发电调峰、电力需求响应等其他灵活性资源技术成熟、成本低、潜力大，各类灵活性资源的市场竞争意味着收益的不确定性。2021年4月，国家发展改革委、国家能源局先后印发《关于进一步完善抽水蓄能价格形成机制的意见》和《抽水蓄能中长期发展规划（2021—2035年）》，明确了抽水蓄能两部制电价政策和规模目标，

① 国家发展改革委办公厅、国家能源局综合司:《关于进一步推动新型储能参与电力市场和调度运用的通知》，https://www.ndrc.gov.cn/xxgk/zcfb/tz/202206/t20220607_1326854.html?code=&state=123。

局部区域大量抽水蓄能项目的涌入势必降低当地新型储能的市场需求和收益水平。此外，随着波动性可再生能源发电渗透率的提升，新型储能的运行方式将从短时功率调节转变为长时能量调节，现有电力市场缺少长时调节或容量激励价格信号，新型储能收益因此存在下降风险。与此同时，为推动新型储能发展，部分省市建立容量租赁机制，新型储能可通过向新能源发电企业出租容量获取收益，但当前容量租赁市场与储能运营尚未有效衔接，容量租赁价格在未来存在较大不确定性。

3. 长期发展路径不清晰

尽管发展新型储能已成为能源行业共识，但目前绝大多数能源战略研究将新型储能等同于电池储能，对其内涵、功能和定位认识有所欠缺。如飞轮、超级电容等功率型储能技术更适应调频、电能质量管理等应用场合；各类电化学储能，更适合电力系统频率调节和短时削峰填谷；压缩空气、重力储能能量单元扩容成本低，在长时调峰应用方面更具优势。但现有新型储能展望多以装机容量为主，对储能充放电时长的刻画不足。此外，储热、氢储能、车网互动等技术可实现可再生能源电力在居民、工业、交通等领域的跨界存储，也是未来新型储能的关键组成部分。因此，相关部门应加大新型储能发展路径研究，进一步细化不同阶段新型储能的发展规模、技术与模式构成，设计有针对性的扶持政策。

二　发展路径

（一）需求规模

新型储能有助于提升电力系统资产利用率和绿色电力的渗透率，而波动性可再生能源（VRE）发电在电源结构中的比重、电力消费总量、电力负荷特性都是新型储能的重要影响因素。根据美国、欧盟、德国、英国等近30项研究成果，VRE的增长是电储能需求的主要驱动力。当VRE发电装机容量占比20%，储能功率需求约占负荷高峰的5%；VRE发电装机到40%时，储能功率需求占比8%~16%；VRE发电装机到80%时，储能功率占比提升至25%~45%。从储能发电量角度看，VRE发电量占比达到20%时，储能容量在年电量消费中的比重为0.005%；VRE发电量为40%时，储能容量占比为0.008%~0.02%；VRE发电量为80%时，储能容量占比为0.03%~0.1%。

预计2030年，我国发电总装机将超过35亿千瓦，其中风电、光伏发电装机15亿千瓦，占比超过40%，全国最大用电负荷达到20亿千瓦，全国年用电量10万亿千瓦时。综合相关文献的经验值推算，全国储能装机功率需求为1.7亿~3亿千瓦，储能容量需求为12.7亿~21.4亿千瓦时。假设到2060年，全国发电总装机达到70亿千瓦，其中风电、光伏发电装机57亿千瓦，占比超过80%，最大用电负荷达到30亿千瓦，年用电量15万亿千瓦时，则全国储能功率需求将达到3.7亿~11.3亿千瓦，储能容量需求为33.6亿~92亿千瓦时。

总体来看，电力系统储能需求与VRE渗透率呈现指数函数对应关系，当VRE渗透率较低时（如装机容量<40%，发电量<20%），储能需求增速较平缓，VRE渗透率较高时（如装机容量>60%，发电量>40%），储能需求增速明显加快，到碳中和阶段储能功率需求或占电力系统负荷高峰1/3，储能容量需求约为日均用电量的10%~20%，各类储能的平均放电时长为7~10小时。

（二）运行方式

运行方式是决定储能经济性关键因素，而储能的运行方式又与VRE发电渗透率和储能规模相关。

由于新能源发电渗透率的提升，国内部分区域电网净负荷曲线峰谷时段和绝对值正在发生改变，新型储能也有望越来越多地参

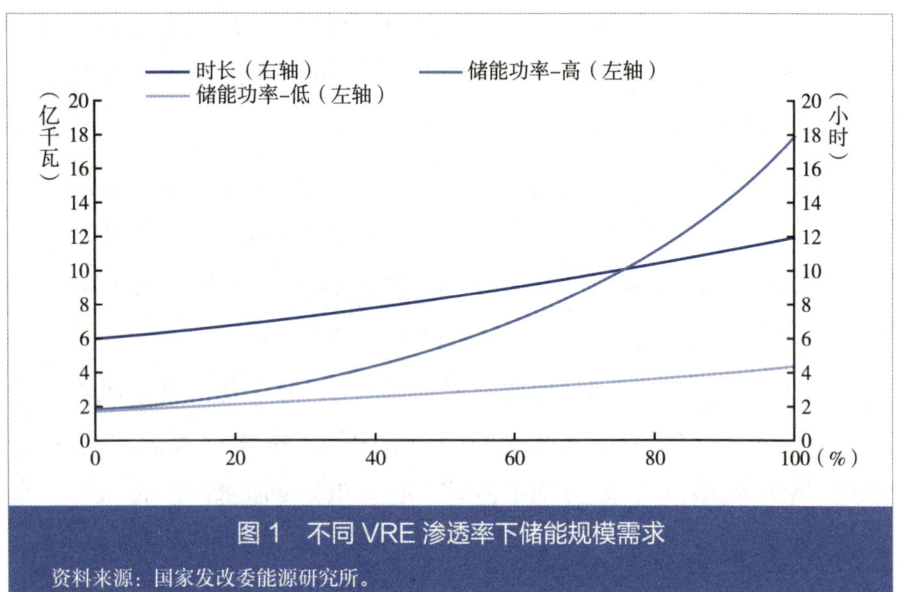

图 1　不同 VRE 渗透率下储能规模需求

资料来源：国家发改委能源研究所。

与能量调节，其充放电时长也有上升趋势。以国内东部某省为例，“十四五”期间该省光伏发电装机将从 2200 万千瓦增加至 5700 万千瓦，午间净负荷低谷特征明显。仅考虑光伏因素，2020 年该省电网春季典型日净负荷峰谷差为 1200 万千瓦，储能参与削峰填谷运行价差收益空间较小。到 2025 年该省电网春季典型日净负荷峰谷差增大至 4000 万千瓦，峰谷价差也将显著提升，储能充放电获利空间将扩大。若高峰电价都为 1 元 /kWh，不考虑其他新增灵活性资源，边际新增 1GWh 储能在 2025 年进行峰谷套利的收益约为 2020 年的 4 倍。不断提高的光伏发电占比是建设中短时（日内调节）储能的重要驱动力。

除了 VRE 渗透率外，储能规模也将影响电网净负荷形态。随着储能规模的提升，净负荷曲线的峰谷差将缩小，这意味着新增储能的峰谷套利难度加大，且对储能的需求也将逐步转向长时应用。同样以该省为例，在 2025 年净负荷基础上新增 1GWh 储能参与峰谷调节的平均放电时长为 4 小时，而新增第 8GWh 储能的平均放电时长为 8 小时。平均放电时长的转变也将影响储能技术竞争力，进而影响电力系统对新型储能的技术选择。

（三）技术结构

储能技术的经济性将最终决定各类储能的市场规模。目前在各类新型储能技术中，锂离子电池储能技术拥有较低的综合投资和运行成本（高充放电效率），也是近期国内新型储能的增量主体。尤其是在新能源汽车产业的带动下，锂离子电池呈现明显的规模效应优势，2010~2020 年锂离子电池成本降幅接近 80%，在实现交通电动化的同时也开启了锂电池储能在电力系统的规模化应用。但随着生产工艺不断完善，锂离子电池规模化量产的降本红利逐渐下降，近年来锂电池降本速度逐年趋缓，电力系统大规模储能仍需寻求多元解决方案。

钠离子电池、全钒液流电池、压缩空气储能、岩石重力储能等新型储能技术都有望弥补锂电池储能的市场缺口。其中钠离子电池受矿产资源的约束小，可突破锂电池成本下降极限，而压缩空气储能、岩石重力储能等物理储能技术都具有能量单元成本低的特点，在高渗透率 VRE 下相比功率型储能更具市场竞争力。

除电力系统固定储能外，跨界储能的应用潜力也不容忽视。储热/冷、氢储能、车网互动（V2G）都具有大容量、长周期储能能力，尤其是在碳中和阶段，上述跨界储能方式都是实现电力系统深度脱碳和提升电力安全保供能力的重要手段。

三　结论与建议

当前我国新型储能进入快速发展阶段，但仍存在供应链资源约束、市场收益不稳定、发展路径不清晰等问题。研究发现波动性可再生能源是电储能需求增长的主要驱动力，预计到2030年，我国储能装机功率将达到负荷高峰的8%~16%，储能容量约占全国日均电量消费的3%~7%。随着波动性可再生能源占比的提升和储能存量规模的增大，能量型储能在新型电力系统中的作用将日益凸显。因此，在推进锂电池储能项目建设的同时，应加快钠离子电池、液流电池、压缩空气、重力储能等长时储能技术研发与工程示范，提前研究谋划相应扶持政策和价格激励机制。此外，应重视车网互动、氢储能、储热等跨界储能技术与储能方式的战略价值，综合考虑开发潜力、资源成本及基础设施条件，研究制定分阶段储能技术/方式发展路线图。

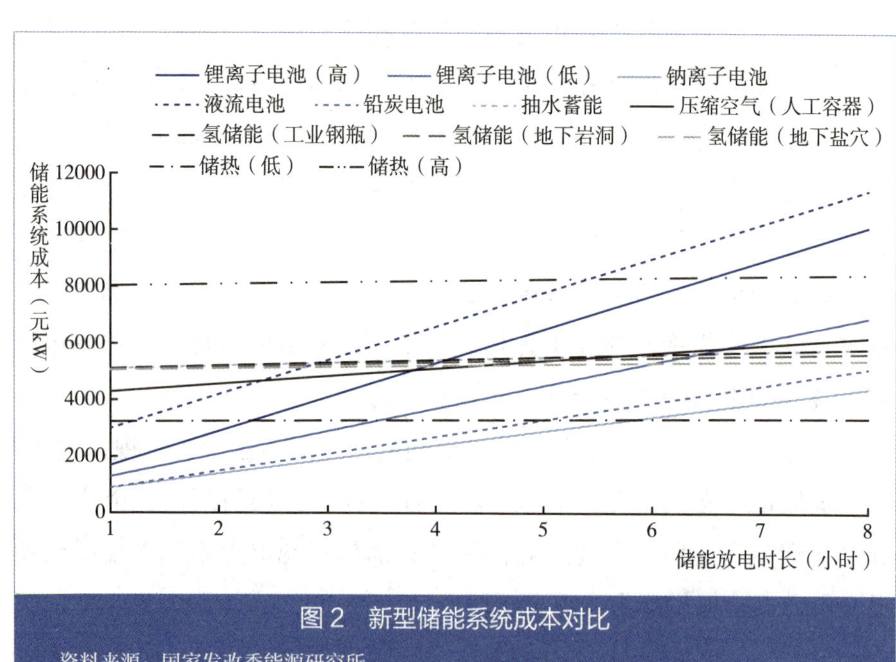

图2　新型储能系统成本对比

资料来源：国家发改委能源研究所。

B.10
中国道路交通低碳发展与换电式电动卡车发展*

任 磊　彭天铎　欧训民**

摘　要： 我国道路交通低碳发展趋势明显，电动化是重要的技术手段。商用车中的重卡是道路交通中货物运输工具重要组成部分，保有量和销售量规模较大。随着低碳和环保要求趋严，电动重卡发展迅速但存在若干挑战。换电式重卡是重要的发展方向。政策制定者与从业者需要创造有利政策条件，探索应用场景和创新商业模式。

关键词： 道路交通　低碳发展　换电式电动卡车

一　道路交通低碳发展趋势

（一）交通运输能耗与碳排放

2019 年，中国交通运输部门能源消费量近 5 亿吨标准煤，约占中

* 本文为国家自然科学基金（72174103）“基于模式、技术和管理系统分析的中国交通能源消费与碳排放研究方法与建模”阶段性成果。

** 任磊，清华大学博士研究生，主要从事能源路线全生命周期分析；彭天铎，清华大学博士、助理研究员，主要从事交通部门能源战略研究；欧训民，清华大学能源系统分析方向副教授，管理学博士，主要从事储能、氢能、CCUS 等绿色低碳技术分析、交通部门能源战略研究和能源路线全生命周期分析工作。

国能源消费总量的11%；交通运输部门能源相关碳排放超过9亿吨，占全国能源相关碳排放的10%左右[①]。

如图1所示，中国交通运输部门的碳排放总量随社会经济发展而快速增长，1990~2019年年均增速8.1%，高于全国整体碳排放量年均增速2.6个百分点。从运输方式看，道路交通是最主要的排放来源[②]。

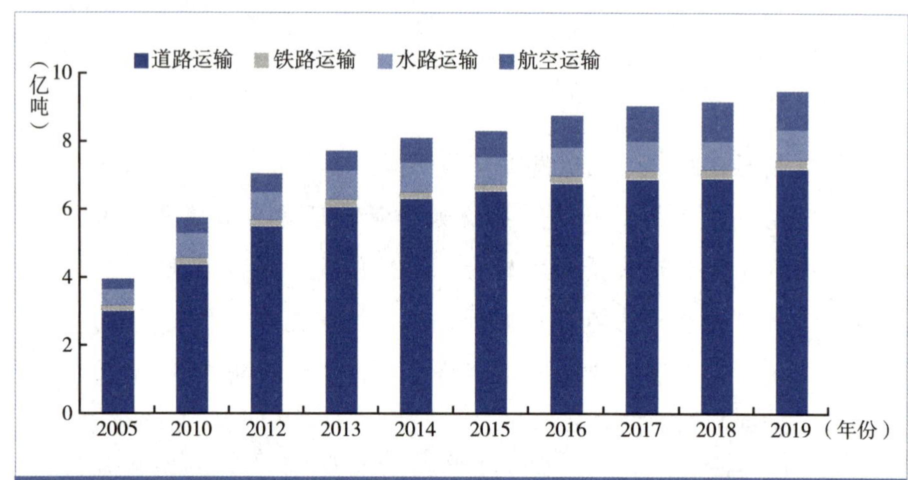

图1　2005~2019年中国交通部门碳排放量变化

资料来源：彭天铎、袁志逸、任磊、欧训民《中国碳中和目标下交通部门低碳发展路径研究》，《汽车工程学报》2022年第4期。

未来如不实行积极、持续的减缓政策，2060年中国交通运输部门碳排放将高达2020年的3~4倍[③]。交通运输部门能耗和碳排放趋势对中国能否如期实现“双碳”目标有着重要影响。

中国交通运输部门碳排放应努力在2030年前达峰，2060年控制在

① 王庆一:《2020能源数据》，绿色发展创新中心，2021。

② International Energy Agency（IEA）, Greenhouse Gas Emissions from Energy, Paris, 2021. 国家统计局:《中国统计年鉴》，中国统计出版社，2021。

③ 清华大学气候变化与可持续发展研究院:《中国长期低碳发展战略与转型路径研究》，中国环境出版社，2020。

1亿吨以内，力争实现近“零排放”①。不过存在的主要挑战包括随经济增长而来的运输需求持续上行、航空和水运的减碳技术选择有限和道路货运脱碳难度大等。为实现交通运输部门近“零排放”目标，需要运输结构优化、燃料替代、创新技术应用等措施的协同推进和实施。

（二）中国交通运输部门低碳发展政策

中国政府很早即开始采取行动促进交通运输行业节能减排，“双碳”目标提出后，政府各部门加快出台支持交通绿色低碳转型的相关政策举措，已基本形成了系统性政策体系，可划分为顶层设计、发展规划、行业节能减排标准等3类。

将减少交通运输部门碳排放作为实现“双碳”目标的重要环节，已被纳入中国“1+N”政策体系，在顶层设计“1”中多有涉及。《关于完整准确全面贯彻新发展理念做好碳达峰碳中和工作的意见》作为国家总体设计确立了“双碳”政策实施的原则和目标，其中强调加快推进低碳交通运输体系建设，并提出优化交通运输结构、推广节能低碳型交通工具、积极引导低碳出行三大关键举措，从模式、技术和消费三个层面确立了交通运输部门低碳转型方向。《2030年前碳达峰行动方案》聚焦碳达峰关键期，将交通绿色低碳行动列入碳达峰十大行动，面向2030年实现碳达峰构建了系统、全面、量化举措和目标，如新能源和清洁能源交通工具比例达到40%左右，运输碳强度较2020年下降9.5%，百万人口以上城市绿色出行比例超过70%，推进交通补能基础设施建设等，加快形成绿色低碳运输方式，确保交通部门“碳排放增长保持在合理区间”。

中国相关管理部门已制定多项交通运输行业发展规划以推进绿色低碳交通建设，覆盖交通网络、装备、技术、出行方式等多方面。比

① 彭天铎、袁志逸、任磊、欧训民：《中国碳中和目标下交通部门低碳发展路径研究》，《汽车工程学报》2022年第4期。

如,《交通强国建设纲要》将绿色与安全、便捷、高效、经济等并列视为现代综合交通体系的重要特征，提出2035年中国要基本建成交通强国，强化交通节能减排和污染防治，优化交通运输结构、能源结构，促进清洁能源的使用。又比如,《交通强国建设评价指标体系》从生态环保、节约等维度设立了交通工具污染物与碳排放水平、交通与环境协调发展水平、交通基础设施空间资源节约化水平等3个指标，以此反映交通“绿色”发展程度。此外,《绿色出行创建行动方案》《国家综合立体交通网规划纲要》《“十四五”现代综合交通运输体系发展规划》等规划文件均将绿色、低碳、清洁化作为交通部门未来发展的重点。

中国已经出台多阶段燃油经济性限制标准和排放标准以促进交通运输低碳发展。在燃油消耗量方面，中国汽车工业管理部门建立并逐步实施了《乘用车燃料消耗量限值》《乘用车燃料消耗量评价方法及指标》《重型商用车燃料消耗量限值》等国家标准，规定了各类车型的燃料消耗量限值和总体节能目标。在排放管理方面，从2021年7月1日开始，我国全面实行了《重型柴油车污染物排放限值及测量方法（中国第六阶段）》，这标志着国家第六阶段机动车污染物排放标准的全面执行，基本与欧美发达国家接轨。

（三）道路交通低碳目标与技术措施

多家机构研究表明，随着城镇化的进一步推进，中国2030年前道路交通碳排放量将继续增长，此后随着节能技术应用和新能源汽车的大规模渗透，道路交通碳排放量快速下降，2060年有望接近“零排放”[①]。

① 袁志逸:《中国交通部门深度脱碳关键措施与发展路径研究》，清华大学，2021；World Bank, The 500-Million-Vehicle Question: What Will It Take for China to Decarbonize Transport?, World Bank Blog, 2021；能源与交通创新中心:《中国传统燃油汽车退出时间表研究》，2019；绿色和平:《转型与挑战——零排放汽车转型如何助力中国汽车领域碳达峰和碳减排》，2021；International Energy Agency (IEA), An Energy Sector Roadmap to Carbon Neutrality in China, Paris, 2021；刘斐齐:《中国车用能源需求及碳排放预测研究》，清华大学，2021。

从技术层面来看，道路交通减排措施主要包括主流内燃机汽车的能效提升技术以及新能源汽车的研发和推广两方面。

能效提升技术对道路运输的节能减排有极大促进作用，其中，混合动力技术、先进内燃机技术以及轻量化材料技术三者最被看好。促进能效提升的政策措施包括对汽车制造商所产汽车进行严格的能效限制管控和加大新型高效汽车的市场补贴力度。

以电动汽车和氢燃料电池汽车为代表的新能源汽车被视为道路交通最重要的减碳技术路线。目前，中国新能源汽车市场渗透率已超过 10%，2025 年和 2035 年市场渗透率将分别增至 15%~25% 和 40%~60%①。氢燃料电池汽车正处于初始发展阶段，2025 年保有量达到 5 万辆，2035 年推广量将达到 100 万辆②。在当前电网结构下，从燃料全生命周期角度看，单位运输服务的电动汽车相比燃油汽车具有一定的减碳效果，电网电力制氢和煤制氢路线下氢燃料电池汽车碳排放强度仍高于燃油汽车，但随着电网低碳化，电动汽车和氢燃料电池汽车碳减排优势将日益凸显③。

（四）若干发展方向判断

在我国道路交通方面，不管是交通燃料还是交通工具，未来都将呈现多元化发展格局。多元化不仅有技术路线上的多元，也有不同区域之间市场条件、技术积累和资源约束等方面所带来的多元。

碳排放因素将会成为汽车产业发展的重要考虑因素之一。汽车产业碳排放不仅和气候变化有直接关系，将来会越来越多地与国家的竞争力、产业发展和所处国际位置相挂钩。

---

① 中国汽车工程学会:《节能与新能源汽车路线图 2.0》，机械工业出版社，2020。

② 国家发展改革委、国家能源局:《氢能产业发展中长期规划（2021-2035 年）》，（2022-3-23）[2022-04-02]. http://www.nea.gov.cn/2022-03/23/c_1310525755.htm。

③ REN Lei, ZHOU Sheng, PENG Tianduo, et al., “Greenhouse Gas Life Cycle Analysis of China’s Fuel Cell Medium- and Heavy-Duty Trucks Under Segmented Usage Scenarios and Vehicle Types”, *Energy*, 2022, 249；戴家权、彭天铎、韩冰等:《“双碳”目标下中国交通部门低碳转型路径及对石油需求的影响研究》,《国际石油经济》2021 年第 12 期。

交通低碳发展将与成本有效技术应用密切相关。对交通运输部门现有的技术研发状态来说，要实现零排放在成本、技术上有很大阻碍。与汽车能源相关的电力和氢能的分析和研究，都尚待进一步推进。

二　重卡发展趋势

（一）新能源化是全球商用车发展的重要方向

全球各国以多种形式积极加快商用车新能源化进程。2020 年 6 月，美国加州空气资源委员会发布全球首个零排放卡车法规《先进清洁卡车法规》，以与电动私人乘用车的相类似的积分机制加快推动中重型卡车领域零排放汽车的应用。2022 年 6 月，欧盟批准 2035 年禁售内燃机汽车及轻型商用车。此外，美国、日本、德国等规划到 2030 年建设超过千座加氢站，推广超过百万辆燃料电池汽车。

全球商用车头部企业也纷纷制定了新能源商用车战略。如沃尔沃卡车部门计划 2040 年实现 100% 非化石燃料，戴姆勒卡车部门计划从 2039 年开始，在北美、欧洲和日本仅销售碳中和驱动模式的车辆。新能源商用车是未来商用车发展的必然趋势已成为业界共识[①]。

（二）中国商用车碳排放与污染物排放

1. 碳排放

如图 2 所示，2019 年，中国私人乘用车和重型货车的排放量在道路运输排放总量中的占比分别为 50.1% 和 24.6%，名列各车型前两名[②]。中国汽车工程学会等机构通过分应用场景研究，预测我国商用车保有量中长期将稳步增长到 5000 万 ~6000 万辆，碳减排压力非常大[③]。

---

① 中国电动汽车百人会:《商用车转型发展的趋势、挑战与建议》，2022。

② 袁志逸:《中国交通部门深度脱碳关键措施与发展路径研究》，清华大学，2021。

③ 中国汽车工程学会:《节能与新能源汽车路线图 2.0》，机械工业出版社，2020。

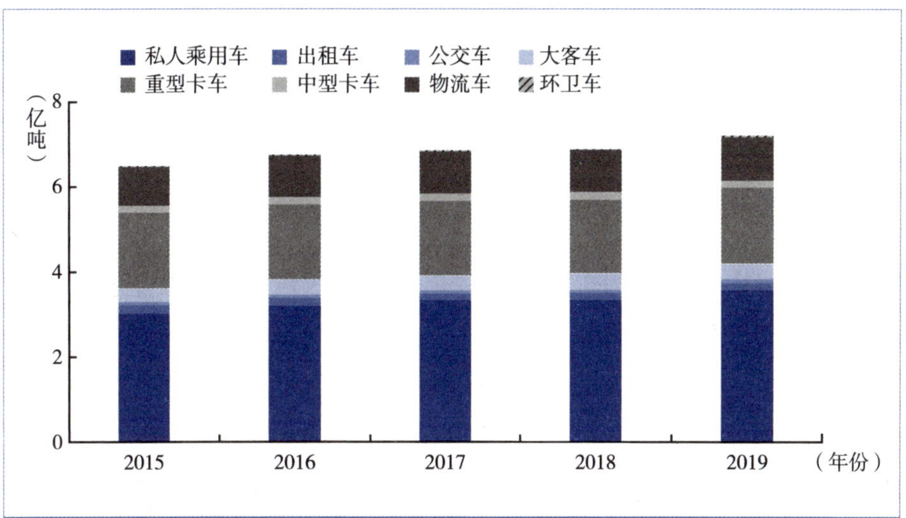

图 2　中国道路运输碳排放结构

资料来源：彭天铎、袁志逸、任磊、欧训民《中国碳中和目标下交通部门低碳发展路径研究》，《汽车工程学报》2022 年第 4 期。

2. 污染物排放

中国载货汽车保有量 2949 万辆，占汽车保有量的 10.5%。货车结构中，中、重型货车合计占比约为 33%。由于 95% 以上的中、重型货车都由柴油机驱动且它们的工作强度高、单位里程能耗大，中、重型货车的数量虽然很少，但污染物排放影响很大，PM 排放量占比 58.5%，NOx 排放量占比 78.8%。总之，与其他车辆类型相比，由于缺乏有效的控制措施，中、重型货车的排放占比可能会进一步增加[①]。

（三）重卡规模及排放

重卡一般指总质量 14 吨以上的载货汽车。重卡是商用车中碳排放和污染物排放的重要来源。

① 中国生态环境部：《中国移动源环境管理年报（2021）》，2021；International Energy Agency (IEA), An energy sector roadmap to carbon neutrality in China, 2021。

近10年来，我国重卡的年销量保持在150万辆左右，目前总保有量保持在1000万辆左右。接下来若干年，受大宗货物需求增长放缓及“公转水”和“公转铁”的影响，预计未来重卡保有量先升后降，2030年左右处于峰值水平（约为1100万辆）[①]。

相关研究表明，2020年底，我国商用车保有量约为3400万辆，在汽车保有量中占比约为12%，但商用车碳排放量占道路交通排放总量的62%；重卡保有量约为1000万辆，占商用车的27.4%、汽车保有量的3.3%，但重卡碳排放量占到商用车碳排放量的约60%、道路交通碳排放总量的37%[②]。

现有研究表明，在基准情景下，长期来看，重卡碳排放量是缓慢下降的，从现在到2060年占商用车碳排放量的60%以上；而在新能源汽车加速渗透等其他情景下，重卡碳排放量虽然也能迅速下降，但是不如其他商用车排放量下降速度快，从现在到2060年占商用车碳排放量的比重越来越高。可见，重卡车型将成为未来道路交通减碳的重点及难点[③]。

重卡主要使用柴油，PM和NOx排放量大。近年来，我国机动车排放标准不断升级，排放物限值要求不断趋严。新标准在多个污染物种类方面均有更严格的限值要求。

因此，控制重卡的燃油消耗，成为道路交通低碳绿色发展的关键。

（四）重卡电动化趋势

研究表明，为实现减排目标，货车领域力争在2055~2060年使

---

① 袁志逸:《中国交通部门深度脱碳关键措施与发展路径研究》，清华大学，2021；绿色和平:《转型与挑战——零排放汽车转型如何助力中国汽车领域碳达峰和碳减排》，2021。

② 中国汽车技术研究中心:《中国汽车低碳行动计划研究报告(2021)》，2022。

③ 袁志逸:《中国交通部门深度脱碳关键措施与发展路径研究》，清华大学，2021；绿色和平:《转型与挑战——零排放汽车转型如何助力中国汽车领域碳达峰和碳减排》2021；中国汽车技术研究中心:《中国汽车低碳行动计划研究报告(2021)》，2022。

燃油汽车退出市场，使2060年货车保有量中燃油汽车的比例降至1%~3%。新能源货车的重卡车型，主要有电动汽车和氢能汽车两种技术路线。①

重卡电动化具有绿色和低碳的优势。而且重卡即使在污染天气也可以正常运营，而不像燃油车那样受到限制。电动化重卡在高排放场景如矿山、钢铁厂等领域，市场需求会不断呈现，市场销量未来可能会稳步增长。

但与乘用车和轻型商用车电动化普及较为容易的现实不同，重卡有运距远、时间长和任务重的特点，而相比之下，目前电动重卡发展存在电池技术性能不足、规模经济发展受限、电功率范围不足和充电设施配套不完善等不少困难。

氢燃料电池汽车也可能是柴油或者天然气重卡的替代技术选择，但目前该技术尚不成熟，氢能成本、氢能供应等仍存在瓶颈，大规模推广可能会带来用能高成本和配套设施建设高投入的问题。

与这两条技术路线比较而言，短途场景电动重卡相比柴油车型已具竞争力；从长远来看，长途场景氢燃料电池重卡经济性好于电动重卡，但相比柴油车型仍需政策扶持。

但总体而言，当前这两条路线的车辆购置成本都偏高。特别是随着续航里程的增加，两者相对柴油重卡的成本劣势更加凸显。国际研究机构清洁交通委员会2021年相关研究指出，在中国北京、上海地区，所有纯电动货运卡车均可在2025~2030年与柴油车实现拥有总成本平价。燃料电池载货汽车和自卸汽车到2030年前后可实现与柴油车之间的拥有总成本平价②。

---

① 袁志逸:《中国交通部门深度脱碳关键措施与发展路径研究》，清华大学，2021。

② 国际清洁交通委员会:《中国重型货运卡车的拥有总成本对比分析：纯电动、燃料电池和柴油货运卡车》，2021。

三 电动重卡发展动向

（一）电动重卡发展起步趋势明显

我国已开展电动重卡运营试点。2021 年 10 月，工信部启动换电式重卡试点方案，于四川宜宾、内蒙古包头、河北唐山三个重点工业城市进行了试点。电动重卡在一些特定场景应用后得到认可，特别是在港口、矿区、专线运输等领域具有优势。在使用过程中，随着部分问题得到解决，应用面逐步扩大。

电动重卡的渗透率不断提升。2022 年 1~5 月各月新能源重卡（主要是电动重卡）的渗透率分别为 2.4%、1.6%、2.0%、2.6%、3.8%[①]。

表 1 近年来我国重卡及电动重卡销售量

时间	重卡销售量（万辆）	电动重卡销售量（辆）
2019 年	117.4	—
2020 年	162.3	1638
2021 年	—	10513
2022 年 1~6 月	—	9542

（二）国家政策因素推动成效显著

国家低碳战略和环保措施的推出，以及国家第六阶段机动车污染物排放标准所带来的车型购置、运营成本的显著增长等因素，为电动重卡的未来发展提供了政策支持。

① 中国电动汽车百人会:《商用车转型发展的趋势、挑战与建议》，2022。

近年来，国家和地方出台了诸多支持电动重卡发展的政策，鼓励换电重卡的发展。比如，2021 年工信部发布的《关于启动新能源汽车换电模式应用试点工作的通知》，将唐山、包头、宜宾等列为重卡特色类城市。这些城市积极响应，制定了明确的推广目标，出台多项支持换电重卡推广应用的配套政策。

另根据 2022 年电动货车补贴方案（见表 2），2022 年购买电动重卡，可以享受到近 4 万元 / 辆的国家补贴（到 2022 年 12 月 31 日以后可能存在政策调整）。

表 2　2022 年我国新能源货车补贴方案（公共领域）

车辆类型	中央财政补贴标准（元 /kWh）	中央财政单车补贴上限（万元）		
		N1 类	N2 类	N3 类
纯电动货车	252	1.44	3.96	3.96
插电式混合动力（含增程式）货车	360	—	1.44	2.52

（三）重卡电动化的基础设施瓶颈逐步得到缓解

电动和氢燃料电池重卡都面临较大的基础设施发展瓶颈，但都在得到逐步缓解。

快充技术、换电等方案正在缓解电动重卡充电时间过长的问题，车电分离等新型商业模式也为电动重卡发展提供了新动能。例如，最近几年北京“铁路市内远距离运输 + 新能源车双端接驳”模式，与换电和以租代售相结合，大幅降低了货运服务提供商的投资成本。此外，部分重卡动力电池更换技术可实现最快 3 分钟换电。

燃料电池重卡方面，国内加氢设施不足的问题也正在得到解决，加氢站技术已不是燃料电池汽车发展的主要障碍，但加氢站的建设运营仍面临审批难、标准缺、成本高等问题。

（四）换电重卡技术路线发展得到重视

电动卡车普遍存在载重高、功耗高和运距长的特点，因此，需要大电量动力电池满足使用功率和续航要求。如果采用传统的充电模式，一天需充电多次，每次需要 1.5~2 小时，这将大大降低纯电动重卡的运营效率。

在换电模式中，用户只需一次性支付或租赁不含车体的电池即可补充汽车电能。换电重卡搭载快速换电系统，换电只需要 3~5 分钟，将动力电池购置成本平摊到每次换电补给中，实现“用多少电花多少钱”，与传统加油模式相似。

换电式电动重卡的续航里程在港口、矿山、城市渣土运输、大型钢厂内运输等封闭场景下可以保障使用需要，这些场景为进一步推广电动重卡带来利好。

从 2022 年上半年电动重卡供给端看，车企积极布局换电重卡产品。如表 3 所示，2022 年至今工信部发布的 7 批汽车新品公告（第 352~358 批）中，换电重卡产品种类占比为 46.8%。2022 年 1~5 月，换电重卡销售了 3606 辆，占据新能源重卡近 47% 的权重。

表 3 工信部发布的第 352~358 批新能源重卡公告情况

单位：款，%

批次	352 批	353 批	354 批	355 批	356 批	357 批	358 批	总计
换电重卡上榜数量	18	15	23	41	38	50	5	190
新能源物流重卡上榜数量	61	36	46	74	76	103	10	406
换电重卡占新能源物流重卡比例	29.5	41.7	50.0	55.4	50.0	48.5	50.0	46.8

（五）电动重卡发展仍面临若干挑战

第一，因电池总质量大带来电耗较高和装载量较少的不利表现。

例如，目前 6 × 4 电动牵引车普遍需匹配 280 kWh 左右的储电量，对应的整备质量在 11~12 吨，与传统油车 9 吨左右的整备质量相比，高出约 25%。因此，如何降低电动重卡自身重量成为电动重卡投入实用的关键挑战。

第二，初始购置成本远高于燃油重型载货汽车。

目前纯电动重卡成本仍明显高于传统车型。比如，1 辆传统燃油重卡售价如为 40 万元左右，而对应的纯电动重卡售价则高于 100 万元。

第三，用户经济性不佳。

经测算，如果电动重卡的购车成本比传统重卡多 30 万 ~40 万元，则年运行成本（含燃料成本）则仅节省 1 万 ~2 万元，总体经济性可能不佳。换电模式中换电站本身的投资需求也不容忽视，有研究表明为 15 辆车服务建设换电站，需要 850 万元的初始投资，并且投资回收期在 11 年左右。现有财政补贴能够在一定程度上弥补经济性问题，但是补贴政策退出必将大大影响用户积极性。

第四，电动重卡换电站建设运营仍面临不少挑战。

部分换电站网点布局难、规模小、经营获利难、电池标准不统一等问题仍然存在，制约了换电重卡规模扩大。

四　推动换电式重卡发展的建议

（一）积极创造产业健康发展的有利政策条件

各级政府积极出台优惠政策、完善标准法规，助力电动重卡产业健康发展。

各级政府开展新能源重卡示范工程，加速推广应用。鼓励技术创新，加大基础设施支持力度，总结成功经验，加快更大范围推广。

行业主管机构建立、完善相关标准法规引导技术发展。重卡、工程机械车辆因使用环境的特殊性，对电池技术、产品一致性及循环寿命等有更高要求，对电池企业的技术、售后服务也要求更高，更合理的标准与法规体系将起到关键促进与规范作用。

（二）推动选择优势场景开展应用示范

一般来说，要完成“双碳”目标，实现低碳可持续转型，电动重卡在钢厂、矿山、城建、环卫、港口、发电厂、仓库、支线短倒等细分使用场景中可能存在相对优势。还需要科学评估上述封闭场景推广换电式电动重卡的技术和经济可行性，选择优势场景推动应用示范。

（三）鼓励开拓“充换储运一体化”商业模式

虽然电动重卡增长势头迅猛、前景较好，但目前仍处于发展的初级阶段，市场规模较小。

在重卡换电运营模式中，对于拥有电力成本优势的发电或售电企业，除了电池租赁、卖电等盈利渠道外，运营商可以开发与储能结合的场景。具体来说，一方面，闲置的备用电池可以参与电网调峰调频；另一方面，动力电池资产退役后，可以进行梯次利用，实现低成本储能电站建造。

建议有关企业发展电动重卡充换储运一体化经营业务，推动规模化和数字化发展。通过 5~10 年的发展，实现商业模式成功和绿色低碳发展的双重效果。

B.11
节能对全球碳中和的贡献研究

白 泉 刘政昊*

摘 要： 节能不仅是保障能源安全的重要手段，在全球迈向碳中和的新征程中，节能也扮演着重要的角色。本文梳理了不同机构提出的全球碳中和路径，对节能在实现全球碳中和过程中的地位、作用和贡献进行了分析。结果表明，在全球应对气候变化的背景下，节能被视为实现全球碳中和的最主要途径之一，节能对碳中和目标的贡献约占1/3到一半左右；同时，节能内涵也在不断丰富，消费行为节能、与可再生能源相结合的电气化等被纳入节能的范畴。建议我国借鉴国际经验，重视节能对碳达峰碳中和的作用，认识到节能概念的新变化，加大节能投资力度，完善节能管理制度，推动节能工作向着有利于碳达峰碳中和的新方向转变。

关键词： 碳中和 节能 电气化

2020年9月22日，习近平主席在第七十五届联合国大会一般性辩论上宣布，中国将提高国家自主贡献力度，采取更加有力的政策和措施，二氧化碳排放力争于2030年前达到峰值，努力争取2060年前实

* 白泉，博士，国家发展和改革委员会能源研究所能源效率中心主任，研究员，主要从事能源经济、节能低碳战略规划和政策研究；刘政昊，国家发展和改革委员会能源研究所能源效率中心研究实习员，主要从事能源经济、节能低碳战略规划和政策研究。

现碳中和。截至目前，全球有100多个国家将碳中和作为本国的中长期发展目标。针对全球碳中和目标如何实现，不少国际机构开展过比较深入的研究，提出了全球实现碳中和的途径，并对各种途径在未来不同时期的贡献大小进行分析。本文重点分析了不同国际机构研究报告中，节能对未来全球实现碳中和的作用方式和贡献大小，为中国制定碳达峰碳中和政策及完善以降碳为主要目标的节能政策提供参考。

一　全球温升控制在2℃的目标下节能的贡献

2019年11月，国际能源署（International Energy Agency，IEA）发布了《世界能源展望2019》，展望全球2050年及2070年的能源发展前景，探讨在21世纪末将全球温度升高控制在2℃以内，减少全球能源相关碳排放的主要途径。

（一）情景假设

该报告采用情景分析法展望了全球能源和碳排放在三种不同发展情景下的变化趋势，包括：①当前政策情景（Current Policies Scenario，CPS），即世界各国继续沿着当前路径发展，政策没有额外变化的情景；②既定政策情景（Stated Policy Scenario，STEPS），即目前世界各国已颁布的减排路径政策和承诺都能顺利实现的情景；③可持续发展情景（Sustainable Development Scenario，SDS），即将21世纪末全球温度升高能够控制在2℃以内的情景。

（二）能源消费转型前景

该报告研究认为，2040年可持续发展情景下的全球一次能源需求，将比既定政策情景低25%左右，其中工业、建筑、交通运输等终端用能部门的能源需求量比既定情景少45.3亿吨标准煤。在两种情景终端能源消耗的差异中，大约 60% 是提高能源效率的贡献，剩下 40% 来自产品需求减少、建筑面积降低等因素。从能源消费各重点领域的贡献看，工业领域能效提高的贡献接近一半。

值得关注的是，该报告认为终端能源消费电气化也是提高能效的途径之一。该报告指出，终端能源消费转型是与未来电气化比重的提高紧密结合的。预计 2050 年，全球在售汽车中将有 3/4 为电动汽车，全部的摩托车、城市公交车以及超过一半的卡车将采用电力驱动，这将有利于能源效率的提高。

（三）节能对实现 2℃温升控制目标的贡献

在可持续发展情景下，21 世纪末全球平均气温升高需控制在 2℃以内。为实现这一目标，能源相关的二氧化碳排放量需要在 2020 年达到峰值（峰值水平约为 330 亿吨），2030 年时二氧化碳排放需要比 2010 年时减少 0~40%，2050 年时比 2010 年减少 40%~70%，2070 年时，全球能源活动相关的二氧化碳排放需要达到净零排放，如图 1 所示。

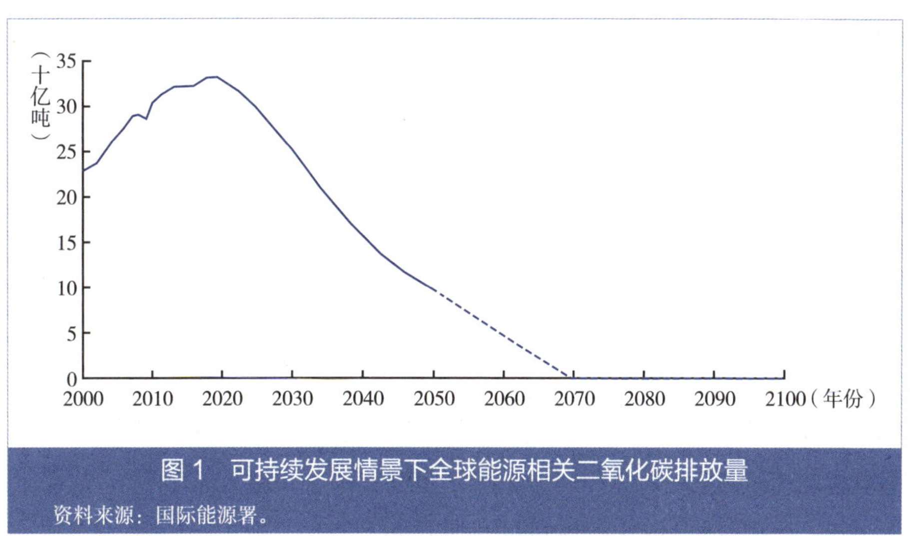

图 1　可持续发展情景下全球能源相关二氧化碳排放量

资料来源：国际能源署。

可持续发展情景下2050年的全球二氧化碳排放量预计为100亿吨，比既定政策情景预计的360亿吨大大减少。在可持续发展情景中，减少全球二氧化碳排放的主要途径有五个：一是提高能效，二是发展可再生能源，三是燃料替代（如用天然气替代煤炭），四是发展核能，五是发展碳捕获、利用与封存（Carbon Capture，Utilization and Storage，CCUS）技术。

该报告对上述五个途径在不同时间节点对二氧化碳减排的贡献进行了定量分析。该报告分析认为，2050年时，提高能效对二氧化碳减排的贡献为37%左右，发展可再生能源的贡献为32%，燃料替代的贡献为8%，发展核能的贡献为3%，CCUS技术的贡献为9%，其他技术的贡献为12%，如图2所示。在各种途径中，提高能效的贡献最大，可再生能源的贡献位居第二。

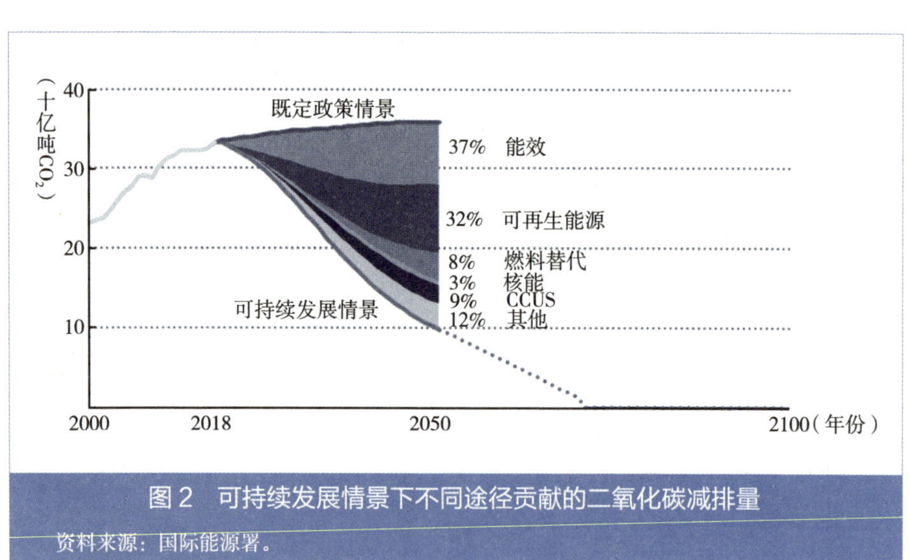

图2 可持续发展情景下不同途径贡献的二氧化碳减排量

资料来源：国际能源署。

有专家指出，用天然气替代煤炭作为燃料，其能源效率将有所提高。因此，燃料替代也应该算作广义的节能。如果将提高能效和燃料替代都算作节能，则2050年节能对全球实现2℃温升控制目标的贡献为45%，对全球二氧化碳减排的贡献接近一半。

值得注意的是，节能可以降低消费者的能源支出，为企业和居民带来较好的经济效益。因此，在当今社会，节能被多数国家和地区视为减少二氧化碳排放的主要途径，未来在全球减碳的背景下，这一作用将显得越来越重要。

（四）节能投资需求

该报告指出，将全球温升控制在 2℃目标以内，需要增加全社会对节能的投资。该报告预计从目前到 2050 年，可持续发展情景的能源活动总投资（包括燃料、电力和终端部门）约 3.5 万亿美元 / 年，比既定政策情景高 25% 左右，其中节能投资为 8100 万亿美元 / 年，约占总投资的 23%。

从投入产出的效益看，节能投资的增多，会被未来少支出的燃料费用所抵消。因此，节能投资具有良好的经济效益。

二　全球温升控制在 1.5℃的目标下节能的贡献

2021 年 5 月，国际能源署发布了《全球能源领域 2050 年净零排放路线图》。该报告对全球 2050 年的能源发展前景进行了展望，探讨了在 21 世纪末将全球温度升高控制在 1.5℃以内，减少全球能源相关碳排放的主要途径。

（一）情景假设

该报告提出了 2050 年全球碳中和情景（Net - Zero Emissions by 2050 Scenario，NZE）。该报告认为，要想将 21 世纪末温度升高控制在 1.5℃以内，全球能源相关的二氧化碳排放需要在 2050 年降到零（即实现净零碳排放）。

该报告假设未来世界各个国家和地区会制定各种减碳政策，包括发展可再生能源、制定节能和能效标准、实施能源市场化改革、研发低碳技术、取消化石能源补贴等。此外，全部国家和地区都会引入二氧化碳定价机制。预计 2030 年，发达国家的碳价将从目前的 50 美元 /tCO_{2e} 提高到 130 美元 /tCO_{2e}，2050 年，进一步提高到 250 美元 /tCO_{2e}；2050 年，中国、巴西、俄罗斯和南非等主要新兴经济体的碳价将提高到 200 美元 /tCO_{2e}。

（二）能源消费转型前景

该报告指出，以节能为代表的各种二氧化碳减排措施，可以使全球能源消耗强度逐步下降。报告预计，通过综合采取各种措施，2020~2030 年全球能源消耗强度的下降率可以达到年均 4.2%，2030~2050 年全球能耗强度下降率将减少到 2.7%。

在全球碳中和情景下，全球终端能源消费将从 2025 年的 136.4 亿吨标准煤下降到 2050 年的 115.9 亿吨标准煤，每年减少近 1%。在这个过程中，提高能效、电气化是未来逐步降低终端能源消费的两个主要手段。报告预计 2050 年全球终端消费用电量将是 2020 年的两倍多，电力在全球终端能源消费中的份额将从 2020 年的 20% 跃升至 2030 年的 26%，到 2050 年将达到 50% 左右（见图 3）。此外，行为节能和提高原材料利用效率也将发挥一定作用。

该报告对工业、建筑、交通运输等领域未来的能源消费方式进行了展望。在建筑领域，需要对既有建筑实施节能改造等措施，这会使 2030 年建筑领域的能耗比 2020 年下降 35%。在工业领域，工业电力消费占终端能源需求的比例将逐渐提高，2050 年会达到 46%，工业用化石能源的比重将从 2020 年的近七成下降到 2050 年的不足三成，并且其中大部分化石能源将被用作原料或者用于加装有 CCUS 装置的燃烧设施。在交通运输领域，电动汽车的普及将使交通运输摆脱对油品的过度依赖，电力消费量占终端能源消费量的比重将从 2020 年的 1% 提高到 2050 年的 45% 左右（见图 4）。

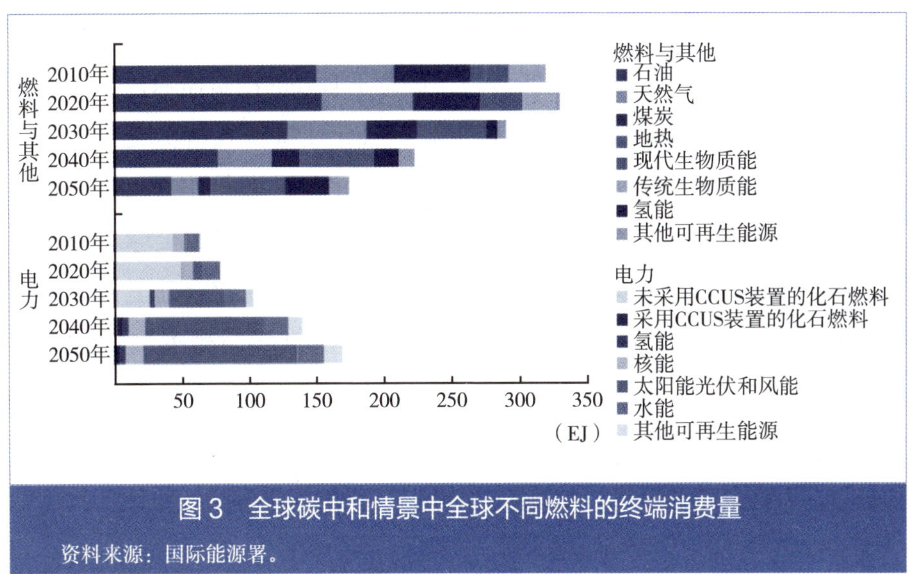

图 3　全球碳中和情景中全球不同燃料的终端消费量

资料来源：国际能源署。

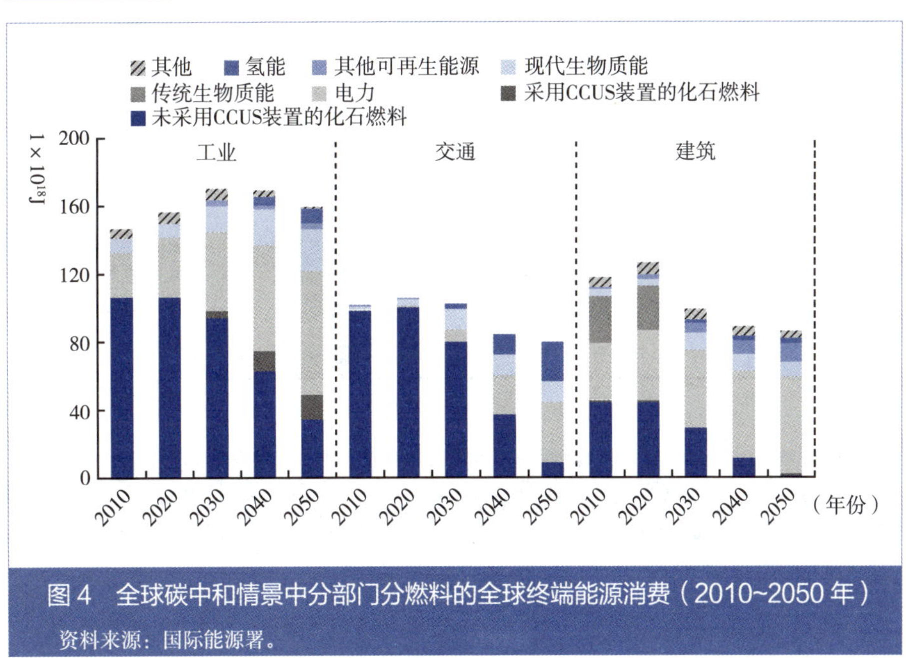

图 4　全球碳中和情景中分部门分燃料的全球终端能源消费（2010~2050 年）

资料来源：国际能源署。

（三）节能对实现 1.5℃温升控制目标的贡献

该报告认为，在影响全球碳排放变化的各种因素中，增加全球二氧化碳排放的主要原因是经济活动水平的提高，降低全球二氧化碳排放的主要途径有 8 个：一是改变消费行为，避免不必要的消费需求；二是提高能源效率；三是使用氢能源；四是提高电气化比重；五是发展生物质能源；六是发展风能和太阳能；七是实施燃料替代；八是推广 CCUS 技术。

该报告认为，到 2030 年，经济活动水平的提高将导致全球二氧化碳排放量比 2020 年增加 24%，而各种碳减排途径则将在此基础上带来 50% 的碳减排量。到 2050 年，经济活动水平的进一步提高将带来 51% 的碳排放增量（同 2030 年的水平相比），但各种碳减排技术的升级则有望消除能源相关的全部碳排放，从而在 2050 年实现能源相关二氧化碳的“净零排放”，为将全球温度升高幅度控制在 1.5℃以内提供保障（见图 5）。

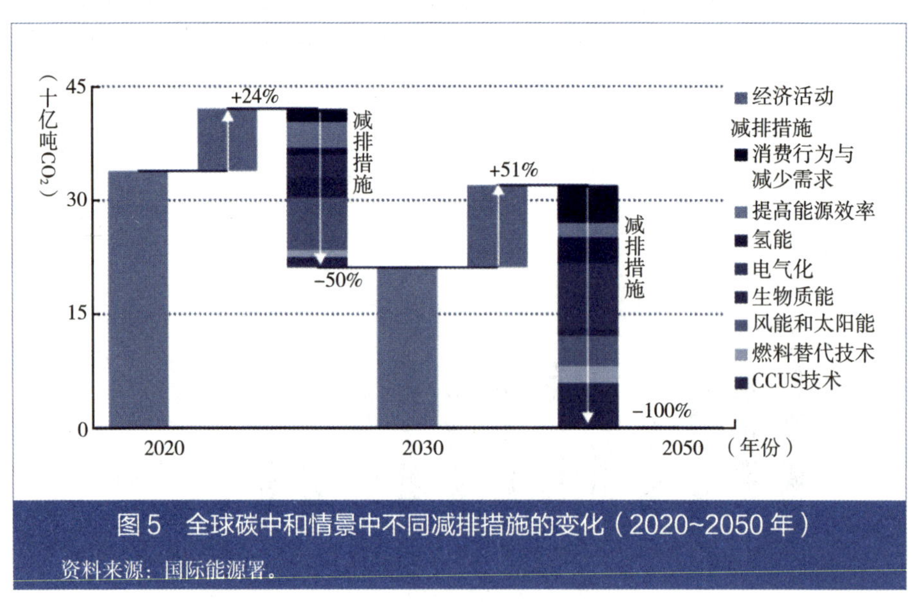

图 5　全球碳中和情景中不同减排措施的变化（2020~2050 年）

资料来源：国际能源署。

预计 2030~2050 年，上述 8 个碳减排的途径中，改变消费行为及避免不必要的需求的贡献为 15%，提高能源效率的贡献为 6%，电气化的贡献为 26%，燃料替代的贡献为 7%。

如果将改变消费行为、避免不必要的需求和提高能源效率界定为

"狭义节能"，则狭义节能对2030~2050年全球碳减排的贡献为21%；如果将改变消费行为、避免不必要的需求，提高能源效率，燃料替代，电气化界定为"广义节能"，则广义节能对2030~2050年全球碳减排的贡献为54%，约占全部减排量的一半。

（四）关于改变居民消费行为对全球碳减排的影响

该报告单独分析了改变居民消费行为对全球碳减排的重点领域的影响。报告指出，能源部门的全面转型离不开居民的积极参与。只有政府牵头制定社会规范，才能引导消费者选择更加低碳的生活方式，推动能源系统走上净零碳排放的发展道路。

在这个基础上，按与消费者行为的关系，报告将全球减碳途径划分为三类。一是改变居民的消费行为和提高材料使用率、减少过度使用或浪费。例如，在家中随手关灯、冬季将室内采暖温度从22℃降到19℃，在高速公路上驾驶时将车速控制在100公里/小时以内。二是鼓励消费者出资购买并使用低碳设备。例如，购买并使用太阳能热水器，购买电动汽车。三是与消费者行为关系无关的低碳设备与技术，如制造企业所用的高效风机、水泵等低碳技术。

报告指出，全球碳中和情景中改变居民的消费行为和提高材料使用效率，可以减少大约8%的碳排放；消费者选择使用低碳设备和低碳技术可以减少55%的碳排放；推广与消费者行为关系无关的低碳设备与技术可以减少接近40%的碳排放（见图6）。在与居民消费行为有关的减排量中，有3/4左右需要政府制定引导性政策，并加大相关基础设施建设的投资力度。例如，加强高铁建设，并通过宣传高铁，引导民众从坐飞机出行转向铁路出行。

报告预计全球碳中和情景下，2030年居民消费行为转变可以减少17亿吨的二氧化碳排放，其中45%来自交通运输领域，40%来自工业部门（这主要是由于材料使用效率的提高和循环回收使用率的增长）。到

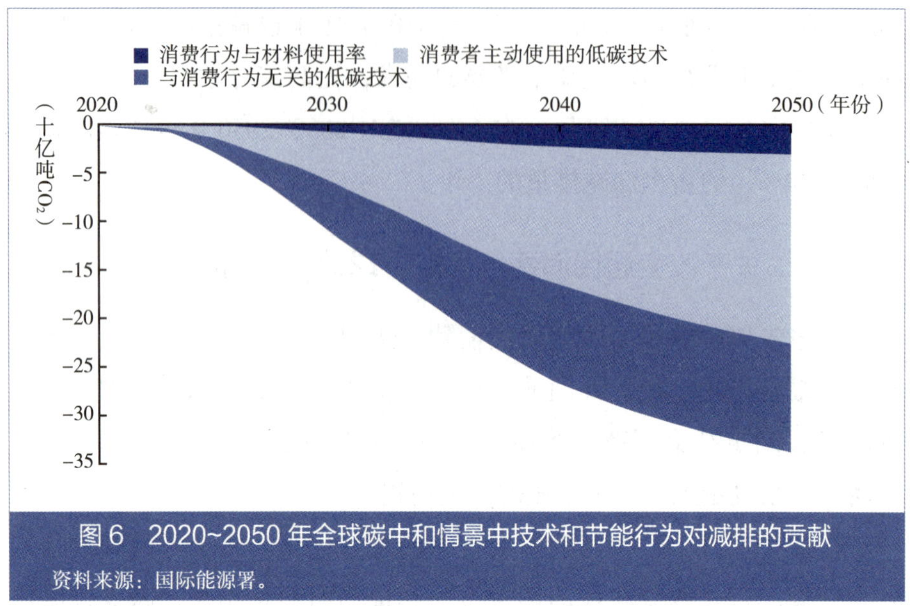

图 6　2020~2050 年全球碳中和情景中技术和节能行为对减排的贡献

资料来源：国际能源署。

2050 年，居民消费行为转变可以使 2050 年全球一次能源需求减少 12.6 亿吨标准煤以上，大约为 2020 年一次能源消费的 10%~15%（见图 7）。

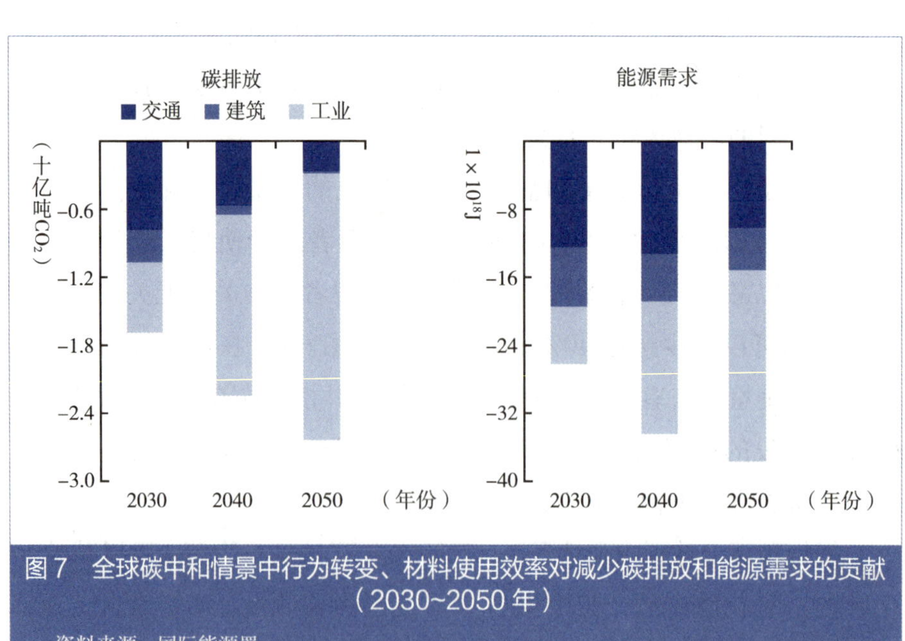

图 7　全球碳中和情景中行为转变、材料使用效率对减少碳排放和能源需求的贡献（2030~2050 年）

资料来源：国际能源署。

（五）节能与投资需求

该报告预测了全球温升控制在 1.5℃目标下，年均投资的变化情况，预计 2030~2050 年，全球能源建设的相关投资将从 5 万亿美元 / 年逐渐降至 4.5 万亿美元 / 年，其中，2030~2050 年节能投资需求规模约为 1.4 万亿美元 / 年。

三　国际可再生能源署对全球温升控制在 1.5℃目标下节能贡献的分析

2021 年 6 月，国际可再生能源署（International Renewable Energy Agency）发布《世界能源转型展望：1.5℃路径》报告，该报告分析了通过加快发展可再生能源等措施，将全球温升控制在 1.5℃目标的可能途径。

（一）情景假设

该报告指出，若要实现将全球温升控制在 1.5℃以内，需要从现在开始大幅减少全球二氧化碳排放，在 2050 年前后达到全球二氧化碳的净零排放。由于能源生产和消费贡献了 80% 左右的人为活动二氧化碳排放，因此能源系统需要在未来实现全球二氧化碳减排目标上发挥核心作用。

该报告定义了三个情景，基准能源情景（Baseline Energy Scenario，BES）、计划能源情景（Planned Energy Scenario，PES）和 1.5℃情景。其中，1.5℃情景以 2050 年实现二氧化碳净零排放为目标。在计划能源情景中，2050 年全球能源相关的碳排放量将达到 365 亿吨二氧化碳。在 1.5℃情景中，能源生产消费将在 2050 年实现净零碳排放（见图 8），能源相关的二氧化碳排放量需每年下降 3.5% 左右。

如果电力、热力和工业等领域作出更大的努力，2050 年全球能源

相关的二氧化碳排放可能变为负排放，这将有利于全球碳中和目标的实现。

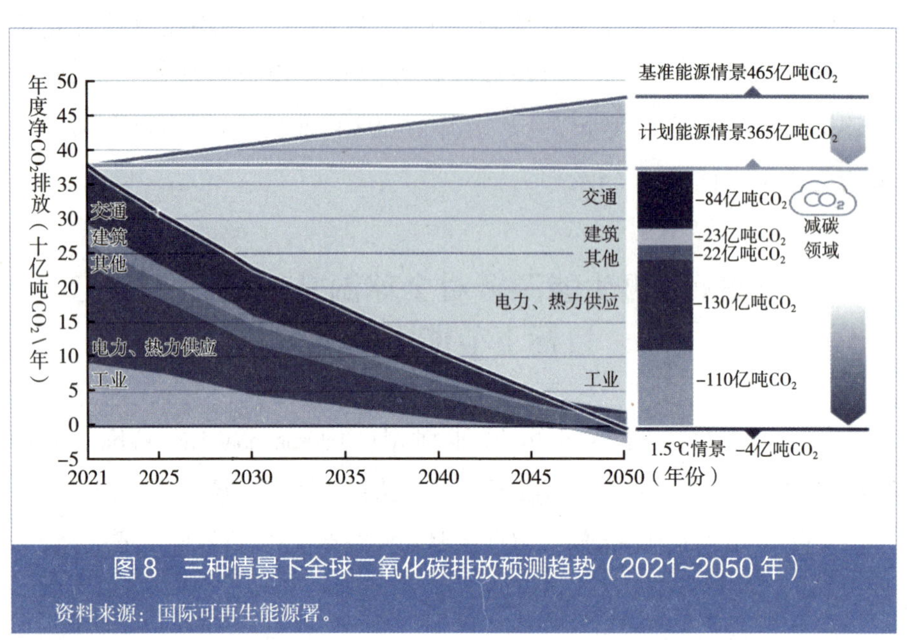

图8　三种情景下全球二氧化碳排放预测趋势（2021~2050年）

资料来源：国际可再生能源署。

（二）能源消费转型前景

该报告认为，在1.5℃情景下，要想实现2050年能源相关的二氧化碳净零排放，全球能耗强度（以单位GDP能耗为表征）需要达到每年2.9%的下降速度，这几乎是历史下降速度的2.5倍，这意味着全球能耗强度2021~2050年降低60%以上。

该报告认为，推动能耗强度下降，提高能源经济效率，可以通过多种途径实现，既包括提高能源技术效率、在能源需求侧就地使用可再生能源、推广电气化，也包括优化经济结构、让更多居民采取节能行为。

该报告分析指出，推动全球能耗强度下降的最主要手段是提高电气化率，其贡献占40%以上，主要包括道路交通中推广电动汽车、采暖和制冷改为用热泵技术替代燃煤燃气供暖 / 制冷等。除了提高电气化率，需求侧的可再生能源大规模应用也有利于全球能耗强度的下降，二者之和对能耗强度下降的贡献接近 60%。此外，提高能源技术效率扮演着重要作用，例如，采用更高效的锅炉、空调、电机和电器等，这对全球能耗强度下降的贡献约为 38%。另外，经济结构优化和改变消费者行为，可以为全球能耗强度下降贡献近 10%。推广 CCUS 技术会增加能源消耗，因此推广 CCUS 技术会冲抵全球能源强度下降率 0.1 个百分点左右（见图 9）。

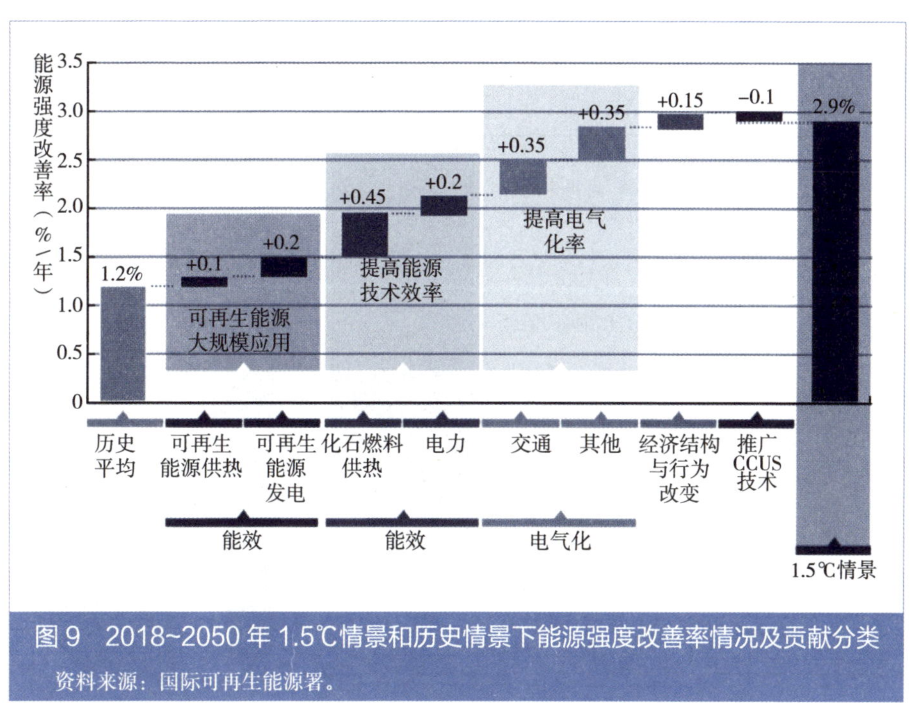

图 9　2018~2050 年 1.5℃情景和历史情景下能源强度改善率情况及贡献分类

资料来源：国际可再生能源署。

（三）节能对实现 1.5℃温升控制目标的贡献

从二氧化碳减排的角度看，国际可再生能源署的报告指出，全球降低二氧化碳排放的主要途径有六个：一是发展可再生能源，二是节能和提高能效，三是推动终端部门电气化，四是发展氢能及其衍生物，五是推广二氧化碳捕获、利用与封存技术，六是推广加装碳捕获与封存装置的生物质发电技术（Bioenergy with Carbon Capture and Storage，BECCS）。

在从计划能源情景转型向1.5℃情景转型的过程中，发展可再生能源对全球碳减排的贡献为25%，节能和提高能效的贡献为25%，终端用能领域电气化贡献为20%，氢能及其衍生物贡献为10%，CCS和CCU技术贡献为6%，BECCS及其他碳移除措施贡献为14%（见图10）。因此，在全球实现1.5℃温升控制目标的过程中，节能与发展可再生能源都发挥着重要作用。

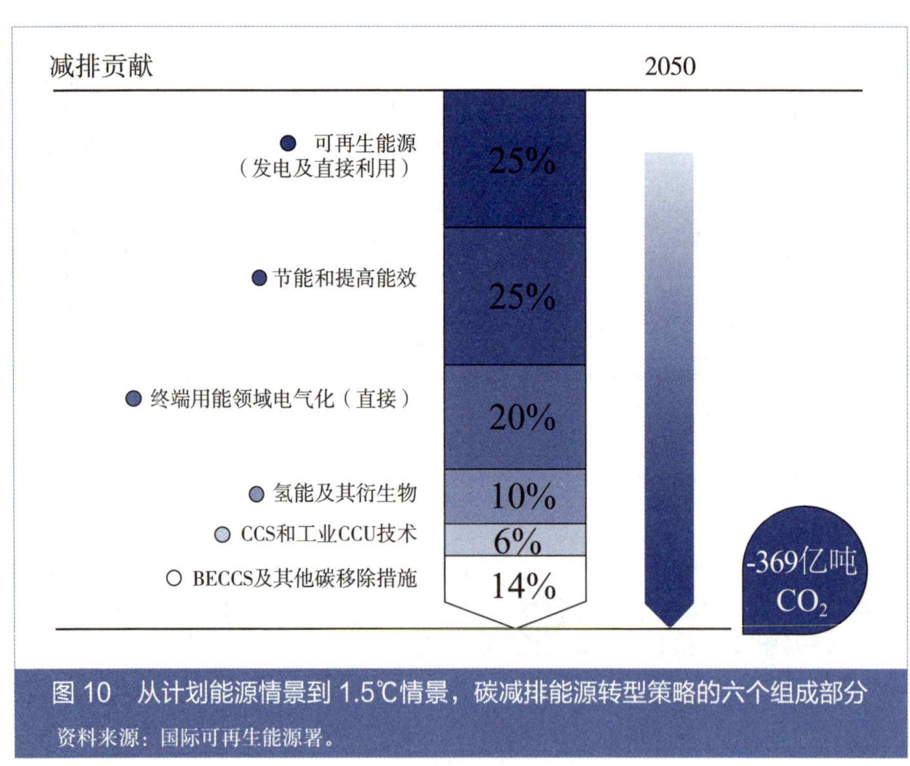

图10　从计划能源情景到1.5℃情景，碳减排能源转型策略的六个组成部分

资料来源：国际可再生能源署。

该报告认为，消费侧的电气化是能耗强度下降和减少二氧化碳排放的重要途径，可以被视为广义的节能措施。从这个意义上讲，广义

节能对全球碳减排的贡献率可达 45%，对实现 1.5℃温升目标的贡献接近一半。

（四）节能与投资需求

该报告预测了 1.5℃情景下，工业、建筑、交通领域节能和提高能效的投资。报告认为，2021~2050 年，上述三个领域年均节能投资需求分别为 3540 亿美元、9630 亿美元和 1570 亿美元。在电气化方面，电动汽车充电基础设施和热泵的投资规模，将分别达到每年 1310 亿美元和 1020 亿美元。因此，节能投资需求规模约为 1.7 万亿美元 / 年。

四　结论和启示

（一）在应对气候变化新形势下，节能的含义被不断拓展、丰富

节能因为具有良好的经济效益，被大多数国家和地区视为降低二氧化碳排放、实现远期碳中和目标的主要途径。从前述报告可以看出，节能是一个综合性较强的概念。其中既包括狭义的提高能效，也包括广义的改变居民消费行为，近年来，一些专家将消费侧与可再生能源利用结合在一起的电气化水平的提高也纳入广义的节能概念范畴。

对我国而言，节能工作既重视能源技术效率的提高（如降低生产 1 吨钢的综合能耗），更重视能源经济效率的提高（即降低单位国内生产总值能耗或降低单位工业增加值能耗）。从“十一五”规划时期开始，降低单位国内生产总值能耗已被列入我国经济社会发展五年规划，对指导经济社会全局转型发展发挥着重要作用。

随着全球对碳中和重视程度不断提高，在国际社会对节能的不断深化、消费侧可再生能源利用备受重视的今天，建议将消费侧电气化纳入广义的节能范畴，重视推动改变居民消费行为。这些新概念、新认识、新变化，都值得我们借鉴和思考。

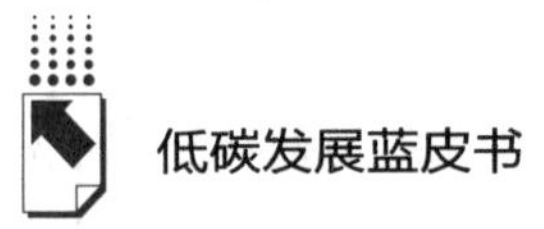

（二）节能是全球实现能源系统净零碳排放的最重要途径之一

如前所述，国际机构的分析表明，节能是支撑全球能源系统实现净零碳排放的最重要途径之一。

如果要将全球温升控制在 2℃以内，2050 年时节能对能源系统二氧化碳减排的贡献约为 37%，是五个途径中贡献最大的途径。在可再生能源的规模效益尚未充分发挥时，节能和提高能效（主要是指降低单位能耗强度）需要发挥更大的作用。

如果要将全球温升控制在 1.5℃以内，更要重视全方位推进节能和提高能效工作。国际能源署认为，要全面推行节能工作：一是改变消费行为和避免不必要的需求，二是提高能源技术效率，三是推动能源消费侧的电气化，四是实施燃料替代。以这四个方面为代表的广义节能对 2050 年全球能源系统实现净零碳排放的贡献为 54%。国际可再生能源署认为，要高度重视节能工作：一是节能和提高能效，二是终端用能领域电气化。以这两个方面为代表的广义节能，对 2050 年全球能源系统实现净零碳排放的贡献为 45%。

（三）加大节能投资力度，为减排二氧化碳提供更多资金支持

要想实现 2℃目标，国际能源署认为，当前到 2050 年节能投资规模需要达到 8100 亿美元 / 年。要想实现 1.5℃目标，国际能源署认为当前到 2050 年节能投资需求规模要达到 1.4 万亿美元 / 年，国际可再生能源署认为，节能投资规模要达到 1.7 万亿美元 / 年。

无论如何，对全球而言，要想实现全球碳中和，世界各国都要加大节能投资力度。对我国而言，要想实现碳达峰碳中和目标，加大节能投资力度也势在必行。

（四）完善节能制度，推动节能向有利于碳达峰碳中和的新目标转变

当前我国实行的节能管理制度是2005年我国将资源节约确立为基本国策之后逐步建立和完善的，以控制能耗强度为主，不对化石能源消费和非化石能源消费加以区分。随着全社会对节能认识的不断深化，节能制度也一直在不断完善。“十三五”时期，我国建立了能源消费强度和总量控制制度，近两年对这一制度不断加以完善。党的二十大报告提出，要完善能源消耗总量和强度调控，重点控制化石能源消费，逐步转向碳排放总量和强度“双控”制度。这一新要求对我国节能管理制度提出了新的要求。

在参考节能对全球二氧化碳减排作用的基础上，借鉴国际社会对节能概念的最新认识，进一步完善我国的能源消费强度和总量“双控”制度，约束排放二氧化碳的化石能源消费方式，鼓励不排放二氧化碳的能源消费，创造条件实现能耗“双控”向碳排放总量和强度“双控”转变，是下一阶段节能政策研究的重点。

参考文献

《习近平主持中央政治局第二十九次集体学习并讲话》，2021年5月。

《习近平主持召开中央全面深化改革委员会第二十七次会议》，2022年9月。

《“十四五”节能减排综合工作方案》，2021年12月。

国际能源署：《全球能源部门2050年净零排放路线图》，2021年5月。

国际能源署：《世界能源展望2019》，2019年11月。

国际可再生能源署：《世界能源转型展望：1.5℃路径》，2021年6月。

B.12
“三网融合”助力县域开发理念与实践

陈冠文　刘红明　张　起*

摘　要： 我国县域清洁能源资源丰富，开发利用空间巨大。新时代背景下，县域能源资源开发利用迸发蓬勃活力。国家电力投资集团有限公司积极贯彻“四个革命，一个合作”能源安全新战略，围绕“双碳”目标和“双循环”格局，构建“新型电力系统”，探索以能源带动县域清洁低碳绿色发展的全新实践，助力乡村振兴、新型城镇化，推动县域高质量发展。在探索实践过程中，国家电力投资集团有限公司依托能源网建设为县域开发奠定坚实基础，创造性地提出“三网融合”战略，即基于能源网、融合社群网、联通政务网，构建“三网”各主体参与的综合智慧能源产业生态体系。随着与头部互联网企业实质性合作，按照“持续研发迭代，同步验证示范，推广商业应用”的新兴产业规模化高质量发展思路，多批试点项目落地示范与复制推广，“三网融合”已迈出坚实步伐，县域开发逐步凸显崭新价值。

关键词： 双碳　县域开发　能源利用　“三网融合”

---

* 陈冠文，现国家电力投资集团有限公司综合智慧能源首席协调官、首席信息官，绿色智慧能源产业发展与创新协调指导委员会主任，享受国务院特殊津贴专家，高级工程师，从事和（或）管理业务涉及火电、核电、煤炭、铝业、环保、综合智慧能源等领域，对绿色智慧能源产业有深入研究；刘红明，国家电力投资集团有限公司，高级工程师，从事绿色智慧能源产业相关工作；张起，国家电力投资集团有限公司，工程师，从事绿色智慧能源产业相关工作。

党的十八大以来，以习近平同志为核心的党中央站在统筹中华民族伟大复兴战略全局的高度，审时度势，把握世界百年未有之大变局的历史机遇，统筹国内国际两个大局、发展和安全两件大事，提出了能源安全新战略和“碳达峰、碳中和”战略目标，作出了“构建以新能源为主体的新型电力系统”和“构建以国内大循环为主体、国内国际双循环相互促进的新发展格局”的重大决策部署。在此背景下，能源发展迈入新时代，县域开发逐步进入“主战场”。

围绕县域发展和能源资源开发利用，国家及地方出台了一系列指导性、支持性政策。2021 年中央一号文件《中共中央 国务院关于全面推进乡村振兴加快农业农村现代化的意见》，全文共出现 11 次“县域”，提出要“加快县域内城乡融合发展，推进以县城为重要载体的城镇化建设”。2022 年中央一号文件《中共中央 国务院关于做好 2022 年全面推进乡村振兴重点工作的意见》更进一步明确将“县域发展”纳入乡村振兴的范畴，全文共出现 42 次“县”和“县域”相关表述，强调因地制宜发展县域经济，分类发展县域经济，推动乡村振兴战略。县域各类基础设施建设成为乡村振兴的发力重点，县域能源资源开发利用既是基础，也是必然的“先锋”，势必助力构建县域现代能源体系，加快县域清洁低碳发展转型。

一　县域能源资源开发利用为新时代带来新活力

国家电力投资集团有限公司（简称“国家电投”）作为肩负国家能源安全重要使命的特大型国有重点骨干企业，积极探索清洁低碳发展的全新思路，推动县域能源开发，助力国家战略落地。

（一）县域清洁能源资源丰富，开发利用空间巨大

我国县域土地空间广阔，风、光、水、生物质、地热（冷）、水源

热（冷）等清洁能源资源丰富。相关数据显示[①]，农村生物质资源可转换为能源的潜力超过4.6亿吨标准煤，目前利用率不足10%；分布式光伏、分散式风电可开发潜力分别超过15亿千瓦和1亿千瓦。目前，我国农村能源消费量约5.92亿吨标准煤，但能源消费结构仍以煤炭为主，随着“双碳”“双控”任务的落实及县域产业发展，县域能源清洁低碳转型需求日益迫切。

1. 县域能源资源开发与消纳潜力巨大

当前，县域能源结构薄弱、清洁能源利用水平依然较低，县域能源资源开发将推动重构能源结构，促进分布式能源就地开发和就近消纳，大幅度提升清洁能源消费占比。农业领域，2020年仅农业生产、加工方面，就新增消纳电量64.6亿千瓦时[②]。随着农业生产、加工、仓储保鲜、冷链物流等农业领域全产业链在县域进一步落地、集聚，清洁能源消纳潜力巨大。交通领域，据测算，到2030年，我国农村汽车保有量将达7000万辆，其中电动汽车将超过千万辆[③]，年消纳电量将超过200亿千瓦时。随着县域能源资源开发规模扩大，充（换）电设施体系将进一步拓展和完善，县域交通领域电能消纳空间将进一步扩大。供暖领域，至2020年底，北方重点地区农村清洁取暖率已达到71%，而在清洁能源资源丰富的东北、西北部分地区，农村清洁取暖率却低于35%[④]。除上述北方地区外，随着经济发展水平提升和人们对美好生活质量要求的不断提升，南方地区采暖需求日趋旺盛，预计“十四五”期间，将有2362万~4644万户南方居民享受到供暖服务，累计新增投资将达1334亿~22191亿元[⑤]。通过因地制宜开发利用县域清洁能源资

① 《振兴农村能源 决战脱贫攻坚》，《国资报告》2020年总第66期。

② 中电联电力发展研究院：《中国电气化年度发展报告2021》，2021。

③ 中国电动汽车百人会：《中国农村地区电动汽车出行研究报告》，2020。

④ 《2021农村清洁用能体系助力减污降碳乡村振兴报告》。

⑤ 中国人民大学国家发展与战略研究院、能源与资源战略研究中心：《南方百城供暖市场——模式、潜力与影响》，2020。

源，满足当地冬季取暖需求的同时，实现节能降碳。环保领域，通过农林废弃物循环利用、分散式污水治理及粪污资源化利用等方式，解决县域环保难题（特别是农林废弃物处理），同时开辟能源资源开发新途径，实现县域减污降碳。

2. 县域能源资源开发利用推动当地产业绿色发展

县域清洁能源就地开发与消纳，既可降低电网输送环节投入，也可避免电能长距离输送的线路损失。据测算，县域用户自发自用电价较电网电价（工业）低 40%~50%，同时减少二氧化碳排放 10% 以上。在“双碳”背景下，县域用能成本降低以及清洁能源低碳属性，将大幅提升县域产业竞争力，带动农产品全产业链向县域下沉，吸引专精特新“小巨人”等外部优势企业落地并形成新型产业集群。现代农业产业链、供应链、价值链势必拓展至县域乡村。同时，依托生态环境资源等方面优势，县域电子商务、休闲旅游、健康养生等产业都将得以发展、壮大，促进一、二、三产业融合发展，助力县域产业绿色低碳转型。

3. 县域能源资源开发利用促进农村增收

近年来，国家能源局提出开展“千乡万村驭风”、“千家万户沐光”以及“千村万户电力自发自用”等行动，为能源资源开发利用走进县域千家万户、助力县域经济社会发展开辟新路径。一是促进农户增收。利用农户闲置土地和农房屋顶，开发分散式风电和分布式光伏，既可为农户获取稳定的租金或电费收益，也可通过配置一定比例储能，实现自发自用、就地消纳和余电上网，在为农户发展副业提供便利的同时，还会带来附加收益。二是促进村集体增收。村集体利用公共建筑屋顶、闲置集体土地等资源参与县域能源开发，直接获取租金或项目收益分成。据测算，在吉林省推进新能源乡村振兴工程，按每村建设 100 千瓦风电项目或 200 千瓦光伏项目，每年可为每村带来 3 万 ~10 万元的直接收益。

（二）新时代县域能源资源开发利用迸发新活力

近一段时期以来，县域开发相关引导政策持续出台，创新科技不断突破瓶颈，多元融合带动产业发展，绿色金融提供资金支持，县域能源资源开发利用呈现勃勃生机与活力。

1. 政策引导拓展县域能源资源开发利用新空间

从国家到地方，出台了一系列助力县域能源资源开发利用政策措施，有力地拓展了县域能源资源开发利用的新空间。一是规划方面，《“十四五”现代能源体系规划》《“十四五”可再生能源发展规划》明确了“十四五”期间县域能源发展方向、发展路径，各级地方政府结合国家规划部署和当地实际制定了能源规划或实施方案，形成了较完备的规划体系；二是审批方面，新能源项目备案手续进一步简化，以新能源为主体的综合能源项目“打捆审批”（核准或备案）进一步落地；三是接入方面，进一步明确电网定位，要为新能源、分布式能源、新型储能、微电网和增量配电网等项目做好接入服务；四是市场方面，《中共中央 国务院关于加快建设全国统一大市场的意见》提出“健全多层次统一电力市场体系”，为电力市场建设指明了方向、提供了根本遵循，能源市场准入条件进一步放宽，分布式发电交易机制和价格政策进一步完善，“隔墙售电”进一步探索落地，新型储能独立市场主体地位进一步确立；五是在用地、财税、金融、人才、招商引资、科技创新等方面，各相关部门也出台了大量扶持政策，助力县域清洁能源开发与利用。

2. 科技创新带来县域能源资源开发与利用新手段

当前，我国已初步建立了重大技术研发、重大装备研制、重大示范工程、科技创新平台“四位一体”的能源科技创新体系。在能源革命和数字革命双重驱动下，全球处于新一轮科技革命和产业变革交汇点，现代能源技术进入创新升级期。围绕分布式能源开发、电能替代、生态修复、直流微网、虚拟电厂、新型储能、减污降碳、能源管控等领域新技术、新装备、新应用不断涌现，能源技术与现代信息、新材料、新型制造技术的深度融合，为县域清洁能源开发与利用带来了崭新手段。科技创新已成为推动县域能源向绿色低碳转型的核心推动力，更好促进县域能源开发与利用落地见效。

3. 多元主体催生县域能源资源开发与新生态利用

县域能源资源开发利用，覆盖绿色融资、规划设计、投资建设、原料生产、设备制造、运营维护、市场交易、大数据、能源服务等方方面面，涉及千行百业，连接千家万户。

当前，县域能源资源开发项目呈现“小、低、多、散”（规模小、门槛低、项目多、分布散）等特点，以及市场主体多元化发展趋势。电网、发电、燃气、供暖、互联网及相关装备制造企业等多行业主体，央企、地方国企、民企、外企均进入这一市场领域，在生态圈各领域、产业链各环节，各类市场主体发挥自身专业优势，相互合作、相互支持、相互服务。发展过程中催生了能源大数据、综合能源服务、新型平台经济、能源聚合商等一大批新业务、新业态、新模式，传统能源产业链和生态格局正在发生深刻变化，县域能源资源开发利用逐渐形成崭新生态。

4. 绿色金融输送县域能源资源开发利用新血液

金融机构响应国家战略，践行绿色发展、低碳转型理念，将绿色能源、节能环保、绿色交通等作为重点支持对象，为县域能源资源开发利用提供了有力的资金支持与风险保障。金融机构发力绿色信贷、绿色债券、碳交易、ESG 基金、绿色保险、绿色金科、绿色信托等绿色金融七大重点领域，推出了丰富的绿色金融产品，绿色金融市场体系正日趋完善。截至 2021 年末，我国本外币绿色信贷余额 15.9 万亿元，同比增长 33%，存量规模居全球第一；绿色债券余额 1.1 万亿元，同比增长 33.2%，居全球第二。全国统一碳排放权交易市场年覆盖二氧化碳排放量约45亿吨，居全球首位。据统计，与可比普通债券相比，2021年77%的绿色债券具有发行成本优势[①]。绿色保险开发出光伏日照指数保险、风速发电量保证保险、售电公司履约保证险等创新保险产品，为防范县域能源资源开发利用中的新型风险提供了有力屏障。中国保险行业协会数据显示，2020年我国绿色保险保额达18.3万亿元，同比增长24.9%。

（三）国家电投县域开发与融合发展解决方案

2021年初，国家电投即组织召开县域开发专题推进会议，制定县域开发计划，组织二级单位发力县域开发。计划至2023年底，开发565个县，"十四五"期间，力争开发1000个县，通过县域开发获取新能源资源超过6000万千瓦，开发3000万千瓦以上。截至2022年8月底，累计签署县域开发协议742个，开工县域279个，核准规模1431万千瓦，开工规模986万千瓦。

1. 县域开发思路

以县域发展堵点痛点难点为切入点，呼应政府、企业、民众诉求，通过构建清洁、低碳、安全、高效的新型"能源网"，为县域"双循环"发展格局下的现代化产业链、供应链"赋能"。以绿色引领、创新驱动，全面筛选、聚焦重点，因地制宜、分类推动，融入发展、多方共赢为基本原则；以获取新能源资源、锁定终端用户、实现多元融合为目标导向；以促进县域绿色低碳发展、加速乡村振兴和共同富裕、实现多方共赢为价值导向；以县域市场开发指导手册、通用方案、工具清单等为专业技术依托；集成电能替代、能效提升、绿色交通、生态修复等系统性解决方案，拓展"新能源+"应用场景，打造绿色低碳县域能源供给消纳体系，开创县域发展新格局。

① 《绿色金融助力碳达峰碳中和》，中国人民银行官网，2021。

2. 典型应用场景

国家电投发挥专业化技术团队优势，结合自身在综合智慧能源方面的典型设计，以及美丽乡村建设、智慧城市建设、绿地计划、绿色交通、先进能源技术创新等方面的实践经验，瞄准县域发展中产业转型升级、新型城镇化建设、乡村振兴、生态文明建设、社会治理能力提升等重点方向，陆续发布了智慧城镇型、产业园区型、集群楼宇型、能源基地型四大类，涵盖智慧城区、南方智慧供冷、北方智慧供热[①]等33个典型应用场景解决方案。

3. 融合发展逻辑

根据上述典型应用场景设计研究成果，县域综合智慧能源系统具备支撑构建县域微电（能源）网能力：供应环节，能提供电、热、冷、气、水、氢等多元能源产品；输送环节，依托生物质发电、压缩空气储能等具备灵活调节能力的系统，为大电网提供电压支撑和调峰、调频能力；消费环节，通过能源产品就地生产、消纳、平衡，能满足用户多样化和低成本用能需求；储能环节，融合各类储能设施和手段，可实现能量长时空储存和转换。通过分布式能源资源开发和综合智慧能源体系建设，融合构建区域微电（能源）网，并与大电网、气网等互济共生，可有效保障局域系统安全与平衡，助力大能源系统整体稳定、高效、有序，推动构建“骨干电厂 + 骨干电网 + 区域电网 + 微电（能源）网”的“新型电力系统”未来生态。

县域新型能源网涉及多种能源资源和能源产品，聚合了多类用能客户和市场主体，通过产业链、供应链“朋友圈”的合作，能实现能源资源经济、高效地就地开发与就地消纳，并与相关产业集群（通过

① 其他30个为智慧配电网、街区、空港、港口、海岛、高铁站、园区储能、智慧社区、工业园区、医院、学校、办公楼、军营哨所、大型商业、固定场站、数据中心、“核能 +”、“风电 +”、“光伏 +”、“水电 +”、“煤电 +”、智慧县域、绿色交通、美丽乡村、智慧矿山、农村清洁供暖、智慧农业、酒厂（酒庄）、智慧铝电、高速公路。

技术猎头搜寻到的专精特新企业或业务解决方案）落地相互支撑、有序衔接，进而减少甚至避免市场风险，促进县域经济社会全面发展、和谐发展，推动各相关利益方绿色、低碳、健康、可持续发展并且相互间形成良性合作，最终实现乡村振兴、共同富裕。

随着县域开发工作的不断深入，新型能源网将链接到更多的人口和产业类型，势必催生社群流量、产业生态、社会与政务等潜在价值。

二 “三网融合”为县域开发带来新思路

依托新型能源网为县域开发奠定坚实基础，国家电投创造性地提出“三网融合”战略思路，即基于能源网（“天枢云”）、融合社群网、联通政务网，采用数智化技术，以“天枢一号”为基础，构建包含能源网、政务网、社群网各参与主体的综合智慧能源产业生态体系，它通过“三网融合”生态集成平台（相关 App）实现相关利益方紧密相连（人联 + 物联 + 服务联——“三联”）和价值互动，共同推动绿色、低碳、可靠、高效发展。

（一）基本逻辑

面向县域用户（政府、企业、居民等），以区域化、专业化、市场化等方式，通过业务模式、商业模式等创新与优化设计，利用“三网融合”生态集成平台，发挥能源产业生态及相关产业集群的协同互补综合服务能力，实现资源变现、跨界引流、项目增值、低碳生活和融合发展。

具体来讲，以县域能源资源开发利用为构建县域“三网融合”生态体系切入点，利用“云端（‘天枢云’）+ 就地（‘天枢一号’）”综合智慧能源管控与服务平台体系向终端用户提供综合能源一体化解决方案，实现“电、热、冷、气、水、氢”“水、火、核、风、光、储”

等多品种能源协同供应，“源、网、荷、储、用”等环节之间互动优化，构建“物联网”与“务联网”（服务互联网）无缝衔接的能源生态体系，促进能源生产、传输、使用、系统运营和运维等各环节效率提升。同时，通过县域综合智慧能源开发和大数据分析，多方位服务政府、企业、居民等用户，在供需互动过程中充分挖掘各环节产业链、供应链、数据链等潜在价值，基于各类需求开发跨界融合应用，进而在统一的“三网融合”平台上构建各方参与、多元互动、价值衍生的新型生态体系。

（二）融合路径

1. 聚合合作伙伴

与各方面合作伙伴共建互惠共赢合作平台，共同开发利用县域能源资源，挖掘其他额外价值。

2. 带动产业发展

向县域引入产业，或扶持、培育当地产业，促进能源产品就地消纳，提升地方经济社会发展水平。

3. 跨界引流变现

通过生态集成平台，能源生产侧、能源消费侧和互联网等生态合作伙伴共享消费群体各类需求信息，互相引流客户，实现价值互动和数据、流量资源价值变现。

4. 引导客户融入

为当地产业类企业、服务类企业和普通能源消费者，以及合作伙伴企业提供更便捷、清洁的多元化能源产品，更高质量的服务以及创造更广泛创收途径等，引导其充分认识、支持并更广泛融入“三网融合”生态体系，增强客户黏性。

5. 吸引政府参与

将能源、电商、物流、金融等方面新技术、新模式因地制宜地引入县域相关产业领域，结合数字化手段，助力地方实现“双碳”目标，提升经济发展、政务服务、县域治理、应急管理等方面水平，以获取政府更大力度支持并吸引其全面参与“三网融合”。

通过以上多条路径的探索与实践，最终建立县域“三网融合”生态体系，能源企业、外来专精特新企业、互联网等生态合作伙伴、地方政府、地方企业及居民（用户）等在同一平台上各司其职、各取所长，互学互鉴、协同共赢。

（三）解决方案

1. 能源供给侧

（1）合作搭建项目投资平台

能源企业及相关产业链、供应链伙伴，与互联网公司、地方政府、地方企业和个人等合作搭建投资平台，参与各方通过股权合作成立合资公司，形成共同出资、成果分享的县域开发商业模式。

（2）构建产业协同平台

整合能源产业链上下游各类能源产品供应商、服务提供商及相关客户，为县域能源资源开发与利用提供咨询、规划、设计、建设、运维、服务等一揽子解决方案，各参与方发挥各自优势，协同共建县域能源领域业务链、产业链、服务链新生态。

（3）合作拓展增值空间

通过能源基础优势，各类企业（个人）全面参与县域开发相关工作，并在综合智慧能源、微电（能源）网、碳交易和绿证交易市场等方面拓展合作空间、挖掘额外价值。

2. 能源消费侧

（1）重构能源消费端

充足的清洁能源产品供应，就地开发利用成本优势与碳排放约束大趋势，推动地方高耗能产业绿色低碳转型，培育、吸引更多用能产业落地，推动构建绿色低碳能源消费基础设施和服务保障体系，提升县域分布式能源产品就地消纳能力及电气化水平，降低传统化石能源的消耗。

（2）推动电气化商品消费

在清洁能源资源开发利用为县域提供充足电力的前提下，县域（农村）用户的功能性需求逐渐向电气化方向转变，进而增加农户电动车（两轮、三轮、四轮）、农用机械、冬季采暖等电气化替代，及家用电器、电气工具等电气化商品的使用。

（3）拓宽县域商品流通渠道

一是利用互联网电商平台打通消费品下行通道，将种子、化肥、家用电器等送到农户手中，为互联网尚未触及的消费者提供服务领域入口；二是为农户开拓农产品（特色产品）线上销售窗口，打通农产品上行通道。

3. 面向生态合作伙伴

（1）提供能源专业化服务

依托美丽乡村、智慧楼宇、绿色交通、智慧社区、绿色园区等县域多元场景，充分发挥能源网功能作用和技术优势，整合各方优势资源并为各需求方提供“站—网—云”优化调度运行、能源产业运营管理、发电效率监测分析、设备可靠性分析、技术方案优化、新技术与新产品服务等方面技术支撑。

（2）构建流量、数据资源变现场景

利用能源网链接的海量用户向互联网企业等生态合作伙伴导流，通过充电车棚、手机 App、百村百屏等多渠道进行信息与广告推送，向用户精准投放保险、医疗、金融、旅游等多场景服务。同时，依托互联网强大引流能力扩大受众规模，降低商品及服务边际成本。

（3）搭建服务平台，拓展业务广度

生态合作伙伴在“双碳”、绿电、保险、数字化、安装运维、物流运输、绿电交通、社群电商等业务方面共建县域服务平台（综合服务站），满足各方面多样化服务需求，提升整体服务质量，同时拓展各方业务边界。

（4）催生新的合作与投资机会

在合作中实现技术、装备、原材料供应、咨询、运维服务等各类业务跨界融合，便于相关利益方发现新的发展方向，为各参与方创造新的投资机会，带来新的福利。

4. 面向千家万户

（1）提供综合智慧能源服务

全面推广屋顶光伏、户用储能及户用光储充一体化、生物质综合利用等智慧能源形式，通过电器用能、消费习惯等用户数据价值挖掘，描绘精准、更多维度的用户画像，提供精准用能服务和商业模式推介。

（2）构建县域服务互联网

一是提供便民生活服务。借助“三网融合”生态集成平台展示气象、招聘、交通、农资、农产品、政策、新闻等实时信息，开通办光伏、找充电、优惠购、卖农货、办证件等“三网融合”应用，提供更全面的医疗、养老、教育资源。二是提供农业生产服务。向农户提供各类农业投入品、物资和装备，以及农业技术、标准、操作规范和各类配套服务，在农业产业链两端的服务环节提供农业资本、人才等支持。

（3）拓展百姓增收途径

通过屋顶、生物质原料等资源有偿收集与利用，县域能源站、综合服务店、产业园区等出现新的工作岗位，孵化地方农（副）产品加工企业以及引导地方企业加入相关产业链、供应链、服务链等，为百姓提供更多就近就业岗位和回乡创业机会。

5. 面向地方政府

（1）拓宽政务服务通道

逐步打造“互联网＋网格治理”服务管理模式，打造政务管理“一网通办”，实现“村村通”“店店通”“人人通”，切实提高社会保障、生育收养、司法公正、证件办理、职业资格和疫情防控等政务服务效率，减轻基层干部负担，提升社会治理能力。

（2）助力实现“双碳”目标

助力地方政府精准把控碳账户、碳排类型、碳排强度、碳排直观转换和碳排数据等信息，并为其提供针对性的“双碳”发展规划和解决方案。

（3）服务地方社会治理体系

借助“三网融合”生态集成平台等数字化手段，拓展县、乡（村）级综合服务站政务联络、政策宣贯、技能培训、协商调解、应急联动等服务功能，作为县域社会治理体系的补充。

三 “三网融合”生态体系创造县域开发新价值

（一）助力县域绿色低碳发展，实现“双碳”目标

一是降低县域碳排放强度。通过风、光、生物质等清洁能源资源开发利用，以及电能替代、清洁供暖等技术推广，减少化石能源利用比例，将助力县域高质量完成“双碳”目标。二是打造县域绿色产业链、供应链。为生态合作伙伴、当地产业企业等，供应清洁零碳或碳足迹可循的能源产品，配套提供绿证交易、碳交易等服务，并辅以碳认证平台（系统），推动县域相关产业链、供应链绿色、低碳（零碳）升级。

（二）多元融合为各相关利益方带来切实福利

通过推动各类要素在县域一体化配置，产业链、供应链等价值空间得以拓展，可实现企业、政府、百姓价值提升，多方合作共赢。一是生产端优化产业布局、打造设施农业，有效提升生产规模和效率；二是加工端引导产业集群升级，建立现代化农产品深加工配套，可有

力拉动地方经济；三是销售端构建乡村新型电商模式将极大促进电商零售、远程医疗、在线教育、便利出行、生活服务等方面业务在县域繁荣发展，为各方带来切实福利，增加互联网等生态合作伙伴企业高黏性用户流量。

（三）提升县域经济水平与人民生活幸福感

一是增加县域基础财政税收。“三网融合”通过能源及相关产业落地、繁荣地方社群服务市场，将有力促进县域经济增长。二是激发县域商业发展活力。“三网融合”平台将助力构建完善的县、乡、村三级物流配送体系，打通物流“最后一公里”，畅通“农产品上行”与“消费品下行”双向流通渠道，降低商品流通环节成本，繁荣商业经营市场。三是促进农民工返乡创收。能源带动相关产业落地，将提供大量新增就业岗位，进一步吸纳农村剩余劳动力，吸引农民工返乡就近就业；另外，通过岗位技能培训增强县域居民就业能力，能助其获取更多增加收入的岗位机会。四是助力美丽乡村建设。农林废弃物综合利用、垃圾及污水处理等环保手段的应用将带来更美村容村貌，全面改善居住条件；“三网融合”让千家万户信息更通畅、生活更便利、消费更智慧、日子更富足，有助于改善、美化人文环境。

（四）促进县域特色产业、文化宣传与发展

“三网融合”实施有助于充分挖掘乡村历史沿革、风土人情、风俗风貌等特色文化，壮大乡村文化产业，带动“三网融合”产业生态投向乡村文化建设，促进乡村文化与经济融合发展。如推动民间手工艺品与创意设计、现代科技融合，打造“文化 IP”；推动红色旅游、农牧旅游产业升级，打造集农业文化创意、观光旅游体验等于一体的文化产业综合体；推动网络营销与线下营销渠道并行，构建区域文化一体化推广平台，扩大乡村文化受众，提升乡村特色文化核心竞争力等。

（五）释放社会治理和社群生活服务效能

一是助力提升政务服务能力。以“三网融合”生态集成平台为基础打造的社群运营体系直接链接千家万户，为实现县域政务管理“一网通办”，及推进县域人才引进、队伍建设、党建宣传、民生服务等工作高效、有效开展提供了基础条件。二是助力提升社会治理水平。数字化技术和平台将助力地方政府在全域资源、碳排、企业、产业、百姓等县域治理方面，以较低的建设、运营成本，实现信息“看得见”、规划“有依据”、风险“管得住”、运转“有秩序”，同时能将政府工作触角向最基层延伸、向群众延伸，打通政务服务“最后一公里”，助力构建县域治理新体系。

始于此，但不止于此；行于此，勠力兴于此。国家电投深耕清洁能源领域，却不局限于仅让绿色能源点亮万家灯火。从奔腾湍急的大江大河、广袤无垠的高原草原，到“无人问津”的崎岖山野、乡村池塘；从农村屋顶架起的光伏板，到农民衣食住行柴米油盐；从竭力牢牢端好国家能源饭碗，到振兴县域产业跨界破圈；从起步于小岗村、朝阳市、兰考县，到数以百计星星点点，遍布祖国大地山川。国家电投“三网融合”战略思路聚力开发县域能源，同步激发县域活力、拓宽乡村功能、提升发展量级，随着“三网融合”生态体系建立，有望为县域发展带来九方面崭新变化，即新的平台经济体系、新的能源供应和保障体系、新的相关利益方关系、新的能源消费和服务模式、新的服务就业体系、新的农产品生产供应体系、新的生态环境体系、新的政府治理模式和居民新的生活方式。

千人同心，则得千人之力。国家电投始终将“三网融合”视为与志同道合者共建县域美好未来的纽带，期待与更广泛伙伴共襄县域开发盛举，同创“乡村振兴”和“共同富裕”事业新成就。

政 策 篇

B.13
依靠科技创新支撑“双碳”目标下的能源转型

吕建中*

摘　要： 中国实现“双碳”目标迫切需要能源转型，而解决能源转型和减碳降碳不可能一蹴而就，需要科技创新的强有力支撑。目前的能源转型和减碳降碳技术尚不能支撑“双碳”目标的如期实现，必须以传统能源的清洁化利用、新能源高效开发利用为重点创新方向，并在加快与能源转型相适

* 吕建中，博士，教授级高级经济师，中国石油国家高端智库研究中心专职副主任、学术委员会秘书长，长期从事能源领域重大战略与政策问题研究，是国内外有影响力的能源经济学者、高端智库专家。

应的社会、经济、产业结构调整方面下功夫，着力培育和优化能源领域技术创新生态，建立健全以企业为主体的技术创新体系，激发能源转型技术创新动力、活力。

关键词：“双碳”目标　能源转型　能源安全　科技创新　创新生态

一　能源转型是实现“双碳”目标的必由之路，而技术创新是能源转型的核心驱动力量

近年来，应对气候变化已成为全球共识，世界上大多数国家纷纷提出了碳减排、碳中和的奋斗目标和时间表，并采取积极的减碳降碳措施，甚至颁布了相关法律，致力于推进社会经济全面实现绿色低碳转型。目前，全球能源消耗的碳排放量占全球 CO_2 总排放量的 80% 以上，加快发展可再生能源，减少传统化石能源消费，大力推进能源转型，是实现碳减排、碳中和的必由之路。像欧盟国家，作为应对气候变化和能源转型的急先锋，严格限制并大幅度减少传统化石能源的投资、生产、供应及消费，近年来的风能和太阳能等可再生能源发电量占比已超过煤炭和天然气等化石能源，而且提出到 2030 年可再生能源的终端能源消费量占比要达到 45%。

中国正处在工业化后期叠加信息化、数字化转型阶段，现在既是世界上最大的能源生产国和消费国，也是最大的碳排放国。多年来，中国政府高度重视生态环境保护，大力推进能源革命和能源转型，可再生能源装机规模稳居世界第一。特别是中国向世界庄严承诺要努力争取实现“3060”双碳目标之后，绿色低碳转型步伐进一步加快，可再生能源发展蒸蒸日上。但是，2021 年以来，全球各种极端气候事件和能源危机接踵而至，尤其是过于单一的能源转型路

径威胁到了部分欧盟国家的能源安全，不仅提醒人们能源转型拖不得，同时也警示人们急不得，需要充分考虑各国的能源资源禀赋，坚持先立后破、通盘谋划，确保能源转型积极稳妥、安全可靠。

《人类简史》一书中写到“工业革命的核心，其实就是能源转换的革命”。而人类历史上每一次所谓“新”能源的出现，主要就得益于发现了一种“新的能源利用方式”，或者说是“新的能源转化利用技术”。从这个意义上说，能源行业不仅技术密集程度高，而且技术突破进展缓慢。如果没有技术上的突飞猛进，很难实现能源的革命性转型。随着绿色低碳成为能源领域基础研究和技术创新的重要前提，无论是传统能源的清洁化利用，还是风能、光伏、氢能等新能源的大规模、低成本、便利化开发利用以及与之适应的新型能源体系构建，都依然面临一系列技术难题。

2022 年 8 月，科技部联合国家发展改革委、工业和信息化部、生态环境部、住房城乡建设部、交通运输部、中国科学院、中国工程院、国家能源局共同研究制定并发布了《科技支撑碳达峰碳中和实施方案(2022—2030 年)》，要求，到 2025 年实现重点行业和领域低碳关键核心技术的重大突破，支撑单位国内生产总值(GDP)二氧化碳排放比 2020 年下降 18%，单位 GDP 能源消耗比 2020 年下降 13.5%；到 2030 年，进一步研究突破一批碳中和前沿和颠覆性技术，形成一批具有显著影响力的低碳技术解决方案和综合示范工程，建立更加完善的绿色低碳科技创新体系，有力支撑单位 GDP 二氧化碳排放比 2005 年下降 65% 以上，单位 GDP 能源消耗持续大幅下降。其中，能源绿色低碳转型支撑技术创新重点主要集中在煤炭清洁高效利用、新能源发电、智能电网、储能技术、氢能技术等领域，致力于依靠科技创新统筹解决好能源安全与绿色低碳发展。

“双碳”目标下的能源转型是一场广泛而深刻的经济社会系统性变革，不仅涉及能源生产、供给结构的调整，更涉及与能源消费相关的工业、交通、生态等众多领域，迫切需要跨领域综合交叉突破技术瓶颈。未来能源技术创新将融合大数据、新材料、人工智能等基础学科与前沿领域最新研究成果，形成全面支撑实现“双碳”目标和能源转型的技术体系，进而形成绿色低碳、安全高效、经济可靠的能源供应保障体系。这既是前所未有的科技挑战，也为技术创新提供了千载难逢的舞台。

二　从供给端和消费端双向发力，推动传统能源清洁化利用技术创新

“十四五”“十五五”是加快能源转型的关键过渡期，针对能源供应端的传统化石能源清洁化生产利用和针对消费端的提高能效及减少碳排放的技术创新将在能源转型过渡期内发挥重要作用。

（一）化石能源的清洁化生产利用技术创新

煤炭、石油、天然气等传统化石能源的清洁化开发利用是包容性能源转型的关键，可以通过转变“利用方式”发挥其对能源转型的基础性支撑保障作用。因此，必须加强绿色高效化石能源开发利用技术方面的研发创新工作。基于中国以煤为主的能源资源禀赋，煤炭的清洁高效利用又是重中之重。有专家预计，即便到 2060 年，中国实现了碳中和，煤炭需求量仍要达到 $12 \times 10^8 \sim 15 \times 10^8$ 吨。未来的煤炭领域，应从开采、洗选、发电、转化以及分散燃烧等多个环节都做到清洁高效，围绕煤炭绿色智能开采、重大灾害防控、分质分级转化、污染物减控等重大需求，形成煤炭清洁高效开发利用技术体系，做到零生态损害的绿色开采、零排放的低碳利用。

尽管中国的总体能源自给率超过 80%，但石油和天然气的对外依存度分别超过 70% 和 40%，是影响中国能源安全的关键。因此，必须

持续加大国内油气资源勘探开发和增储上产力度。特别是天然气，虽属于化石能源，但相比于煤炭和石油，燃烧更充分，污染物排放水平较低，是化石能源中的低碳能源，也被视为从化石能源向清洁能源过渡的“桥梁”。在能源转型过渡期内，油气领域应以增强油气安全保障能力为目标，组织好常规、非常规及深水、深地油气勘探开发等方面的关键核心装备和技术攻关，加快地下原位改质、纳米驱油等颠覆性技术研发应用，争取在老油田二次开发、提高采收率方面获得新成效，在新区新领域勘探方面取得新突破，使国内原油年产量尽快恢复并稳定在2亿吨以上水平、天然气产量不断迈上新台阶。

（二）在能源消费端着力提高能效及碳减排碳封存技术创新及成果转化应用水平

中国二氧化碳排放主要来自工业和电力部门的能源消费，两者各约占总排放量的40%，总计超过80%。据测算，在建筑、钢铁、采暖等消费端最大限度地实现节能的前提下，各类化石能源的需求可以下降约40%，而要实现这样的目标，显然离不开节能和提高能效技术创新和规模化推广应用。截至2021年底，中国工业节能专利申请量位居世界第一，占全球总申请量的76%，具备了从量变向质变转化的基础。在未来，应瞄准降低产品制造全生命周期碳排放，研发高效电能转化和能效提高技术、促进高效换热技术、装备及能效检测评价等技术配套，实现低碳流程再造技术的大规模工业化应用。

碳捕集、利用与封存（CCUS）技术在实现“双碳”目标、遏制气候变化中具有至关重要的作用。目前，CCUS项目多处于研发和示范阶段，新型碳捕集材料、新型低能耗低成本碳捕集技术、生态系统固碳增汇技术和碳汇核算与检测技术及其标准体系研究是关键，CO_2高值化转化利用、空气中直接捕集等前沿颠覆性技术亟待突破。在今后一个相当长的转型过渡期内，加速CCUS技术从研发试验到落地推广，大幅度降低工业企业碳排放端的技术应用成本，将成为脱碳、减碳的有效路径。

三　新能源高效开发和普及利用技术创新

近年来，光伏、风电等可再生能源技术创新飞速发展，发电成本已接近煤电，在构建以新能源为主体的新型电力系统中将发挥重要作用。然而受这类能源的间歇性、波动性及不稳定性的影响，推进新能源高效开发和规模化普及利用仍面临一系列难题。

（一）新能源规模化开发利用技术

近十年，中国风能、太阳能、生物质能、地热能、海洋能等可再生能源生产及利用技术日新月异，尤其是风能、太阳能利用技术及开发规模已进入世界第一梯队，预计到 2030 年风电与光伏装机容量将突破 12×10^8kW。受益于我国政策和规划的大力支持，应用场景开放带动技术朝着更高效、更可靠、更低成本的方向不断迭代升级。未来，进一步加大新能源技术研发投入，应主要聚焦大规模高比例可再生能源开发利用，研发更高效、更经济、更可靠的风能、太阳能、生物质能、地热能以及海洋能等可再生能源先进发电及综合利用技术，支撑可再生能源产业高质量开发利用；瞄准将新能源转化为电能等二次能源进行规模化应用，重点研究风光发电并网主动支撑和自组网、局域 100% 新能源电力系统等基础理论和推广应用，努力打造新能源原创技术策源地和发展高地。

核能技术具有很高的稳定性，技术研发重点是提高安全性能与经济性能。在强化第三代核电关键技术优化升级的同时，加强设备的标准化研究和商业化推广；对标国际，开展小型模块化反应堆（SMR）、（超）高温气冷堆等第四代核能关键技术和核心零部件攻关研发；引导

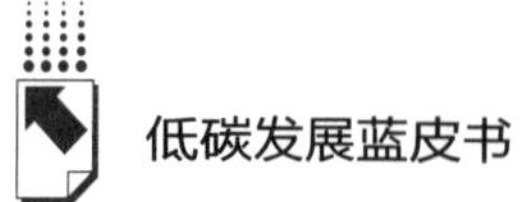

产业链上下游共同参与到核污染治理、核安全检测、核电站延迟退役等关键技术研究，推进核能的安全可持续发展。

（二）多能互补协同发展技术

现阶段，中国实现2060年净零排放所需的关键技术能够进入商业化应用阶段的占比不到1/3，单独依靠一种能源技术的突破难以支撑能源转型，尤其是考虑到中国能源资源供给和需求负荷之间呈逆向分布，还必须依照不同能源的禀赋和需求进行综合协调和优势互补。以技术创新解决生产与用能不均衡、不充分难题，构建多能互补和梯级利用的供能结构体系，实现现代能源系统的新平衡。多能互补协同发展的关键在于构建新型电力系统。综合考虑风、光、水、火、核电的不同属性特征，未来要让风电、光电成为供能主力军，以水电、核电替代火电作为“稳定电源”，保留部分火电作为应急和调节电源，强化储能和输配调动，形成“主能 + 补能 + 调能 + 储能 + 输能”的新型电力系统结构。加快战略性、前瞻性电网核心技术攻关，支撑建设适应大规模可再生能源和分布式电源友好并网、源网荷双向互动、智能高效的先进电网。重点研究交直流特高压输电、电网柔性互联关键科技，大力支持高端电力能源装备研发、源网荷储一体化智能调控技术创新，促进先进技术与应用场景对接，加快科研技术到产业应用的迭代进程。

（三）储能及氢能技术

随着风电、光伏等新能源利用比例的不断提升，储能正在成为决定新型能源系统安全稳定的关键环节，需要依靠强有力的储能技术解决能源系统客观上存在的时空错位和供需平衡问题，储能的经济性将不再是其发展的限制因素。

在储能领域，需重点研究与能源生产、输送、利用的不同场景和环节相适应的电能、热能高安全低成本规模化储能存储原理和方法，推动高功率电容器、高功率电池、飞轮储能、电介质薄膜、固态锂电池、钠离子电池、液态金属电池储电科技，热化学、相变储热科技及电制燃料等新型储能科技创新；大规模分布式储能与电网的高效智能耦合互动机制；高比能、长寿命储能材料、器件及高功率大容量储能科技，推进 GWh 级储能电站集成；储能系统多物理场多尺度能质转化协同机制及调控理论。

氢能既是清洁的可再生能源，又是高效的储能方式，甚至氢能自身就可以形成独立的能源供应体系。氢能作为储能手段时，可快速补充电网调峰填谷的需要，也便于运输，能够更好地协调可再生能源的空间错配问题，从而提高电网接纳间歇性可再生能源的能力和运行效率。在氢能领域重点研究高电流密度、低贵金属用量的电解制氢材料与装备、热解/光解等制氢新科技，氢气制烃、醇、氨载体及氢载体重整制氢与纯化科技；突破电解直接制合成气/氨及高压氢等新科技。针对单质氢存储、交通网及管道网输配，研发高安全、低成本的储氢压力容器科技，氢气高效低温液化与运输科技，天然气/燃气管道的掺氢/纯氢输送科技，创新高密度、高性能的可逆储氢材料新体系。针对清洁交通、综合供能等不同终端场景，研发稳态长寿命、动态高功率燃料电池材料和电堆及系统科技，富氢/纯氢/醇/氨高效燃烧及动力装置，氢—电转换新材料新器件与热机—燃料电池集成新系统科技等。

四　适应能源转型技术创新，推进社会、经济、产业结构调整

（一）能源转型必然要求实现能源体系的转换

现代经济社会建立有一套完整的涵盖能源供给与消费、市场交易

规则、技术研发支持以及相应的金融、政策、法规在内的能源体系。随着能源绿色低碳转型，我国将形成以清洁低碳可再生能源为主的现代能源体系新格局。因此，能源转型带来的能源体系转换将是一项复杂而又艰巨的系统工程。根据我国《“十四五”现代能源体系规划》，要从增强能源供应链安全性和稳定性、推动能源生产消费方式绿色低碳变革、加快构建现代能源市场体系、提升能源产业链现代化水平等多个方面推动构建现代能源体系。

（二）着力解决能源转型技术创新面临的政策难题

促进能源转型技术创新，既要发挥我国制度优势，强化国家政策顶层设计和“一体化”统筹协调，又要充分考虑区域能源特点分类施策，循序推进能源转型走深走实。在构建统一开放、竞争有序的能源市场体系的过程中，持续深化能源科技创新体制机制改革。在竞争性环节坚持市场配置资源，更好发挥“有为政府”作用，引导绿色低碳发展所需的各类科技资源、要素向创新主体集聚，激发各类市场主体的转型动力和活力。加快制定/修订适应能源转型节奏的绿色监管考核机制，增强治理效能带动产业结构调整。加快与碳交易、碳中和技术创新相关的税收优惠政策的制定完善与落地实施，降低低碳相关技术的研发与市场化推广成本，为促进可再生能源发展提供政策支撑。以 CCUS 领域为例，美国专门颁布了 45Q 法案，按照碳氧化物的捕集、利用与封存量计算相应的税收抵免额。如果进行永久封存，最高可折算成 50 美元/吨的抵免额度，催化 CCUS/CCS 技术的商业化产业化进程。中国可参考此类做法，制定相关的奖励激励措施和政策法规，促进传统高碳行业积极转型。例如，可将配置 CCUS 技术的煤电、气电作为“绿电”纳入与清洁电力同等的政策激励范畴内等。

（三）构筑数字化创新平台，强化应用场景配套，促进技术迭代升级

数字化转型既是能源转型的重要特征，也是能源转型的重要手段，尤其是各类以应用场景适配的行业级数字化、智能化平台的迅猛发展，为营造开放共享的能源转型技术创新生态提供了土壤。数字化转型加快了传统能源行业流程再造、结构重塑、模式创新，实现资源优化配置、技术交叉融合和创新效率提高。各类碳监测数据库、定量分析的模型工具为“双碳”治理提供了有效的技术支持，正在加快形成新的产业支撑体系。基于物联网技术形成的“能源互联”网络助力供能侧对市场作出快速反应，更好适配需求测个性化、便捷化、开放化的用能场景需求。大型能源企业是能源绿色低碳转型的主力军，应搭建产业共性技术发展平台和数字化创新平台，开放数字化转型应用场景，推动能源行业与数字化、智能化技术的融合创新，促进能源转型技术的迭代升级和商业模式创新，引领能源产业转型升级。

五　优化能源转型创新生态，增强技术创新动力活力

（一）能源转型创新需要良好的创新生态

能源转型是一场技术革命，传统的链式创新范式难以支持多元化创新主体、多学科交叉、跨界合作的技术创新需求，必须强化“创新生态”理念。创新生态具有多样性共生、开放与动态、自组织演化等特点，更加强调创新主体、创新资源、创新环境之间共生竞合、动态演化，通过创新主体有效协同、聚集创新人才资源、强化创新文化建设，以及金融科技有效对接、优质中介服务的支撑，从而实现创新链产业链价值链有效融合。大、中、小企业和高校、科研院所都是创新生态的主体，大企业在打造新引擎、形成新动力方面作用明显，而中

小企业对颠覆性、前瞻性创新的贡献突出。大型能源企业在培育能源转型创新生态方面可以发挥龙头带动作用，通过建立科学有效的产学研深度融合机制，吸引社会投资者（战略投资者），共同开展低碳能源技术的研发、试验集成、工程化与产业化，形成推进能源转型的创新合力。

（二）发挥好“有为政府”与“有效市场”的协同作用

与完全竞争领域不同，能源行业创新不仅需要市场机制的调节，还高度依赖政府统筹协调，共同构建政府调节市场、市场引导企业、政产学研用协同创新的生态系统。也就是说，能源转型技术创新离不开政府的引导和支持，尤其是在创新链的两端——基础研究和规模化推广应用，不仅需要营造有利于原始创新的政策环境，还需要给予配套金融支持。特别是在前瞻性和基础性技术研发方面，要充分发挥新型举国体制优势，实施一批重大技术创新项目，鼓励企业和科研机构“揭榜挂帅”，开展传统能源高效利用、可再生能源高效开发、新型电力系统等领域关键技术和装备攻关。在应用技术研发和试验推广方面，增强企业创新主体地位，组建创新联合体和创新联盟，推进产学研用深度融合，以合作共赢为基础、以市场机制为纽带，带动科研机构和产业链上下游企业共同参与技术创新和升级换代。

（三）强化创新文化建设和人才培养，推进可持续创新发展

创新生态培育离不开创新文化建设，技术创新不仅要有商业化导向，还要有价值取向。实现可持续创新，不仅要培养高素质专业化人才、领军人物，以及具有理论知识、精通工程技术、熟悉经济管理等面向市场的复合型人才，还要大力倡导科学精神、企业家精神，发挥高素质人才的“领头雁”作用，促进更多科研人员投身绿色低碳业务发展。面向“双碳”目标需求，推动国家绿色低碳创新基地建设和人才培养，努力形成适应能源清洁低碳转型发展需要的科学研究、人才

培养、技术创新、推广应用体系，提升创新驱动合力和创新体系整体效能。弘扬尊重知识、尊重人才、尊重劳动、尊重创新的观念，营造万众创新、充满活力的能源转型技术创新生态。

参考文献

《“十四五”现代能源体系规划》。

《“十四五”能源领域科技创新规划》。

《“十四五”可再生能源发展规划》。

《科技支撑碳达峰碳中和实施方案（2022—2030年）》。

吕建中:《探析能源转型的“无尽前沿”》,《世界石油工业》2021年第6期。

B.14

氢能产业规划落实中的关键政策着力点

景春梅　陈　妍*

摘　要：《氢能产业发展中长期规划（2021–2035年）》回答了"氢是什么""为什么发展氢能""怎样发展氢能"三个根本性问题，对于提振产业发展信心、明确产业发展方向发挥了重要指引作用。目前，我国氢能产业仍处于起步阶段，贯穿产业链各环节的发展痛点依然存在，需构建形成有助于产业发展的政策环境，解决产业发展的痛点堵点，促进产业高质量发展。现阶段应完善配套政策，加快形成氢能发展的"1+N"政策体系，同时需加强与可再生能源发展等相关政策协调，加强氢能与可再生能源的相互促进。尽快开展有针对性的试点示范，打通产业链堵点，以示范带动技术提升和成本下降。坚持创新引领，加快关键核心技术攻关，构建氢能产业创新体系。

关键词： 氢能　燃料电池　制储输用　关键核心技术

2022年3月23日，国家发展改革委、国家能源局联合印发《氢能产业发展中长期规划（2021–2035年）》（以下简称《规划》），这是我

* 景春梅，中国国际经济交流中心科研信息部（能源政策研究部）部长，研究员，经济学博士，主要从事能源政策和能源改革研究；陈妍，中国国际经济交流中心科研信息部副部长，副研究员，经济学博士，主要从事能源政策、低碳发展、环境经济问题研究。

国首个氢能产业中长期规划。《规划》对我国氢能发展作出顶层设计和积极部署，首次明确氢能是未来国家能源体系的组成部分，要充分发挥氢能对实现碳达峰、碳中和目标的支撑作用。目前，我国氢能产业仍处于起步阶段，在关键核心技术、产业基础、管理规范、政策体系等方面仍有完善空间。落实好《规划》，推动氢能产业高质量发展，关键是要把握好几个重要的政策着力点。

一　氢能产业规划核心内容及其政策信号

《规划》作为我国首个氢能产业顶层设计，回答了“氢是什么”“为什么发展氢能”“怎样发展氢能”三个根本性问题，向国内外释放了我国对于氢能产业的基本态度。

（一）“4344”核心内容

《规划》核心内容和释放的政策信号可归纳为“4344”，即氢能产业发展四大原则、三大定位、四大重点任务、四大应用场景。

四大原则，指《规划》指明的产业发展原则，分别是创新引领，自立自强；安全为先，清洁低碳；市场主导，政府引导；稳慎应用，示范先行。三大定位，指《规划》开创性地明确了氢能的三大战略定位，包括氢能是未来国家能源体系的重要组成部分、氢能是用能终端实现绿色低碳转型的重要载体、氢能产业是战略性新兴产业和未来产业重点发展方向。四大重点任务，指《规划》从创新体系建设、基础设施建设、多元化示范应用和政策体系建设等四个方面明确了发展的重点任务。四大应用场景，指《规划》以实现多元应用为目标，明确了氢能在交通、储能、发电、工业等四大领域的应用。

（二）三大主要政策信号

1. 绿色发展是主线

与一些能源短缺国家不同，我国发展氢能的目的在于解决能源“绿不绿”而不是“够不够”的问题。因此，我国发展氢能的初心使命是助力低碳转型，实现“双碳”目标。《规划》将“清洁低碳”作为基本原则，明确了“用能终端实现绿色低碳转型的重要载体”的战略定位，指出了重点发展可再生能源制氢，在重点任务和应用场景等具体规划和措施方面也都充分体现了绿色发展的主旋律。

2. 鼓励多元应用，全面挖掘脱碳潜力

目前，我国氢能产业应用主要集中在交通领域，对其他氢能关键应用领域关注不足。在全球碳中和背景下，氢能在工业生产中的替代应用明显加速，在储能、发电等领域的应用也得到广泛关注，各种模式探索不断涌现。所以，《规划》提出在有序推进氢能在交通领域的示范应用的同时，拓展在储能、分布式发电、工业几大领域的应用，旨在全面挖掘氢能在用能终端的脱碳潜力，为实现“双碳”目标添加助力。

3. 积极推动、稳慎发展

氢能产业在发展初期拥有一定热度有助于推动产业可持续发展，但目前各个地方的氢能规划同质化问题较为严重，规划目标甚至超出市场承载量。氢能产业发展需要充分考虑氢从哪里来、运到哪里去、如何运过去的问题。《规划》强调，推动地方结合自身基础条件理性布局氢能产业，实现产业健康有序和集聚发展；将在供应潜力大、产业基础实、市场空间足、商业化实践经验多的地区稳步开展试点示范。

二　氢能产业规划落地中的痛点

当前，我国形成了相对健全的氢能产业链，也掌握了主要的生产工艺，在一些地方实现了一定规模的示范应用，但贯穿产业链各环节的发展痛点依然存在。

（一）“灰”氢如何变“绿”

据测算，到2060年实现碳中和时，我国非化石能源消费占比须从目前不足16%提升至80%以上，非化石能源发电量占比需从目前的34%提升至90%左右，这意味着未来必须大幅降低化石能源消费。我国工业制氢产量每年大约3300万吨，大多作为工业原料使用，来源基本上均为化石能源制氢。根据中国煤炭工业协会公开数据，2020年我国煤制氢所产氢气占62%，天然气制氢占19%，工业副产气制氢占18%，电解水制氢占1%左右，可再生能源制氢微乎其微。而对我国来说，大规模低成本低碳化制氢技术路线还不明确。碱性电解水（ALK）制氢技术较为成熟，但缺少规模化应用，也难以适应风光电力的间歇性和波动性；质子交换膜（PEM）制氢则成本高、关键技术和核心部件受制于人；阴离子交换膜（AEM）、固体氧化物电解水（SOEC）、光解水制氢、热化学循环水解制氢技术还处于基础研发或试点示范阶段。

（二）储运如何通畅

从资源禀赋看，由于我国可再生能源基地主要分布在“三北”地区，将来可再生能源制氢生产地也将主要在“三北”地区。但矛盾在于，当前氢能需求主要在东、中部地区，供需不匹配问题突出。《规划》发布后，氢能项目加快落地，一些示范城市已经出现“缺氢”现象。储运链条不通、成本过高将在很长一段时间成为氢能产业发展的重要制约因素。

目前，我国氢气储运主要通过高压长管拖车解决，规模小、效率低，单车载氢量在300~400公斤，经济半径在150~200公里，输氢成本在氢气终端售价中的比重高达40%~50%，成为氢能规模化发展的掣肘。液氢主要用于航天领域，受液化成本、能耗等限制较大，民用暂不具备商业化条件。管道输氢被认为是匹配供需的关键环节，如能形成类似天然气多点供应的氢气管网，可解部分城市氢源之忧，也能通过规模化输送摊薄氢气储运成本，推动氢能产业整体降本提效和推广应用。

另外，规模化储氢技术尚未突破。通过发挥氢能作为长周期、大规模、跨季节储能载体的作用，带动我国新能源规模化发展、助力实现“双碳”目标，是我国发展氢能产业的重要初衷。目前国际上大规模储氢技术、成本、商业模式问题尚未解决，国外储氢项目多处在实验探索阶段，而我国则基本没有布局，将我国新能源第一大国的资源优势转变为转型优势还任重道远。

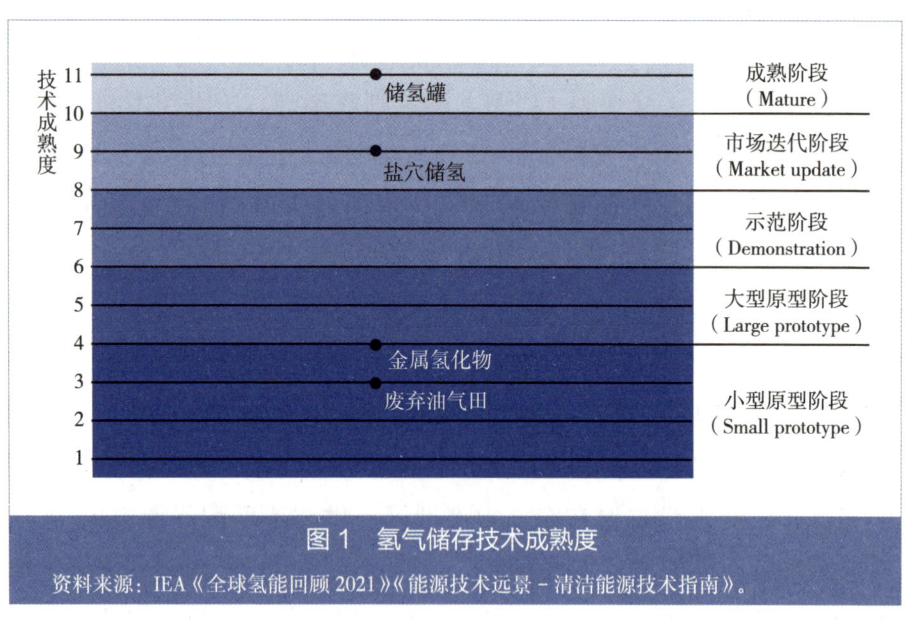

图1　氢气储存技术成熟度

资料来源：IEA《全球氢能回顾2021》《能源技术远景－清洁能源技术指南》。

（三）应用如何多元

《规划》提出推动氢能在交通、工业、发电和储能等四大领域的应用，但实践过程中，上述四个领域的应用进展有较大差别且均存在一些问题，决定了氢能能否在“难脱碳”领域发挥更重要作用。

一是在中远途、中重型的运输需求领域，燃料电池汽车的推广应用进展较为缓慢。配适中、重型商用车的大功率电堆和系统是燃料电池汽车发展的重要方向和技术要求，也是国家政策支持方向，但大功率对技术要求更高，成本也更高，从各城市或区域的情况看，此类车辆的实际推广运营不理想，是否能完成规划目标有较大不确定性。

二是在工业领域的替代应用潜力最大，但面临可再生能源制氢的高成本制约。可再生能源制氢在工业领域要实现规模化应用，对价格的接受度要低于交通领域。据中国氢能联盟研究院预测，2025 年可再生能源制氢成本可降至 25 元 / 千克左右。但这个成本仍远高于化石能源制氢成本，意味着在工业领域的规模化替代应用仍较为困难。

三是在分布式发电和储能领域的规模化应用短期内难以实现，但不能忽视其巨大潜力。在这两个领域氢能利用前景是较为明确的，但目前面临较大的技术瓶颈，短期内难以规模化应用。

（四）创新如何提速

持续推动技术创新是我国氢能产业发展最重要的保障，《规划》中也对全领域推进氢能技术攻关做了部署，但当前的创新体系仍存在一些问题。

一是基础研究创新不足。在氢能科技领域，国内基础研究较为薄弱，独到创新不多，包括《规划》中强调的与燃料电池、氢储运相关的材料科学，与氢安全技术相关的泄露、燃爆基础理论等机理性研究还有待加强。

二是核心技术和关键材料尚存“卡脖子”风险。氢能领域不少关键材料和零部件还依赖进口，关键组件制备工艺亟须提升。燃料电池技术方面，国产燃料电池产品总体性能指标以及质子交换膜、催化剂、炭纸等关键材料等均与世界先进水平存在差距。加氢技术方面，压缩机、阀门等关键零部件国内还没有量产的成熟产品。氢气品质检测和氢气泄漏等重要测试装备的国产化尚欠缺。质子交换膜电解水制氢装备、车载储氢罐和碳纤维材料等均与国外水平差距明显。

三是创新活动缺乏统筹。我国开展氢能和燃料电池的相关研究历史很长，缺乏统筹导致实验室研发出的样品和样机与产业化之间是割裂的。未来科学有效地组织全产业链关键核心技术攻关尤为重要，应避免当前存在的企业纷纷开展全产业链技术攻关，导致研发资源分散、互相抢人才、低效竞争等问题。

（五）政策如何配套

《规划》明确了氢的能源属性，但由于缺乏相关管理细则，仍无法解决氢能的规范管理和相关基础设施建设等问题，对于氢能安全使用和产业健康发展产生了较大制约。

一是明确主管部门和管理规范是产业发展的迫切需求。多部门都承担着与氢能发展相关的职责，但由于主管部门未明确，相关部门职责也不清晰，无法形成相互协同的管理体系。我国工业领域涉氢的安全标准与规范体系相对健全，但针对氢能新型应用的相关标准还需系统性地补充和完善，以保障用氢安全。二是产业规范发展仍需政策引导。氢能产业被地方政府作为重要的新动能来培育，投资热情高，同质化发展、无序竞争现象已显现，需警惕一拥而上、盲目布局，杜绝出现大量项目“烂尾”导致浪费国家资源等问题。产业过热、重复建设等问题也迫切需要政策规范和引导。三是燃料电池汽车示范应用需加快推进。2020年财政部等五部委发布《关于开展燃料电池汽车示范应用的通知》，以燃料电池汽车示范城市群模式，推动我国燃料电池汽车的补贴方式由财政直接补贴转变为“以奖代补”方式。但奖补资金的拨付需建立在对现有五大城市群各项指标的考核评价基础上，其中对部分关键产品指标设置和技术评价存在难度，影响奖励资金拨付效率。城市群内各城市间协作也存在难度，还需要探索形成更有效的合作机制，真正实现政策目标。

三　综合施策解决发展痛点

《规划》发布后，我国氢能产业发展进入快车道，从供给体系、应用场景到创新体系建设都在持续推进。现阶段，加快构建形成有助于产业发展的政策环境，解决产业发展的痛点堵点，对于产业持续健康发展尤为重要。

（一）加快完善配套政策，形成“1+N”政策体系

从当前氢能产业发展面临的主要制约看，亟须体系化的政策保障。一是应基于氢的能源属性尽快出台相应管理办法和实施细则，明确主管部门，理顺管理体制，明确氢能制、储、输、用各环节运营规范和安全监管责任。二是完善氢能产业发展标准体系。不断完善多元标准体系，积极采用国际标准，开展国家标准制定 / 修订，鼓励相关社会团体制定 / 修订团体标准，构建标准多元供给体系。三是出台基础设施建设相关政策。围绕制氢设施、储运网络、加氢设施等，尽快出台相关建设规范，鼓励先行先试和适度超前布局，支持开展管理模式创新。

（二）加强政策协调，强化氢能与可再生能源相互促进

在氢能产业发展过程中，需加强与可再生能源、电力市场、碳排放权交易市场等相关政策协调，实现氢能与可再生能源相互促进、融合发展。一方面，加强与电价支持政策相协同。在现阶段网电价格较高的背景下，可探索对可再生能源制氢项目给予电价补贴，特别是利用谷电制氢时，可通过免收容量电费，降低制备成本。落实“隔墙售电”政策，鼓励探索风光等可再生能源离网发电制氢。对于制氢项目

的风光电量存在上网需求的，给予政策支持。另一方面，加强与碳交易市场政策相协同。可研究将氢能应用减排量开发为国家核证自愿减排量（CCER），支持氢能项目的碳减排量参与碳市场交易，通过市场交易体现出绿色氢能的真实价值。

（三）统筹区域布局，实现供需匹配

当前我国氢能产业仍处于发展初期，尚不具备大规模产业化条件，再加上氢气大规模储存、运输等技术瓶颈尚未突破，现阶段氢能发展应鼓励就近消纳，减少氢能长距离运输。一是引导地方依据自身特色条件理性布局。鼓励各地结合氢能产业主要环节和关键技术，开展小范围技术和产业示范，待成熟后，再扩大推广应用范围，避免脱离产业发展阶段和当地实际，盲目打造全产业链。二是在供需统筹的基础上推动应用示范。城市推动氢能应用应根据各自的资源条件和经济实力考量，加强氢能的供需匹配，避免“缺氢”瓶颈。可再生能源资源丰富地区可以开展制氢示范，但需与终端应用结合，避免“弃氢”现象，形成新的产能过剩问题。三是加强区域间产业协同发展。根据各地优势构建科学合理的分工体系，探索突破行政边界实现产业优化布局的体制机制创新。以产业规划推动产业协同，发挥政府间合作及规划引领和政策协调作用。四是鼓励有条件的地区积极探索多元化输氢方式，解决供需不匹配问题。支持开展多种储运方式的探索和实践，推动高压气态储运、有机液态储运、液氢储运、管道输氢等多种路线的技术示范，破解储运方式对氢能发展的制约。

（四）开展试点示范，打通产业链堵点

结合氢能产业发展阶段、技术水平、经济成本等情况，现阶段宜针对产业发展痛点难点，开展试点示范，以示范带动技术提升和成本下降。具体示范类型可分为两类，一类是可以氢能应用为牵引的综合

示范，基于工业、交通等不同应用场景的减碳需求，发挥氢能作为用能终端低碳转型载体的作用；另一类可就产业链关键薄弱环节、技术难点问题开展专项示范。

综合示范可包括：以不同技术路线的电解水制氢与就近利用相结合，在风光水资源丰富、有用氢需求地区开展可再生能源制氢和应用一体化示范；可开展离网制氢示范，在支持性电价政策上寻求突破，探索降低制氢成本的方式路径。在用氢需求大的地区或园区等，开展副产氢提纯检测利用、分布式低碳制氢、低谷电制氢等不同模式试点，多种路径解决低成本低碳化氢源问题。在条件成熟的综合示范区域内，可开展区域化氢能输送网络示范，探索全流程安全、高效、低成本用氢形态。

专项示范可包括：可再生能源制氢、储氢和发电调峰一体化技术示范，探索氢储能作为独立市场主体参与电力市场交易机制；同步开展大型储罐、盐穴储氢等规模化储氢技术示范。开展特定场景下的分布式发电或热电联供系统示范，探索分布式供热供暖新的技术路线。遵循“纯掺同步、由低到高、由短到长、由点及面”的推进思路，开展管道输氢试点示范；开展点对点纯氢管道、短距离天然气掺氢管道示范，适时选择钢级较低、压力不高的长输管道开展试验论证工作。研究水路、铁路输氢的技术经济可行性，适时开展技术示范。开展重型燃气轮机阶梯式掺氢试验示范。

（五）坚持自主可控，打造产业创新生态

氢能产业链长、技术难度大，有望成为承载新动能的一片蓝海，应加快构建产业创新体系，完善创新生态。一是坚持自主创新。加强基础研究、关键材料和技术创新，增强产业链供应链稳定性和竞争力，避免导致新的“卡脖子”问题。加大对氢能产业基础研发的财政资金投入，优先支持自主创新。二是开展氢能全产业链关键核心技术和装

备重大工程。加快制储输用全产业链关键核心技术、材料研发及装备制造国产化。加大对氢能多元应用技术装备的支持力度，包括氢能在船舶、储能、工业等领域应用等。三是构建协同创新体系。应充分发挥新型举国体制优势，通过产业发展联盟、国家级创新平台等机制，依托产业链龙头企业打造攻关联合体，全面提升基础研究、前沿技术和原始创新能力，尽快突破关键核心技术，加快国产化进程。同时，要处理好国际合作与自主创新的关系，既要避免闭关锁国“自循环”，也要防止国内市场沦为国外技术迭代的“试验场”。

参考文献

国家发展改革委、国家能源局:《氢能产业发展中长期规划（2021-2035年）》，2022年3月23日。

张晓强:《我国氢能产业发展态势及建议》,《中国工程院院刊》2021年第6期。

景春梅:《积极有序发展氢能 营造良好产业生态——〈氢能产业发展中长期规划（2021-2035年）〉专家解读》，2022年3月24日。

中国国际经济交流中心课题组:《中国氢能产业政策研究》，社会科学文献出版社，2020。

刘坚、景春梅、王心楠:《氢储能成全球氢能发展新方向》,《中国石化》2022年第6期。

国际能源署:《全球氢能评估报告2022》，2022年10月。

B.15
促进煤电与风光电融合发展的政策建议

——以晋蒙陕新煤炭资源富集地区为例

王成仁*

摘　要： 受新冠肺炎疫情、地缘政治、乌克兰危机、大宗商品价格上涨等因素影响，能源安全问题更加突出。推进实现“双碳”目标需立足以煤为主的国情，把握先立后破、有序推进的总体要求，推动煤炭和新能源优化组合。特别是煤炭资源富集地区，要促进煤电与风光电融合发展，实现煤电由“主力电源”向“主力电源与服务电源并重”转变，理顺新能源大规模发展的体制机制，明确二者融合发展的思路和路径，创新商业模式，在支撑“双碳”目标实现的同时，确保电力安全和稳定。

关键词： 煤电　风光电　煤炭资源　融合发展

晋蒙陕新是我国主要煤炭产地，煤电装机规模大，且风光资源丰富，是新能源大基地项目重点布局地区。在推进实现“双碳”目标背景下，煤炭资源富集地区应抓紧谋划煤电与风光电力融合发展路径，加快能源结构转型步伐，稳步实现煤电由“主力电源”向“主力电源与服务电源并重”转变，有效平抑新能源电力波动性和间歇性，探索

* 王成仁，中国国际经济交流中心科研信息部处长，博士、副研究员，主要研究领域为宏观经济政策、能源经济等。

实现高比例、大规模消纳新能源电力，构建新型电力系统的新模式和新路径。

一　发展现状

（一）电力发展总体情况

1. 全国电力装机稳步增长，结构不断优化

近年来，我国电力装机总量稳步增长，装机结构不断调整，火电装机占比逐步下降，风光等新能源装机占比逐年提高。截至 2021 年，我国电力总装机容量约达到 23.77 亿千瓦，其中火电装机 12.97 亿千瓦，占比为 54.6%；水电装机 3.91 亿千瓦，占比 16.5%；风电装机 3.28 亿千瓦，占比 13.8%；太阳能发电装机 3.07 亿千瓦，占比 12.9%；核电装机 5300 万千瓦，占比 2.2%（见图 1）。风光等非水可再生能源电力装机达到 6.35 亿千瓦，占比达到 26.7%。

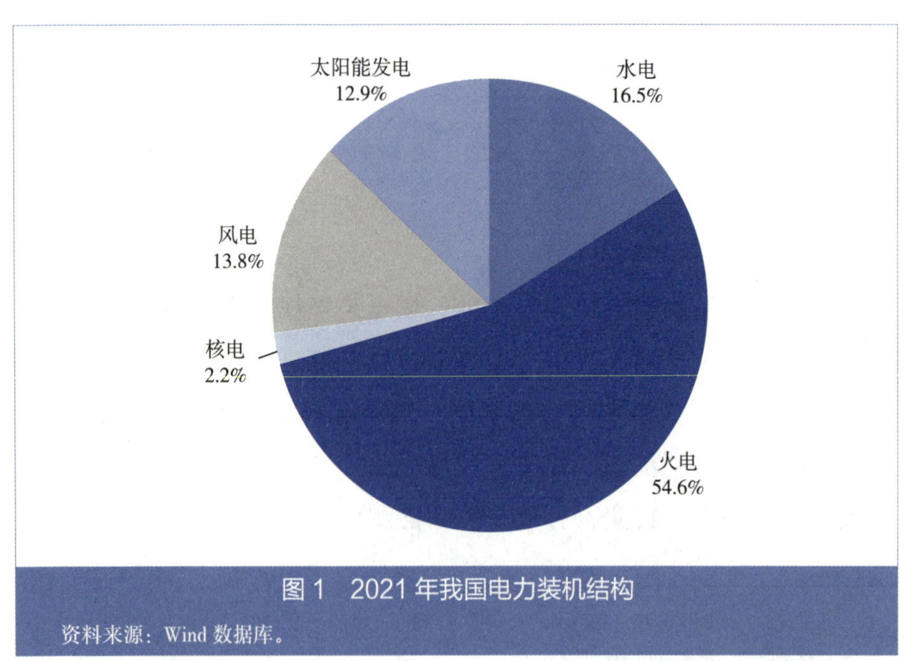

图 1　2021 年我国电力装机结构

资料来源：Wind 数据库。

从我国历年电力装机容量看，火电装机2021年新增5100万千瓦，水电新增2100万千瓦，风电、太阳能分别新增4600万千瓦和5300万千瓦（见表1）。

表1　2009~2021年我国电力装机情况

单位：亿千瓦

年份	总量	火电	水电	核电	风电	太阳能发电
2009	8.74	6.51	1.96	0.09	0.18	0.00
2010	9.66	7.10	2.16	0.11	0.30	0.00
2011	10.63	7.68	2.33	0.13	0.46	0.02
2012	11.47	8.20	2.49	0.13	0.61	0.03
2013	12.58	8.70	2.80	0.15	0.77	0.16
2014	13.79	9.32	3.05	0.20	0.97	0.25
2015	15.25	10.06	3.20	0.27	1.31	0.42
2016	16.51	10.61	3.32	0.34	1.47	0.76
2017	17.85	11.10	3.44	0.36	1.64	1.30
2018	19.00	11.44	3.53	0.45	1.84	1.74
2019	20.10	11.90	3.58	0.49	2.09	2.04
2020	22.02	12.46	3.70	0.50	2.82	2.54
2021	23.77	12.97	3.91	0.53	3.28	3.07

资料来源：Wind数据库。

从装机结构看，风光电力装机占比上升明显。风电装机占比由2009年的2.0%上升到2021年的13.8%，太阳能装机占比由2011年的0.2%上升到2021年的12.9%。火电装机由2009年的74.5%下降到2021年的54.6%。水电装机占比略有下降，从2009年的22.5%下降到2021年的16.5%（见图2）。

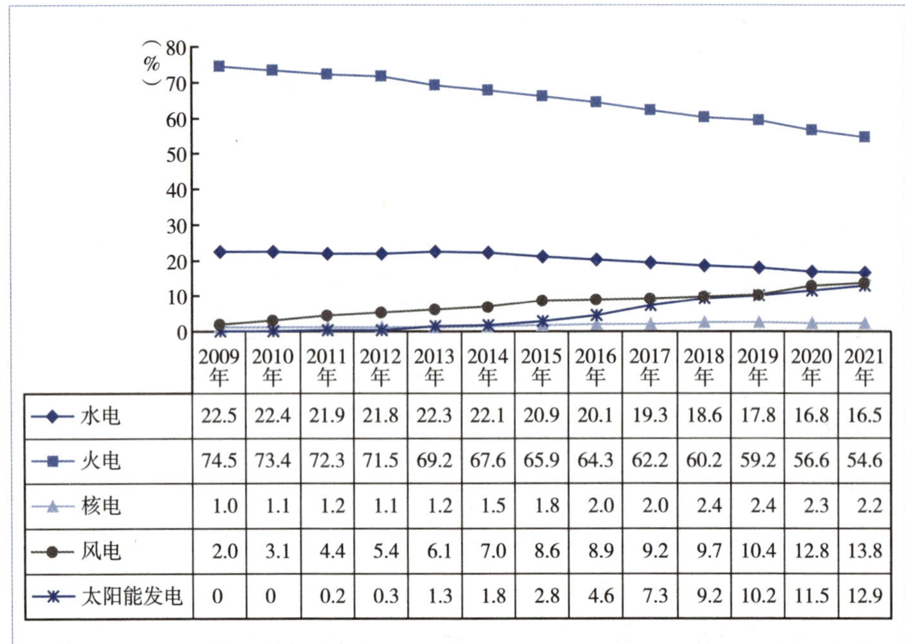

	2009年	2010年	2011年	2012年	2013年	2014年	2015年	2016年	2017年	2018年	2019年	2020年	2021年
水电	22.5	22.4	21.9	21.8	22.3	22.1	20.9	20.1	19.3	18.6	17.8	16.8	16.5
火电	74.5	73.4	72.3	71.5	69.2	67.6	65.9	64.3	62.2	60.2	59.2	56.6	54.6
核电	1.0	1.1	1.2	1.1	1.2	1.5	1.8	2.0	2.0	2.4	2.4	2.3	2.2
风电	2.0	3.1	4.4	5.4	6.1	7.0	8.6	8.9	9.2	9.7	10.4	12.8	13.8
太阳能发电	0	0	0.2	0.3	1.3	1.8	2.8	4.6	7.3	9.2	10.2	11.5	12.9

图 2　2009~2021 年我国各类型电源装机容量占比变化

资料来源：Wind 数据库。

在区域分布上，晋蒙陕新四省区发电设备容量占全国比重较为靠前。如表 2 所示，2021 年，四省区 6000 千瓦及以上电厂发电设备容量占全国比重分别达到 4.77%、6.52%、3.21% 和 4.86%，四省区合计装机容量占全国的 19.36%（见表 2）。

表 2　四省区 6000 千瓦及以上电厂发电设备容量及占比

单位：万千瓦，%

年份	全国容量	山西		内蒙古		陕西		新疆	
		容量	占比	容量	占比	容量	占比	容量	占比
2010	96641.0	4429.0	4.58	6372.0	6.59	2358.0	2.44	1607.0	1.66
2011	105576.0	4987.0	4.72	7344.0	6.96	2460.0	2.33	2172.0	2.06

续表

年份	全国容量	山西		内蒙古		陕西		新疆	
		容量	占比	容量	占比	容量	占比	容量	占比
2012	114491.0	5453.7	4.76	7769.8	6.79	2494.2	2.18	2777.5	2.43
2013	124738.0	5767.3	4.62	8342.2	6.69	2590.3	2.08	3651.9	2.93
2014	136463.0	6269.0	4.59	9214.0	6.75	2917.0	2.14	4959.0	3.63
2015	150673.0	6966.0	4.62	10401.7	6.90	3388.6	2.25	6486.4	4.30
2016	164574.6	7640.2	4.64	11044.5	6.71	3898.2	2.37	7750.9	4.71
2017	177703.0	8072.7	4.54	11825.6	6.65	4357.3	2.45	8502.9	4.78
2018	189967.0	8758.0	4.61	12284.0	6.47	5443.0	2.87	8991.0	4.73
2019	201066.0	9249.0	4.60	13049.0	6.49	6242.0	3.10	9700.0	4.82
2020	220058.0	10383.0	4.72	14650.0	6.66	7366.0	3.35	10763.0	4.89
2021	237546.0*	11338.0	4.77	15487.0	6.52	7636.0	3.21	11547.0	4.86

* 2021 年全国数据按 2020 年 6000 千瓦以下电厂发电设备容量进行估算。

资料来源：Wind 数据库。

截至 2022 年 6 月，内蒙古 6000 千瓦及以上电厂发电设备容量达到 1.57 亿千瓦，位居全国第一。新疆达到 1.15 亿千瓦，位列全国第五；山西达到 1.14 亿千瓦，位列全国第七；陕西为 7546 万千瓦。

2. 火力发电量占比最高，风光发电增长明显

我国发电量规模逐年上升，电量结构不断优化。2021 年，我国发电量达到 8.38 万亿千瓦时，较上年的 7.63 万亿千瓦时增长 9.83%。从发电量结构上看，2021 年发电量中，火电占比仍达到 67.4%，水电占 16.0%，风电占 7.8%，太阳能发电占 3.9%，核电占 4.9%（见图 3）。可见，火电仍是我国主力电源，与建设新能源占比逐步提高的新型电力系统要求相比仍有差距。

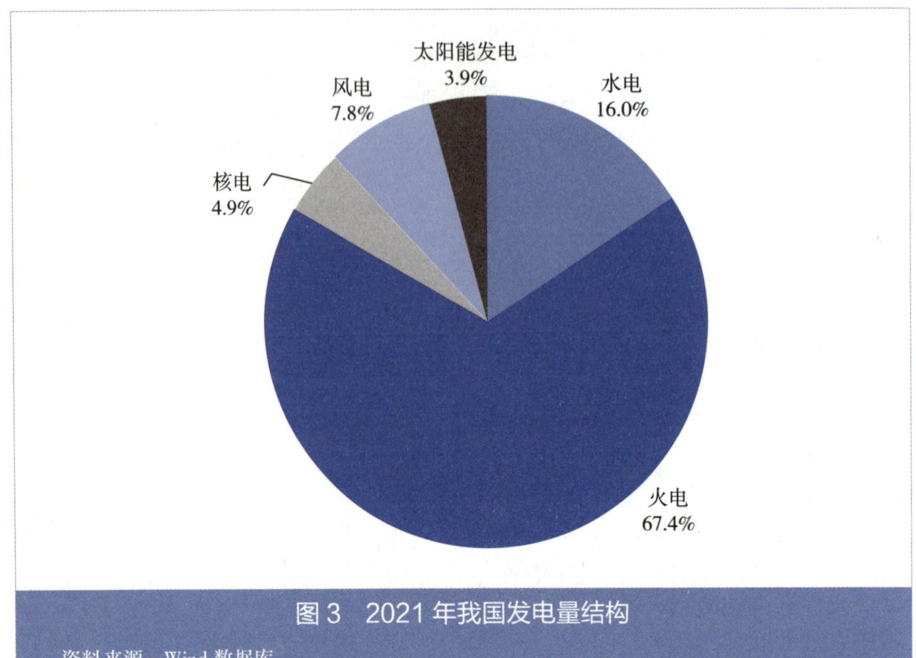

图 3　2021 年我国发电量结构

资料来源：Wind 数据库。

从历年发电结构变化趋势看，火电发电量占全国发电量比重总体呈下降趋势，由 2010 年的 80.8% 下降到 2021 年的 67.4%，主力电源优势在逐年减弱。相比之下，水电发电量占比一直稳定在 17% 左右，风光发电量合计占比由 2010 年的 1.2% 升到 2021 年的 11.7%，增长明显（见图 4）。

从晋蒙陕新四省区情况看，2021 年四省区发电量分别占全国的 4.7%、7.3%、3.3% 和 5.6%，四省区发电量合计占全国的 20.9%（见表 3）。

从历年变化看，四省区发电量合计占比总体呈上升趋势，2021 年，内蒙古发电量位居全国第二，新疆列第五位，山西列第八位。特别是新疆发电量占比由 2010 年的 1.6% 上升到 2021 年的 5.6%，表明新疆在国家电力建设总体布局中占据越来越重要的位置。内蒙古发电

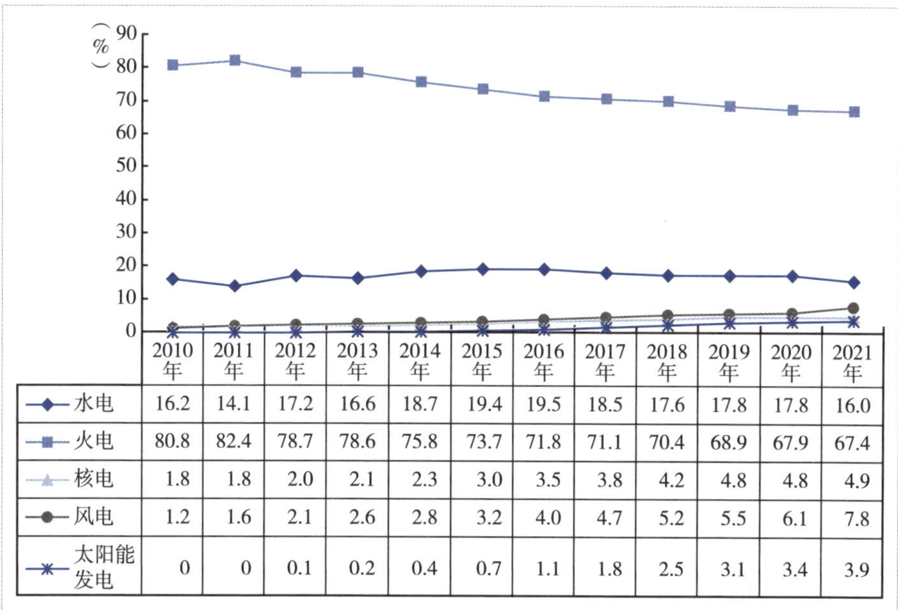

	2010年	2011年	2012年	2013年	2014年	2015年	2016年	2017年	2018年	2019年	2020年	2021年
水电	16.2	14.1	17.2	16.6	18.7	19.4	19.5	18.5	17.6	17.8	17.8	16.0
火电	80.8	82.4	78.7	78.6	75.8	73.7	71.8	71.1	70.4	68.9	67.9	67.4
核电	1.8	1.8	2.0	2.1	2.3	3.0	3.5	3.8	4.2	4.8	4.8	4.9
风电	1.2	1.6	2.1	2.6	2.8	3.2	4.0	4.7	5.2	5.5	6.1	7.8
太阳能发电	0	0	0.1	0.2	0.4	0.7	1.1	1.8	2.5	3.1	3.4	3.9

图 4　2010~2021 年发电结构变化

资料来源：Wind 数据库。

表 3　四省区发电量及占全国比重情况

单位：亿千瓦时，%

年份	全国发电量	山西		内蒙古		陕西		新疆	
		发电量	占比	发电量	占比	发电量	占比	发电量	占比
2010	42277.7	2151.0	5.1	2489.3	5.9	1112.3	2.6	679.3	1.6
2011	47306.0	2344.0	5.0	2972.8	6.3	1222.5	2.6	875.2	1.9
2012	49865.3	2545.9	5.1	3172.2	6.4	1341.8	2.7	1237.1	2.5
2013	53720.6	2627.9	4.9	3520.7	6.6	1508.7	2.8	1611.7	3.0
2014	56800.8	2647.0	4.7	3857.8	6.8	1620.8	2.9	2090.9	3.7
2015	57399.5	2449.3	4.3	3928.8	6.8	1623.1	2.8	2478.5	4.3
2016	60228.4	2535.1	4.2	3949.8	6.6	1757.4	2.9	2719.1	4.5
2017	64529.0	2823.9	4.4	4435.9	6.9	1814.0	2.8	3010.8	4.7
2018	69947.0	3180.5	4.5	5003.0	7.2	1855.6	2.7	3283.2	4.7
2019	73269.0	3361.7	4.6	5495.1	7.5	2193.2	3.0	3670.5	5.0
2020	76264.0	3503.5	4.6	5811.0	7.6	2379.4	3.1	4121.9	5.4
2021	83768.0	3926.2	4.7	6119.9	7.3	2739.8	3.3	4683.6	5.6

资料来源：Wind 数据库。

量占比总体呈上升趋势，结合4.55亿风光大基地建设布局可知，内蒙古新能源装机规模将大幅提升，将带动整体装机规模和发电量快速增加。

3. 四省区用电量占比明显低于发电

从电力装机和发电量情况看，晋蒙等地在全国电力发展中具有重要地位。结合用电数据看，2021年晋蒙陕新四省区用电量占全国比重分别为3.1%、4.8%、2.4%、4.2%（见表4）。

表4　四省区用电量及占全国比重情况

单位：亿千瓦时，%

年份	全国用电量	山西		内蒙古		陕西		新疆	
		用电量	占比	用电量	占比	用电量	占比	用电量	占比
2010	41998.8	1460.1	3.5	1536.8	3.7	859.2	2.0	662.0	1.6
2011	47025.9	1650.4	3.5	1833.6	3.9	982.5	2.1	839.1	1.8
2012	49656.5	1765.8	3.6	2016.8	4.1	1066.7	2.1	1151.5	2.3
2013	53225.1	1832.3	3.4	2181.9	4.1	1152.2	2.2	1602.5	3.0
2014	55213.1	1826.9	3.3	2416.7	4.4	1226.0	2.2	1915.7	3.5
2015	55499.6	1737.2	3.1	2542.9	4.6	1221.7	2.2	2190.7	3.9
2016	59198.4	1797.2	3.0	2605.1	4.4	1456.7	2.5	2362.6	4.0
2017	63076.6	1990.6	3.2	2891.9	4.6	1582.4	2.5	2575.8	4.1
2018	68449.0	2161.0	3.2	3353.0	4.9	1594.0	2.3	2686.0	3.9
2019	72255.4	2262.0	3.1	3653.0	5.1	1912.0	2.6	2868.0	4.0
2020	75110.2	2342.0	3.1	3900.0	5.2	1741.0	2.3	3099.0	4.1
2021	83127.6	2608.0	3.1	3957.0	4.8	1966.0	2.4	3527.0	4.2

资料来源：《中国能源统计年鉴》、Wind数据库。

如表5所示，四省区均表现出发电占比高于用电占比的特征，也体现了四省区作为电力输出地的角色。特别是内蒙古，2021年，发电量占全国的7.3%，但用电占比仅为4.8%（见表5）。

表5 四省区发电量、用电量占全国比重情况

单位：%

年份	山西		内蒙古		陕西		新疆	
	发电量	用电量	发电量	用电量	发电量	用电量	发电量	用电量
2010	5.1	3.5	5.9	3.7	2.6	2.0	1.6	1.6
2011	5.0	3.5	6.3	3.9	2.6	2.1	1.9	1.8
2012	5.1	3.6	6.4	4.1	2.7	2.1	2.5	2.3
2013	4.9	3.4	6.6	4.1	2.8	2.2	3.0	3.0
2014	4.7	3.3	6.8	4.4	2.9	2.2	3.7	3.5
2015	4.3	3.1	6.8	4.6	2.8	2.2	4.3	3.9
2016	4.2	3.0	6.6	4.4	2.9	2.5	4.5	4.0
2017	4.4	3.2	6.9	4.6	2.8	2.5	4.7	4.1
2018	4.5	3.2	7.2	4.9	2.7	2.3	4.7	3.9
2019	4.6	3.1	7.5	5.1	3.0	2.6	5.0	4.0
2020	4.6	3.1	7.6	5.2	3.1	2.3	5.4	4.1
2021	4.7	3.1	7.3	4.8	3.3	2.4	5.6	4.2

资料来源:《中国能源统计年鉴》、Wind数据库。

4. 全国跨区送电特征明显，四省区贡献突出

我国电力生产消费地的逆向分布，决定了电力跨区输送较为频繁。2021年，我国各省份输入、输出电量分别为1.43万亿千瓦时和1.35万亿千瓦时。从跨区输入电量看，2021年四省区输入电量为

658.6 亿千瓦时，占全国的 4.6%。2022 年 1~6 月，四省区输入电量 345.7 亿千瓦时，占全国的 4.7%（见图 5）。

图 5　四省区输入电量合计及占全国比重

注：2022 年数据为 1~6 月数据。

资料来源：Wind 数据库。

从跨区输出电量看，2021 年四省区输出电量达到 5132.6 亿千瓦时，占全国的 38.1%，而 2015 年四省区输出电量为 2356.2 亿千瓦时，占比为 31.9%。可见，近年四省区在全国电力保供中发挥了重要作用。2022 年 1~6 月，四省区外送电量合计达到 2790.6 亿千瓦时，占全国外送量的 43.3%（见图 6）。

从晋蒙陕新四省区看，内蒙古外送电量占全国比重最高，为 18.6%，其次为山西，占比达 10%；新疆占比 8.9%，陕西占 5.8%（见表 6）。与全国各省份比较看，内蒙古外送电量排名第一，山西、新疆列第四、五位。排名第二、三位的是云南和四川。

图 6　四省区输出电量合计及占全国比重

注：2022 年数据为 1~6 月数据。

资料来源：Wind 数据库。

表 6　四省区输出电量及占全国比重

单位：亿千瓦时，%

年份	全国	山西		内蒙古		陕西		新疆	
		输出电量	占比	输出电量	占比	输出电量	占比	输出电量	占比
2015	7376.3	677.9	9.2	1291.4	17.5	124.4	1.7	262.4	3.6
2016	8086.6	720.6	8.9	1247.8	15.4	309.6	3.8	317.7	3.9
2017	9541.9	836.9	8.8	1404.7	14.7	350.4	3.7	393.4	4.1
2018	10834.1	990.2	9.1	1650.2	15.2	382.8	3.5	436.3	4.0
2019	12139.0	1121.4	9.2	1901.2	15.7	479.1	3.9	601.1	5.0
2020	13050.6	1218.2	9.3	1864.7	14.3	533.2	4.1	867.3	6.6
2021	13477.0	1158.4	8.6	2244.2	16.7	672.9	5.0	1057.1	7.8
2022	6439.9	643.6	10.0	1199.6	18.6	374.6	5.8	572.7	8.9

注：2022 年数据为 1~6 月数据。

资料来源：Wind 数据库。

（二）煤电发展情况

1. 四省区火电装机占全国比重逐年上升

截至 2022 年 7 月，全国火电装机总规模达到 13.09 亿千瓦，其中煤电装机约 11.1 亿千瓦，占火电装机总量的 84.8%；燃气发电装机约 1.12 亿千瓦，占比 8.6%，其他火电装机约 8700 万千瓦。

近年来，四省区 6000 千瓦及以上装机容量逐年提高。2021 年，内蒙古火电装机达 9834 万千瓦，占全国火电装机容量的 7.58%；山西 7533 万千瓦，占全国的 5.81%；陕西 4952 万千瓦，占全国的 3.82%；新疆 6845 万千瓦，占全国的 5.28%。四省区合计火电装机占全国的 22.49%（见图 7）。

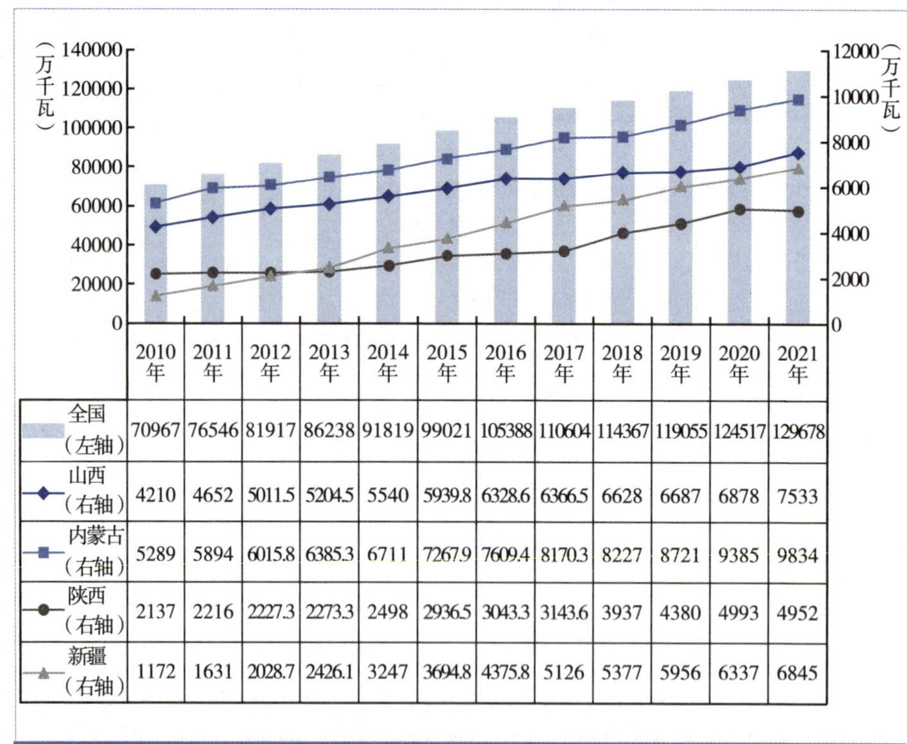

	2010年	2011年	2012年	2013年	2014年	2015年	2016年	2017年	2018年	2019年	2020年	2021年
全国（左轴）	70967	76546	81917	86238	91819	99021	105388	110604	114367	119055	124517	129678
山西（右轴）	4210	4652	5011.5	5204.5	5540	5939.8	6328.6	6366.5	6628	6687	6878	7533
内蒙古（右轴）	5289	5894	6015.8	6385.3	6711	7267.9	7609.4	8170.3	8227	8721	9385	9834
陕西（右轴）	2137	2216	2227.3	2273.3	2498	2936.5	3043.3	3143.6	3937	4380	4993	4952
新疆（右轴）	1172	1631	2028.7	2426.1	3247	3694.8	4375.8	5126	5377	5956	6337	6845

图 7　2010~2021 年四省区 6000 千瓦及以上火电装机情况

资料来源：Wind 数据库。

从历年装机容量变化看，内蒙古火电装机与全国火电装机容量保持同步增加态势，新疆火电装机增速快于全国平均水平，山西火电装机增速慢于全国，占比从 2012 年的 6.12% 下降到 2021 年的 5.81%。陕西火电装机占全国比重基本维持在 3% 左右（见图 8）。

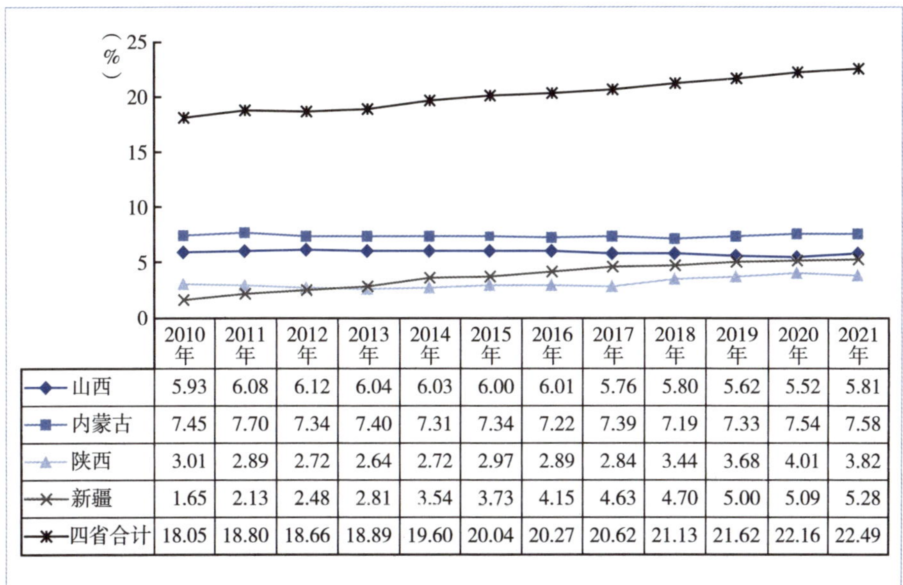

	2010年	2011年	2012年	2013年	2014年	2015年	2016年	2017年	2018年	2019年	2020年	2021年
山西	5.93	6.08	6.12	6.04	6.03	6.00	6.01	5.76	5.80	5.62	5.52	5.81
内蒙古	7.45	7.70	7.34	7.40	7.31	7.34	7.22	7.39	7.19	7.33	7.54	7.58
陕西	3.01	2.89	2.72	2.64	2.72	2.97	2.89	2.84	3.44	3.68	4.01	3.82
新疆	1.65	2.13	2.48	2.81	3.54	3.73	4.15	4.63	4.70	5.00	5.09	5.28
四省合计	18.05	18.80	18.66	18.89	19.60	20.04	20.27	20.62	21.13	21.62	22.16	22.49

图 8　2010~2021 年四省区 6000 千瓦及以上火电装机占全国比重

资料来源：Wind 数据库。

2. 四省区火力发电量占全国的 1/4

从发电量看，2020 年全国火力发电量达到 5.18 万亿千瓦时，晋蒙陕新四省区火电发电量分别为 3032.5 亿千瓦时、4841.2 亿千瓦时、2037.9 亿千瓦时和 3262.9 亿千瓦时（见图 9），分别占全国火力发电量的 5.86%、9.35%、3.94% 和 6.3%。四省区合计火力发电量占全国比重达到 25.45%。

从历年变化来看，四省区合计火力发电量逐年上升，占全国比重

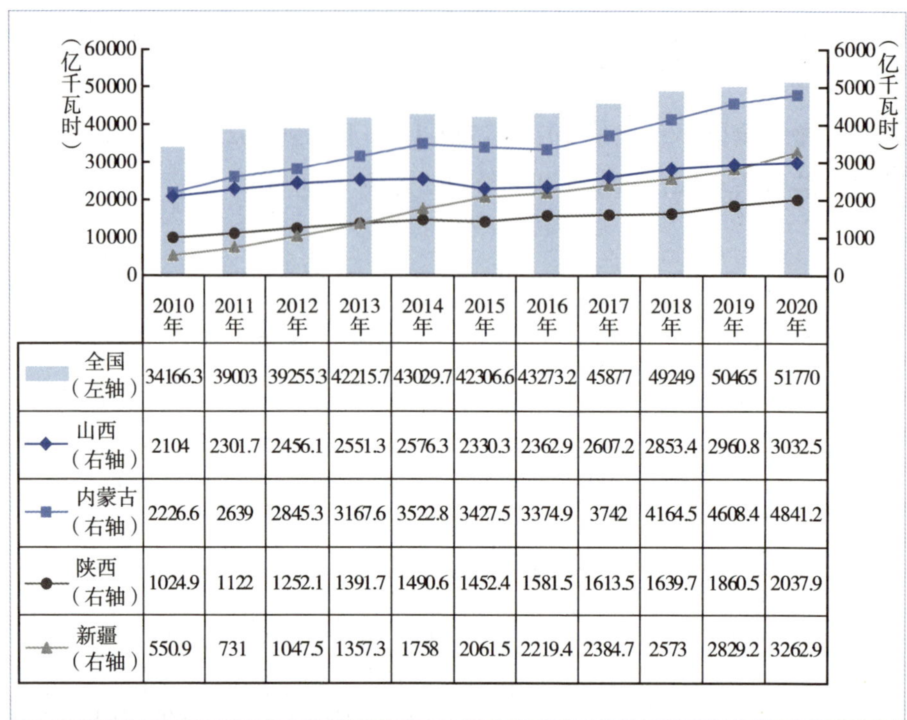

	2010年	2011年	2012年	2013年	2014年	2015年	2016年	2017年	2018年	2019年	2020年
全国（左轴）	34166.3	39003	39255.3	42215.7	43029.7	42306.6	43273.2	45877	49249	50465	51770
山西（右轴）	2104	2301.7	2456.1	2551.3	2576.3	2330.3	2362.9	2607.2	2853.4	2960.8	3032.5
内蒙古（右轴）	2226.6	2639	2845.3	3167.6	3522.8	3427.5	3374.9	3742	4164.5	4608.4	4841.2
陕西（右轴）	1024.9	1122	1252.1	1391.7	1490.6	1452.4	1581.5	1613.5	1639.7	1860.5	2037.9
新疆（右轴）	550.9	731	1047.5	1357.3	1758	2061.5	2219.4	2384.7	2573	2829.2	3262.9

图 9　全国及四省区火力发电量情况

资料来源：Wind 数据库。

也逐年提高。内蒙古火电占比由 2010 年的 6.52% 上升到 2020 年的 9.35%；新疆由 2010 年的 1.61% 上升到 2020 年的 6.30%；陕西近年略增，占比稳定在 3.5% 左右。山西火电占比略有下降，接近 6%（见图 10）。

3. 2021 年全国新增火电装机 1/4 以上布局在四省区

从新增火电装机布局来看，全国 1/4 以上的新增装机在四省区。如图 11 所示，2021 年四省区合计新增火电装机 1238 万千瓦，占全国新增规模的 26.8%。2020 年这一比例为 30.1%。2022 年 1~6 月，四省区合计新增火电装机 214 万千瓦，占全国的 16.2%。

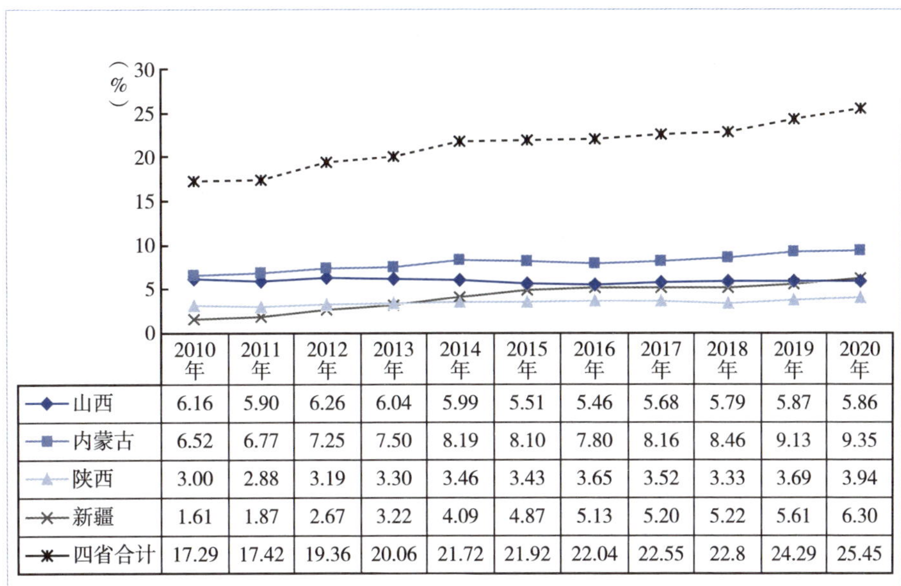

	2010年	2011年	2012年	2013年	2014年	2015年	2016年	2017年	2018年	2019年	2020年
山西	6.16	5.90	6.26	6.04	5.99	5.51	5.46	5.68	5.79	5.87	5.86
内蒙古	6.52	6.77	7.25	7.50	8.19	8.10	7.80	8.16	8.46	9.13	9.35
陕西	3.00	2.88	3.19	3.30	3.46	3.43	3.65	3.52	3.33	3.69	3.94
新疆	1.61	1.87	2.67	3.22	4.09	4.87	5.13	5.20	5.22	5.61	6.30
四省合计	17.29	17.42	19.36	20.06	21.72	21.92	22.04	22.55	22.8	24.29	25.45

图 10　四省区火力发电量占全国比重情况

资料来源：Wind 数据库。

图 11　四省区新增火电装机容量及占全国比重

注：2022 年数据为 1~6 月数据。

资料来源：Wind 数据库。

（三）风光电发展情况

1. 四省区风光装机规模稳步上升，但占全国比重逐渐下降

从装机规模总量来看，晋蒙陕新四省区风光电装机规模稳步提升，其中，风电装机规模从2010年的1173万千瓦上升到2022年（截至6月）的9921万千瓦，太阳能装机规模从2018年的3518万千瓦上升到2022年（截至6月）的5699万千瓦（见图12）。

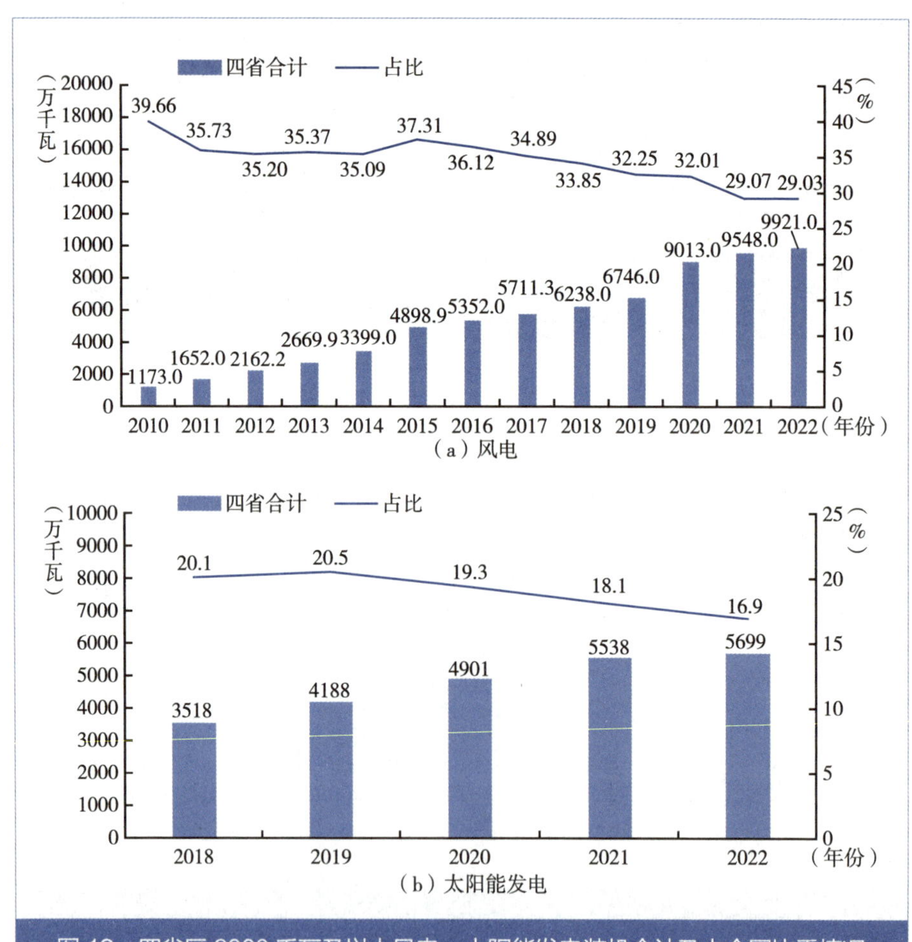

图12 四省区6000千瓦及以上风电、太阳能发电装机合计及占全国比重情况

注：2022年数据为1~6月数据。

资料来源：Wind数据库。

但从装机规模占全国比重看，四省区合计规模占比逐年下降。其中，风电装机占比从2010年的39.66%下降到2022年6月的29.03%，太阳能发电装机占比从2018年的20.1%下降到2022年6月的16.9%。

结合表7数据可见，2010年四省区风电装机主要布局的内蒙古，建设千万千瓦级风电基地，且占全国比重较高，达到33.81%。随着风电产业快速发展，全国装机规模快速上升，到2022年6月已达到3.42亿千瓦。在此期间，内蒙古风电装机规模虽稳步提升，但占比下降较快，由33.81%下降到12.15%。同时，晋、陕、新风电装机规模增长迅速，特别是山西、新疆，截至2022年6月两省风电装机规模分别达到2199万千瓦和2459万千瓦，占全国比重分别为6.43%和7.19%。

表7　四省区6000千瓦及以上风电装机及占全国比重情况

单位：万千瓦，%

年份	全国	山西		内蒙古		陕西		新疆	
		装机	占比	装机	占比	装机	占比	装机	占比
2010	2957.5	37.0	1.25	1000.0	33.81		0.00	136.0	4.60
2011	4623.3	90.0	1.95	1364.0	29.50	10.0	0.22	188.0	4.07
2012	6142.3	197.5	3.22	1633.6	26.60	14.7	0.24	316.4	5.15
2013	7548.0	316.0	4.19	1794.1	23.77	59.2	0.78	500.6	6.63
2014	9686.4	441.0	4.55	2070.0	21.37	84.0	0.87	804.0	8.30
2015	13130.0	668.9	5.09	2425.1	18.47	113.8	0.87	1691.2	12.88
2016	14817.4	770.7	5.20	2556.6	17.25	248.7	1.68	1776.0	11.99
2017	16367.3	871.6	5.33	2670.3	16.31	363.4	2.22	1805.9	11.03
2018	18426.0	1043.0	5.66	2869.0	15.57	405.0	2.20	1921.0	10.43
2019	20915.0	1251.0	5.98	3007.0	14.38	532.0	2.54	1956.0	9.35
2020	28153.0	1974.0	7.01	3786.0	13.45	892.0	3.17	2361.0	8.39
2021	32848.0	2123.0	6.46	3996.0	12.17	1021.0	3.11	2408.0	7.33
2022	34179.0	2199.0	6.43	4153.0	12.15	1110.0	3.25	2459.0	7.19

注：2022年数据为1~6月数据。

资料来源：Wind数据库。

从太阳能发电装机数据看，四省区在全国位势明显弱于风电。截至2022年6月，全国太阳能发电装机达到3.37亿千瓦，晋蒙陕新四省区装机分别为1522万千瓦、1450万千瓦、1350万千瓦和1377万千瓦，占全国比重分别为4.5%、4.3%、4.0%和4.1%（见表8）。这也体现了太阳能发电全国开花的特点，特别是东部和南方发达地区太阳能发电发展较快。

表8 四省区太阳能发电装机及占全国比重

单位：万千瓦，%

年份	全国	山西		内蒙古		陕西		新疆	
		装机	占比	装机	占比	装机	占比	装机	占比
2018	17463.0	864.0	4.9	946.0	5.4	716.0	4.1	992.0	5.7
2019	20468.0	1088.0	5.3	1081.0	5.3	939.0	4.6	1080.0	5.3
2020	25343.0	1309.0	5.2	1237.0	4.9	1089.0	4.3	1266.0	5.0
2021	30656.0	1458.0	4.8	1412.0	4.6	1314.0	4.3	1354.0	4.4
2022	33677.0	1522.0	4.5	1450.0	4.3	1350.0	4.0	1377.0	4.1

注：2022年数据为1~6月数据。

资料来源：Wind数据库。

2. 四省区太阳能发电占比明显高于装机占比，发电效率高

从发电量来看，四省区风电、太阳能发电量分别从2015年的669.7亿千瓦时和127.7亿千瓦时上升到2020年的1520.7亿千瓦时和620.4亿千瓦时，占全国的比重分别由36.1%和32.3%下降到32.6%和23.8%（见图13）。

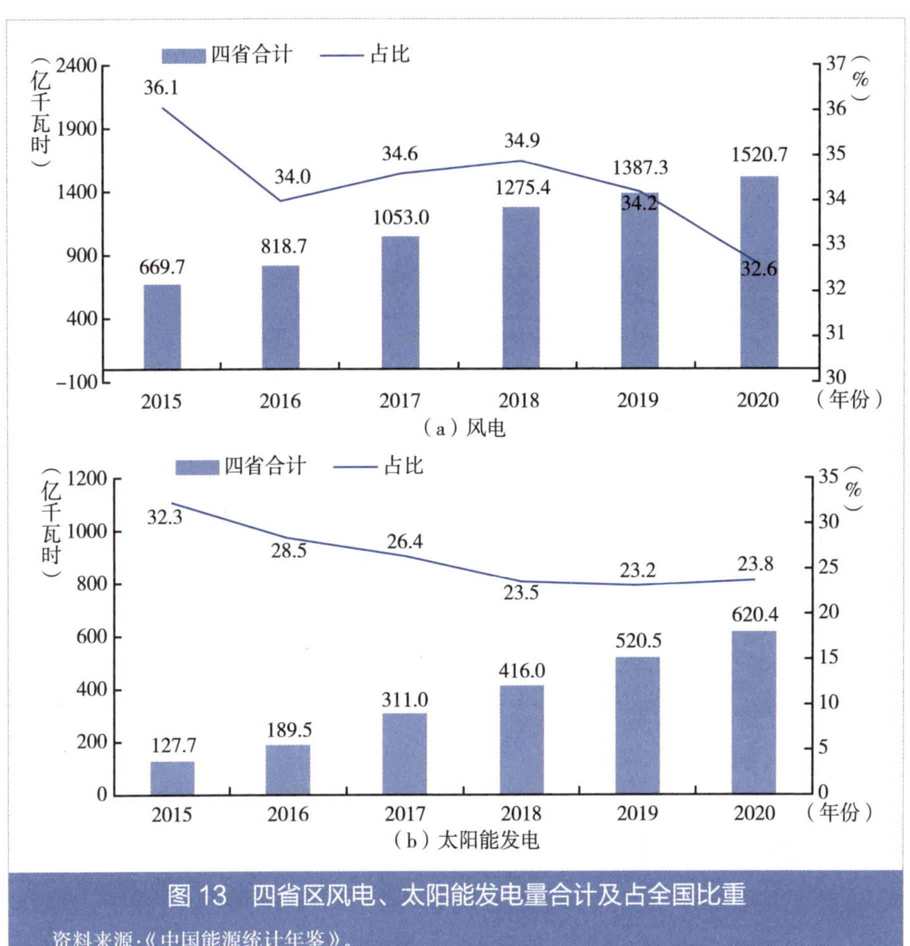

图 13　四省区风电、太阳能发电量合计及占全国比重

资料来源：《中国能源统计年鉴》。

结合装机规模数据分析，2020 年四省区以占全国 32.01% 的风电装机提供占全国 32.6% 的发电量，以占全国 19.3% 的太阳能装机提供占全国 23.8% 的发电量。可见，四省区太阳能发电效率明显较高，体现了四省区太阳能资源条件好的特点。

从四省区情况看，2020 年内蒙古风力发电量占全国比重达到 15.6%，明显高于其 13.45% 的装机占比。新疆风力发电量占比列四省区第二，达到 9.3%，也高于其 8.39% 的装机占比。相比之下，2020

年晋陕两地风力发电量占比明显低于其装机占比，两省发电量占比分别为5.7%和2.0%（见表9），但装机占比分别为7.01%和3.17%。实际发电量与装机规模不匹配，既有电力资源条件问题，也与并网消纳是否顺利有关。

表9 四省区风力发电量及占全国比重

单位：亿千瓦时，%

年份	全国	山西		内蒙古		陕西		新疆	
		发电量	占比	发电量	占比	发电量	占比	发电量	占比
2015	1855.9	85.8	4.6	407.9	22.0	27.9	1.5	147.8	8.0
2016	2408.6	120.3	5.0	464.2	19.3	37.5	1.6	196.6	8.2
2017	3046.0	164.3	5.4	545.0	17.9	51.9	1.7	291.5	9.6
2018	3658.0	212.1	5.8	631.0	17.2	72.2	2.0	359.8	9.8
2019	4053.0	224.3	5.5	665.8	16.4	83.6	2.1	413.3	10.2
2020	4665.0	265.7	5.7	726.3	15.6	94.9	2.0	433.7	9.3

资料来源：《中国能源统计年鉴》。

从太阳能发电情况看，四省区发电量占比均高于各自装机占比，发电效率均较高。其中，内蒙古以占全国4.3%的装机提供了占全国7.1%的发电量，新疆以占全国4.1%的装机提供了6%的发电量（见表10），山西以占全国4.5%的装机提供了6.1%的发电量，效率突出。

表10 四省区太阳能发电量及占全国比重

单位：亿千瓦时，%

年份	全国	山西		内蒙古		陕西		新疆	
		发电量	占比	发电量	占比	发电量	占比	发电量	占比
2015	394.8	3.24	0.8	56.99	14.4	8.07	2.0	59.38	15.0
2016	665.3	14.45	2.2	83.26	12.5	13.34	2.0	78.47	11.8
2017	1178.0	47.25	4.0	106.22	9.0	40.63	3.4	116.85	9.9

续表

年份	全国	山西		内蒙古		陕西		新疆	
		发电量	占比	发电量	占比	发电量	占比	发电量	占比
2018	1769.0	94.05	5.3	129.20	7.3	71.28	4.0	121.47	6.9
2019	2240.0	127.50	5.7	162.80	7.3	94.15	4.2	136.00	6.1
2020	2611.0	158.63	6.1	186.13	7.1	118.53	4.5	157.15	6.0

资料来源:《中国能源统计年鉴》。

3. 四省区风光新增装机占全国比重一直较高

从新增装机规模看，四省区风光新增装机占全国比重一直较高。尤其是风电新增装机，最高的 2015 年，有 44.8% 的新增风电装机落在四省区。2022 年 1~6 月，有 268 万千瓦、占全国 20.7% 的风电新增装机布局在四省区。太阳能发电方面，四省区新增装机占全国比重，2016 年占比最高达到 29.1%，2021 年占比为 11.0%。2022 年上半年有 169 万千瓦新增项目落在四省区，占全国的 5.5%（见图 14）。

结合未来风光大基地建设布局可知，内蒙古风光发电装机规模将大幅增长，发电量占全国比重也将迅速提升，在全国的地位将进一步加强。以内蒙古为例，目前其可再生能源发电装机达到 1.35 亿千瓦以上，其中，风电 8900 万千瓦、光伏发电 4500 万千瓦。“十四五”期间可再生能源新增装机 8000 万千瓦以上，风光装机新增规模将明显超出全国平均水平。

（四）风光电应用情况

1. 四省区可再生能源电力消纳比重较高

国家对可再生能源消纳实施权重管理，每年设置可再生能源电力总量消纳责任权重和非水电消纳责任权重，同时分别设置消纳权重的最低值和激励值。2020 年晋蒙陕新四省区非水电消纳责任权重的最低值分别为 16.0%、16.5%、12.0%、10.5%，激励值为 17.6%、18.2%、13.2% 和

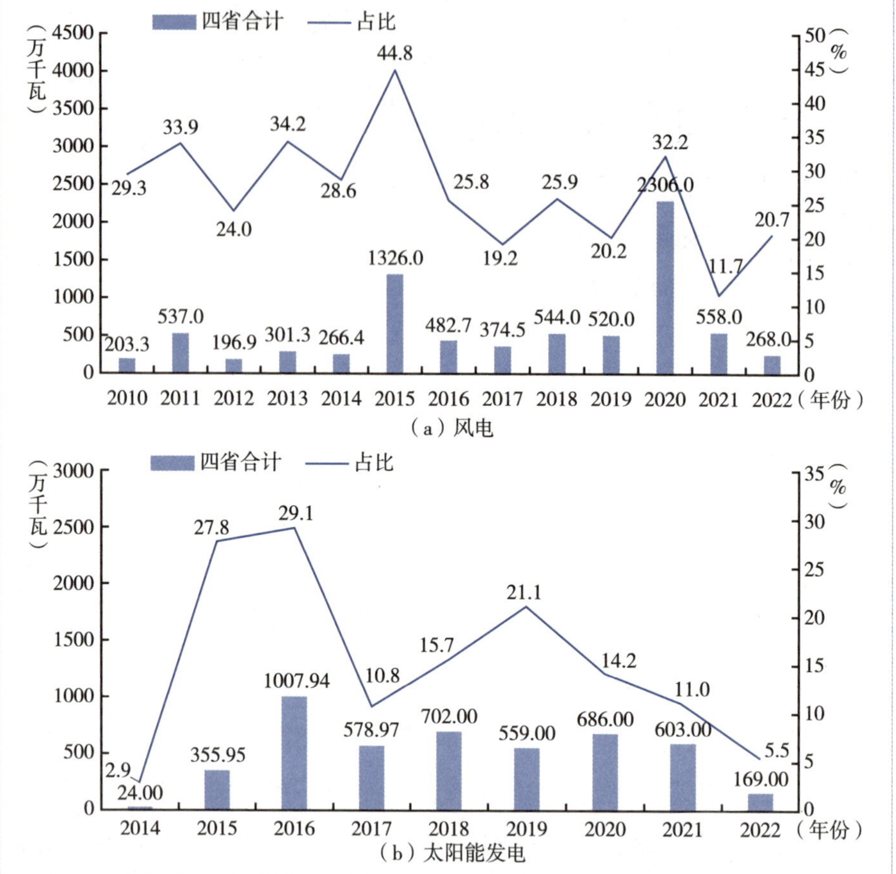

（a）风电

（b）太阳能发电

图 14　四省区新增风电、太阳能发电装机合计及占全国比重

注：2022 年数据为 1~6 月数据。

资料来源：Wind 数据库。

11.6%。从实际消纳情况看，2020 年四省区可再生能源电力占其用电量比重分别为 16.8%、19.5%、13.6% 和 10.9%（见图 15），均较好地完成了消纳任务，其中内蒙古、陕西均超过激励值水平。2021 年，四省区非水电消纳责任权重进一步提高，最低值分别为 19.0%、19.5%、15.0% 和 12.5%，激励值分别为 20.9%、21.5%、16.5% 和 13.8%。四省区作为风光发电装机、发电量大户，同时在电力消纳权重上也高于一般地区。

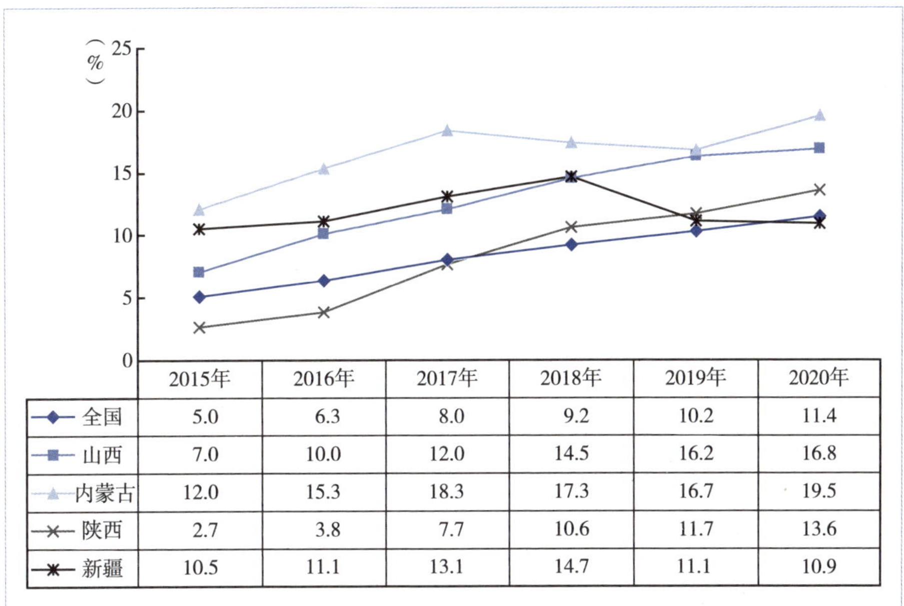

	2015年	2016年	2017年	2018年	2019年	2020年
全国	5.0	6.3	8.0	9.2	10.2	11.4
山西	7.0	10.0	12.0	14.5	16.2	16.8
内蒙古	12.0	15.3	18.3	17.3	16.7	19.5
陕西	2.7	3.8	7.7	10.6	11.7	13.6
新疆	10.5	11.1	13.1	14.7	11.1	10.9

图 15　2015~2020 年可再生能源电力消纳比重

资料来源：国家能源局。

如图 15 所示，除个别省份、个别年份外，2015~2020 年四省区可再生能源电力消纳比重均高于同期全国平均水平。其间，全国可再生能源电力消纳比重从 5.0% 上升到 11.4%。四省区中，山西消纳比重从 7.0% 增长到 16.8%，高于同期全国平均；内蒙古消纳比重持续较高，2020 年达到 19.5%，高于全国平均 8.1 个百分点；陕西消纳比重增长最为明显，2015 年仅为 2.7%，自 2018 年开始高于全国平均水平，2020 年达到 13.6%；新疆仅 2020 年略低于全国平均水平，其他年份均保持在 10% 以上，且高于全国。

2. 四省区风电弃风率高问题明显缓解

从弃风情况看，全国及四省区风电弃风率高问题明显缓解。在季度数据上，全国在 2016 年第一季度弃风率达到 26.0% 的高点，到 2019 年上半年已下降至 4.7%。在四省区中，晋蒙新弃风率均在 2016 年第一季度达到高点，分别为19.0%、35.0%和49.0%，到2019年第四季度均大幅下降，分别为1.1%、7.1%和14.0%。新疆地区弃风率仍然较高（见图16）。

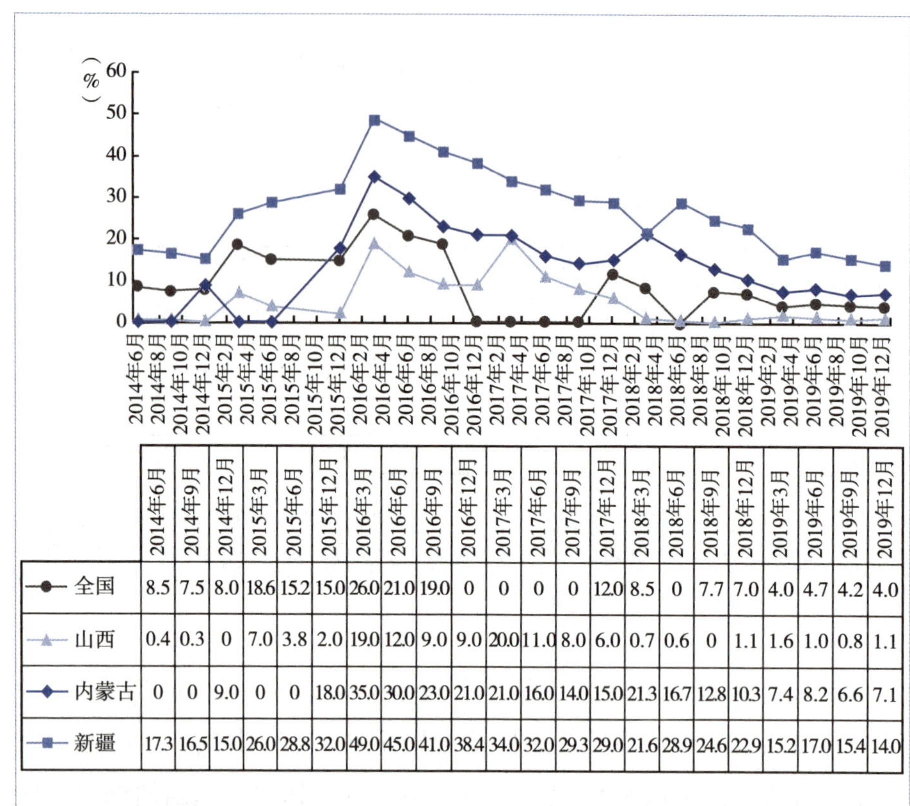

	2014年6月	2014年9月	2014年12月	2015年3月	2015年6月	2015年12月	2016年3月	2016年6月	2016年9月	2016年12月	2017年3月	2017年6月	2017年9月	2017年12月	2018年3月	2018年6月	2018年9月	2018年12月	2019年3月	2019年6月	2019年9月	2019年12月
全国	8.5	7.5	8.0	18.6	15.2	15.0	26.0	21.0	19.0	0	0	0	0	12.0	8.5	0	7.7	7.0	4.0	4.7	4.2	4.0
山西	0.4	0.3	0	7.0	3.8	2.0	19.0	12.0	9.0	9.0	20.0	11.0	8.0	6.0	0.7	0.6	0	1.1	1.6	1.0	0.8	1.1
内蒙古	0	0	9.0	0	0	18.0	35.0	30.0	23.0	21.0	21.0	16.0	14.0	15.0	21.3	16.7	12.8	10.3	7.4	8.2	6.6	7.1
新疆	17.3	16.5	15.0	26.0	28.8	32.0	49.0	45.0	41.0	38.4	34.0	32.0	29.3	29.0	21.6	28.9	24.6	22.9	15.2	17.0	15.4	14.0

图16　风电弃风率（季度）：全国、山西、内蒙古、新疆

资料来源：国家能源局。

从弃光情况看，全国弃光现象也有所好转。以新疆为例，2016年，新疆地区弃光率高达32.2%，到2019年，弃光率下降到7.4%，降幅达到24.8个百分点（见图17）。

风光大基地建设全面实施后，四省区风光装机及发电量将成倍增长，对外送通道、本地消纳均提出更高要求，弃风弃光压力将空前加大，仍需采取多种手段来解决弃电问题。

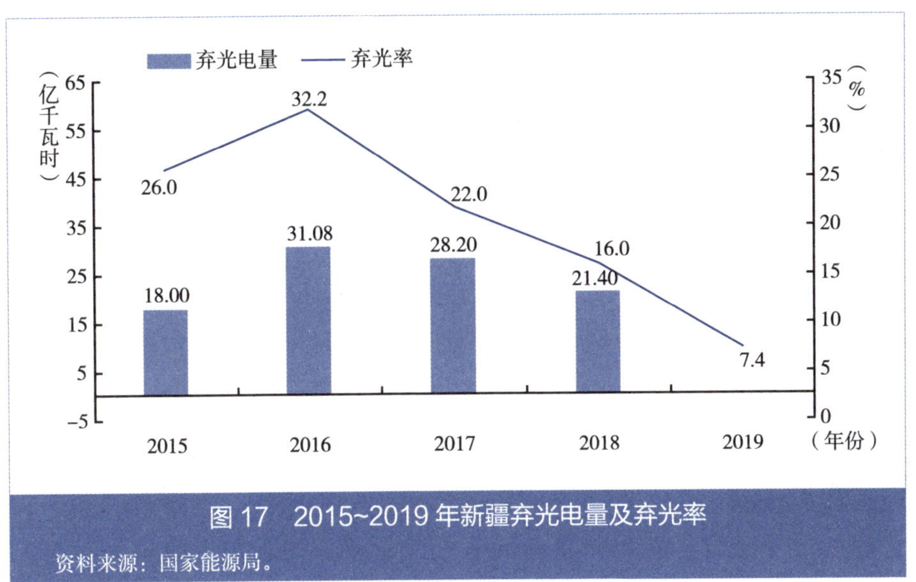

图 17　2015~2019 年新疆弃光电量及弃光率

资料来源：国家能源局。

二　面临的问题

（一）煤电角色转换面临困难

建设新能源电力占比逐渐提高的新型电力系统，亟须“先立后破”，加快转变煤电角色，加大调峰电力比重，促进新能源电力消纳。但目前情况是，晋陕蒙新等地是我国煤电主要供应地，煤电占比高，外送电量多，在电力紧张、煤电关系不顺的大背景下，四省区煤电在作为新能源电力上网调峰电源的同时，还承担着保障电力安全的任务，转变煤电角色面临困难。截至 2021 年，四省区火电装机（6000 千瓦以上）和发电量分别占全国的 22.49% 和 17.27%，四省区电力外送量合计占全国比重达到 43.3%。同时，四省区目前的产业结构也以煤为主，高耗能产业占工业能耗的 90%，煤炭消费占全区能源消费的 80% 以上。工业以煤电、钢铁、有色、煤化工、化工、焦炭、建材为主。煤电转型要同步解决产业转型问题，转变四省区经济增长动力源泉，以避免出现煤电下得太快，影响地方经济，造成负向循环进而影响电力供应的局面。此外，大规模新能源电力并网还涉及外送通道建设、完善电力电量平衡策略、创新分布式发展模式等新难题，仍需大力探索。

（二）促进煤电发展的基础性制度待完善

一是煤炭与电力联动存在体制性障碍。目前的煤炭供需仍受国家政策干预，煤炭生产受设计生产能力和核定生产能力限制，超产入刑等政策不利于煤炭增产。当前扩大产能、产量政策效果仍待观察。同时，煤电作为电价基准，市场化价格机制仍不完善，上浮有限，不利于煤炭成本疏导，对电力企业而言较为被动。当前倡导煤电联营多为政策性手段，双方缺少联营合作动机。二是煤电定位转变需电力市场、价格机制等制度支持，但目前仍未确定。风、光等不可控电源快速增加，对容量备用、调频等辅助服务需求巨大。我国电力系统中可选的调峰电源主要有水电、气电、储能和煤电等，但抽水蓄能电站受站址资源和审批等约束，发展速度慢、总量有限；气电调峰能力强，但我国天然气资源缺乏、成本高，且气电多为热电联产，调峰容量有限；储能装置调峰技术可行，但仍面临经济成本高、占地广、电池回收难等问题；煤电作为调峰电源具有技术经济性，但要解决电量下降带来的容量成本回收问题，且需对煤电进行必要的灵活性改造，以适应调峰调频需要。三是四省区煤电外送多用于支撑东部发达地区，但碳排放统计制度不完善带来限制。我国能耗“双控”政策正在向碳排放“双控”转变，但目前的统计制度下，与电力相关的能耗是计在消费地，从电量供给地扣除，不影响供给地的能耗总量指标。但碳排放仍计在供给地，将极大影响供给地碳排放总量指标。调研发现，四省区需要为外送电量承担碳排放限制，对当地项目安排、产业发展影响较大，亟须加快完善碳计量和考核体系，客观反映电力供给地实际。

（三）新能源面临电价、市场等政策性问题

目前，国家已规划4.55亿千瓦装机风光大基地，主要分布在内蒙古等地区。但如此大规模新能源电力如何并网、如何消纳仍面临诸多难题。内蒙古当地电力负荷规模不大，消纳新能源电力的能力有限，大部分电力需要外送消纳，对外送通道、调峰电源配备等要求较高。同时，新能源补贴已取消，若要支持大规模电力投资仍需要完善电力市场机制，通过市场化价格引导投资预期。然而，新能源电力进入市场仍在进行时，第一批电力现货试点大部分将新能源电力作为边界条件，“报量不报价”，且用户侧大部分没有参与市场，价格形成机制仍不健全。第二批电力现货试点步伐加快，不过新能源电力参与市场机制远未形成。绿电交易逐步推开，但在与绿证绑定的机制设定下，极大限制了绿电交易规模，也不能通过绿证市场完全体现新能源电力绿色价值。此外，区域电力市场省间壁垒问题突出。四省区电力多为外送，但跨省电力参与市场仍没有制度性安排，受电地区严格控制省外购电量，阻碍电力资源在区域间优化配置。且分布式电源参与电力交易难实现，国家已开展分布式电源参与电力市场化交易试点，允许“隔墙售电”，但实际操作中市场交易举步维艰。亟待优化有关市场机制，为新能源电力投资和长远运行提供必要支撑。

（四）二者融合面临土地、通道等要素供给问题

煤电与新能源电力融合发展仍面临要素保障不足问题。调研了解到，有地方利用煤矿塌陷区实施光伏发电项目，但塌陷区土地性质属于林地，土地部门与林业部门有关数据并不一致，造成国家政策规划明确了的土地指标在林业口径上并不能落实，亟待加快数据更新共享工作。同时，新能源电力装机需要大量用地，但在实施过程中存在新能源规划用地布点与国家电网电力接入点距离过远情况，

造成电力接入困难问题。并且有些新能源项目用地指标不好落实，造成项目建设迟迟不能开工。此外，四省区布局的新能源电力大部分需要外送，但外送通道仍未完全落实。以内蒙古鄂尔多斯为例，该市“十四五”期间规划新增新能源装机5000万千瓦，目前确定的两条外送通道可配送2400万千瓦，配套调峰煤电800万千瓦，但其他新增装机的电力外送通道仍未确定，亟待增加从蒙西到华南地区的外送通道。

三　总体思路

在“双碳”目标下，把握“先立后破”总体要求，立足煤炭作为我国主体能源定位，逐步推动煤电由“主力电源”向“主力电源与服务电源并重”转变，充分发挥煤电可靠性和可控性优势，为平抑新能源电力间歇性、波动性提供必要服务，同时不断提升煤电清洁程度；适应新能源电力占比逐步提高要求，加快煤电灵活性改造，增强煤电调峰调节能力，促进煤电与风光等新能源电力融合发展；充分利用煤电厂区、煤矿塌陷区等开发光伏发电，打捆外送“煤电+风光电”，促进风光火储、风光火氢等分布式电源发展；提升新能源电力预测精准度，促进虚拟电厂、智能微网等发展，健全电力市场功能，提高本地消纳能力，提升电力系统自洽能力；妥善解决新能源电源投资、价格机制、市场建设、通道建设以及煤电容量电价机制等问题，夯实电力结构转型基础。

四　实现路径

（一）实施煤电项目灵活性改造

把握煤炭清洁高效利用总基调，推动煤电节能降耗改造、供热改造和灵活性改造“三改联动”，更好发挥煤电调节性作用，促进新能源电力消纳。对存量煤电项目实施灵活性改造，开展供热机组灵活性改造，推广应用“热电解耦”技术改造，推动纯凝机组实施运行优化改造，降低启停成本，提升电力调频调峰效率；对新增煤电项目，明确以调峰、调频、备用、黑启动等服务为目标实施建设，鼓励新建煤电机组通过主辅机设计优化，降低新建煤电机组最小技术出力水平。综合运用“云大物智移”先进技术，优化各类电源与储能配比，打造高端、智能、绿色多能互补型智慧电厂。逐步有序淘汰煤电落后产能，加大力度规范管理和整治燃煤自备电厂。

（二）促进“风光煤打捆”外送消纳

我国能源分布与负荷中心呈反向分布，大规模风光基地布局在西北地区，主要在内蒙古等沙漠地带，但消费地主要在东部沿海地区，亟须通过特高压通道将风光电力从西北输送到东部地区。为克服风光电力波动性和间歇性，需统筹考虑煤电作为调峰电源，采取“风光煤打捆”方式实现电力平稳外送。按 2030 年风光电量 2.5 万亿千瓦时（配备 1/3 的煤电电量约 0.8 万亿千瓦时）、60% 分布在“三北”地区、80% 电量外送计算，约 1.2 万亿千瓦时（加煤电合计约 1.6 万亿千瓦时）电量需要外送，约需架设 30~40 条特高压线路。“风光煤打捆”可实现新能源电力平稳外输，同时将煤炭资源以相对集中和清洁方式利用，供应发达地区，实现多赢发展。

（三）促进“风光火储氢”一体化发展

在新型电力系统下，电网架构将由“集中式、长距离骨干网为主”向“骨干网 + 源网荷一体化配电网并重”转变。目前电网架构通过特高压方式将“三北”地区新能源电力向东部负荷地区输送。随着新能源并网比例提高，若仅通过集中式、长距离方式输送，需要投入大量成本解决新能源间歇性、波动性问题，骨干通道投资规模庞大。未来，应以配电网为主战场，大力发展“风光火储氢”源网荷储一体化配电网络。这种配电网既是受电端，也是分布式电源，可参与反向调峰。充分运用人工智能、物联网等信息技术，创新微电网、智慧能源、虚拟电厂等模式，提升电网智能化水平，可有效熨平新能源电力波动，提升就近消纳风光电力的能力。同时，积极发展固态电池、钠离子电池、氢储能等新型储能技术，按照煤电、风光电力装机规模配备储能，促进“风光火储”互补联动，实现“源随荷动”，进一步提升电网平稳运行能力。大力发展可再生能源制氢产业，加大质子交换膜（PEM）电解水制氢技术研发力度，加快利用风光弃电制氢，既可促进风光消纳，保障电网安全运行，又可利用弃电资源，最大化风光电站投资收益。探索谷电制氢、离网制氢、网电制氢等多种模式，发挥氢能作为清洁二次能源和能源转换载体的作用。开展“氢—电”融合试点，以“风光火”电力协调组成小型制氢电网，构建氢储运体系，实现低成本、规模化绿氢供应。

（四）创新煤电与风光电力融合商业模式

一是利用煤电厂区或煤矿塌陷区发展光伏发电。晋陕蒙新煤电厂多位于郊区或接近煤矿区，厂区空间开阔，部分还配套建设职工及家属生活区，在不影响电厂安全生产的前提下，可充分利用厂区和生活区建筑屋顶，以及煤矿塌陷区，建设分布式光伏电站。可与煤电共用输电线路和变电设施，实现并网。光伏发电与煤电协调出力，可就近消纳，提升当地产业绿电消纳比重，富余电量并入区域电网统一调度。二是鼓励煤电厂区、煤矿区内重卡使用绿电。适应风光电力逆峰特性，推广换电重卡理念，将煤电厂区、煤矿区内重卡改造或重置为换电重卡，在用电低谷时段采用风光电力进行充电，降低充电成本，提高风光电力利用率。可进一步推广换电重卡模式，在长途高速沿线布局充换电站，引入风光电力谷电充电，配备必要的煤电应对高峰时段需求，提升风光电力本地消纳能力。

五　政策建议

（一）合理定位科学发展煤电

受煤炭资源禀赋约束，我国煤电装机容量高，主力电源地位稳固，在短时期内较难改变。要基于煤炭资源为主，做好煤炭清洁高效利用工作的大前提，科学发展煤电。一是夯实煤电作为电力安全保障的基本定位。在新能源电力比例逐步提高的同时，确保煤电装机容量配备合理，在电力短缺时期调得动、用得上、顶得住。要理顺煤炭、电力体制关系，形成主要由市场决定的煤炭供需结构，减少人为干预，倡导煤电市场化联动机制，探索电价改革，促进煤炭成本合理反映到电力价格当中去，引导煤炭供需。二是促进煤电向可靠性和可控性等服务电源角色转变。将煤电作为大规模发展新能源电力的重要保障。以欧洲为例，欧洲虽然大力发展可再生能源，但在电力系统中仍然保留大量的煤电机组，确保煤机容量在电力短缺时可以使用。在当前乌克兰危机引发电力紧张局势下，欧洲才有能力重启煤电以缓解电力压力。因此，亟须明确煤电在新能源发展中的重要作用。三是优化煤电参与市场机制。适应煤电向服务电源转变的要求，优化煤电参与市场的机制，引入容量电价，弥补煤电收益，促进煤电收益模式由以电量收入为主向以容量收入为主转变，逐步降低煤电发电量，同时保留必要装机容量，提供保供和电力平衡服务。

（二）健全适应新能源发展的电力体制

一是加快建设全国统一的适应高比例新能源交易的电力市场。规范统一电力市场的基本交易规则与技术标准，推动新能源电力全部进入电力现货市场，提供必要的补贴或差价合约机制，探索实施“强制配额制＋绿证交易”方式，促进新能源发展。完善跨区域电力交易市场，破除电力交易以省为实体的界限，健全送电端、受电端市场机制，合理体现送出电量价值，便利电力跨区交易。建立容量交易市场。二是完善分布式发电市场化交易机制。鼓励风光火储氢一体化分布式电源参与市场交易，出台价格政策，支持分布式电源、自备电厂、储能电站、虚拟电厂、微电网等参与现货交易，落地“隔墙售电”。三是理顺绿电、绿证和碳市场等之间关系。促进“证电分离”交易，提升绿证交易活跃度，鼓励发达地区更多消费绿证以完成绿电消纳任务。探索绿证市场与碳排放市场衔接，改变碳市场解决碳排放权在高碳企业或地区间优化配置的做法，鼓励高碳企业参与绿证市场，购买绿证以抵消碳排放量，体现绿电绿色价值。四是健全成本有效疏导的电价机制。引导工商业和居民用户主动增加新能源电力消费。健全现货市场价格体系，支持新型储能参与现货市场交易。完善峰谷电价政策，拉大峰谷价差。引导用户调整用电习惯，主动参与削峰填谷。建立新能源电力、配电侧、用户侧、电网端共同分摊辅助服务费用机制，探索将部分辅助服务费用向用户侧疏导。

（三）统筹解决电力外送、跨区消纳问题

一是统筹解决新能源大基地电力外送问题。支持发电侧合理发展煤电以平抑新能源电力波动性和间歇性，按照新能源电力开发规模配备一定比例的先进煤电项目指标。同步规划电力送出通道，统筹下游消纳，推动建成投产一批、开工建设一批、研究论证一批多能互补输电通道。二是促进发电、电网及用户侧储能设施建设。对配备储能设施的，给予一定的价格补贴，鼓励储能设施参与电力市场获取收益。三是促进新能源电力本地消纳。对就近消纳的电量给予过网费优惠，鼓励风光离网制氢，提供网电支持，风光电力余量可并网销售。四是

进一步完善新能源电力跨区消纳机制。改变当前新能源电力供应地本地消纳权重明显高于其他省份的做法，促进消纳权重向电力消费地倾斜，最终实现各地消纳权重相同，共同承担清洁能源消纳任务。五是加快输电网络智能化改造。优化完善各区域特高压交流网架，推动各区域内部主网架在现有基础上进一步延伸加强，持续推进配电网智能化改造，便利分布式电源接入和新能源消纳，不断提升新能源外送供应水平和电力安全保障能力。

（四）加强土地、技术创新等政策支持

一是妥善解决大基地建设用地问题。落实国家有关土地规划，统一规划口径，优化电网接入政策，合理规划电力送出工程，落实送出工程用地指标。推动煤矿塌陷区土地性质改换，在不影响生态环境前提下，合理开发建设光伏电站。二是加强可再生能源前沿技术和核心技术装备攻关。推进高效太阳能电池等关键技术突破，加快推动关键基础材料、设备、零部件等技术升级。推动可再生能源与人工智能、物联网、区块链等新兴技术深度融合，发展智能化、联网化、共享化的可再生能源生产和消费新模式。三是提升煤电技术水平。开展煤电在役机组及系统高效宽负荷、灵活性、提质增效、节能减排、深度调峰、机组延寿和智慧化等技术研究和应用。发展煤电多能耦合及风光水储多能互补发电、碳捕集利用与封存、煤气化联合循环发电及煤气化燃料电池发电等技术及装备。

B.16

完善全国统一碳市场体系的政策建议

于 娟*

摘 要： 碳市场是实现“双碳”目标的重要政策工具。我国碳市场从区域试点走向全国，随着全国碳市场正式启动运行，标志着我国统一碳市场交易体系初步建立。但是，全国碳市场还处于起步阶段，呈现覆盖行业单一、市场主体单一、交易品种单一、交易方式单一、市场流动性不足、市场活跃度低等特点。究其原因是全国碳市场在制度设计、市场规则、行业监管、基础工作、政策协同等方面还存在很多问题，需要在发展中不断完善。因此，要加强碳市场顶层设计，完善运行规则，夯实基础能力，推进金融创新，促进政策协同，完善法律法规，强化市场监管，稳步推进与国际市场逐步接轨的全国统一碳市场体系建设，助力“双碳”目标实现。

关键词： “双碳” 温室气体排放 碳市场

* 于娟，中国宏观经济研究院经济体制与管理研究所市场体系研究室副主任、副研究员，主要研究方向为交通、能源等基础设施领域的体制改革、价格改革及政策。

一 建设完善全国统一碳市场体系意义重大

（一）我国彰显大国担当、主动承担应对全球气候变化责任的政策工具

应对气候变化已在全球范围内达成广泛共识。[①]截至2021年底，全球已有136个国家做出净零排放承诺，覆盖全球约88%的碳排放。长期以来，我国高度重视气候变化问题，是最早制定实施应对气候变化国家方案的发展中国家。党的十八大以来，我国采取各项措施积极应对气候变化，提高国家自主贡献力度，提出“双碳”目标，制定了适应气候变化的国家战略，建立了全国碳市场，开展气候投融资试点工作，充分体现了我国主动承担应对全球气候变化责任的大国担当。尤其是随着2021年7月全国碳市场启动运行，我国建成全球覆盖温室气体排放量规模最大的碳市场，标志着我国应对气候变化工作进入新阶段，将进一步推动我国为应对全球气候变化贡献力量。

（二）助力实现“双碳”目标、推动经济社会全面绿色低碳转型的重要抓手

“双碳”目标的提出不仅是我国应对气候变化的重要举措，也是我国推进生态文明建设、促进经济社会全面绿色低碳转型的现实需要。碳市场是利用市场机制推动“双碳”目标实现的重要制度创新。一方面，随着全国碳市场逐步扩容，将覆盖发电、钢铁、建材、有色、石化、化工、造纸、航空等高耗能行业，上述行业碳排放量在我国碳排放总量中占较高比重，通过碳市场控制上述行业的碳排放是我

① APEC中国工商理事会与国家发改委国际合作中心:《“可持续中国产业发展行动”2022年度报告〈超越净零碳〉》，（2022-11-05），http://www.chinahightech.com/html/hotnews/tuijian/2022/1107/5651329.html。

国控制碳排放总量的重点。另一方面，随着碳市场的逐步完善，碳市场将形成更加合理的碳定价机制，通过有效发挥价格信号引导作用，促进形成低碳生产生活方式，推动我国经济社会全面绿色低碳转型。

（三）促进绿色技术创新和产业投资、推动我国经济高质量发展的必要举措

长期以来，我国把应对气候变化融入国家经济社会发展战略，将其作为推进生态文明建设、推动经济高质量发展的重要抓手。建立全国统一的碳交易市场是利用市场机制应对气候变化、控制和减少温室气体排放的重大制度创新，推动以行政命令为主推进节能减排向以市场化手段为主推进节能减排转变，不仅将温室气体控排责任压实到控排企业，推动企业降低成本完成碳减排目标；而且通过碳价为减排提供引导和激励，带动低碳、零碳、负碳等绿色技术创新，促进绿色产业投资，有利于我国处理好经济发展与碳减排的关系，在降低碳减排成本的同时，推动经济高质量发展。

（四）提升我国在国际气候治理体系中话语权的内在要求

当前以碳中和为目标愿景的国际竞争实质上是全球气候治理话语权的竞争。根据《巴黎协定》“国家自主决定贡献”机制，各国可采取不同力度的减排政策。其中，碳排放交易市场是大多数国家采用的利用市场化机制推动节能减排的重要工具。作为碳交易市场的补充，欧盟于 2022 年 6 月通过了建立碳边境调整机制（Carbon Border Adjustment Mechanism，CBAM）草案的修正案，针对高耗能进口商品特别征收二氧化碳排放税，将对全球产业竞争和国际贸易格局产生深远影响。欧盟是我国第二大出口目的地，欧盟碳关税的实施将削弱我国化工、钢铁产业出口产品竞争力。为积极应对欧盟碳关税对我国国际贸易的不利影响，我国应加快完善全国碳市场建设，并积极与国际

碳市场接轨，提升碳排放量计量和核算能力，构建产品碳足迹计量及评价体系，争取应对主动权，从而提升我国在国际气候治理体系中的话语权。

二　我国碳市场建设运营取得积极成效

21世纪初，我国在积极参与清洁发展机制（CDM）的基础上逐步推动国内碳交易试点、自愿减排交易及全国碳市场建设工作，于2021年正式启动全国碳市场第一个履约周期，碳市场建设与运营取得积极成效。

（一）从区域试点走向全国，初步建立全国统一碳市场

我国自“十二五”时期明确提出要逐步建立碳排放权交易市场以来，先后在北京市、天津市、上海市、重庆市、湖北省、广东省、深圳市以及福建省开展碳排放权交易试点工作。各试点地区根据各自经济发展阶段、产业结构特征、资源禀赋条件等实际情况在碳排放总量设定、部门覆盖、配额分配、交易规则、履约机制等方面进行了政策实践，为全国碳市场建设运营积累了很多经验。在开展试点碳市场的同时，我国逐步探索建立全国统一碳市场。一方面，建立了温室气体自愿减排交易市场；另一方面，正式启动全国碳排放交易体系，率先将发电行业纳入其中，全国碳市场第一个履约周期正式启动，标志着我国统一碳市场交易体系初步建立。

（二）不断完善体制机制建设，初步形成碳市场制度体系框架

目前，我国已初步形成以《碳排放权交易管理办法（试行）》为纲领，涵盖碳排放配额分配与清缴，数据核算与报告，注册、登记、交易、结算等制度的碳市场制度框架体系，奠定了全国碳市场规范运行

的制度基础。国家层面，出台了《碳排放权交易管理办法（试行）》，发布了《2019-2020年全国碳排放权交易配额总量设定与分配实施方案（发电行业）》，印发了《关于做好全国碳排放权交易市场第一个履约周期碳排放配额清缴工作的通知》，发布了《碳排放权登记管理规则（试行）》、《碳排放权交易管理规则（试行）》和《碳排放权结算管理规则（试行）》，制定了《企业温室气体排放核算方法与报告指南 发电设施（2022年修订版）》、《企业温室气体排放报告核查指南（试行）》，初步建立碳排放数据监测、报告、核查制度。地方层面，各试点区域根据各自实际情况出台了碳市场建设运营相关部门规章和规范性文件，为区域碳市场持续健康发展奠定了制度基础。

（三）碳市场交易规模不断扩大，我国已经成为全球规模最大的碳市场

我国碳市场运营以来，交易规模不断扩大。[①] 全国碳市场第一个履约周期纳入2162家电力企业，覆盖45亿吨二氧化碳年排放量，成为全球规模最大的碳市场。[②] 截至2021年底，全国碳市场履约完成率达99.5%，碳排放配额累计成交量1.8亿吨，累计成交额76.8亿元；试点碳市场交易规模也不断扩大，7个试点碳市场碳排放配额累计成交量4.8亿吨，成交额86.2亿元。

（四）市场配置资源的作用逐步发挥，碳市场推动碳减排成效初步显现

我国自碳市场投入运营以来，市场机制优化资源配置、推动碳减

---

① 《生态环境部例行新闻发布会．全国碳市场首个履约周期收官 覆盖45亿吨二氧化碳排放》，2022年1月24日。

② 北京理工大学能源与环境政策研究中心:《中国碳市场回顾与展望（2022）》，2022年1月9日，https://ceep.bit.edu.cn/index.htm。

排成效初步显现。全国碳市场层面，电力行业既是碳排放的主要行业，又是碳减排的重要领域，在确保电力供应的前提下，通过有效发挥碳市场交易机制的激励约束作用，首批纳入全国碳市场交易的发电行业企业碳排放总量有所下降。试点区域碳市场层面，市场覆盖范围内碳排放总量和强度保持双降，促进了企业温室气体减排。随着未来其他相关高耗能行业逐步纳入全国碳市场交易体系，市场优化配置资源的作用将进一步发挥，碳市场推进节能减排的激励约束机制将进一步完善，在推动我国碳减排进程中将更好发挥作用。

三　我国碳市场建设运营存在的问题

综上，我国碳市场建设运营取得积极成效，在促进我国温室气体减排、推动“双碳”目标实现过程中发挥了重要作用。但是，目前我国碳市场尤其是全国统一碳市场呈现覆盖行业单一、市场主体单一、交易品种单一、交易方式单一、市场流动性不足、市场活跃度低等特点，[①] 全国碳排放权交易市场交易换手率仅为3%左右，远低于欧盟、北美碳市场。究其原因，我国碳市场目前尚处于起步运行阶段，在制度设计、市场规则、行业监管、基础工作、政策协同等方面还存在很多问题，而这些问题是碳市场建设运营过程中必然会遇到的问题，需要在发展中不断完善。

（一）市场规则有待完善，碳定价机制难以有效发挥价格引导作用

完善的市场规则是碳市场规范高效运作的前提。目前，我国碳市场在市场准入、碳排放初始配额分配以及定价机制方面存在以下问题。

① 北京理工大学能源与环境政策研究中心:《中国碳市场回顾与展望（2022）》，2022年1月9日，https://ceep.bit.edu.cn/index.htm.

一是存在市场准入限制，市场主体以履约驱动为主。碳市场控排行业仅限于电力行业，参与交易主体以控排企业为主，市场主体以履约驱动为主的特征明显，市场缺乏流动性。二是碳排放配额分配方式有待完善。碳排放配额分配方式以免费发放为主，以“自下而上 + 基准法”为主的计算方式导致配额分配宽松，难以有效发挥激励企业积极参与节能减排的作用。另外，配额分配及缴存较为滞后，导致控排企业更倾向于临近履约时间根据最终配额核算的盈亏情况进行交易。三是碳定价机制难以有效发挥对节能减排和低碳投资引导作用。碳定价机制以碳排放权交易为主，国家核证自愿减排量（CCER）处于暂停状态，控排企业在以履约为主的碳市场交易下形成的碳价，难以有效发挥碳价格对节能减排和低碳投资的引导作用。并且，我国碳价处于低位运行，与欧盟存在较大差距，在国际碳市场上不具备话语权。

（二）碳排放核算标准体系亟待统一，碳排放数据质量有待提升

近年来，我国不断推进碳排放核算标准制定工作，但随着更多行业将被逐步纳入全国碳市场交易体系，我国碳排放统计核算体系亟须完善。一是国家层面统一的碳排放核算标准体系亟待建立。碳排放核算依据涉及统计制度、国家标准、各地主管部门制定的技术规范等多种核算规则，存在核算边界不一致、数据来源不统一等问题，企业利用不同规则计算碳排放量存在较大偏差，不利于推进全国统一碳排放权交易体系建设。二是碳排放核算方法有待完善，与国际接轨不够。目前只有火电行业开始试行碳监测核算，碳计量仍是我国碳排放测量的主要方法，而欧洲多采用监测法，不同的碳排放核算方式导致碳排放量数据核算存在出入，影响了我国碳市场与国际市场进一步接轨。三是碳排放数据核查能力有待提高。我国碳排放数据核查机构资质认定缺乏全国统一的认证程序，各地核查机构能力参差不齐，难以判断

数据的准确性。另外，部分控排企业碳排放数据核算等基础能力存在不足，影响了碳排放核算基础数据质量。

（三）碳金融产品单一，碳市场金融化程度有待提高

碳金融市场与碳排放权交易市场相辅相成。目前，我国碳市场仅纳入发电企业，覆盖行业、市场主体参与数量均较少，制约了碳金融市场的发展。一是碳交易市场参与主体受限。全国碳市场目前参与主体仍限于控排企业，暂不允许碳资产公司、金融机构和个人投资者进入，不利于资金规模的扩大和碳市场活跃度的提升。二是碳金融产品单一。试点区域碳市场为了满足多样化的市场交易需求，积极探索创新碳债券、碳基金等金融产品，但由于区域试点碳市场处于割裂状态，碳交易市场不完善，碳金融产品发行数量少、金额小且可复制化产品少；全国碳市场交易品种有限，仅开展碳排放配额现货交易，还未开展期权、期货交易。三是碳金融创新的标准规范和政策指引缺失，对碳金融市场的监管有待完善。

（四）不同市场机制政策之间缺乏协同，难以发挥政策合力

试点区域碳市场与全国碳市场之间、CCER 与碳排放权交易市场之间以及碳交易与绿电交易、绿证交易等节能减排机制之间缺乏有效衔接，难以发挥政策合力。一是试点区域碳市场与全国碳市场之间衔接有待加强。各区域碳市场之间以及区域碳市场与全国碳市场之间在覆盖行业、纳入门槛、参与主体、配额分配方式以及交易规则设计方面存在差异，加之区域试点存在明显的地方保护主义，阻碍了在全国统一碳排放交易市场范围内开展公平竞争。二是 CCER 改革进展缓慢，与碳排放权交易市场有待进一步融合。随着全国碳市场正式启动上线交易，市场对 CCER 的需求不断增长，但是 CCER 项目的备案和减排量签发工作仍处于暂停状态，并且各试点碳市场对 CCER 的抵消比例、

项目类型等设置了不同程度的限制要求，CCER 同质不同价，难以在全国碳市场中形成公平交易，亟须尽快重启 CCER 机制。三是碳市场、绿色电力交易市场、绿证交易市场等节能减排机制之间缺乏有效衔接。一方面，碳交易市场进行碳排放核算时未将化石能源与绿电进行区分，使用绿电减少的碳排放量在碳排放核算时未予考虑；另一方面，CCER 机制与绿电交易、绿证机制的不衔接不仅导致碳减排量重复计算，影响全社会真实碳减排量的核算，而且还会对可再生能源项目形成双重激励。

（五）碳市场缺乏层级较高的法律依据，法律法规政策有待完善

完善的法律法规体系是保障碳市场规范运行的基础。随着试点区域碳市场和全国碳市场的建设推进，国家层面、地方层面为保障碳市场的规范运行，分别出台了相应的规章制度等政策文件。但总体看，目前全国碳市场运行依据的是以部门规章形式颁发的《碳排放权交易管理办法（试行）》，缺乏指导全国碳市场的位阶较高的法律。各区域试点根据地方经济发展情况出台了一些地方性法规或规章，立法层级较低，法律“硬约束”不足。并且目前相关文件对企业不购买足够配额履行情况、数据造假等行为处罚力度小，缺乏强制力。

四　完善全国统一碳市场体系的政策建议

全国碳市场建设不可能一蹴而就，要久久为功。我国碳市场建设运营存在的上述问题是大多数发达国家在碳市场建设运营初期都会面临的问题。未来要结合我国经济发展形势，锚定我国“双碳”目标实现时间节点，立足我国发展实际，放眼国际碳市场，坚持系统思维，处理好发展与减排、政府与市场、中央与地方、区域试点和全国碳市场、国内和国际的关系，通过加强顶层设计，完善运行规则，夯实基

础能力，推进金融创新，促进政策协同，完善法律法规，强化市场监管，稳步推进与国际市场逐步接轨的全国统一碳市场体系建设，助力“双碳”目标实现，促进我国经济高质量发展，推动经济社会全面绿色低碳转型，提升我国在全球气候变化治理中的话语权。近期，要进一步完善碳市场标准体系设计，加强碳排放核算基础能力建设，完善碳市场法律法规政策，强化碳市场监管能力，打破市场分割，破除行业分割，促进机制协同，提高碳市场交易活跃度和流动性。远期，逐步推进碳市场从以强度控制为主过渡到以总量控制为主，完善碳市场多层次市场体系建设，有序推进金融产品创新，促进碳金融市场与碳交易市场协同发展，推动全国碳市场与国际碳市场稳步接轨。

（一）完善市场规则，激发碳市场活力

逐步放宽碳市场准入限制，制定更加合理的碳排放配额分配方式，形成科学合理的碳定价机制，丰富交易品种和交易方式，激发市场活力，提高市场流动性。一是逐步放宽市场准入限制，拓宽交易主体范围。有序扩大全国碳市场交易覆盖范围，尽快明确其他行业纳入全国碳市场的时间及配额总量分配原则，继续按照“成熟一个、批准发布一个”原则，稳慎扩大碳市场行业覆盖面。二是完善碳排放权初始配额分配机制，制定各行业更加合理的初始配额分配方案。参考欧盟碳排放市场经验，进一步完善碳排放权初始配额分配方式，逐步减少免费配额分配比重的同时提高有偿分配比重，推动碳市场配额逐步向有偿分配转变。逐步改变“自下而上”确定配额的方式，与我国“双碳”目标相衔接，制定行业长远减排总量目标和配额总量。三是尽快形成科学合理的碳定价机制，充分发挥碳市场价格发现作用。逐步扩大碳市场覆盖范围，引入多元化市场参与主体，丰富交易方式和品种，提高市场流动性，为形成合理的碳价提供基础。逐步增加利用碳市场拍

卖等有偿分配手段，调整短期市场供给，保持碳价相对稳定。借鉴欧盟等国际碳市场经验，建立市场储备和调节机制，通过稳定碳价来确保碳市场运行的可预测性和有效性。研究征收碳税的可行性和时机，适时推动形成碳税和碳交易相互结合的碳定价制度。加强国际合作，逐步探索国内碳价与国际碳价有效衔接机制。

（二）夯实基础能力，提高碳排放数据质量

数据质量是碳市场运行的基础，确保碳排放数据的真实准确对全国碳市场建设工作至关重要，要进一步完善碳排放核算、报告与核查制度体系，真正摸清我国碳市场碳排放“家底”。一是尽快建立全国统一的碳排放统计核算体系。落实《关于加快建立统一规范的碳排放统计核算体系实施方案》中关于加快建立全国统一规范的碳排放核算统计体系的相关重点任务，由相关政府部门统一制定全国及省级地区碳排放统计核算方法，组织开展全国及各省份年度碳排放总量核算。二是逐步完善碳排放核算方法。进一步完善碳排放计量体系，加强碳计量技术研究和支撑能力建设，为温室气体排放可测量、可报告、可核查提供计量支撑。推动碳排放监测方式逐步从火电行业扩展到其他即将纳入碳市场的高耗能行业，尽快出台相关高耗能行业的二氧化碳排放在线监测技术要求，逐步实现与国际碳排放核算方式接轨。推进相关行业碳足迹标准建设，积极完善碳足迹数据、计量及评价体系。三是提升碳排放数据核查能力。借鉴 CDM 机制对于第三方机构的资格认证和管理要求，建立完善碳排放数据核查机构以及专业人员的认证规则。加强对碳市场控排企业碳排放数据统计报告的培训，提升企业开展碳排放核算工作的业务能力，夯实数据统计基础。进一步完善碳市场信息披露制度，对碳排放数据核查结果及时公示。开展碳数据信息化建设，建立全行业碳排放数据库，提升数据管理效率。强化对第三方核查机构的监管，加大对数据造假行为的惩罚力度。

（三）推进金融创新，完善多层次市场体系

协同推进碳交易市场和碳金融市场建设，开展碳金融产品创新，完善碳金融市场制度，强化碳金融市场监管，推进形成多层次碳市场体系。一是逐步推动非履约主体入市，有序扩大碳金融交易主体范围。有序放开并鼓励银行、基金、证券等金融机构参与碳市场建设，丰富碳市场参与主体类型，实现全国碳交易市场主体多元化，提升市场覆盖面和流动性。二是不断丰富碳金融交易品种，创新碳金融工具。有序开展碳金融产品创新，丰富碳市场金融产品，为市场提供多样选择，降低资本进入市场的风险，提高碳市场的灵活性和流动性。有序推进碳质押、碳租借、碳回购等多样化的碳金融工具。条件成熟时，推进碳期货市场建设。三是尽快出台碳金融市场相关业务指引和实施细则，推进金融监管部门与碳市场相关监管部门协同监管，推动碳金融创新规范、有序发展，防范金融风险。

（四）促进政策衔接，发挥政策协同效应

打破市场分割、促进机制协同、形成政策合力，推进全国统一碳市场建设。一是推进区域试点碳市场向全国碳市场过渡衔接。尽快明确统一全国碳市场纳入行业和门槛及配额分配方案、交易机制、履约要求等，逐步打破区域碳市场壁垒，推进区域碳市场纳入全国碳排放权交易市场。二是尽快重启 CCER，促进 CCER 市场和碳排放权交易市场融合。加快完善 CCER 顶层设计，进一步明确 CCER 在全国碳市场中的功能定位，修订《温室气体自愿减排交易管理办法（试行）》和配套技术标准，适时重启 CCER 项目签发，推进自愿减排市场和强制配额市场的建设协同和有效联动。三是加快推进碳交易与绿证、绿电等机制衔接，形成制度合力，推进节能减排。打破不同市场之间的数据信息壁垒，推进碳市场、电力市场相关数据信息共享。加强绿电与碳排放

权交易的衔接，研究在碳排放量核算中将绿色电力相关碳排放量予以扣减的可行性。协同推进碳交易、绿电交易、绿证交易和可再生能源消纳保障机制建设，将绿电交易实现的减排效果核算到相应用户的最终碳排放结果中，激励更多企业参与绿电交易，促进电—碳市场协同发展。

（五）完善法律法规，提升碳市场监管能力

积极推动《碳排放权交易管理暂行条例》出台，加快完善配套交易制度和相关技术规范，构建完善以条例为法律基础，以部门规章、规范性文件、技术规范为支撑的法律法规制度体系。在法律层面明确碳排放权的总量、分配方式、交易规则等，对于超额排放的企业制定严格的惩罚制度，为碳市场的健康运行提供良好的立法与监督保障。强化碳市场监管，加快建立跨部门联合监管机制，明确各部门监管职责，建立监管协同机制，完善监管制度，提升碳市场信息披露力度，充分发挥社会公众、行业协会等的外部监督作用。

参考文献

中节能碳达峰碳中和研究院:《碳市场透视（2021）框架、进展及趋势》，企业管理出版社，2022。

翁爽:《三问绿电交易》，《中国电力企业管理》2022 年第 10 期。

唐人虎、白文浩:《全国碳市场为何迟迟难扩容》，《中国电力企业管理》2022 年第 16 期。

郭敏平、崔莹、杨阳:《以碳期货促进全国碳市场健康发展》，《全国碳市场为何迟迟难扩容》，《能源决策参考》2022 年第 26、27 期。

刘纯丽:《碳关税临近 当提前备战》，《能源决策参考》2022 年第 26、27 期。

B.17
新能源环境价值实现机制研究

户　平*

摘　要： 随着我国电力体制改革的深入，新能源将全面进入市场，与水电、火电等传统能源在电力市场同台竞争。然而，新能源发电的随机性、波动性和反调峰等特性，决定了现阶段在新能源占比较高的电力市场中，普遍缺乏与燃煤发电相同的电价竞争力，新能源绿色属性价值被严重低估。如何在市场中合理体现新能源的绿色属性价值，让全社会承担起绿色消费责任，从而全面推进新能源发展，促进我国能源绿色低碳转型，助力“双碳”目标实现，是当前亟须考虑和解决的问题。本文梳理了绿证、绿电、“配额”、CCER 等相关政策及交易情况，针对国际与国内市场以及国内电力与碳市场中相对独立的多重新能源环境价值市场机制，深入分析了其内在联系与存在的问题，并从做好电碳市场环境权益价格机制的衔接融合、强化绿证的绿色电力消费属性标识功能、以“配额制”促进绿证强制消费市场、处理好绿色电力交易与绿证交易的关系、引导和鼓励绿证及绿电 PPA 合作等方面提出了相关政策建议。

关键词： 绿证　绿电　消纳责任权重　碳市场　新能源

* 户平，高级经济师，国家电投集团营销中心市场开发与碳资产处长，多年从事电力发展、电力营销、碳市场研究与管理工作，主要参与编著有《售电侧电力体制改革研究》《综合智慧能源开发模式与策略研究》等书籍。

在“双碳”目标和能耗“双控”政策驱动下，我国绿色电力和低碳服务需求快速攀升，新能源环境价值进一步彰显。按照现行制度设计，新能源的环境价值既可以通过绿证（GEC）、国际绿证（I-REC、APX等）在绿证交易市场变现，也可以通过绿色电力交易、超额消纳量交易在电力市场变现，还可以通过国家核证自愿减排量（CCER）及其他国际国内减排机制在碳排放权市场获得环境收益。

对于新能源发电企业，在进行项目投资评价时应如何考虑未来绿色属性收益？存量项目在参与绿证、国际绿证、绿色电力交易和开发CCER等减排机制之间该如何选择？对于具有绿电需求和碳中和愿景的企业而言，是通过购买绿证、绿色电力，还是CCER来满足需求？这些都是市场主体更为关心的问题。

当前，在建立健全面向低碳转型的市场架构过程中，针对国际与国内市场以及国内电力与碳市场中相对独立的多重新能源环境价值市场机制，需要以系统化的思维开展顶层设计，统筹做好电力市场与碳市场的衔接，厘清各类环境权益交易的边界，避免环境权益重复计价。同时，需要加快绿色电力消费、绿色产品认证等标准制定，接轨国际标准，提高绿色电力消费与碳中和活动的采信度，提升绿色产品国际市场竞争力。

一 新能源获得绿色环境价值的主要途径及制约因素

（一）绿证、国际绿证交易

绿证，是“绿色电力证书”的简称。2017年1月，《国家发展改革委 财政部 国家能源局关于试行可再生能源绿色电力证书核发及自愿认购交易制度的通知》（发改能源〔2017〕132号），对绿证的定位是：“绿色电力证书是国家对发电企业每兆瓦时非水可再生能源上网电量颁发的具有独特标识代码的电子证书，是非水可再生能源发电量的确认和属性证明以及消费绿色电力的唯一凭证。”

我国绿证由国家可再生能源信息管理中心核发，每个绿证对应上网电量 1MWh。绿证可以在“绿证认购平台”挂牌交易，也可以线下双边协商交易。2022 年 9 月，国家为推动绿证交易工作，增加了北京、广州、内蒙古电力交易中心作为交易平台，市场主体可通过多个平台开展绿证交易。

现阶段，绿证一旦出售，补贴项目的相应电量不再享受国家补贴。绿证的核发对象主要为陆上集中式风电和光伏项目，而分布式发电、海上风电、光热发电、生物质发电、水电以及同样具有绿色属性的核电尚未纳入核发范围。绿证只允许交易一次，不得二次转售，不具有金融属性和投资价值。

2022 年 11 月发布的《国家发展改革委 国家统计局 国家能源局关于进一步做好新增可再生能源消费不纳入能源消费总量控制有关工作的通知》（发改运行〔2022〕1258 号），明确，“以绿证作为可再生能源电力消费量认定的基本凭证。”“绿证核发范围覆盖所有可再生能源发电项目，建立全国统一的绿证体系。”“绿证原则上可转让，绿证转让按照有关规定执行。”进一步确立了绿证的地位和作用，并提出绿证可以转让的原则，但还有待出台相应的配套机制。

我国绿证自 2017 年 7 月 1 日启动交易以来，由于实行取代补贴的政策，补贴新能源项目的绿证价格往往偏高，认购率很低。

2021 年 6 月 28 日，“2021 年国际能源变革对话”在苏州召开，国家能源局局长章建华出席会议并在致辞中宣布：“2021 年国际能源变革对话组委会以购买新能源平价绿证方式，实现了会场用电零碳化以及会议交通绿色化，用实际行动践行绿色低碳发展理念。”国家电投集团中电朝阳 500 兆瓦平价光伏示范项目为活动提供平价绿证 60 张，实现了我国首单平价项目绿证交易，标志着平价项目绿证正式进入市场。

平价项目绿证进场交易后，绿证价格大幅下降，线上挂牌价格一般为 50 元 /MWh，线下大宗交易价格多为 20~50 元 /MWh。截至 2022 年 9 月底，全国累计交易绿证 448 万张，其中，补贴绿证数量 8 万张，无补贴绿证 263 万张，绿电交易绿证 177 万张。整体来看，交易仍然不够活跃，主要受制于绿证的刚性需求不足以及对绿证的认可度不高等因素。由于缺少配额制的有效加持，目前国内绿证市场仍是自愿市场，消费绿证或绿电均是企业的自主行为，绿证购买者主要是外资企业、出口加工企业及国内 RE100 企业等。

此外，尽管当前我国绿证并无有效期限制，但多数企业会按照 CDP（Carbon Disclosure Project，碳排放披露项目）的要求执行“21 个月原则”，即企业当年财务报告期的 12 个月，再向前追溯 6 个月和后延 3 个月。因此，新能源企业由于担心平价项目绿证“过期”，对早期的绿证会以更低的价格售出。

国际绿证在国内应用较为广泛的是 I-REC，多由水电和带补贴新能源项目开发，售价较低，为 3~4 元 /MWh。2021 年 6 月政策调整后，对中国项目只接受平价上网项目的申请，此举有助于提高我国 I-REC 价格。另外国内还有像 APX 的第三方绿证签发机构，将新能源产生的绿证进行第三方认证，并由新能源企业售给用户。

（二）绿色电力交易

2021 年 8 月，国家发展改革委、国家能源局函复国家电网和南方电网公司，同意《绿色电力交易试点工作方案》，要求推动绿色电力在交易组织、电网调度、价格形成机制等方面体现优先地位，全面反映绿色电力的环境价值。同时，方案还明确“建立全国统一的绿证制度”，国家能源主管部门组织国家可再生能源信息管理中心，根据绿电交易试点需要批量核发绿证，并划转至电力交易中心，电力交易中心依据绿电交易结算结果将绿证分配至电力用户。

这一方面印证了绿电交易是基于绿证的交易，绿色电力用户将获得绿证；另一方面，也明确了绿电交易包含电能量交易及其对应的绿色属性（绿证）交易，实行“证随电走”。新能源企业既可以参与绿电交易，也可以单独出售绿证。与绿证的核发范围一致，目前绿电交易产品类别主要为陆上集中式风电和光伏项目。

绿色电力交易的溢价部分可以视为绿证的价格。在 2021 年 9 月首次全国大规模绿电交易中，来自 17 个省份的 259 家市场主体共完成了 79.35 亿千瓦时绿色电力交易，成交均价较中长期协议溢价 3~5 分 /KWh（较火电基准价上涨约 2 分 /KWh），溢价与绿证价格相当。此后，广东、河北、山东、浙江、江苏、江西、宁夏等省份持续开展了绿电交易，但整体交易不够活跃。

事实上，单纯的绿电交易并不能全面解决新能源环境价值的实现问题。

一方面，绿电交易“证电合一”不能够很好地满足市场主体绿色电力需求：表现在空间上，我国绿证主要产生于“三北”地区，而消费者主要集中在东南沿海，绿色属性的流动严重受制于电网物理架构的约束；表现在时间上，绿电交易受制于新能源项目发电曲线和电力用户用电曲线的匹配度，极大降低了绿证交易的灵活性；表现在交易主体上，对于未进入市场的居民、公益事业等用户，无法通过绿电交易实现绿色电力消费。

另一方面，绿电交易与绿证、碳排放权、CCER 交易市场难以统一。我国绿证、碳排放权、CCER 市场实行全国统一市场，从不同角度发挥着助推碳减排的作用，市场价格紧密联系并相互作用。而绿电交易以省内市场为主，跨省区交易并行，交易价格随各区域供求关系变化差异较大，难以实现相关市场的协同统一。

同时，现行方案将绿证价格与电能量价格合为一体，绿证价格“隐藏”于电价中，新能源的绿色属性价值难以直接体现。国际上，绿证与电能量“捆绑”的交易方式，包括 PPA 协议等，一般在购电协议中分别明确电能量和绿证的价格，以便买方标识为环境价值付费的行为，来证明其绿色电力消费的有效性，实际上也是“证电分离”模式。

2022 年 1 月，广州电力交易中心会同广东、广西、云南、贵州、海南等地五家电力交易中心发布了《关于印发〈南方区域绿色电力交易规则（试行）〉的通知》，作为南方电网公司业务覆盖区域内绿色电力交易的首个细化规则性文件，为区域内的绿色电力交易提供了执行及操作的指引。2022 年 5 月，北京电力交易中心发布了《绿色电力交易实施细则》，对国家电网区域绿电交易的规则进行了细化。两个细则均明确：绿电价格中区分电能量价格和绿色属性价格；初期纳入绿电交易的主要为风电和光伏等新能源企业；绿电交易优先组织无补贴新能源上网电量；带补贴新能源可自愿参与绿色电力交易，其绿电交易电量不计入合理利用小时数，不领取补贴。

（三）超额消纳量交易

2019 年 5 月，国家发展改革委、国家能源局发布《关于建立健全可再生能源电力消纳保障机制的通知》，按省级行政区域对电力消费规定应达到的可再生能源电量比重，包括可再生能源电力总量消纳责任权重和非水电可再生能源电力消纳责任权重。消纳责任主体包括售电企业、电网企业和电力用户。

按照通知要求，各市场主体通过实际消纳可再生能源电量、购买其他市场主体超额消纳量、认购绿证等三种方式完成消纳责任。可再生能源电力消纳量购买完成后，由电力交易平台同步至可再生能源凭证交易系统，存入市场主体消纳量账户，每 1MWh 超额消纳量生成 1 个超额消纳凭证。

在实际运行中，尽管可再生能源电力消纳保障机制于 2020 年 1 月已开始实施，但由于初期各省份消纳责任权重指标比较宽松，除个别省份外基本能够完成，大部分省份未将消纳责任权重分解落实和考核到市场主体，实际执行的主要是电网组织的省间超额消纳量交易，尚未形成用户对绿证、绿电需求的推动作用。

（四）CCER 交易

CCER 是国家核证自愿减排量的缩写，是指对我国境内可再生能源、林业碳汇、甲烷利用等项目的温室气体减排效果进行量化核证，并在国家温室气体自愿减排交易注册登记系统中登记的温室气体减排量。在全国碳市场履约交易中，重点排放单位每年可以使用 CCER 抵销碳排放配额的清缴，抵销比例不得超过应清缴碳排放配额的 5%。

CCER 市场价格主要由配额供需面和 CCER 抵销政策决定，每吨 CCER 相当于 1 吨碳排放配额，其价格通常略低于碳配额价格，因此，CCER 在碳市场具有一定的吸引力。根据路孚特模型估算数据，CCER 自启动至 2017 年 3 月暂停，全国共签发约 8000 万吨，用于省级试点抵消、全国碳市场第一个履约周期抵消以及企业碳中和消化后，截至 2022 年 9 月底，市场仅存 1000 余万吨，主要掌握在交易机构手中。按照当前全国碳市场电力行业年排放量 40 亿吨、CCER 抵消比例 5% 测算，每年 CCER 需求量约为 2 亿吨，市场缺口巨大。

CCER 自 2017 年暂停后尚未启动，新的 CCER 政策仍在酝酿过程中。需要注意的是，CCER 项目开发的一个重要条件是要求具备“额外性”，即这种项目存在诸如财务、技术、融资、风险和人才方面的竞争劣势或障碍因素，在没有外来的 CCER 支持时就难以成立。“额外性”的意义在于 CCER 支持了可再生能源项目的建立与经济性的提升。因此，并不是所有新能源项目都能够申请 CCER，随着新能源平价时代到来和装机规模大幅度增长，预计新的 CCER 机制对新能源申请门槛也会提高。

二　不同市场机制的内在联系与相互影响

（一）绿证与绿电交易

按照现行市场规则，新能源企业和售电公司、用户既可以开展绿电交易，也可以单独开展绿证交易。不过对于部分企业用户来讲，更倾向于接受绿电而不是绿证，认为绿电交易具有可追溯性，其绿电采购行为可以链接到实体的新能源电厂并具备绿色属性认证。

实际上，除自发自用电量外，网上用电是无法从物理上区分来源的，并且我国绿电交易合同属于中长期合同范畴，并不一定物理交割。同时，绿证本身也具有可追溯性，每个绿证都详细记载着其对应的电能量来源信息。

从国际上看，所有的绿证交易机制都是虚拟交易。虽然绿证和绿电交易并不直接对应企业消费的电能量，但都能够证明企业为绿电消费做出了贡献、支持了绿电的发展。

值得肯定的是，绿电交易在激发潜在绿色电力用户需求、探索绿色电力长期合作模式等方面起到了积极的推动作用，不仅为新能源项目带来了溢价空间，也有助于引导能源消费方式创新，进一步推动清洁能源的开发利用。

因此，未来我国绿电交易与绿证交易应该是长期并存、互相促进、互为补充的关系。

（二）绿证与超额消纳量交易

国际经验证明，采用“配额制 + 绿证”机制，建立绿证消费强制市场是一种行之有效、符合市场化原则的长效机制。因此，应根据我国能源转型总体目标，制定全国各省份消纳责任权重年度分解目标，并将消纳责任权重分解至电力用户、售电公司和电网企业作为刚性约束，以激励广大市场主体积极参与绿证和绿电交易，形成全社会推动新能源发展的局面。

需要注意的是，超额消纳量交易要避免环境价值重复计算。比如，新能源企业上网的绿色电能量在用户侧得到了分摊并计入消纳量，同时又申请并出售了绿证；而用户既可以利用消纳可再生能源电量和认购绿证来完成消纳责任权重，又可以购买或出售超额消纳量。在这个过程中，绿证与电能量是分离的，但又分别在消纳责任权重中得到了认可。

（三）绿证 / 绿电与 CCER 交易

温室气体核算体系（GHG Protocol）将碳排放分为三个范围：范围一（直接排放）、范围二（企业外购电力热力的排放部分）和范围三（产业链上下游、外购商品和服务、员工通勤等其他间接排放）。目前，我国重点控排企业碳排放核算范围为范围一和范围二，也就是说，在电力生产和消费环节，对火力发电的碳排放是重复核算的。

企业为了实现减碳或碳中和目的，可以使用 CCER 抵销已核定的碳排放量，用于覆盖范围一、范围二和范围三。也可以通过采购绿电直接扣减其范围二中外购电力碳排放部分。前者被视为抵碳，即先排放后抵销。后者被视为减碳，即直接减少了碳排放。因此，后者往往更受到企业青睐。

同样，符合条件的绿电可以申请 CCER 体现其碳减排价值，并通过 CCER 抵销机制应用于碳市场。也可以直接销售绿电应用于企业减排并获得环境溢价收益。

目前，代表电力绿色属性的绿证制度与 CCER 制度是并行的，现有政策并没有要求两者只能选择其一。对于新能源企业，只要符合绿证和 CCER 的开发要求，可以同时申请绿证和 CCER。

从开发成本角度看，绿证提供相关资料就可以线上申请，基本没有成本。但 CCER 开发程序复杂，一般需要委托专业公司开发，会产生一定的开发成本，而且存在备案不成功的风险。

从对应的减排量角度看，1 个绿证对应 1MWh 上网电量，1 个 CCER 对应 1 吨的二氧化碳减排量。按照全国电力平均排放因子 0.581tCO_2/MWh，1 个绿证对应降低 0.581 吨二氧化碳排放，即 0.581 个 CCER。需要说明的是，目前我国不同区域电力排放因子不同，导致同 1MWh 的电量在不同地区产生不同数量的 CCER。根据《2019 年度减排项目中国区域电网基准线排放因子》，南方区域电网最低，为 0.6565t。东北区域电网最高，为 0.8719t，比南方区域高出 33%。这一点从我们购买的绿证上可以看出，从不同电网区域的新能源企业购买同样数量的绿证所标注的二氧化碳减排量是不一样的。

从价格上看，2021 年底，平价项目绿证大宗交易平均价格约 30 元 / 个，换算成 CCER 减排量的价格约 52 元 / 吨，高于全国碳市场的 CCER 价格 38 元 / 吨。

需要注意的是，绿证与 CCER 同时申领是否会导致新能源环境价值被重复计算。据了解，正在制定的新的 CCER 政策已经注意到这个问题。此外，正在编制的电解铝、水泥等行业企业温室气体排放核算方法征求意见稿中，只将绿电纳入间接排放扣减量，而没有提及使用绿证可以扣减，有关单位和专家已对此提出相关建议。

三　完善新能源环境价值实现机制的思考

做好电力市场与碳市场新能源环境价值实现机制的衔接，对于充分发挥市场功能、科学高效推进“双碳”目标至关重要。

（一）做好电、碳市场多种环境权益价格机制的衔接融合

统筹考虑电力市场与碳市场建设，厘清电、碳市场各种交易界面，

由此实现绿证与绿电交易、绿证/绿电与消纳保障机制、绿证与CCER等多种交易机制的衔接融合，避免环境权益在不同的市场被重复计算和交易，确保环境权益的唯一性，增强绿色消费证明的采信度。

同时，碳市场作为政策性市场，在制定碳配额分配方案和碳排放基准线等政策时，应充分考虑碳成本在电力市场的有效传导。在进行CCER等碳信用机制设计时，需要注意与绿证交易的衔接。在制定碳排放核算办法时，应明确绿证、绿电在重点控排企业的间接排放核算扣减机制，推动隐性碳价转变为显性碳价，为钢铁、铝、水泥等行业未来应对欧盟碳边境调节机制（CBAM）营造有利环境。

（二）强化绿证的绿色电力消费属性标识功能

需要进一步完善绿证交易机制，强化绿证的绿色电力消费属性标识功能。

一是扩大核发范围。将分布式发电、海上风电、光热发电、生物质发电、水电、核电等逐步纳入绿证核发范围，不同能源品种可以设置不同的绿证系数，或者在绿证上标注发电类型，以供市场主体根据需要进行选择。同时，为了促进发电侧绿证销售，可以参照国际通行做法，将绿证有效期设定为两年。

二是优化核发流程。实现绿证认购平台与电力交易平台数据的衔接与互通，上网电量可直接生成绿证。同时，建立物理电量消纳、超额消纳量和绿证“三位一体”的可再生能源电力消纳量监测核算体系。

三是统一交易平台。按照现行政策，绿证认购平台与北京、广州、蒙西电力交易中心（广州、蒙西暂未启动）等多个交易平台间是并行交易模式，相当于某一个绿证某一时间只能在其中一个平台上进行销售，不利于绿证的有效流通。应按照“统一市场、统一平台、统一规则”的原则，统一绿证交易平台，同时建立多个分销渠道，实现交易平台与分销渠道的信息互通。在此基础上，可进一步拓展分销渠道，

引入碳资产管理机构等，有效衔接碳市场。

四是建立认证体系。搭建绿证的核发、交易、核销全生命周期的追踪、认证系统。建立绿色能源消费评价、认证与标识体系，制定绿色电力消费认证标准，明确国家权威机构，对终端产品进行绿色电力消费认证和碳足迹认证，使绿色价值有效传导至产品端，为购买企业带来绿色品牌形象、获取融资优势、满足客户绿色产业链需求等方面的商业价值提升。

五是加大绿证宣传力度。引导社会公众参与绿色能源消费，培育绿色低碳意识，践行绿色低碳行为，形成全社会推进碳达峰碳中和的氛围。

（三）以“配额制”促进绿证强制消费市场

虽然我国出台了相当于配额制的消纳责任权重制度，但由于消纳责任权重指标相对宽松，尚未对绿证、绿电消费形成有效推动力。在推进我国碳达峰和能源低碳转型的关键时期，需要强化可再生能源电力消纳责任权重的引导作用，通过消纳责任权重目标保障绿证购买需求，以市场化的方式分摊新能源发展成本，为新能源项目提供稳定、长期的环境价值收益。

因此，建议将我国非化石能源占一次能源消费比重目标进行分解，在逐年提升消纳责任权重目标的同时，逐步缩小各地消纳责任权重差距，以促进可再生能源电力跨省跨区交易，实现可再生能源电力在更大范围内的优化配置。对于如何处理好绿证交易与超额消纳量交易的关系，建议将超额消纳量交易限制在电网组织的省间交易，用于实现省与省间的消纳平衡，或者取消超额消纳量交易，全部统一到绿证交易上来。

（四）处理好绿色电力交易与绿证交易的关系

需要保持绿电交易与绿证交易并行、互为补充。同时，坚持“证电分离”原则，绿电交易合同中应区分电能量与绿证的价格，明确发电侧环境价值收益，提升用能侧绿色电力消费标识度。

另外，应明确绿色权益全部归属发电企业，使以绿证为代表的新能源环境价值成为保障行业发展的重要推动因素。应推动绿色电力跨区跨省“点对点”交易，充分发挥市场机制作用，逐步建立全国统一的绿色电力消费市场。不应再核发“绿色电力消费证书”等，以保证绿证作为绿色电力消费证明的唯一性和权威性。

（五）引导和鼓励绿证、绿电 PPA 合作

当前，新能源已进入全面平价时代，同时也将全面进入市场而面对量、价风险，在确立以清洁能源替代实现能源低碳转型的目标下，应充分利用新能源发电成本比较固定的优势，积极引导、鼓励市场主体间签订绿证或绿电 5~25 年 PPA 合同，建立促进绿色电力发展的长效机制。

绿证、绿电 PPA 一方面有利于新能源企业锁定投资收益、控制投资风险、降低融资成本等，另一方面也有利于用户锁定绿证或绿电成本，保障绿证或绿电长期稳定供应。建议在政策层面，加快建立起长期绿电 PPA 机制，并出台相配套的交易规则，以此推动新能源高质量可持续快速发展。

国 际 篇

B.18
能源安全的国际视角及建议

杨 雷　王能全　康俊杰　王海滨　涂建军*

摘　要： 乌克兰危机及全球地缘政治巨大变化使得能源安全备受关注。能源安全包括应对供应中断带来的风险和价格高企带来的经济风险，其范畴不断扩大，从传统的石油安全，到天然气和电力安全越来越受到关注，环境和气候变化也日益成为能源

* 杨雷，博士，北京大学能源研究院研究员、副院长，北京大学碳中和研究院副院长、清华大学能源转型与社会发展研究中心学术委员会委员，国际燃气联盟（IGU）协调委员会主席，《国际石油经济》《油气与新能源》编委会副主任；王能全，中化能源股份有限公司首席经济学家，教授，国家能源专家咨询委员会委员，享受国务院政府特殊津贴，出版《石油与当代国际经济政治》《石油的时代》等著作，发表300多篇文章；康俊杰，博士，北京大学能源研究院特聘副研究员；王海滨，博士，中化能源股份有限公司正高级经济师；涂建军，博众智合能源转型论坛中国区总裁，北京大学能源研究院特聘研究员。

安全的重要内容。国际上能源安全的研究及典型案例，对我国在保障新形势下能源安全具有重要的参考意义。

关键词： 能源安全　石油储备　能源转型　电力安全　国际合作

现代概念的能源安全从 20 世纪石油危机后受到高度重视，并随着形势的变化而不断演进。充分借鉴国际上对于能源安全的认识及实践，对我们在新形势下确保能源安全具有重要参考意义。

一　能源安全的定义

1973 年第一次世界石油危机爆发后，以美国为首的政策制定者和学术界开始对石油安全和能源安全进行系统研究，并直接催生了 1974 年国际能源署（IEA）的成立。

国际能源署在官方网站上明确 IEA 成立是为了确保安全和负担得起的能源供应。它负责对石油供应中断、新出现的天然气安全挑战以及提高电力部门的系统灵活性和韧性等当前和未来风险进行分析。同时，IEA 认为能源转型和网络犯罪的增加扩大了构成能源安全的范围[①]。

2006 年丹尼尔 · 耶金在《外交事务》杂志上发表《确保能源安全》一文，其中提出能源安全的概念是“以合理的价格获取足够的能源供应”。

2007 年亚太能源研究中心（APERC）提出能源安全的含义是“一个经济体确保可持续和及时地获取能源资源供应的能力，以及它确保能源价格保持在不会伤害其经济表现的水平的能力”。这一能源安全

① IEA, Energy security, Reliable, affordable access to all fuels and energy sources, https://www.iea.org/topics/energy-security.

概念后来被研究界提炼为 4 个“A”，即可获取（Availability，主要指资源方面）、易获取（Accessibility，主要指地缘政治方面）、价格合理（Affordability）、环境可接受（Acceptability）。4A 概念成为国际研究界普遍接受的能源安全概念。

在定量研究方面，一些研究者针对能源安全的 4A 概念发展出较复杂的指数、指标体系。可获取性方面的指标主要包括人均能源储量、石油探明储量、能源供应总量等。易获取性方面的指标包括石油对外依赖度、从特定地区如中东进口的能源在进口总量里的占比、能源设施的地理覆盖程度等。价格合理方面的指标包括终端能源价格、电价和石油产品价格的波动幅度、能源消费总量中受长约合同覆盖的比例等。环境可接受性包括二氧化碳排放量、二氧化硫排放量、与能源活动相关的有毒有害和放射性废物产生量等。这些指标体系也因不同国家的资源禀赋和发展阶段不同而不同，并不能简单进行国际对比。

IEA 将能源安全定义为以可承受的价格不间断地提供能源。IEA 认为能源安全有多个维度：长期能源安全主要涉及及时投资以提供符合经济发展和环境需要的能源；短期能源安全侧重于能源系统对供需平衡突然变化做出迅速反应的能力。

值得强调的是，在不同的历史时期和不同的国家，能源安全的含义也不尽相同，并且是不断演化的。近一二十年来，气候安全、天然气和电力安全等受到越来越高的关注。近期乌克兰危机又重新让世界各国对传统能源供应中断的风险高度重视。

二　能源安全涵义的演变

在不同时期，各国对能源安全强调的重点不同。近半个世纪以来，由于全球能源供求关系和地缘格局发生巨大变化，能源安全应对的重点也出现了调整。总体来看主要是两个方面的风险挑战，供应中断的安全风险和价格高企的经济风险。近年来，能源转型和气候风险也得到越来越大的重视。

（一）供应中断带来的能源安全风险

以美国为例，页岩革命成功之前，美国的石油等能源产品的消费严重依赖进口。在那段时期，美国政府和社会在能源安全中最重视的是防止供应中断，以及发生中断后如何解决可获得性的问题。

1991 年 1 月 16 日，美国出兵参与海湾战争前一天，美国总统布什宣布动用战略石油储备 1700 万桶，算上试售的部分，整个海湾战争期间共释放了约 2100 万桶原油。IEA 作为成员国战略石油储备的协调者，也启动了紧急计划，高峰时协调每天将 250 万桶的储备原油投放市场，并协调沙特阿拉伯为首的欧佩克迅速增加产量。总体看这次石油价格波动造成的危害较小，影响时间也较短，IEA 的干预较为成功，对平抑国际原油价格起了重要的作用，美国的战略石油储备计划在此取得第一次显著的成就。

随后以美国为首的多国部队对伊拉克发动海湾战争，一个重要目的是消除伊拉克对世界石油供应的威胁，确保美国及其西方盟友的能源安全、经济安全和国家安全。这也表明，确保应对能源中断风险的能力仍然是以军事实力作为后盾的。

（二）价格高企造成的经济风险

2022 年 2 月乌克兰危机爆发，危机同样影响到美国的能源安全，但主要表现为威胁石油等能源价格的稳定，而不是对美国能源供应可获得性形成挑战。

2005 年前后，美国页岩革命取得商业化成功，其石油和天然气持续快速增产。2019 年，美国能源出口数量为 23519 万亿 Btu（英热单位），能源进口数量为 22804 万亿 Btu，能源出口大于进口 715 万亿

Btu。1952 年，美国首次成为能源净进口国，2019 年是自 1952 年以来的 67 年首次能源出口总量大于进口总量，美国实现了梦寐已久的能源独立。时隔一年之后，美国又成为石油的净出口国[①]。

美国是世界第一大石油消费国，2020 年美国的石油消费量为 7.4 亿吨，占全球比重为 18.5%。而且，美国是一个“轮子上的国家”，汽车文化是美国社会文化的重要组成部分。美国国内汽柴油消费旺盛，汽柴油价格的高低与大多数美国家庭的开销有直接关系。美国国内成品油价格的高低又与国际原油价格高度联动。乌克兰危机已导致国际原油价格大涨，后者带动美国国内成品油价格上升，推涨美国民众石油消费开支，进而使美国政府承受较大的国内政治压力。因此，美国能源安全的确已经因乌克兰危机而承受重压，压力来源不在于石油供应中断的可能，而在于石油价格的上涨。

为了应对乌克兰危机带来的石油等能源产品价格的大涨，美国政府已恢复对能源公司发放国内油气开采许可、放松夏季乙醇汽油消费限制。不过，这些干预措施短期内难以对油价等产生明显影响。相比之下，美国单独和联合其他国家释放石油储备更好地达到拜登政府压低油价的目的。

乌克兰危机爆发之后，为了抑制不断上涨的国际油价，美国和国际能源署开展了密集的石油储备释放活动。西方国家密集和大规模地释储，是继 2020 年 5 月 1 日“欧佩克 +”历史性减产之后，世界石油工业 160 多年的发展史上对石油供应规模最大的人为干预，而美国在其中发挥了最重要的作用。

2022 年 3 月 1 日，国际能源署宣布其成员国共向市场释放 6000 万桶石油储备，其中美国释储 3000 万桶。

2022 年 3 月 31 日，美国总统拜登宣布，未来 6 个月美国将日均释

---

① EIA, PETROLEUM & OTHER LIQUIDS, https://www.eia.gov/dnav/pet/pet_move_exp_dc_NUS-Z00_mbblpd_m.htm.

放 100 万桶战略石油储备。白宫发布的新闻稿称，这次释放的规模前所未有，世界从未在如此长的时间内以每天 100 万桶的速度释放石油储备。

2022 年 4 月 1 日，国际能源署官网称，国际能源署理事会特别会议已经达成一致，同意再次释放石油储备，以应对国际石油市场的供需紧张。释储规模为 1.2 亿桶，其中包括美国从战略石油储备中释放的 6000 万桶[①]。这些措施使得国际油价水平很快从超过 130 美元的水平回落到 100 美元水平上下波动，值得指出的是，美国释放的石油储备采购成本平均不到 40 美元，战略石油储备的释放使得美国政府获得了大量的溢价收益。

（三）乌克兰危机背景下欧盟的能源安全应对

2022 年 2 月以来的乌克兰危机导致能源尤其是石油天然气价格高涨，欧盟 90% 的天然气消费量来自进口，俄罗斯提供了欧盟总天然气消费量的 40% 以上。俄罗斯还占其石油进口的 27% 和煤炭进口的 46%。除了依托 IEA 参加了战略石油储备的释放外，2022 年 3 月 8 日，欧盟出台了《REPowerEU：欧洲联合行动以实现更经济、安全和可持续的能源》文件，认为在乌克兰危机之后，快速推进清洁能源转型的理由从未如此强烈和清晰。

文件提出了增加绿色能源生产、供应多样化和减少需求的新行动。文件重点关注了天然气，因为其对电力市场产生了重大影响，并且天然气的全球市场流动性较低。 文件也提出了要逐步消除对俄罗斯石油和煤炭的依赖，开拓更广泛的潜在供应商。提出力争在 2030 年前摆脱对俄罗斯能源进口的依赖。欧盟将优先从天然气入手，2022 年底前力图将从俄罗斯进口量降低 2/3。

---

① IEA, Oil Security Policy, https://www.iea.org/reports/oil-security-policy.

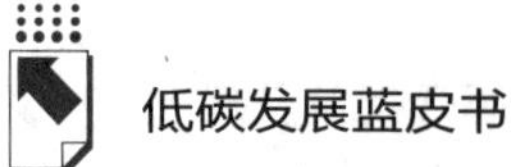

欧盟最大的能源消费国德国不赞同全面制裁俄罗斯能源进口，针对不同能源品种采取了差异化的立场以缓解国际政治压力。在应急、短期和近中期三种维度采取了一系列措施。应急和短期方案，多从供应多元化出发；近中期的措施更侧重结构性变化。

在石油进口领域，德国政府已要求进口企业在现有合同到期后不再与俄续约。现有合同到期后，德国对俄石油的依存度就可以从35%降至25%。为缓解国际市场石油供需不平衡，德国参加了国际能源署成员国释放6000万桶战略原油储备的联合行动，并贡献了其中的320万桶。德国总理舒尔茨2022年4月8日已公开表态德国2022年底将能够实现停止从俄罗斯进口石油的目标，为德国炼油厂寻求替代油源是德国的当务之急。

为加快削减对俄管道天然气的依赖，德国开始推进液化天然气（LNG）接收站的建设，其中德国北部Brunsbütte 180亿立方米容量的接收站预计2026年投入运营。同时，德国联邦政府同意推进3个浮式LNG接收站项目，以保障2022年、2023年两年冬季的天然气供应。另外，2022年3月1日，德国政府紧急为2022年冬季采购了至少7亿立方米的LNG，3月20日又与卡塔尔达成了LNG采购长期协议。

3月25日，德国联邦议院通过了《国家天然气储备法》，要求德国的天然气运营商必须在每年的10月1日之前保证80%以上的储备量，在11月1日之前达到90%，到第二年的2月1日则需确保最低40%的储备水平。

从近中期来看，德国已明确天然气去俄罗斯化的核心在于削减对天然气的需求。主要通过两条路径实现：一是降低直接消费，尤其是供暖和工业生产的需求；二是电气化。除此之外，德国还将加快发展氢能经济，快速扩大可再生能源（特别是海上风电）部署，通过结构性调整尽早摆脱对俄气的依赖。到2022年底，德国对俄罗斯天然气依存度可以降至30%，到2024年夏天，依存度可以大幅降至 10%。[①]

如前所述，能源安全概念是多维度的，除了确保供应不中断、价格合理外，还包括环境友好和气候治理等日益重要的内容。展望未来，在地缘政治冲突缓和、国际能源供求关系恢复正常后，预计美国、欧盟等国家和地区会比目前更加重视能源安全概念中的环境友好、气候安全。典型的如欧盟把加快能源转型作为确保其能源安全的战略支撑。

三　电力逐步成为能源安全重点

在能源安全的规划和应对策略中，电力供应的中断对社会经济的发展、人民生活和社会的安定造成的损失和危害日益突出。21 世纪以来，美国、英国、日本等发达国家及中国都曾经出现过电力安全问题。对电力领域的安全事件问题进行总结和分析，提早谋划，是应对能源安全日益重要的内容。

（一）2021 年美国得州大停电

2021 年 2 月，因为暴雪原因，美国得克萨斯州出现了大规模停电事故，超过 400 万人遭遇停电，最长的停电持续一周以上的时间。

得州大停电主要是由暴雪导致需求急剧增加、供给持续减少引起的。得州居民用户约 60% 采用电加热方式采暖，极寒天气使得州电网负荷急剧上升，最高负荷达到 6922 万千瓦。而同一时刻，得州电网最大发电能力仅约 4800 万千瓦，由此出现了约 2000 万千瓦的电力供应缺口。得州燃气和风电装机占比高达 77%。受极寒和雨雪天气影响，大量天然气管道出现冰堵导致气源供应中断，燃气机组被迫停运；许多风电机组也因设备结冰无法发电。在最大用电时刻，得州总计约

① European Union, Secure gas supplies, https://energy.ec.europa.eu/topics/energy-security/secure-gas-supplies_en.

4000 万千瓦机组无法正常运行。此外，得州电网与美国其他地区电网和墨西哥电网相连不足最大负荷的 2%，当得州电网内部供应能力不足时，无法通过跨区互济获取外部支援，加剧了得州供电紧张形势。

（二）英国 2019 年大停电事故

2019 年 8 月 9 日，英国发生大规模停电事故。大停电起源于英格兰的中东部地区及东北部海域，最终造成英格兰与威尔士大部分地区停电。

该次大停电事件的起因是一个燃气机组非正常停机导致系统频率下降，从而引发风机大量脱网，风电场出力骤降。因燃机、风电大规模脱网造成低频减载动作，用电负荷自动切除导致大规模停电事故。该次事件反映了英国电力系统安全上存在三个问题。一是在风电高渗透条件下，不满足 N-1 校验。燃气轮机非正常脱网后，系统转动惯量大幅度降低，整个电力系统不再满足频率稳定要求。二是系统备用不足。在系统接连出现扰动时，系统备用未能及时弥补功率缺额，致使低频减载装置启动，切除了部分负荷。三是对大规模风电接入的电力系统安全评估不足。英国电网和电力监管部门对于高风电渗透率下的电网运行特性（特别是频率响应特性）掌握不够、对电网安全运行裕度考虑不充分也间接导致了该事件的发生。

（三）印度近年来的大停电事故

自 2021 年以来，印度遭受到严重的缺电危机，2022 年尤其严重。印度电力危机的主要原因是该国连日来遭遇热浪侵袭，用电飙升；但该国发电严重依赖煤炭，在电力需求过大的背景下印度多地电厂煤炭库存告急。煤炭匮乏和极端高温已使印度超一半的邦都出现了停电和限电现象。

印度的停电事故表面看起来是因为极端天气，但实质上却暴露了印度在电力安全上的短板问题。一是国内煤炭产能严重不足。印度煤电比重高达 71%，尽管国内煤炭储量丰富，但是煤炭开采、运输等环节的基础设施严重不足，难以满足国内电力及工业生产的需要，所以印度一直是煤炭进口大户。此次印度高温天气恰逢国际政治局势发生较大变化，国际煤炭资源临时短缺，导致国内煤炭库存告急。二是电力基础设施落后，印度国内煤电机组多为中小机组，技术落后，国内输配电网建设严重滞后，难以满足国内需求。三是管理混乱。印度配电网由邦政府或私营配电公司所有，一个邦内通常有多家不同公司，配网环节缺乏有效管理维护，管理混乱导致盗电猖獗。据国际能源署数据，印度在输配电环节的损耗率高达 22.7%，部分地区的输配电损耗率甚至超过 50%。

（四）中国的大停电事故

近年来，中国国内也发生了几次较大的电力供给危机，近期的是 2021 年下半年的全国大范围缺电。

2021 年下半年，全国出现了大规模的限电问题。多个省份工业限产，东北三省甚至对居民用户开展了拉闸限电，对人们的正常生活造成了严重冲击。

本轮限电主要有以下几个原因。一是经济复苏导致电力需求旺盛。二是煤炭供应紧张、煤价高企致使电厂采购困难，加上市场煤和计划电的体制问题，发电厂无法顺价，发电意愿不足。三是南方降水不足导致水电出力下降，大范围无风导致风电停机。四是电力系统灵活性资源严重不足，尖峰负荷满足困难。五是地方缺乏实现“双控”目标的系统规划，过分依赖简单的行政手段。

以上案例也表明，电力安全日益对能源安全造成重要的影响，在应对能源转型的过程中，需要引起高度重视。

四　有关启示和建议

目前我们面临全球百年未有之大变局，全球范围的地缘政治冲突频发，叠加新冠肺炎疫情的冲击，逆全球化趋势进一步抬头，中国也面临着如何在短期内保障经济发展、能源供应安全及中长期实现高质量发展并兑现碳中和相关承诺的多重挑战。

短期内，乌克兰危机对中国能源供应安全的直接影响相对有限，更多会通过国际能源市场价格高涨传导到国内 CPI 及 PPI 的走势影响能源行业的发展。如何未雨绸缪，从更长远的角度谋划我国能源安全，是确保我国实现建设现代化强国的必然要求。

（一）坚持能源转型方向

尽管短期内全球气候议程的进度会一定程度受影响，但从中长期来看，全球主要经济体，尤其是欧盟国家和中国，清洁能源转型的决心会进一步增强。我们应从全能源的角度谋划能源安全，在重视传统油气安全的情况下，更加重视电力安全。中国未来的能源现代化体系是以新型电力系统为主体，电力消费在终端用能的占比将会持续增长。依据“双碳”目标，2060 年非化石能源占比将达到 80% 以上，电力消费在终端能源消费占比将达到 70% 以上，保障电力供应安全将逐渐成为保障能源安全的首要任务。

（二）坚持能源进口多元化战略

欧盟当前在能源供应安全领域面临着重大的挑战，这对中国最大的警示在于油气等能源进口领域须坚定不移地推进多元化战略，在任何能源品种上对单一进口来源国的依存度都不宜过高，从长期角度看自俄进口过高比例的油气资源也将形成对我国能源安全的制约因素。

（三）在能源转型过程中确保电力安全

一是保障国内煤炭的有效供给。二是大力发展可再生能源和多种储能手段，优化丰富电源结构，降低单一电源比例。三是科学布局各种发电电源和输电网络，减少各种电力设施在自然环境恶劣、维护困难地区的布局，避免自然灾害对于电力设施的影响。四是超前布局，以高标准的要求建设输电网、配电网和微电网，以坚强电网应对可能的极端天气和自然灾害。五是推动全国电网的互联互通，加强区域电网、各省级电网和各地方电网之间的互联，提高电网之间的互济能力。六是建立高效的电力系统应急管理体系，根据国际上和国内以往电力供应安全的经验教训并结合未来的电力发展方向，提前进行供电备选方案、抢修方案和必要的材料准备。七是结合新一轮电力体制改革理顺电力安全管理方面的关系，明确各方的权责利，建立由国家能源局牵头并统一领导的电力安全管理体系。

（四）积极寻求国际合作突破口

中国作为全球第一大能源国，不可能脱离国际合作独善其身，应在国际合作方面主动作为。进一步加强与欧洲国家尤其是欧盟核心成员国在能源与气候领域的合作及政治互信。要进一步加强与国际能源署、国际可再生能源署、国际燃气联盟等国际组织的合作，发挥积极影响，为保障我国能源产业链的安全创造有利环境。未来绿色产业链的全球畅通对我国保持国际竞争力至关重要，要关注国际社会对华态度的变化，乌克兰危机全面爆发后，发达国家对本国在制造业及国际贸易领域对华依存度过高的焦虑感进一步攀升，西方国家的类似民意变化所带来的后续影响值得持续关注。

B.19

全球能源与石油市场的动荡分析

——基于 33 个月的数据

王能全*

摘　要： 从 2020 年 1 月 1 日至 2022 年 9 月 30 日的 33 个月里，国际石油价格呈现典型的“过山车式”走势，WTI 甚至出现了历史上仅有的负价格，其所说明的是，作为当今人类社会消费的第一大能源来源，石油已渗透到我们生产生活的方方面面，我们所处的时代是“石油的时代”，石油既是大国合力的场所也是角力的工具，更是我国能源安全的核心之所在。通过多年的努力，风光等新能源和可再生能源虽然取得了长足的进展，但在可以预见的未来相当长时间里，石油作为人类社会第一大能源来源的地位不会被颠覆，新能源和可再生能源与石油等传统化石能源将是合作与互补的关系。

关键词： 能源危机　石油价格　新能源

从 2020 年 1 月 1 日至 2022 年 9 月 30 日的短短 33 个月里，全球能源市场大幅度动荡。33 个月里，新冠肺炎疫情，给人类社会带来了第

* 王能全，中化能源股份有限公司首席经济学家，教授，国家能源专家咨询委员会委员，享受国务院政府特殊津贴，出版《石油与当代国际经济政治》、《石油的时代》、《石油的谜·思》和《石油的奇迹》等著作，发表 300 多篇文章。

二次世界大战争以来最惨重的人员和财产损失，就在疫情尚未完全消退之际，乌克兰危机发生。作为当今人类社会的动力来源，33 个月里，全球能源市场经历了从过剩到紧缺的危机，国际石油价格经历了从历史仅有的负价格到接近历史最高价的过山车式的大幅度波动，在展现全球能源市场高度不稳定性的同时，更说明了虽是最传统的化石能源，石油在当今人类社会中具有不可或缺的地位及其多方面的重要影响。

一　从负价格到接近历史最高位的油价“过山车”

从 2020 年 1 月 1 日到 2022 年 9 月 30 日，国际石油价格呈现典型的“过山车式”的走势，在 2020 年 4 月 20 日前后走出 33 个月里的最低价格之后，2022 年 3 月 7 日前后又走出了接近历史纪录水平的最高价格，而且作为国际石油市场标杆原油之一的美国西得克萨斯中质原油（WTI）期货价格，还出现了历史上绝无仅有的现象，即作为一种能源实物产品，2020 年 4 月 20 日出现了历史上仅有的负价格。

（一）国际石油价格呈现典型的“过山车式”走势

2020 年 4 月 20 日，从美国东部时间下午 2 点 08 分，作为仅次于伦敦布伦特原油的国际石油市场第二大标杆原油，WTI 期货价格跌至 0 美元 / 桶，自此之后至下午 2 点 28 分的 20 分钟时间内，WTI 期货价格从 0 美元 / 桶下跌到 -39.55 美元 / 桶，并在下午 2 点 29 分跌至 -40.32 美元 / 桶的历史最低点。当天，即 2020 年 4 月 20 日，WTI 期货价格以 -37.63 美元 / 桶的结算价格收盘。[①] 自 1859 年现代石油工业在美国诞生以来，历史上首次，国际石油价格出现了负价格，这不仅震惊了

① 2020 年 11 月 23 日，美国商品期货交易委员会（U.S. Commodity Futures Trading Commission，CFTC），发布的《中期报告：纽约商品交易所 WTI 原油期货合约在 2020 年 4 月 20 日前后进行的交易》（Interim Staff Report--Trading in NYMEX WTI Crude Oil Futures Contract Leading up to, on, and around April 20, 2020）。

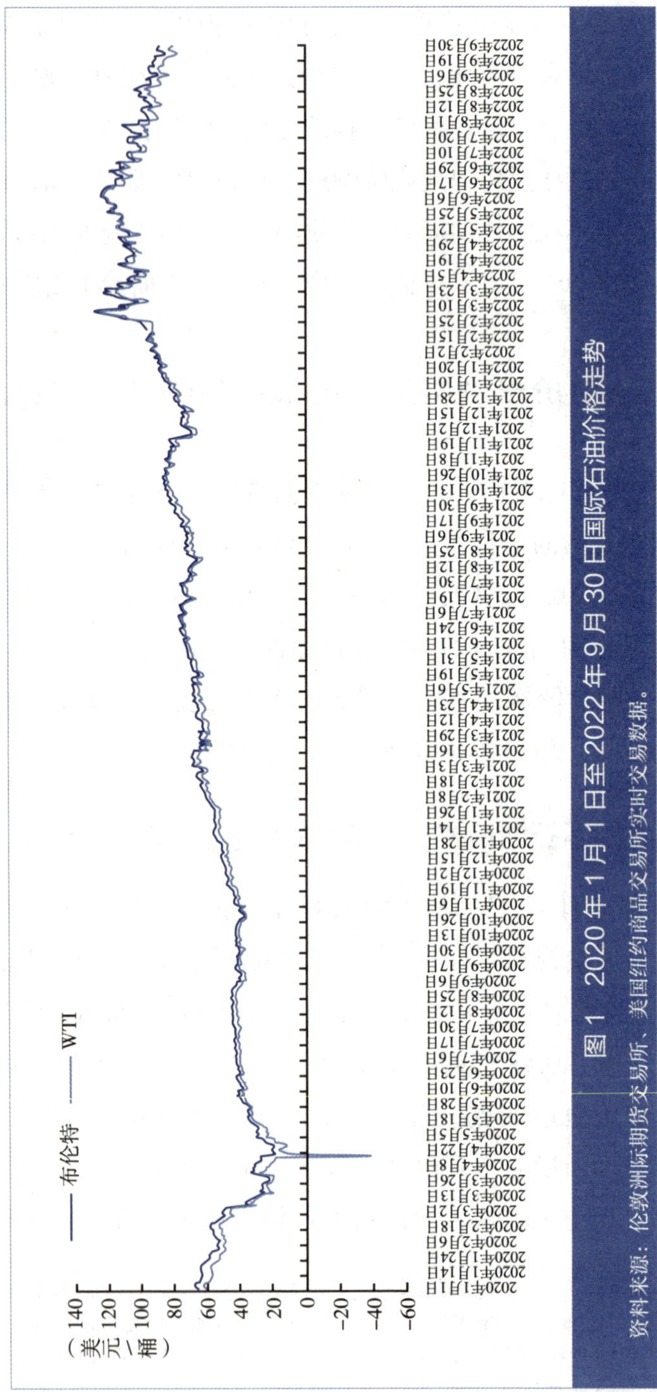

图 1　2020 年 1 月 1 日至 2022 年 9 月 30 日国际石油价格走势

资料来源：伦敦洲际期货交易所、美国纽约商品交易所实时交易数据。

全球石油行业，更震惊了世界经济和金融行业。

2022 年 3 月 7 日，WTI 创下了 130.50 美元 / 桶的 2022 年最高价，这是自 2008 年 5 月 21 日之后，WTI 第二次冲过每桶 130 美元，距离 2020 年 4 月 20 日的负价格仅仅过去不到 24 个月的时间。

作为国际石油市场另一标杆原油，在同一时期，伦敦布伦特原油期货价格也呈现同样的“过山车式”走势。就在 WTI 出现负价格之后的一天，即 2020 年 4 月 21 日，布伦特原油期货出现了 33 个月来的最低收盘价，为每桶 19.33 美元；不到 24 个月之后的 2022 年 3 月 7 日，自 2008 年 6 月 16 日以来，布伦特原油期货第二次突破每桶 139 美元大关，达到 139.13 美元 / 桶。对比 2020 年 4 月 21 日，在不到 24 个月的时间里，布伦特原油期货价格上涨了 119.8 美元 / 桶，涨幅约为 6.2 倍。

从 2022 年 1 月 1 日至 9 月 30 日的 9 个月时间里，国际石油价格的“过山车式”走势更为明显，在 3 月 7 日创下 2022 年最高价之后，从 8 月初开始不断下跌，9 月 30 日无论是布伦特或是 WTI 期货价格，都跌回到 2022 年开年时的水平。

从 2020 年 1 月 1 日至 2022 年 9 月 30 日的 33 个月里，国际石油价格之所以呈现如此典型的“过山车式”的走势，主要原因是这期间，发生了自第二次世界大战以来对人类社会产生巨大危害和深重灾难的两件大事，一是新冠肺炎疫情，二是乌克兰危机。

（二）新冠肺炎疫情使石油出现了历史仅有的负价格

在新冠肺炎疫情大流行、世界上很多国家陆续实施大封锁政策的刺激下，2020 年 3 月 9 日，国际石油市场交易一开盘，从亚洲开始油价闪崩，布伦特最低价为 31.02 美元 / 桶，比前一交易日跌去 31.52%；WTI 最低价为 27.34 美元 / 桶，比前一交易日跌去 33.77%。2020 年 3 月 16 日、17 日和 18 日三个交易日，WTI、布伦特和欧佩克一揽子原油价格均跌破 30 美元 / 桶。2020 年 4 月 1 日，欧佩克一揽子原油价格跌破 20 美元 / 桶；4 月 15 日，WTI 跌破 20 美元 / 桶。4 月 20 日，WTI 期货价格出现了我们上面所描述的历史上最惊人的一幕，4 月 21 日布伦特原油也出现了 33 个月里的最低价格。

（三）乌克兰危机使石油又重回历史的高价位水平

在俄乌紧张关系不断升级的刺激下，国际石油价格迅速作出了反应。2022 年 1 月 28 日，布伦特原油突破每桶 90 美元，收于 90.03 美元 / 桶；2 月 11 日，当日布伦特原油最高价涨至每桶 95.66 美元；2 月 14 日，当日布伦特原油最高涨至每桶 96.78 美元，距 100 美元 / 桶的大关仅一步之遥，收于 96.48 美元 / 桶。这样，在短短的不到半个月的时间里，布伦特原油先后越过每桶 90 美元和 95 美元，站稳了 90 美元 / 桶的价格水平线。

随着乌克兰危机的爆发，2022 年 2 月 28 日，布伦特原油涨幅加速，收于 100.99 美元 / 桶，为 2022 年首次站上每桶 100 美元的大关。3 月 1 日，布伦特收于 104.97 美元 / 桶，WTI 收于 103.41 美元 / 桶，阿曼原油收于 100.85 美元 / 桶；3 月 2 日，布伦特收于 112.93 美元 / 桶，WTI 收于 110.6 美元 / 桶，阿曼原油收于 110.81 美元 / 桶。这样，自 2008 年 2 月、2011 年 1 月之后，国际石油价格第三次历史性地站上了每桶 100 美元大关，并在短短的一天之后又涨破每桶 110 美元的水平。

2022 年 3 月 7 日，国际石油市场一开盘立即大涨，其中布伦特原油期货价格开盘即上涨 10% 至 128.6/ 桶，盘中最高升至 139.13 美元 / 桶；WTI 价格开盘也即上涨超过 8% 至 125 美元 / 桶，盘中最高涨至 130.5 美元 / 桶，两者均为 2022 年的最高价位。

二　石油是国际经济政治外交领域合力的场所和角力的工具

短短的 33 个月时间里，国际石油价格呈现典型的“过山车式”走势。同样也是在这短短的 33 个月时间里，石油是国际政治、经济领域绕不开的话题，在众多的国际性重大事件中，无一不有石油的身影，石油更是某些重大事件的绝对主角，它既是国际社会合力的重要场所，更是大国角力的重要工具。

（一）国际社会联手挽救疫情冲击下的国际石油市场

全球能源市场是一个高度波动的市场，供应紧张会导致全球性的能源危机，短时间内急剧下降的需求导致的供应过剩，也会带来全球性的能源危机，2020 年 3~4 月的国际能源形势就最为典型，也最有代表性。供应紧张时的全球能源危机，需要国际社会联手解决，供应过剩时的能源危机更需要国际社会联手应对。

面对 2020 年 3 月初全球性大封锁带来的石油需求急剧下降和石油价格的暴跌，2020 年 4 月 10 日，二十国集团（G20）能源部长会议通过视频方式举行，这次会议讨论的主题，就是疫情冲击下的能源安全与供应稳定问题。会后，在发表的声明中，二十国集团能源部长们表示，当前新冠肺炎疫情加剧了全球石油和天然气市场的不稳定，并危及许多国家的能源安全，G20 承诺将确保能源行业继续为抗击疫情以及后续的全球经济复苏提供支持。

除 G20 之外，作为国际石油市场的主角，以沙特阿拉伯、俄罗斯为首的“欧佩克 +”们，为稳定疫情中的国际石油市场作出了积极的努力和贡献。2020 年 4 月 9 日，“欧佩克 +”举行了第 9 届部长级会议，讨论的议题是各成员国承担多少的减产份额，应对急剧下降的石油需求，以稳定国际石油价格。

每天减少 970 万桶石油产量，是现代石油工业诞生 160 多年以来幅度最大的一次减产行动，是石油生产国历史性空前的团结一致。虽然这次会议决定的减产行动，没有能够避免很快就将出现的 WTI 负价格，但它对于 2020 年国际石油市场重回稳定发挥了重要的作用，在某种程度上带来并加剧了 2021 年 9 月以后的全球性供应紧张的能源危机。

（二）石油是大国外交合力的重要场所

无论是和平时期还是战时，在国际外交领域，尤其是大国外交中，讨论石油等能源问题是常态，很长时间以来石油似乎是国际外交领域永恒的话题之一，在这 33 个月里特别是在 2020 年 4 月挽救疫情冲击下的国际石油市场中表现得尤为明显。

前述的 2022 年 5 月 1 日开始的“欧佩克 +”史上最大规模的减产行动，有 4 月 10 日的 G20 能源部长会议的呼吁和协调，有短短 4 天里，4 月 9 日、4 月 12 日两次“欧佩克 +”部长级会议的努力，更有背后的美国、俄罗斯和沙特阿拉伯领导人的沟通和协调，可以说正是大国外交合力促成了这次减产行动。

（三）石油是大国外交角力的重要工具

外交尤其是大国外交中，不仅仅有联合，还有对抗，石油也是大国外交的主要领域和重要工具，这样的例子数不胜数，乌克兰危机就非常有代表性和典型性。

乌克兰危机爆发后，美国、英国和欧盟等对俄罗斯实施了一系列的经济、金融、外交等全方位制裁，其中石油等能源领域是制裁的重点，石油天然气等能源行业是美国等重点打击的对象。

2022 年 3 月 8 日，美国总统拜登签署行政命令，禁止美国从俄罗斯进口能源，包括禁止进口俄罗斯原油和某些石油产品、液化天然气和煤炭；禁止美国对俄罗斯能源部门的新投资；禁止美国人资助或支持在俄罗斯投资能源公司等。同日，英国宣布，在 2022 年底前逐步停止进口俄罗斯石油，以进一步加强对俄制裁。

2022 年 4 月 8 日，欧盟宣布禁止进口俄罗斯的煤炭，其中现货交易立即停止，不允许再签新的供应合同，非现货交易有 4 个月的宽限期，8 月第二周全面禁止进口俄罗斯的煤炭。2022 年 6 月 3 日，欧盟宣布对俄罗斯的第六轮制裁，这一轮制裁的重点，是在 6 个月内禁止进口俄罗斯的原油，8 个月内禁止进口俄罗斯的石油产品，同时禁止保险公司给那些运送俄罗斯石油的船只提供保险服务。预计在 2022 年底之前，欧盟将削减 90% 的俄罗斯进口石油。

为了进一步打击俄罗斯的经济和支持战争的能力，美国和欧盟等进一步升级了对俄罗斯的石油制裁。2022 年 9 月 2 日，七国集团财长会议宣布，将对俄罗斯的石油出口价格设置上限。会后，美国财长耶伦和欧盟委员会经济事务委员真蒂洛尼发表声明，就有关事项进行了说明，宣布对俄罗斯原油出口价格设置上限的时间为2022年12月5日，成品油价格设置上限的时间为 2023 年 2 月 5 日。9 月 9 日，美国财政部副部长沃利 · 阿德耶莫在美国布鲁金斯学会发表讲话，简要介绍了即将采取行动的主要内容，美国财政部外国资产控制办公室发布了初步指南，介绍了行动的具体做法。

可以预料的是，随着战事的进展和不断升级，石油等能源产品在有关国家的对外政策中将发挥越来越重要的作用。

三　未来相当长时间里人类社会都离不开石油

近年来，气候问题和能源转型，是全球能源领域，更是国际经济政治外交领域的热门话题，但是作为最传统的化石能源，石油的热度依然不减。可以肯定地说，未来相当长的时间里，除在能源领域继续发挥主导作用之外，在国际经济政治和外交等领域，石油仍将一如既往地既是合力的场所更是角力的工具，人类社会未来相当长时间都离不开石油。

（一）当今人类社会是石油的时代

自 1965 年石油超越煤炭成为人类社会的第一大能源来源之后，从能源消费的角度看，人类社会就进入“石油的时代”，57 年之后的今天，石油在人类能源消费中的地位和人类社会的这一能源特征，一直就没有被颠覆更没有被改变。

从能源形态看，迄今为止的人类社会，经历了三大阶段，即木柴、稻草等生物质能，到煤炭，再到石油。人类社会使用木柴等生物质能的历史非常漫长，今天非洲等地还在大量消耗生物质能。16~17 世纪的英国，成为世界上第一个从使用木材等生物质能过渡到使用煤炭的国家，1650 年英国的煤炭产量超过 200 万吨，18 世纪末超过 1000 万吨。正是因为有大量的煤炭，工业革命在英国爆发，煤炭将英国推上了日不落帝国的霸主地位。煤炭、蒸汽机和钢铁，是工业革命的三大标志物，在煤炭的驱动下，人类从农业社会进入工业社会。

从 19 世纪末到 20 世纪初的大约 30 年间，以新型炼钢法为起点，电力工业、有机化学工业、内燃机工业、电报通信和无线电通信相继出现和发展，人类社会开始了第二次工业革命，中经两次世界大战的影响，从 20 世纪 50 年代中期后世界经济迅速发展，大大改变了人类社会的面貌。其间，第二次世界大战后世界经济的恢复，尤其是战后欧洲经济的复兴，使得能源需求迅速增加，由于石油优于其他能源形式的特性，石油迅速取代了煤炭。1965 年，在世界的一次能源消费结构中，石油占比 39.4%，超过煤炭的 39%，成为人类社会消费的第一大能源来源，自此之后人类社会就进入“石油的时代”。

从 1965 年至今，石油在世界的一次能源消费结构中虽然有所起伏，但占比第一的位置一直没有被动摇过。2021 年，在世界一次能源消费结构中，石油占比 30.95%，位居第一；煤炭占比 26.90%，位居第二；天然气占比 24.42%，位居第三。① 石油所占的比重，比第二的煤炭高出了 4.05 个百分点，比第三的天然气高出了 6.53 个百分点（见图 2）。

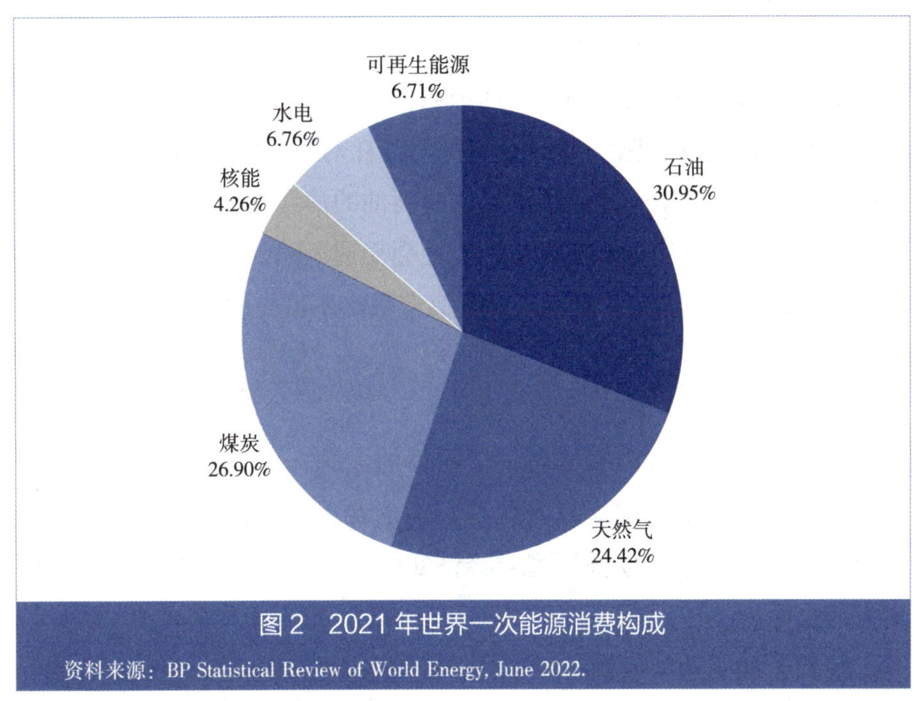

图 2　2021 年世界一次能源消费构成

资料来源：BP Statistical Review of World Energy, June 2022.

对比 1965 年，石油在 2021 年的世界一次能源消费结构中所占的比重，虽然下降了 8.45 个百分点，但其所下降的比重主要由天然气的增长所替代。2021 年，天然气在世界一次能源消费结构中所占的比重，比 1965 年增长了 8.92 个百分点，大于石油所下降的比重。因此，可以说，1965 年之后的人类社会能源消费，是在以石油为主体基础上的进一步优化，石油、煤炭和天然气三大化石能源充分发挥其自身的优势，驱动着世界经济的发展，为人类社会发光发热。

近年来，气候问题正推动全球性的能源转型热潮，用清洁、绿色的

① BP Statistical Review of World Energy, June 2022.

风能、光能、氢能等新能源和可再生能源取代煤炭、石油等传统化石能源，减少直至杜绝能源消耗中的二氧化碳排放实现绿色发展，成为世界上很多国家能源政策的主要目标。不过，截至目前，无论是诸如国际能源署这样的由发达工业化国家组成的国际性能源组织，欧佩克这样的由世界主要石油生产国组成的政府间组织，还是联合国政府间气候变化专门委员会这样的联合国所属的专门机构，在对至 2050 年前后的全球能源形势预测时，基本一致的结论是届时石油的消费可能处于达到峰值后的平台期，石油虽然可能不再是人类社会交通运输的最大燃料来源，但仍将会为人类生活的改善和水平的提高提供必不可少的基础原料。

（二）石油是国家经济实力的象征和来源之一

翻看今天世界的国家排名，世界性的大国，无一例外的不是石油生产大国就是消费大国，或者既是石油消费大国也是生产大国，其所说明的是，石油是当今世界国家经济实力的象征，更是这些国家经济实力的来源。

现代石油工业，发源于 1859 年的美国。无论是历史学家还是行业专家都公认的是，两次世界大战中，盟国都是在美国石油的支持下取得胜利的。作为世界上最大的经济体和科技、军事实力最强的国家，美国是世界第一大石油消费国，更是世界第一大石油生产国。2021 年，美国的石油消费量为每天 1978.2 万桶，占世界的 20.4%，也就是说，目前全球每年 1/5 的石油，由美国一个国家消耗掉。同年，美国的石油产量每天为 1658.5 万桶，占世界的 18.5%，位居世界第一。[①] 因此，巨大的石油消费量是美国经济实力的体现，强大的石油产业更是为美国作为世界第一经济大国提供了强有力的支撑。

作为世界第二大经济体，我国也是世界性石油消费和生产大国。2021

① BP Statistical Review of World Energy, June 2022.

年，我国石油消费量每天为1552.2万桶，仅次于美国，排名世界第二，占世界的16%。同年，我国的石油产量为每天399.4万桶，排名在美国、沙特阿拉伯、俄罗斯、加拿大、伊拉克之后，是世界第六大石油生产国。①因此，无论是从石油消费还是从生产的角度，我国都在全球拥有非常靠前的排名并占有很高的比重，其所体现的是我国在世界经济中的分量。

欧佩克或是“欧佩克+”历来都是媒体和大众关注的重点话题之一，其背后的主要原因，就是“欧佩克+”是由世界上20多个主要石油生产国组成的政府间组织，沙特阿拉伯、俄罗斯是世界第二大和第三大石油生产国，“欧佩克+”和沙特阿拉伯、俄罗斯，在世界石油生产中拥有举足轻重的地位和影响力，它们增加或减少石油产量，就会带来国际石油价格的下降或上涨，会引发全球能源市场的动荡，对世界各地的股市、金融市场和世界经济都会产生直接的冲击。

一个国家的经济实力由多方面因素组成，其中企业是最重要的也是最有代表性的组成因素之一。在一般人的印象中，石油公司都是大企业，经济实力强，很多石油公司富可敌国，某些石油公司的收入比世界上一些国家的GDP都大，在全球经济中拥有非常大的影响力，某些石油生产国的国家石油公司基本上就代表着这个国家的经济实力，这一印象可以从多年世界500强的排名中得到印证。在过去的很多年里，世界500强前10大公司中，有一半左右是石油类的企业，2022年数量虽有所减少但石油类企业仍占据了3家。这一事例说明，石油业已渗透到当今世界经济社会生产生活的方方面面，是我们这个时代石油特征的具体体现。

（三）石油是我国能源安全的核心所在

能源安全问题，是我国上上下下都十分关注的话题，从细分的角

① BP Statistical Review of World Energy, June 2022.

度看，我国能源安全的核心就是进口石油的稳定供应保障问题。

我国是世界第一大能源消费国和进口国，从总体角度看，我国能源的对外依赖度有限。2021 年，我国的能源消费总量为 52.4 亿吨标准煤，占全球的 25% 以上，全球能源消费的 1/4 由我国消耗；我国也是世界第一大能源生产国，一次能源生产总量为 43.3 亿吨标准煤，无论煤炭、石油还是天然气的产量都排名世界前列，其中更是煤炭第一生产大国，世界煤炭总产量中超过一半来源于我国。2021 年，我国一次能源进口总量为 9.1 亿吨标准煤炭，进口能源占能源消费总量的 17.36%，不到 20% 的比重，也就是说，我国能源消费主要仍由我们自己生产和提供。

2021 年，我国是世界第一大能源进口国，也是世界第一大石油、天然气和煤炭进口国，无论石油、天然气还是煤炭的进口数量，都是世界第一，但如细分到具体的能源品种，其对外的依赖程度差别就非常大。

2021 年，我国原油进口总量为 51297.8 万吨，占当年原油加工量 70355 万吨的 72.91%；天然气进口总量为 12135.6 万吨（约为 1675 亿立方米），占当年天然气表观消费量 3726 亿立方米的 44.95%；煤炭进口总量为 3.23 亿吨，占当年煤炭消费量 42.3 亿吨的 7.64%。① 以上数据说明，石油是我国对外能源依赖程度最高的，我国所消费石油中的 2/3 以上依赖进口，进口石油的安全稳定供应保障，是我国能源安全最核心的问题。

通过多年的发展和巨额的投资，以风能、光能、水能、氢能等为代表的新能源和可再生能源，取得了长足的进步，近年来更是能源领域关注的重点和热点，但是，从统计数据看，新能源和可再生能源等在人类社会能源消耗中所占的比重仍然较低。2021 年，可再生能源等

① 据国家统计局、海关总署统计数字测算。

占世界一次能源消费比重，也只有6.71%。2022年7月11日，21世纪可再生能源政策网络（REN21）发布的《2022年全球可再生能源状况报告》指出，尽管2021年全球可再生能源再一次取得了创纪录的增长，但可再生能源占世界最终能源消费比重仍然停滞不前，全球能源系统向可再生能源的转变并未发生。[①]因此，在人类社会能源依然贫困的当下，我们认为，世界能源产业仍需大力发展，风光氢等可再生和新能源与石油、天然气、煤炭等传统化石能源，更多的是互补与合作的关系，我们时代的石油特征和石油在我国能源安全中的核心地位，决定着当前和未来相当长的时间里，国际社会和我们自己都必须高度关注石油问题，因为无论是从全世界的范围还是我们自身，都离不开这个能源产品！

① REN21, *Renewables 2022 Global Status Report*.

B.20

乌克兰危机对欧洲能源市场和绿色低碳转型的影响

刘 梦*

摘 要： 乌克兰危机发生后，美西方国家与俄罗斯之间的制裁与反制裁措施不断升级，国际能源供应格局随之发生较大变革。欧洲地区出现能源供应紧张状况，引发能源价格剧烈波动，迫使政府紧急出台多项措施平抑价格。部分欧洲国家暂缓了退煤进程，能源绿色低碳转型节奏被扰乱。目前来看，煤炭需求回摆只是暂时的无奈之举，欧洲国家能源结构向绿色低碳转型的大趋势并未改变，且从长远来看此次危机将加快欧洲能源绿色低碳转型速度。面对愈加复杂的国际形势，我国应进一步挖掘国内能源生产潜力，稳步推动能源绿色转型和技术进步，加强国际能源合作，加快形成清洁低碳安全高效的新型能源体系。

关键词： 乌克兰危机 能源格局 能源转型 绿色低碳转型

2022年2月24日，乌克兰危机正式爆发，对全球能源供给造成巨大冲击。特别是欧洲地区，由于对俄罗斯能源依赖程度较高，经济发展和人民生活都受到了重大影响，能源绿色低碳转型进程也被扰乱。

---

* 刘梦，经济学博士，中国国际经济交流中心科研信息部助理研究员，主要从事能源、环境政策以及绿色低碳技术创新研究。

我国应密切关注事态发展，从危机中吸取经验教训，做好自身能源安全保障的同时，稳步推动能源绿色低碳转型。

一　乌克兰危机对能源市场的主要影响

乌克兰危机爆发后，美西方国家与俄罗斯之间的制裁与反制裁措施你来我往，不断加码。全球能源市场随之持续动荡，能源价格波动频繁，能源格局正在发生重大变化。

（一）重构能源供需格局，俄罗斯能源权力下降

1. 欧洲国家对俄罗斯能源依赖度高

俄罗斯是全球重要的能源出口国。根据英国石油（BP）数据[①]，2021 年俄罗斯天然气出口量占全球的 23.6%，位列全球第一；石油出口量占全球的 12.3%，位居第二；煤炭出口量占全球的 17.9%，位列第三。欧洲是俄能源出口的主要贸易对象，对欧天然气、石油和煤炭出口量分别占到俄总出口量的 71.8%、29.7% 和 35.2%（见表 1）。

表 1　2021 年俄罗斯能源生产、出口情况

<table>
<tr><th>能源种类</th><th>能源产量</th><th>出口量</th><th>出口占全球比重（%）</th><th>对欧洲国家出口量</th><th>欧洲占俄能源出口量比重（%）</th></tr>
<tr><td>煤炭（艾焦耳）</td><td>9.14</td><td>5.99</td><td>17.9</td><td>2.11</td><td>35.2</td></tr>
<tr><td>原油（百万吨）</td><td>536.4</td><td>467.7</td><td>12.3</td><td>138.7</td><td>29.7</td></tr>
<tr><td>管道天然气（十亿立方米）</td><td rowspan="2">707.7</td><td>241.3</td><td rowspan="2">23.6</td><td>184.4</td><td>76.4</td></tr>
<tr><td>液化天然气（十亿立方米）</td><td>39.6</td><td>17.4</td><td>43.9</td></tr>
</table>

资料来源：BP, Statistical Review of World Energy 2022。

① BP. Statistical Review of World Energy 2022, 2022.

欧洲国家对俄罗斯能源有很高的依赖度。根据BP数据，欧洲煤炭、原油和天然气从俄罗斯的进口量分别占欧洲全部进口量的48.2%、29.6%和38.6%，管道气天然气进口比重达到45.2%（见表2）。

表2 2021年欧洲从俄罗斯进口能源出口情况

能源种类	欧洲国家从俄进口量	占欧洲全部能源进口量比重（%）
煤炭（艾焦耳）	2.11	48.2
原油（百万吨）	138.7	29.6
成品油（百万吨）	75.9	38.4
管道天然气（十亿立方米）	167	45.2
液化天然气（十亿立方米）	17.4	16.1

资料来源：BP, Statistical Review of World Energy 2022。

2. 制裁措施导致俄罗斯与欧洲能源贸易规模大幅下滑

自乌克兰危机正式爆发以来，美西方国家在能源领域对俄实施了多轮制裁。在能源贸易领域，美国宣布禁止进口俄能源，英、加、日等国宣布停止从俄进口石油，欧盟宣布禁止从俄进口煤炭，并于2022年底停止俄海运原油（约占欧盟进口俄原油的2/3）、2023年初停止购买俄石油产品。在能源技术领域，欧盟理事会宣布禁止向俄出售、供应、转让或出口特定的炼油产品和技术，并对相关服务的提供进行限制。在能源投资领域，大型跨国能源巨头纷纷退出在俄投资，英国石油、壳牌、埃克森美孚、道达尔能源等先后宣布退出俄油气市场。

俄罗斯也对美西方国家实施了反制裁措施。自4月起，俄先后停止向拒绝使用卢布结算天然气的芬兰、保加利亚、波兰、荷兰和丹麦等国输气。6月和7月又削减了“北溪-1”天然气管道向欧洲的输气量。根据美国能源信息署（EIA）数据，2022年前7个月，俄罗斯对欧盟和英国出口的管道天然气已经同比下降了40%（见图1），2022年7月中旬的日出口量一度跌至12亿立方米，达到近40年最低点，跌幅主要来自受“北溪-1”影响最大的德国。2022年9月2日，俄罗斯天然气工业股份公司宣布，“北溪 -1”管道因设备故障将完全停止输气，俄气出口量进一步下滑。

图 1　俄对欧盟和英国每日管道天然气出口情况

资料来源：美国能源信息署（EIA）。

俄罗斯与美西方国家的相互制裁将严重影响俄能源出口。俄罗斯副总理诺瓦克指出，2022 年前 7 个月俄煤炭出口已经下降了 8.6%。油气出口方面，2022 年 9 月彭博社（Bloomberg）报道，根据俄罗斯政府发布的三年计划草案，2022 年俄管道天然气出口规模预计将降至 1420 亿立方米（根据 BP 数据 2021 年俄管道天然气出口规模约 2413 亿立方米），2023~2025 年将降至 1252 亿立方米。石油出口方面，原油出口规模预计相对稳定，成品油出口规模 2023 年较 2022 年预计下降 15%。

3. 俄欧紧急拓展能源贸易渠道

俄罗斯经济对能源出口收入依赖度很高。俄罗斯央行公布的数据显示，2021 年原油、成品油、天然气出口额合计约占到俄出口总额的 49%。为应对美西方国家制裁造成的能源市场损失，俄罗斯积极寻找替代市场和能源输送渠道，以印度和中国为主的亚洲市场成为主要方向。根据研究机构能源和清洁空气研究中心（CREA）的数据，乌克兰危机发生后，俄罗斯对印度、中国和土耳其等国的能源出口额出现了明显增长。其中，印度能源进口量增速最快，2022 年 8 月，印度平均每日从俄罗斯的石油进口额，达到乌克兰危机起始时的 5.7 倍；中国该月从俄罗斯的日均能源进口额较危机起始时提高 17%，主要来自煤炭进口增加。同时，俄方正在寻求和土耳其展开合作，扩大经土耳其向欧洲输气规模，希望将土耳其建设为欧洲天然气供应枢纽（见图 2）。

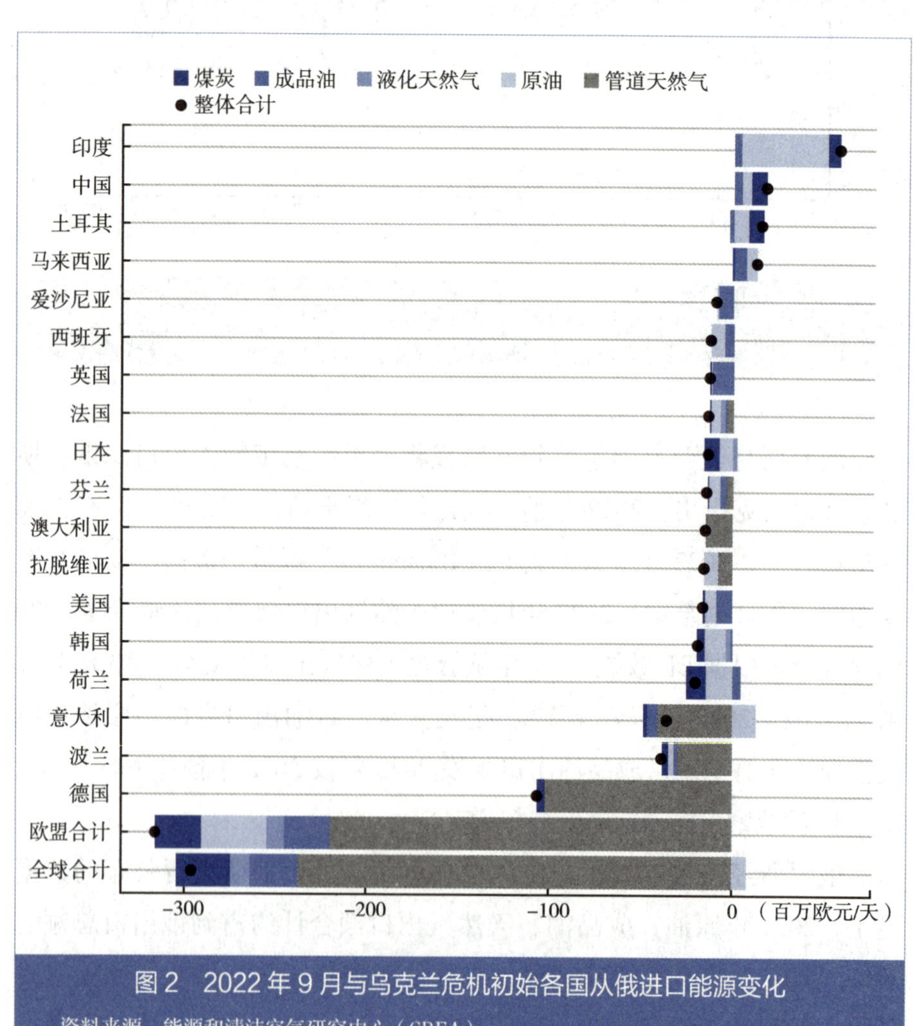

图 2　2022 年 9 月与乌克兰危机初始各国从俄进口能源变化

资料来源：能源和清洁空气研究中心（CREA）。

欧洲正在北美、中东、非洲等地区寻找新的油气供应来源，以填补能源供应缺口。乌克兰危机发生以前，欧洲管道天然气主要从俄罗斯、挪威和安哥拉进口，BP 数据显示，2021 年三国占到欧洲管道天然气总进口量的 85%。根据智库 Bruegel 的统计数据，乌克兰危机发生后，尽管欧盟和英国从俄罗斯进口的天然气数量大幅下滑，但总体进口规模与 2021 年同期降幅并不大（见图 3）。从进口来源来看，挪威、安哥拉进口量与上年同期基本持平。俄罗斯天然气的空缺主要通过进口 LNG 填补，特别是自俄罗斯削减“北溪 -1”供气以后，欧盟和英国的 LNG 进口量与上年同期相比明显增加。2022 年的前 41 周，欧盟和英国合计进口 LNG 量达到上年同期的近 1.7 倍。其中，美国 LNG 对欧出口额增长迅速。根据金融市场数据提供商路孚特（Refinitiv）的数据，2022 年 1~6 月，美国向欧洲 LNG 合计出口量约 390 亿立方米（2021 全年为 340 亿立方米），占美国出口总量的 68%（2021 年为 35%）。

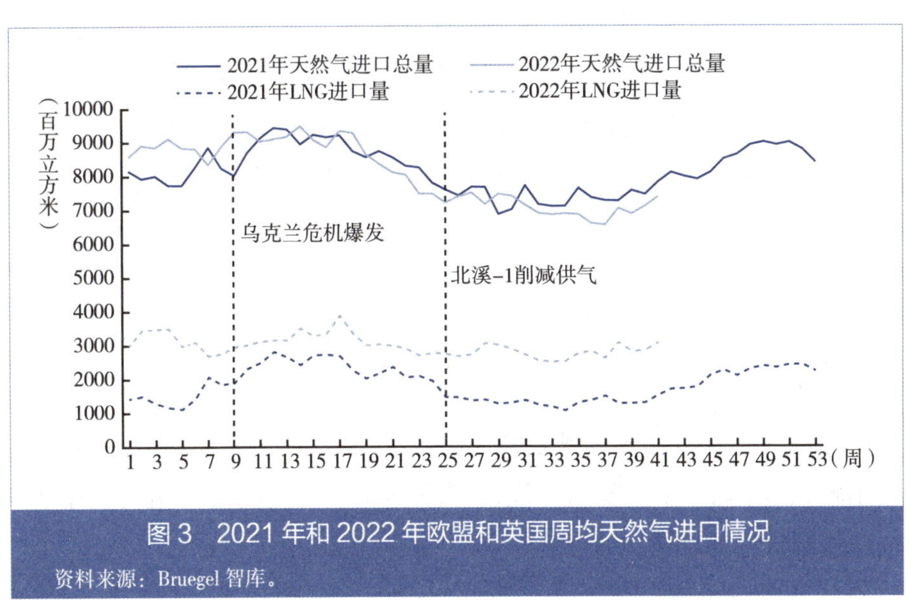

图 3　2021 年和 2022 年欧盟和英国周均天然气进口情况

资料来源：Bruegel 智库。

4. 俄罗斯能源权力下降

目前，全球能源供需呈现“两带三中心”（“俄罗斯—中亚—中东”和美洲两大生产和出口中心地带，以及亚太、北美、欧洲三大消费中心）的基本格局。乌克兰危机后，世界油气版图加速重构，主要能源供应方的“能源权利”此消彼长。美国进一步抢占俄罗斯在欧洲的能源市场份额，“能源权利”得到显著提升。乌克兰危机发生后美欧即达成协议，美国在2030年前将每年向欧盟供应约500亿立方米LNG。未来美国将取代俄罗斯成为全球第一大天然气出口国，取代沙特阿拉伯成为全球第一大石油出口国。中东国家的能源供应也备受重视，2022年7月美国总统拜登出访中东，希望沙特等国增加石油产量；2022年9月德国总理朔尔茨访问沙特阿拉伯、阿联酋和卡塔尔三国，希望开辟新的能源进口途径，中东国家能源地位正在提升。而对俄罗斯而言，俄罗斯“东向”能源战略将加速，但短期内恐难以找到足以替代欧洲的能源出口市场。LNG出口虽然全球市场潜力很大，但因为在技术上高度依赖西方，因此发展受到制裁措施限制。正在推动的“西伯利亚力量2号”“土耳其溪”等管道天然气项目开发尚需时日，且规模难与过去对欧出口相比。如果未来美西方国家的能源“去俄罗斯化”制裁措施持续，其在全球能源供应中的市场份额恐将被进一步削减，“能源权利”进一步下降。

（二）能源价格大幅波动，政府强化价格干预措施

自2021年下半年开始，由于能源需求复苏、供给增速缓慢等，全球能源供需本已处于紧平衡状态。乌克兰危机发生后，能源供需格局发生较大变化，“非俄罗斯”能源严重稀缺，欧洲能源价格一度暴涨，全球能源价格波动进一步加剧。

1. 天然气价格

乌克兰危机爆发后，欧洲市场对天然气供应紧张的担忧加剧，天

然气价格快速升高。特别是从 6 月俄罗斯削减“北溪 -1”天然气管道对欧供气以后，价格出现暴涨。8 月 26 日，被视为欧洲天然气基准价格的荷兰所有权转让中心（TTF）天然气期货收盘价格达到约 350 欧元 / 兆瓦时，创下历史新高，是 2021 年同期价格的十倍以上。而后价格虽有所回落，但入冬后是否能控制价格上涨对欧洲将是严峻考验。

图 4　TTF 天然气期货收盘价格变化趋势

资料来源：Investing.com。

2. 煤炭价格

欧洲多国在危机发生后宣布重启煤电，延长原定淘汰煤电厂的运营时间。在欧盟停止进口俄罗斯煤炭的制裁措施影响下，市场上“非俄罗斯”煤炭受到追捧，推高全球煤炭价格。国际三大动力煤价格纷纷上涨，根据 Wind 数据，2022 年 9 月底，欧洲 ARA 港动力煤现货价格达到 325 美元 / 吨，同比增长 58.8%；澳大利亚纽卡斯尔 NEWC 动力煤现货达到 414.8 美元 / 吨，同比增长 104.1%；南非理查德 RB 动力煤现货价格达到 286.5 美元 / 吨，同比增长 79.1%。

3. 石油价格

乌克兰危机发生后，虽然欧盟尚未立即停止进口俄罗斯石油，但市场对石油供应紧张的担忧加剧，国际油价迅速上涨。根据 Wind 数据，2022 年 3 月初布伦特原油现货价一度达到 137.7 美元 / 桶，为十多年来新高。而后，在全球经济复苏疲软、欧美多国央行宣布加息、作为石油计价货币的美元汇率不断升高等因素的共同作用下，国际油价逐步恢复到危机前水平。

图 5　欧洲主要港口动力煤价格变化趋势

资料来源：Wind。

4. 政府加大能源价格干预

面对能源价格的快速上涨，各国政府纷纷出台价格干预政策措施。欧洲以外，美国从国内外两方面推动全球扩大能源供给。在国际上呼吁欧佩克国家增产石油，在国内呼吁能源生产企业尽快扩大产能，放松近海油气生产的限制，并加快释放石油储备。2022 年 3 月 31 日，美国宣布未来 6 个月每日从国家战略石油储备中释放 100 万桶原油入市。

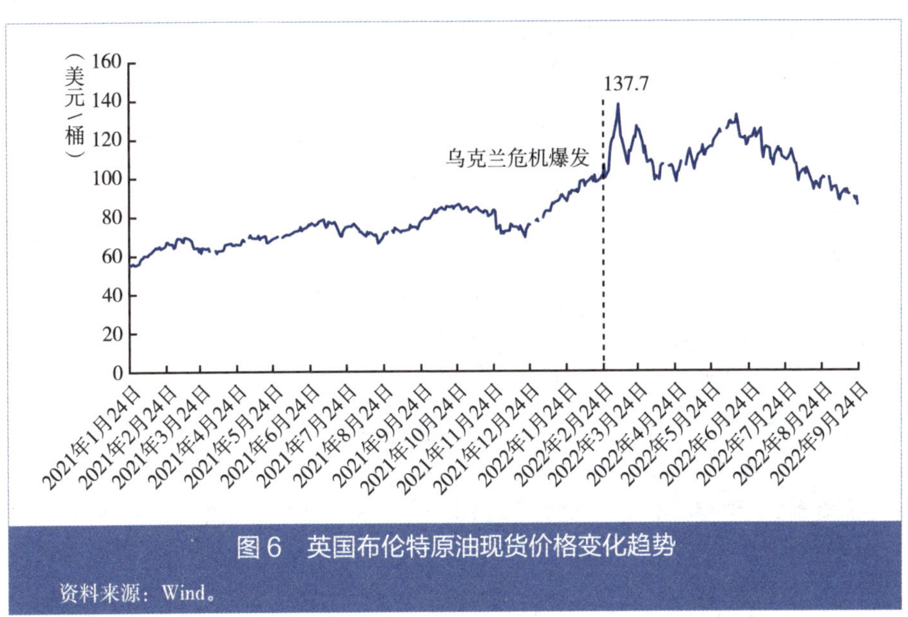

图 6　英国布伦特原油现货价格变化趋势

资料来源：Wind。

受能源价格影响最严重的欧洲各国，纷纷采取居民能源补贴、降低能源税等措施。根据 Virtual Capitalist 的数据，2021 年 9 月至 2022 年 7 月，欧洲各国政府为应对能源危机，在居民能源价格补贴和零售价格监管等政策方面的拨款金额已达到 2742 亿美元。2022 年 10 月，欧盟委员会提出联合购买天然气、建立新的液化天然气价格基准、对欧洲天然气基准价格实施限价机制等新措施，以平抑欧盟天然气价格，确保 2022 年冬天能源供应安全。

表 3　2021 年 9 月至 2022 年 7 月欧洲为应对能源危机政府拨款规模

单位：十亿美元，%

国家	拨款金额	占 GDP 比重
德国	60.2	1.7
意大利	49.5	2.8
法国	44.7	1.8
英国	37.9	1.4

续表

国家	拨款金额	占 GDP 比重
西班牙	27.3	2.3
奥地利	9.1	2.3
波兰	7.6	1.3
希腊	6.8	3.7
荷兰	6.2	0.7
捷克	5.9	2.5
比利时	4.1	0.8
罗马尼亚	3.8	1.6
拉脱维亚	2	3.6
瑞典	1.9	0.4
芬兰	1.2	0.5
斯洛伐克	1	1.0
爱尔兰	1	0.2
保加利亚	0.8	1.2
卢森堡	0.8	1.1
克罗地亚	0.6	1.1
拉脱维亚	0.5	1.4
丹麦	0.5	0.1
斯洛文尼亚	0.3	0.5
马耳他	0.2	1.4
爱沙尼亚	0.2	0.8
塞浦路斯	0.1	0.7
合计	274.2	

资料来源：Virtual Capitalist，Bruegel。

（三）能源结算体系受到冲击，美元结算比例下降

第二次世界大战以来，美元一直是全球能源贸易结算的主要货币。乌克兰危机爆发后，美西方国家联手将俄罗斯多家主要银行移出环球银行间金融通信协会（SWIFT）支付系统，导致俄罗斯能源贸易结算体系

受到巨大冲击，卢布兑美元汇率暴跌。作为反制措施，俄罗斯政府发布“卢布结算令”，要求“不友好”国家和地区进口俄罗斯天然气必须用卢布结算。结算令发出后，已有德国、意大利、奥地利等至少10个欧盟国家同意用卢布结算俄罗斯天然气，对美元主导的能源支付体系形成冲击。

从长期来看，乌克兰危机可能加速全球能源贸易“去美元化”速度。近年来，美国频频将美元“武器化”的举措动摇了美元的信用，引发多国警惕。全球能源贸易结算货币呈现“多元化”趋势。除欧盟外，乌克兰危机后俄罗斯和印度已经实施了“卢布－卢比”贸易支付机制，将使用本国货币开展石油和其他商品贸易。2022年8月，土耳其能源部门宣布，将使用卢布结算部分俄罗斯天然气采购费用。9月，中国石油集团与俄罗斯天然气工业股份公司签署了“中俄东线天然气购销协议”相关补充协议，决定以人民币和卢布50∶50的比例支付天然气供应费用。

二　乌克兰危机对欧洲能源绿色低碳转型的影响

乌克兰危机给全球能源市场带来的巨大冲击，令世界不得不正视对化石能源的依赖。特别是一度广遭“嫌弃”的煤炭需求有所复苏，部分欧洲国家暂缓了退煤进程。与此同时，天然气基础设施建设等领域也再度引发关注，欧洲能源绿色低碳转型节奏被扰乱。

（一）短期看给欧洲能源绿色低碳转型带来负面影响

自20世纪末全球应对气候变化进程启动以来，欧洲在全球气候治理中一直致力于扮演领导者角色，是能源绿色低碳转型的积极倡导者。但面对乌克兰危机引发的能源供应紧张，欧洲不得不重启煤电，德国、意大利、英国、奥地利、荷兰等国已宣布重启煤电厂。根据路透社9月28日的报道，德国内阁通过了两项法案，延长煤电厂的运营时间。在当前天然气短缺形势持续的情况下，允许大型无烟煤发电厂延长运营到 2024 年 3 月 31 日，重启闲置褐煤电厂运营至 2023 年 6 月 30 日，以保障能源供应。荷兰政府决定取消燃煤发电占总电量 35% 的限制要求，直至 2024 年，此举预计每年可以替代 20 亿立方米的天然气消费。根据 IEA 数据，2022 年上半年印度和欧盟煤炭消费量分别上涨 4600 万吨和 2100 万吨。预计 2022 年全年全球煤炭消费量将上升 0.7%，其中欧盟增长 7%。在煤电需求带动下，欧盟动力煤消费较 2021 年将增加 3300 万吨。预计到 2023 年，全球煤炭消费将达到 80.33 亿吨创历史新高。

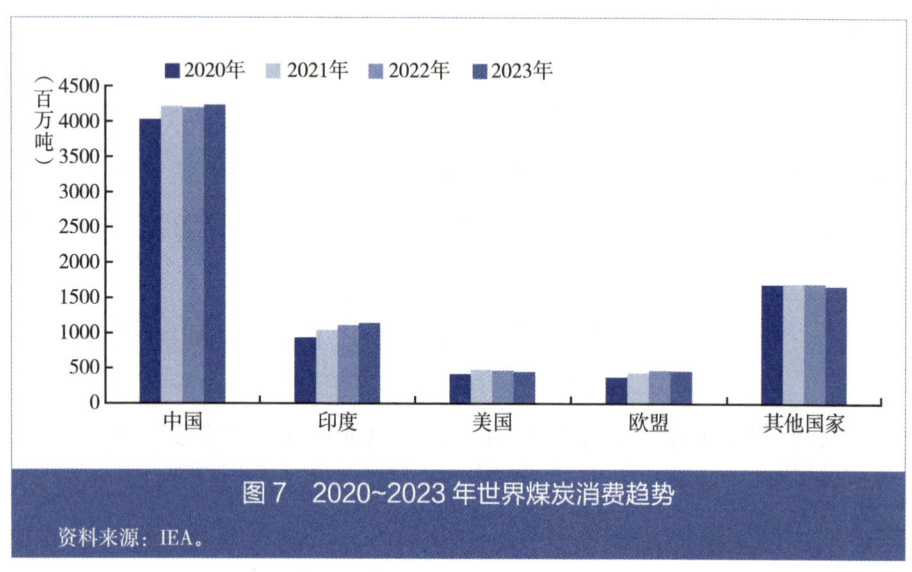

图 7　2020~2023 年世界煤炭消费趋势

资料来源：IEA。

天然气供应来源的巨大改变迫使欧洲需要紧急建设新的天然气基础设施，开辟新的进口渠道。据媒体报道[①]，由于 LNG 基础设施不足，西班牙、葡萄牙、英国等多个欧洲国家出现了数十艘装满 LNG 船无法靠岸卸货的问题。欧盟预计 2022~2023 年在新建 LNG 设施和天然气管道的投资将达到 100 亿欧元。从短期看，化石能源的需求和技术投资的增加，可能会扰乱部分国家能源绿色低碳转型节奏。

① BBC, The ships full of gas waiting off Europe's coast, 2022.

（二）长远看将加快欧洲能源绿色低碳转型速度

全球能源风险的增加，以及化石能源需求和价格的上涨通常可能带来两方面的影响。一方面是在高额利润的激励下，带动化石能源行业扩大投资；另一方面是鼓励国家摆脱对化石能源的依赖，同时增加非化石能源的价格优势，推动全球能源实现更快绿色低碳转型。

化石能源方面，目前来看，全球在煤、油、气方面的投资增长是有限的、短期的。2022 年 6 月 IEA 发布的报告预计[①],2022 年全球油气上游领域虽然从投资额上看预计较 2021 年约上涨 10%，但主要是由各方面成本提高造成的投资金额增长，并不能等同于能源开发量的提高。如果依照 2021 年的成本水平测算，2022 年与 2021 年相比基本持平。即使不考虑成本因素，2022 年全球大型企业油气上游预计投资额与疫情前的 2019 年仍有不小差距，特别是欧洲大型油气企业在油气上游领域投资额较 2019 年预计下降 30% 左右。另外，根据伍德麦肯兹公司的数据，2022 年上半年，尽管油气价格出现了大幅上涨，但全球油气资源并购交易呈现“量价齐跌”的态势。交易数量和金额较 2021 年同期均下降近三成，明显低于近几年平均水平[②]。

在非化石能源方面，乌克兰危机并未改变欧洲国家能源结构向绿色低碳转型的大趋势，而是更加坚定了其摆脱化石能源的决心，从长远看加速了转型进程。当前部分欧洲国家煤炭消费的回摆，只是为了维持基本经济民生的无奈之举。2022 年 5 月，欧盟在乌克兰危机后发布了“为欧盟重新供能”（REPowerEU）计划，将 2030 年可再生能源装机量目标由 1067GW 提升至 1236GW，将可再生能源在欧盟能源结构中的占比目标从 40% 提高到 45%。9 月，包含 45% 这一目标的欧盟《可再生能源发展法案》已在欧盟议会获得通过。德国、荷兰、葡萄牙等欧盟国家也正纷纷提高可再生能源发展目标。如德国发布“复活节计划”，将 2030 年可再生能

① IEA, World Energy Investment 2022, 2022.

② 侯明扬:《全球油气并购市场“量价齐跌”》,《中国石油石化》2022 年第 19 期。

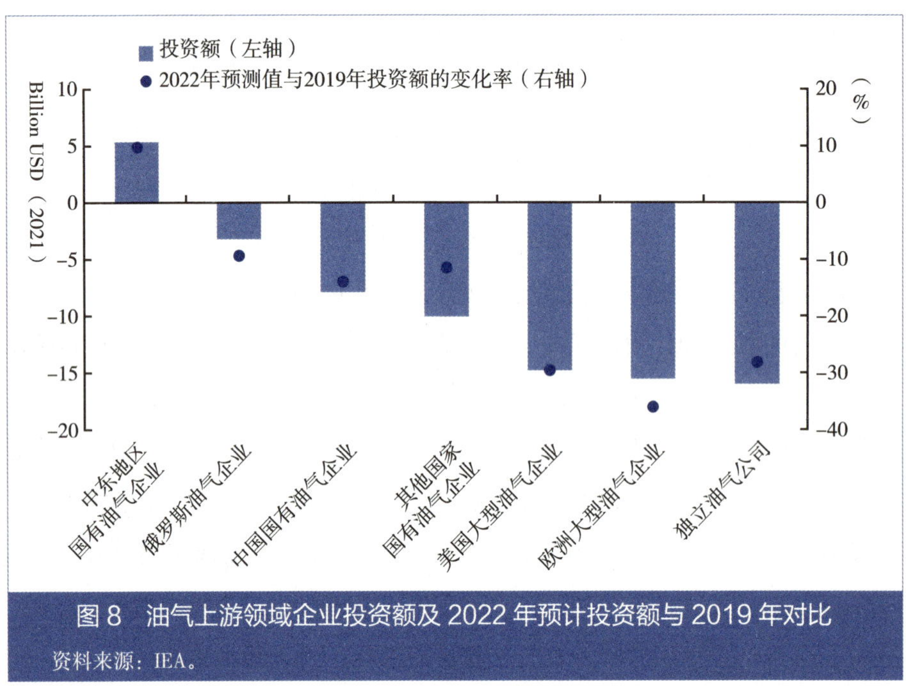

图 8　油气上游领域企业投资额及 2022 年预计投资额与 2019 年对比

资料来源：IEA。

源发电比例目标由原计划的 65% 提高到 80%，以摆脱对化石能源的依赖。10 月，欧盟已经就“2035 年起欧盟市场所有在售乘用车和轻型商用车二

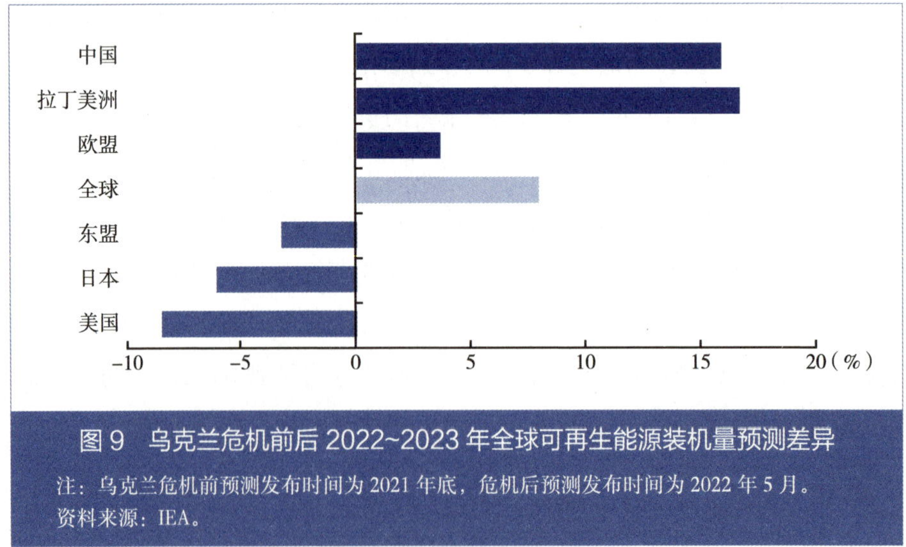

图 9　乌克兰危机前后 2022~2023 年全球可再生能源装机量预测差异

注：乌克兰危机前预测发布时间为 2021 年底，危机后预测发布时间为 2022 年 5 月。

资料来源：IEA。

氧化碳排放量为零”的计划达成一致，相当于从 2035 年起禁售汽油车和柴油车。2022 年 5 月 IEA 发布的报告指出，乌克兰危机加速了欧盟摆脱化石能源依赖的行动，德国、荷兰、波兰、意大利、法国等国家在政策推动下，以光伏为主的新能源装机量将更快速提升，将 2022 年欧盟地区可再生能源装机增速的预期值提高了近 4%(与 2021 年 11 月预计数相比)。

三　乌克兰危机对我国能源绿色低碳发展的启示

乌克兰危机引发了全球能源市场的剧烈动荡，对欧洲经济发展和绿色转型造成了较大影响，也暴露出在能源需求、技术等方面面对外依赖度高所带来的潜在弊端和风险。面对日趋复杂的国际形势，我国应充分挖掘国内能源生产潜力，稳步推动能源绿色转型和技术进步，加强国际能源合作，加快形成清洁低碳安全高效的新型能源体系。

（一）加强化石能源供给能力

目前，煤炭依然是我国的主体能源，2021 年在一次能源消费中的比重占到 56%。油气资源对外依赖度较高，进口量位列全球第一，2021 年石油和天然气对外依存度分别为 72.2% 和 46%。为确保能源安全稳定，还应进一步加强国内化石能源的供给保障能力。一是推动煤炭产能充分释放。我国煤炭行业在多年去产能后，已出现产能供应不足问题。2021 年下半年出现严重的煤电矛盾后，国家出台了一系列煤炭增产稳价政策。目前来看。煤炭供应总体依然趋紧，市场价格依然偏高。我国富煤缺油少气的资源禀赋，决定了未来一段时间煤炭在我国能源体系中仍将发挥重要的兜底保障作用。下一步，在生产环节应适时放松煤炭产能的行政管控，发挥市场在资源配置中的决定性作用，充分释放煤炭生产潜力。二是提高油气生产能力。加大油气资源勘探开发和投资力度，坚持“常非并举、海陆并重”，提升探明油气储量，提高老油气田采收率。推动油气上游领域形成多元化主体开发模式，鼓励国企、私企、外企共同开发、相互竞争。

（二）完善化石能源储备体系

化石能源储备在应对国际能源供应波动、实现应急保供、平抑供需季节性差异等方面具有重要意义。欧盟地区较高的能源储备能力，对乌克兰危机后，推动当地天然气价格逐渐回落起到了关键作用。与发达国家相比，我国的化石能源储备能力仍需进一步加强。一是强化政府化石能源储备能力建设。围绕煤炭在能源中的基础和兜底保障作用构建煤炭储备体系，加强国家石油储备建设，提高政府可调度煤炭、石油储备能力。二是鼓励企业参与能源储备体系建设。引导社会资本参与储备设施的建设运营，保障油气管网基础设施对企业平等开放，推进枯竭油气藏、油气田、盐穴等地下储气库资源公平出让。落实政府、能源供应企业和主要用户的储备责任，形成政府储备、企业社会责任储备和生产经营库存相结合的分级储备体系。

（三）稳妥有序推动能源绿色低碳转型

目前，应对气候变化已成为全球共识，这一方向并未因乌克兰危机而发生改变。我国应在保证能源安全的前提条件下，持续能源绿色低碳转型。一方面，能源绿色低碳转型不可能一蹴而就，应坚持先立后破，统筹能源转型节奏。要立足以煤为主的基本国情，避免“运动式”降碳给能源体系带来冲击。发挥好煤炭在能源供给和储能方面的“压舱石”作用，统筹煤炭和新能源协同发展，有序推进煤电从主体电源向调节电源转变，保障能源平稳有序供应。全局通盘考量不同地区、行业的实际情况，合理制定减煤降碳任务，避免因能源转型过快影响经济稳定发展。另一方面，无论是从提高能源自主能力，还是从推动“双碳”目标达成的角度，都应加快发展可再生能源。要继续提高可再生能源在我国能源体系的比重，充分发挥我国在风电、光伏、核能等方面的优势和潜力，统筹解决新能源电力外送、跨区消纳等问题。同时，健全适应能源结构转型的市场机制。加快全国统一电力市场建设，推动新能源电力进入电力现货市场交易。加快碳市场建设，充分体现可再生能源的绿色价值。

（四）加快能源关键核心技术攻关

乌克兰危机后，美西方国家在能源技术领域的制裁措施，对俄罗斯能源生产和出口造成了较大冲击，又一次凸显了把握能源技术的重要性。我国应进一步加大能源关键核心技术的投入，加快技术进步。一是加快化石能源清洁高效技术发展。提升煤炭高效清洁燃烧技术、现代煤化工技术等煤炭利用技术水平，推动非常规油气勘探开采领域技术突破。加大碳捕获、利用与封存（CCUS），生物质能碳捕集与封存（BECCS），直接空气碳捕集（DAC）等负碳技术研究。二是把握新能源关键核心技术。近年来，我国新能源技术水平明显提升，风电、光伏、水电等领域技术达到世界先进水平，新能源发电成本大幅下降。但是，在如新能源关键核心部件等方面进口依赖度依然较高。需尽快提高新能源关键核心技术自主化水平，在全球能源绿色转型中抢占主动权。

（五）强化国际能源合作

面对乌克兰危机引发的全球能源市场动荡和能源供需格局变化，我国应继续加强能源国际合作，适时调整合作方向，为国内能源安全保障和绿色低碳转型提供积极的外部环境。一是进一步拓展化石能源进口渠道。持续推动能源进口渠道多元化，避免对单一国家、地区过度依赖的能源合作方式。与周边国家加强能源合作，合力构建油气储备应急体系。关注中俄能源合作机遇，加强能源基础设施建设。二是强化中欧新能源合作。我国是全球风电、光伏设备的主要出口国，这虽然引起了一些国家的警觉，如一些欧盟专家认为不应从对俄罗斯的化石依赖转向对中国的新能源依赖，但是短期内很难找到合适的替代进口来源。应抓住乌克兰危机后，欧洲国家急切推动能源转型带来的大量风电、光伏装机需求，发挥我国优势，积极推动中欧新能源合作。

参考文献

曹志宏:《俄乌冲突对国际能源格局的影响及中国的应对》,《商业经济》2022 年第 9 期。

陈文林、吕蕴谋、赵宏图:《西方对俄能源制裁特点、影响及启示》,《国际石油经济》2022 年第 9 期。

冯玉军:《国际能源大变局下的中国能源安全》,《国际经济评论》2022 年 10 月 30 日。

李鹏:《俄乌冲突对全球能源行业影响的分析》,《经济导刊》2022 年第 Z1 期。

李晓依、许英明、肖新艳:《俄乌冲突背景下国际石油贸易格局演变趋势及中国应对》,《国际经济合作》2022 年第 3 期。

刘满平:《全球能源市场大变局对我国的影响及政策建议》,《价格理论与实践》2022 年第 10 期。

聂新伟、卢伟:《俄乌冲突对全球能源格局影响及我国的应对建议》,《能源》2022 年第 5 期。

彭文生:《能源供给冲击下的全球绿色转型》,《国际金融》2022 年第 9 期。

王一鸣:《中国碳达峰碳中和目标下的绿色低碳转型：战略与路径》,《全球化》2021 年第 6 期。

于鹏:《俄乌冲突对中国能源贸易的影响及对策研究》,《价格月刊》2022 年第 9 期。

B.21

深化中欧能源合作的有关建议

翟羽佳　王成仁　何七香　刘 梦*

摘　要： 受地缘冲突、极端天气等不利因素影响，高度依赖进口的欧洲能源体系暴露出极大的安全问题，能源危机持续发酵，一方面绿色能源转型尚处于起步阶段，无法满足各国的能源消费需求；另一方面全球能源价格飙升，大幅抬高欧洲企业和居民的生产生活成本，长期通胀风险加大。本文从欧洲寻求能源独立的发展态势出发，结合我国绿色低碳相关技术和产业优势，分析中欧在光伏、煤炭等领域的合作契合点，指出中欧合作可能面临的政治博弈、制度规则等障碍，并就运筹中欧关系提出对策建议。

关键词： 能源战略　绿色低碳　新能源产业　中欧合作

受乌克兰危机影响，欧洲能源供给安全风险急剧增大，欧洲国家加速推进“去俄化”，寻求替代供应方案，以求摆脱对俄依赖。欧洲一直是能源绿色转型的急先锋，短期内为保能源安全，部分欧洲国家重启煤电，被动调整能源结构，争取在较短时间内实现能源独立。对此，我国应把握欧洲能源危机和能源结构调整的重要机遇，以加强中

* 翟羽佳，中国国际经济交流中心科研信息部助理研究员，主要研究方向为能源政策、创新战略；王成仁，中国国际经济交流中心科研信息部处长，副研究员，主要研究领域为宏观经济政策、能源经济等；何七香，中国国际经济交流中心科研信息部助理研究员，主要研究方向为能源战略、国际金融；刘梦，中国国际经济交流中心科研信息部助理研究员，主要研究方向为能源、环境政策以及绿色低碳技术创新。

欧能源合作为抓手，重启《中欧投资协定》签署，强固对欧关系，化解美对我国新能源产业围堵压力，实现中欧共赢发展。

一　欧洲加速推进能源结构调整

（一）欧洲长期是全球能源脱碳转型的先行者

欧洲国家多数经济发达且科学技术先进，是全球推进碳减排的先锋。在过去 20 多年里，欧洲国家煤炭与原油消费量显著下滑，天然气消费量基本保持平稳，可再生能源消费量大幅上升。根据《BP 世界能源统计年鉴 2022》数据，欧洲国家消费的一次能源为 82.38 艾焦（约合 19.69 亿吨油当量），占全球比重为 13.8%。其中，原油、天然气、煤炭、核能、水电、可再生能源消费占能源消费总量的比重分别为 33.5%、25.0%、12.2%、9.7%、7.4%、12.3%（见图 1）。

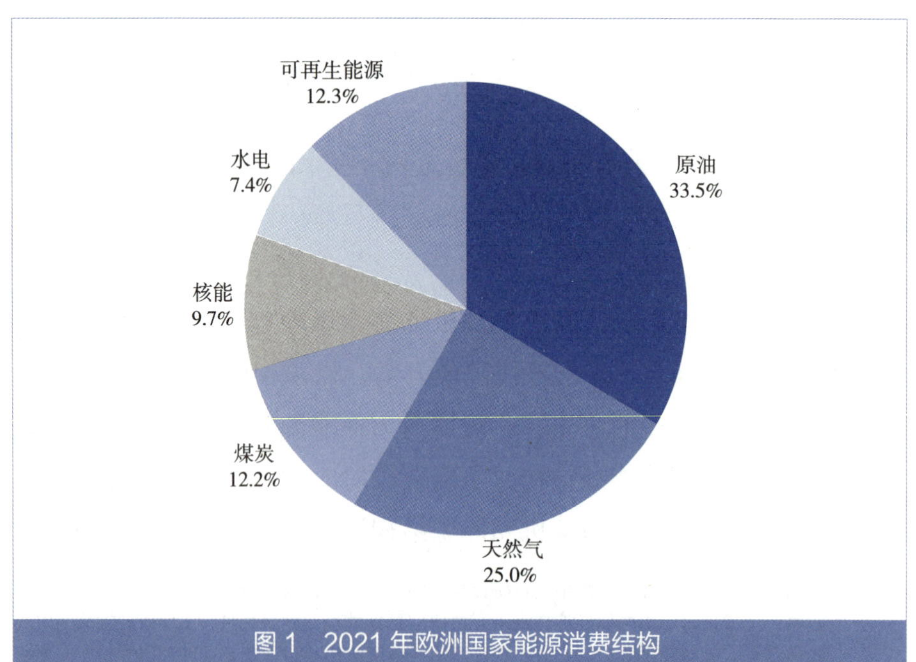

图 1　2021 年欧洲国家能源消费结构

资料来源：BP 公司《BP 世界能源统计年鉴 2022》，2022 年 6 月。

原油消费量由2006年的8.03亿吨高峰下降到2021年的6.38亿吨，降幅超过1/5；天然气消费量由2005年的6276亿立方米高峰，下降到2021年的5711亿立方米，降幅为9%；煤炭消费由2007年的17.38艾焦（近20年高点）下降到2021年的10.01艾焦，降幅达42.4%；核能消费到2004年达到11.18艾焦的最高值，其后逐年下降，2021年降到7.98艾焦，占能源消费总量的9.7%；水电消费量稳定在6艾焦左右，2021年为6.12艾焦，较上年略降1.3%；可再生能源消费快速增长，于2002年突破1艾焦，到2021年达到10.14艾焦，是2002年的10倍左右，消费量首次超过煤炭，占总消费量的12.3%（见表1）。

表1　2012~2021年欧洲能源消费量变化（按品种分）

品种	2012年	2013年	2014年	2015年	2016年	2017年	2018年	2019年	2020年	2021年
原油（百万吨）	686.7	673.2	659.7	677.2	693.4	705.2	703.5	700.1	607.6	637.5
天然气（十亿立方米）	565.7	554.4	500.0	509.2	537.4	558.8	547.4	554.5	542.0	571.1
煤炭（艾焦）	16.34	15.80	14.84	14.20	13.69	13.04	12.91	11.02	9.48	10.01
核能（艾焦）	9.46	9.29	9.29	9.01	8.71	8.61	8.56	8.47	7.56	7.98
水电（艾焦）	6.18	6.49	6.28	6.17	6.28	5.60	6.16	5.97	6.22	6.12
可再生能源（艾焦）	5.30	5.83	6.24	7.00	7.12	7.91	8.33	9.10	9.91	10.14
一次能源消费总量（艾焦）	87.26	86.46	83.19	83.96	85.09	85.74	86.06	84.79	78.93	82.38

资料来源：BP公司《BP世界能源统计年鉴2022》，2022年6月。

欧洲国家能源自给率较低。根据BP统计，2021年，欧洲原油进口4.677亿吨，占总消费量的73.4%（未考虑库存等因素）；天然气进口3410亿立方米，占总消费量的59.7%；煤炭进口4.38艾焦，占总消费量的43.8%。

（二）欧洲国家拟通过能源结构调整逐步实现“去俄化”

1. 欧洲国家自俄进口能源情况

俄罗斯是欧洲能源主要进口来源，多数欧洲国家对俄能源依赖程度较高。《BP 世界能源统计年鉴 2022》显示，2021 年，欧洲国家从俄罗斯进口原油 1.39 吨，占其总进口量（4.68 亿吨）的 29.7%；进口管道天然气 1670 亿立方米，占管道天然气进口总量（2328 亿立方米）的 71.7%；进口液化天然气（LNG）174 亿立方米，占 LNG 进口总量（1082 亿立方米）的 16.1%；进口煤炭 2.11 艾焦，占总进口量（4.38 艾焦）的 48.1%。

2. 欧对俄制裁及能源战略调整情况

乌克兰危机爆发后，美国、欧盟相继宣布对俄罗斯进行制裁。2022 年 3 月 8 日，拜登政府签署行政命令，禁止美国从俄罗斯进口能源产品（煤炭、原油、LNG 等），禁令已于 4 月 22 日生效。欧盟于 3 月 8 日提出一项名为“欧洲廉价、安全、可持续能源联合行动”（REPowerEU）的长期能源战略，除稳定能源价格和增加库存外，核心在于通过天然气供给多元化和降低化石能源依赖两大支柱，确保欧洲能源安全，力争在 2022 年内将俄天然气进口量减少 2/3，并于 2030 年前彻底结束对俄天然气依赖。4 月 8 日，欧盟宣布对俄第五轮制裁，禁止从俄进口煤炭，经过 120 天过渡期，已于 8 月生效；6 月 2 日，宣布对俄第六轮制裁，禁止通过海路运输从俄进口原油，同样设置了过渡期，于 12 月生效。6 月中旬，俄罗斯大幅削减了对 5 个欧盟国家的天然气供应，其中通过北溪 -1 管道输往德国的供气量减少了 60%，每日供气量不超过 6700 万立方米。作为俄罗斯手中重要的“能源牌”，北溪 -1 管道以年度例行维护、设备故障等理由对输气供应时断时续，7 月 27 日的日供气量降至 3300 万立方米，9 月 2 日起无限期暂停输气，9 月 27 日北溪 -1 和北溪 -2 管道多处天然气泄漏加剧地缘政治危机，供气中断促使欧洲能源短缺、价格走高。10 月 6 日欧盟委员会批准了为俄罗斯石油设定限价等一系列第八轮制裁措施。根据 REPowerEU 战略，欧盟短期内将通过多种方式降低天然气自俄进口规模。欧盟委员会的方案是 2022 年内通过能源国替代和多元化管道增加 600 亿立方米天然气进口量，通过生物甲烷、电能、风能、太阳能等能源替代 265 亿立方米天然气，通过提高能效节约 155 亿立方米天然气，预计可在年内降低 60% 左右的俄罗斯能源进口。同时，重视能源储备，拟规定每年 10 月 1 日前现有储备设施的能源储备量不低于最大储备量的 90%，以应对下一个冬季用能高峰。

长期能源方案是要实现“去俄化”，实施多元化能源供应体系、电气化替代和能源密集型产业转型等措施，进一步强化 2021 年 7 月出台的气候计划“减碳 55”（Fit for 55）中关于可再生能源使用和提高能效的减碳目标，并发挥政策叠加效应。按照欧盟委员会预期，“Fit for 55”计划如果全面实行，可在 2030 年降低天然气消费 1000 亿立方米，叠加 REPowerEU 的措施，在 2030 年前至少可以替代 1550 亿立方米天然气，从而结束对俄罗斯能源的依赖。

3. 近期欧洲国家自俄进口能源动态

从主要国家看，德国欲以 LNG 替代俄管道气进口难度较大，英国已基本摆脱对俄罗斯的能源依赖。德国煤炭进口主要来自俄罗斯，占比超过 50%，乌克兰危机后暂未有大的变化；德国原油进口主要来自英国（近 50%）、美国和俄罗斯，7 月德国自俄罗斯原油进口量已降至近三年的最低点，9 月与阿联酋达成能源供应协议，在 2023 年 2 月的石油禁运前获得柴油供应替代；德国 55% 的天然气来自俄罗斯，北溪 -1 供气量削减后，德国着手在威廉港建造国内首座 LNG 接收站，预计 2022 年冬天可提供相当于俄罗斯进口天然气的两成，未来接收站可处理约北溪 -1 输送量一半的天然气，但完全替代俄气仍存在困难。英国化石燃料丰富，对俄罗斯能源依赖相对不高，但英国也于 4 月宣布将在 2022 年底前停止进口俄煤炭和原油，并尽量结束天然气进口。英国国家统计局数据显示，2021 年英国从俄罗斯进口了价值 52 亿英镑的燃料，占所有燃料进口的 9.7%。具体来看，英国 2021 年约一半的煤炭需进口，其中 43% 来自俄罗斯，英国成品油进口量的 24.1% 来自俄罗斯，同时 5.9% 的原油进口和 4.9% 的天然气进口也来自俄罗斯。2022 年 6 月，英国实现了自 1997 年有记录以来的首次俄罗斯燃料“零进口”，其天然气进口主要来自卡塔尔和美国，超过一半的煤炭进口来自美国，从沙特阿拉伯、荷兰、比利时和科威特等国的成品油进口也有所增加，部分弥补了减少的俄罗斯燃料进口量。

（三）欧洲国家清洁能源战略取向不会改变

长远来看，欧洲若要实现能源独立，既要加速能源转型，提高可再生能源消费比重，又要实现油气资源进口来源多元化，减少对俄能源依赖。欧洲一直是全球可再生能源发展的引领者，各国均制定了积极的可再生能源发展目标。乌克兰危机将进一步加速欧洲可再生能源发展。RePowerEU 战略的实施将提速 2030 年 1000GW 太阳能装机目标（欧洲光伏产业协会提出），欧盟也计划快速推进“Fit for 55”减排计划。2022 年 6 月 27 日，欧盟国家能源部长在卢森堡举行的会议上决定，将 2030 年可再生能源在欧盟整体能源结构中的占比提高至 40%（此前目标为 32%）。7 月 13 日，欧洲议会议员投票到 2030 年将可再生能源占欧盟能源消费比重提高到 45%，并准备修订“能源效率指令”（EED），提高了降低一次能源消费总量的目标。

总的来看，乌克兰危机给欧洲能源供给安全带来巨大冲击，短时间内取代俄能源进口具有相当大的难度。如德国 7 月 8 日立法投票中决定取消 2035 年实现 100% 可再生能源电力供应的目标，计划重启煤电。同时，欧洲整体经济形势不容乐观。欧盟统计局数据显示，欧元区能源和食品价格持续飙升，9月通货膨胀率按年率计算将达10%。其中，能源价格飙升40.8%，食品、酒类和烟草价格上涨11.8%，非能源工业品价格上涨5.6%，服务业价格上涨4.3%。据统计，通货膨胀率超过10%的欧元区国家有9个，其中爱沙尼亚、立陶宛和拉脱维亚的通货膨胀率已超过20%。根据欧盟委员会2022年夏季经济展望报告，预计2022年欧盟经济增长率为2.7%，2023年为1.5%。欧元兑美元汇率于7月跌破平价，为2002年12月以来首次，其间虽略有回升，但整体持续走低。综合欧洲能源结构调整、美对我国新疆新能源产业围堵等因素，以中欧能源合作为重点，加强与欧洲国家经济联系，运筹对欧关系具有较大空间。

二　中欧可共谋能源合作契合点

（一）中欧在光伏等可再生能源的竞争中仍有合作空间

面对能源短缺冲击和局部热点问题的困境，欧洲各国更加重视能源安全和能源独立，加速向可再生能源转型。截至2021年底，欧洲累计光伏装机量为165GW。作为发展重点，预计到2030年欧盟累计装机量将达到600GW，欧洲有望达到1000GW。我国光伏产业链具有规模化优势，产品价格低，供应能力强，IEA报告显示，光伏组件成本较印度低10%，较美国低20%，较欧洲低35%。国际能源署（IEA）预计中国在全球多晶硅、硅锭和硅片产量中的份额将很快达到近95%。欧洲是我国光伏组件最大的出口市场，2021年我国光伏组件出口量为98.5GW，其中欧洲市场占43.9%。2022年第二季度开始，欧洲对我国光伏需求大幅提升，根据海关统计数据，上半年我国光伏组件向欧洲出口量为42.4GW，同比增长137%，未来可进一步推动我国光伏产品向欧出口。此外，风力发电也是中欧可再生能源合作的重要方向。国家发改委报告显示，截至2021年底，全球海上风电累计装机容量 57.2GW，同比增长近 60%，其中中国占 48%，英国占 22%，德国占 13%。欧洲海上风电起步早，拥有丰富的技术方案和实践经验，我国在风机制造领域具有成本优势，两国合作将加速漂浮式海上风电等技术创新，降低风电产业升级成本，促进可再生能源发展。

（二）欧多国重启煤电带来煤炭清洁利用合作契机

受高温天气影响，欧洲电力短缺问题加剧。水库河流的水位下降导致水电能力不足，西班牙水力发电量处于近 20 年来的第二低水平，法国国家电网运营商输电系统（RTE）显示，2022 年上半年水力发电量同比下降 22%。由于风力异常减弱，2021 年欧洲不少地区风电产量较五年的平均水平降低 45%。欧洲多国重启火力发电，将煤炭视为替代俄罗斯天然气发电的短期解决方案，以应对紧急能源危机。煤电是我国电力供应的最主要来源，国家能源局数据显示，2021 年煤电发电量占总发电量比重约 60%。在保障国内能源供应的同时，我国推动煤电机组改造升级和近零排放燃煤发电等技术开发，拥有全球最先进的煤电机组，千瓦时电煤耗比美国低 30 克以上。同时，我国在煤电工程建设、系统调试等方面经验丰富，可在欧洲国家重启煤电厂方面提供技术支持，共同开展煤炭清洁利用项目，加强碳捕捉封存等技术合作。

（三）核电、氢能、储能等能源技术和装备合作潜力大

欧洲是核电发展较多的地区，欧盟在役核电站 103 座，发电量约占欧盟总发电量的 25%，远高于全球约 10% 的平均水平。虽然日本福岛核事故使欧洲核电发展出现分歧，但能源危机使不少国家提出重振核电战略，包括欧洲议会将核能纳入绿色能源目录；法国将核能作为能源转型和脱碳政策的重点，计划在 2050 年前新建 6 座第二代欧洲压水式反应堆（EPR 2），并研究再建设 8 座其他核反应堆；比利时将 2025 年废除核能的计划延后 10 年等。欧洲的氢能开发和应用也走在世

界前列，拥有先进的绿氢技术，将在降低对俄罗斯天然气的依赖、保障能源安全方面发挥重要作用。储能是实现新能源高比例并网的重要支撑，能有效平抑电网波动，保障能源供给稳定。我国核电自主技术创新快速推进，氢能产业初具产业化条件且绿氢发展空间广阔，抽水蓄能、电化学储能、新型储能等发展较快，可对接欧洲重点国家开展技术和装备领域合作，实现优势互补、共赢发展。

（四）碳市场、油气交易市场等可作为中欧合作重点

作为全球应对气候变化、减少温室气体排放行动最积极的地区，欧盟确立了2030年较1990年水平减排55%，并到2050年实现碳中和的发展目标。2005年欧盟推出碳排放交易系统，2013年起我国启动碳排放交易试点，此后中欧双方开展了碳排放交易能力建设合作项目。2021年，我国实施全国碳市场交易，在第一个履约周期内覆盖温室气体排放量约45亿吨二氧化碳，成为全球覆盖排放量最大的碳市场。中欧都致力于发展碳市场，可围绕碳市场建设、碳定价等问题进一步开展合作。欧洲油气交易中心在全球拥有重要地位，如伦敦国际石油交易所、洲际交易所等，在全球油气现期定价中话语权较大。我国是全球最大的油气进口国和重要的油气消费市场，油气对外依存度居高不下，但缺少与市场地位相匹配的油气交易市场和定价话语权，未来可与欧洲开展油气交易市场建设领域交流与合作。

（五）中欧合作开发第三方国家市场有待深化

合作开发第三方市场是多优势互补的双赢合作，我国与欧洲国家开展第三方市场合作方兴未艾，已同法国、意大利、西班牙、比利时、荷兰、德国等多个欧洲国家，以联合声明或谅解备忘录等形式，对开展非洲、东南亚、中东欧等第三方市场合作达成共识，帮助中资企业获得更多工程项目，扩大了风力发电机组、太阳能电池板等产品出口。

共建“一带一路”国家和地区的油气资源总量约占全球总量的60%，资源潜力巨大，下一步可加大对这些国家和地区市场的合作开发，谋求中、欧、第三方多赢发展，为中欧能源安全提供保障。

三　推进中欧能源合作面临的障碍

（一）欧盟对中国可再生能源依赖的担忧加重

2022年3月31日召开的欧洲太阳能峰会上（Solar Power Summit 2022），能源安全问题成为热点议题。欧盟能源专员Kadri Simson指出，乌克兰危机警示欧盟，过度依赖俄罗斯化石能源的现状亟待改变，长此下去欧盟将无法把握自己的能源未来。这种对能源依赖的担忧同样在可再生能源领域加剧，2020年欧洲75%的进口光伏组件来自中国。有关专家在峰会中提出，欧盟不能从对俄罗斯的能源依赖变为对中国的能源依赖。为此，欧盟一方面提出加速发展本地光伏制造能力，另一方面也在与中国以外的国家强化光伏产业链合作。如2022年4月欧盟委员会主席冯德莱恩出访印度，在印度和法国倡议成立的国际太阳能联盟发表演讲中，强调确保太阳能产业链安全的重要性，提出加强欧印在太阳能领域的合作。

（二）欧盟关键技术和供应链审查趋严

由于难以在成本方面与中国光伏竞争，欧盟专家普遍认为应当发挥技术创新方面的优势，提高欧盟本土企业光伏产品竞争力，加强欧盟在光伏领域的“战略自主”。近几年欧盟愈加重视供应链战略自主，对关键能源、高新技术的审查力度不断加大。2021年5月，欧盟委员会发布《2020产业战略更新：为欧洲复苏建立更强大的单一市场》，公布了137种对外依赖度较高的关键产品，并计划减少这些产品的对外依赖，主要涉及能源密集型产业（如原材料）、健康生态系统等与欧盟绿色和数字化转型相关的产业，其中对中国依赖程度最高，达到52%。该战略还提出，欧盟将启动对关键领域潜在依赖关系的第二阶段审查，其中首先提到的领域就是可再生能源。欧盟未来可能出台更多“战略自主”政策，推动关键技术和产品供应来源多元化，我国获取欧盟先进能源技术、我国高技术产品进入其市场恐将面临更高壁垒。

（三）大国博弈加大中欧新能源领域合作难度

拜登政府上台后美欧关系回暖，对华针对性增强。2021 年美欧正式成立贸易与技术理事会（TTC），共同加强技术、标准等方面的对华竞争。美欧近来频频以所谓人权问题为借口打压中国产业。2021 年初，美欧以人权为由对中国新疆有关人员和机构实施制裁，欧盟议会推动对“新疆棉”供应链的人权调查，进而导致《中欧投资协定》签署停滞。2022 年 6 月，美国海关和边境保护局将新疆地区生产的全部产品均推定为所谓“强迫劳动”产品，旨在禁止与新疆相关的任何产品入境，其中硅基产品（包括多晶硅）及其下游产品位列优先被执行行业。多晶硅是生产光伏组件的主要原材料，彭博社数据显示，全球 45% 的多晶硅产自新疆，美国此举明显意在打压中国光伏产业。同月，欧盟议会通过所谓“新疆人权形势”决议，要求欧盟禁止进口涉及“人权问题”的中国产品。该决议虽然没有法律约束力，但体现了欧洲议会态度。由于欧盟正在努力摆脱对俄能源依赖，本土光伏等行业生产暂时难以对我国光伏产品实现大规模替代，短期内禁止进口我国新疆光伏产品的可能性不大。但随着美欧逐渐走近，欧盟“光伏自主”的能力和动力不断加强，美欧合力进一步打压我国光伏产业的风险正在快速提高。

（四）中欧碳排放规则对接问题未来恐影响中欧贸易

欧洲在碳排放相关规则和标准成熟度方面明显领先于我国。以光伏产品为例，法国、意大利、西班牙已将碳足迹纳入光伏产品政府采购的评分中。欧盟 2021 年底也发布通过“环境足迹”（包含碳足迹）衡量光伏组件产品全生命周期环境绩效的详细方法文件。2022 年 6 月，欧盟议会表决通过了碳边境调节机制（CBAM）法案的修正案文本，计划在 2030 年前将欧盟碳市场所有行业纳入 CBAM 机制，对环保政策宽松的国家征收碳关税。按照 CBAM 机制，若出口国无法提供可靠的碳排放数据，则参照欧盟同行业排放强度最高的 10% 的企业数据进行核算，这对碳核算体系不完善国家，可能增加产品出口的关税缴纳。此外，为避免进口的产品被征收双重关税，CBAM 规定了碳关税抵扣机制，在应税碳排放量中扣除进口产品在生产国已支付的碳排放额度，但若出口国未建立完善的碳交易体系和碳税制度则无法享受抵扣。以上规则和标准尚未实施，未对中欧贸易产生实质性影响。但应看到，我国虽是光伏、风能等组件生产大国，但在碳足迹测算标准、碳市场建设方面明显落后于欧洲，未来在中欧贸易中恐对我国产品在欧洲市场准入、产品成本竞争力方面造成障碍。

四　对策建议

应抓住乌克兰危机后欧洲油气供应短缺及欧元贬值的窗口期，以深化中欧能源合作为抓手，重启《中欧投资协定》签署，积极运筹对欧关系，拉欧向我国靠拢，推动其形成独立务实的对华政策，为我国下一步斡旋对美关系赢取主动空间。在能源领域，可聚焦重点国别，结合中欧在光伏、煤炭清洁利用、油气交易、核电、氢能、储能等方面的合作基础和供需契合点，围绕制度突破、技术创新、第三方市场合作、碳规则对接等开展全方位合作。

（一）商议取消制裁名单并推动《中欧投资协定》解冻

当前欧洲正面临通胀和能源双重危机，短期内难以纾困，亟须寻求外力以解燃眉之急，重启对华合作符合欧方意愿。可抓住这一契机，同欧方商议同步解除相互制裁名单，以此推动《中欧投资协定》解冻。加强与欧对话沟通，商议适度放宽双方企业市场准入和投资审查，加大新能源装备采购税收减免、信贷优惠等政策力度，为签订《中欧投资协定》打下良好基础。围绕双方关注的大宗商品价格、油气供应、新能源发展、碳关税规则、碳市场建设等议题开展磋商，为我国赢取更多利益空间。

（二）围绕重点领域加强能源合作

在光伏领域，可利用欧洲电力短缺寻求光伏替代的契机，发挥我国光伏产业规模化发展、供应能力强、成本低等优势，进一步提高光伏组件等产品在欧洲的市场份额。在煤电领域，可抓住当前欧洲多国重启煤电带来的煤炭清洁化利用机遇，发挥我国在煤电工程建设、系统调试、装备工艺、降低煤耗等方面优势，同欧洲国家加强清洁煤电技术合作交流。在油气领域，可考虑适当利用我国海外油气权益，帮助欧洲缓解当前能源紧缺问题。在核电领域，可同欧洲开展技术标准、监管规则和立法框架、预警和应急体系等多维度合作。在抽水蓄能、电化学储能、绿氢制取储运、碳捕集利用与封存等领域，可发挥中欧在技术、原材料、工艺、装备制造等方面的互补优势，加强合作，互利共赢。

（三）“一国一策”深化重点国别合作

加强对欧洲重点国别分析，结合各国产业结构特点、产业政策规划、能源发展现状、风险挑战等，深入研究其在能源技术创新、结构转型及可再生能源项目等方面发展规划、市场潜力以及未来需求。筛选主要伙伴，“一国一策”推进能源合作。同英国加强海上风电领域合作，推动技术创新以降低风电产业升级成本；克服阻力推进已在英国开展的核电站合作。参与德国为推动能源转型提出的一揽子计划，包括太阳能、水力发电项目等。加大与法国先进核电技术、核电站建设运营合作，拓展我国自主技术输出空间。与更多欧洲国家寻求在工业脱碳、储能、氢能等领域合作，打造中欧能源领域的合作标杆，推动中欧能源及经贸合作走深走实。

（四）积极推进第三方市场合作

推动中欧在中东、拉美等地区开展油气资源开发、能源基础设施建设等第三方市场合作，鼓励中欧企业组建合资公司进入第三方国家市场，利用欧方技术、标准、规则等优势，扩大我国风力发电机组、太阳能电池板等产品对外贸易规模。支持中欧企业在第三方市场建设可再生能源发电、远距离高压输电网络、分布式电网应用等工程项目，探索煤炭清洁高效利用新模式，带动我国技术装备出口。鼓励中欧合作开发第三方油气资源，扩大权益资源份额，顺畅油气资源外运通道，实现中、欧、第三方多赢发展。

（五）加强碳定价规则对接及绿色金融工具推广

积极回应欧盟碳边境调节机制，改善我国碳排放数据不全面、碳市场交易机制不成熟、碳定价规则不完善等问题。一方面，应主动与欧盟沟通气候治理立场，推动碳定价规则对接，争取在碳关税减免及抵扣方面获得主动权。另一方面，借鉴欧盟丰富的碳市场建设经验，推动国内碳定价形式多样化，扩大我国碳市场行业覆盖面，逐步推动配额供给减量化及配额分配有偿化。同时，鼓励更多金融机构和投资主体参与对绿色能源的金融支持，包括债券发行、银行信贷、股权融资等多种方式。在碳市场建设中，推动碳期货、碳期权、碳保险等碳金融产品领域的多元合作发展。

参考文献

英国石油公司（BP），bp Statistical Review of World Energy 2022，2022年6月。

国际能源署（IEA），Special Report on Solar PV Global Supply Chains，2022年7月。

欧盟统计局（Euro stat），Flash estimate - September 2022，https://ec.europa.eu/eurostat/documents/2995521/14698140/2-30092022-AP-EN.pdf/727d4958-dd57-de9f-9965-99562e1286bf?t=1664464564725。

英国国家统计局（ONS），The impact of sanctions on UK trade with Russia: June 2022，https://www.ons.gov.uk/economy/nationalaccounts/balanceofpayments/articles/theimpactofsanctionsonuktradewithrussia/june2022。

B.22

国际碳关税政策进展研究

何七香*

摘　要： 当前，乌克兰危机叠加疫情冲击加剧了国际地缘政治和经济形势恶化，能源安全供应与价格问题凸显，气候治理作为全球合作可能“公约数”之一备受关注。本文首先对国际碳关税政策进行了简要回顾，接着重点分析了欧盟“碳边境调节机制”（CBAM）的最新调整，以及美国“清洁竞争法案”（CCA）的提出背景、主要特点和不足之处。本文还分析了欧美碳关税政策对我国经贸活动、产业结构及气候治理的可能影响，并提出以制度型开放和规则引领参与全球气候治理、推进共建“一带一路”绿色发展，加强低碳能力建设，加快产业绿色转型，完善国内碳市场等应对建议。

关键词： 碳关税　碳定价规则　碳边境调节机制

近期极端气候现象频发，国际地缘政治形势复杂，能源安全供应和价格问题成为热点，应对气候变化的重要性日益凸显。西方国家为抢占气候治理主动权、引领国际碳定价规则，正积极酝酿出台碳关税政策，如欧盟率先推行碳边境调节机制，美国提出《清洁竞争法案》

* 何七香，中国国际经济交流中心科研信息部助理研究员，博士，主要研究方向为能源战略、国际金融。

立法提案，英国提议推动欧盟和 G7 国家创建“碳关税”联盟。发达国家的碳关税政策不仅会对各国经贸关系和产业结构产生深远影响，尤其会对发展中国家出口敏感性行业及碳密集产品造成较大冲击，应引起重视并积极谋划应对举措。

一　国际碳关税政策简要回顾

从历史上看，欧洲在全球最早实施碳税政策。1990 年，芬兰成为第一个征收碳税的国家，瑞典和丹麦紧随其后。1997 年《京都议定书》通过后，碳关税被视为惩罚性关税对不遵守《京都议定书》的国家予以实施。2007 年，时任法国总统希拉克提议对来自美国的进口货物征收碳关税，以施压美国重新签署《京都议定书》。2009 年，法国再次提议欧盟实施统一的碳关税政策，但该做法被视为有悖世界贸易组织的基本规则，也违背了《京都议定书》“共同但有区别的责任”原则，在欧盟内部被驳回。智利自 2014 年起，对能源和工业部门排放二氧化碳当量的固定来源进行征税，并计划将使用化石燃料的负面影响纳入价格中。2019 年，加拿大通过联邦、省和地区的混合定价系统确定了碳定价机制，并从 2020 年开始研究建立碳边境调节机制的可能性。日本也正在设计“绿色转型联盟”，该计划实施后预计可覆盖该国 40% 的碳排放。

二　欧盟率先提出碳边境调节机制并持续推动其立法

（一）CBAM 是欧盟“绿色新政”和减排“一揽子计划”的重要内容

在应对气候变化方面，欧盟一直扮演着全球“引领者”角色。

2019年12月，欧盟委员会就曾提出应对气候变化、推动可持续发展的《绿色协议》（Green Deal，“绿色新政”）。2021年7月，欧盟提出“Fit for 55”（减排“一揽子计划”），旨在实现到2030年底温室气体排放量比1990减少55%气候行动目标，涵盖能源、工业、交通、建筑等领域共12大减排举措，其中包括为避免“碳泄露”风险，计划推行碳边境调节机制（Carbon Border Adjustment Mechanism，以下简称“CBAM”）。CBAM作为首个全球碳关税计划，是指对进口欧盟商品的碳排放量征收费用。欧盟认为如果自身气候目标过高，可能导致高碳排放产业向气候政策相对宽松的国家和地区转移，影响本土碳密集商品的竞争力，在此背景下推行CBAM，不仅有利于在贸易全球化背景下更好保护欧盟境内企业，还可以激励其他各国加大减排力度。

（二）欧盟多次开展内部磋商并对CBAM进行修订

从欧盟近年系列举措可以看出，其推行碳关税立法势在必行。2019年12月，欧盟在“绿色新政”中提出，将CBAM作为“实现2050年欧盟碳中和的三大主要政策工具之一”。随后，欧盟委员会发布CBAM影响评估报告并公开征求相关意见。2021年3月，欧洲议会通过了设立CBAM的初步决议，同年7月，欧盟委员会提交CBAM立法草案。2022年3月，欧盟理事会的经济与金融事务委员会上通过了CBAM草案，会议围绕欧盟碳市场的免费配额退出时间、出口产品碳成本退还、CBAM的收入分配等议题，提出“总体路径”方案。2022年6月22日，欧洲议会对CBAM草案中的部分内容提出修订意见，形成欧盟“碳边境调节机制”条例草案（修正案）。后续，欧盟委员会、欧盟理事会和欧洲议会还将对法案草案进行三方磋商谈判，最终形成一致方案。

（三）CBAM新草案对征税范围、免费配额等进行调整

CBAM新草案主要做出了以下调整。一是将正式实施时间延后一

年。2023~2026 年，企业无须缴纳 CBAM 费用，但每季度须向 CBAM 管理机构提交报告，内容主要包括：按类统计的当季进口产品总量（注明生产商）、每类产品的直接排放量和间接排放量、产品排放量在原产国已支付的碳排放成本。从 2027 年开始，需根据进口产品的碳排放量清缴相应 CBAM 费用。

二是扩大 CBAM 的适用范围。在水泥、电力、化肥、钢铁、铝五大行业基础上，纳入有机化学品、氢、氨和塑料制品。

三是加快欧盟碳排放交易体系（EU ETS）免费配额退出进程。原计划从 2026 年起，每年缩减 10% 的免费配额，到 2035 年完全退出。现提出从 2027 年到 2032 年，ETS 碳关税免费配额比例分别降至 93%、84%、69%、50%、25% 和 0，即提前三年完成免费配额的退出。

四是扩大碳关税的碳排放计算范畴。在 2022 年 3 月的草案中，碳关税范畴仅包括"直接排放"，即生产产品直接产生的碳排放量。为更好反映欧洲工业领域的碳成本，与 WTO 相关原则相互兼容，新草案提出将"间接排放"，即产品生产所消耗的电力产生的碳排放量也纳入总排放核算，这意味着制造业外购电力产生的碳排放量也将被征收碳关税。

五是在欧盟层面设立统一的执行机构。其目的是确保 CBAM 机制后续执行的有效性，并将碳税用于支持最不发达国家制造业脱碳。

六是明确了相关惩罚机制与罚款金额。对于每年 5 月 31 日前，未向 CBAM 管理机构提交 CBAM 相关证书或提交虚假信息的情况，在补交未结数量的 CBAM 证书的同时，处以上一年度 CBAM 证书平均价格三倍的罚款。

三　美国提出有别于 CBAM 的碳关税政策新设计

（一）相关背景

自 21 世纪末起，美国积极尝试提出一系列联邦层面的碳边境调节、限额交易、碳税制度提案。然而，由于缺乏同欧盟 EU ETS 类似的温室气体排放交易体系，加之在联邦层面尚未形成统一的碳定价，美国始终未能正式出台全国性碳税文件。随着欧盟 CBAM 的提出及持续推进，碳定价及碳边境调节相关立法在美国第 116、117 届国会期间表现较活跃。2022 年 6 月，美国民主党参议员怀特豪斯联合另外三位民主党参议员，向参议院金融委员会正式提交了名为《清洁竞争法》(Clean Competition Act，以下简称"CCA") 的法案。

（二）CCA 主要特点：从惩罚低碳价转向惩罚高碳含量

CCA 没有效仿欧盟对碳价征税，而是对碳含量超过行业平均水平的产品征收碳费。换而言之，欧盟征收碳税的标准是看该国碳价"贵不贵"，美国的征税标准是衡量进口产品"绿不绿"。这一设计巧妙避开了美国目前没有统一碳市场和统一碳价的现状，并成功实现了从惩罚低碳价向惩罚高碳含量的转变。CCA 的做法是以美国产品碳含量平均值作为基准线，对碳含量高于基准线的进口产品及美国产品，一概收取每吨 55 美元碳费，且考虑通胀因素每年上浮 5%。其中，75% 的碳税收入用于资助碳密集型行业的竞争性赠款计划，25% 用于帮助发展中国家脱碳和实现净零排放。CCA 虽然和 CBAM 同属于惩罚性关税，但前者体现了其向成熟碳税体系转变的思路，如设定的碳含量基准线将依据美国企业向财政部报告的排放量、电耗和产量计算得出，且具有过渡特征：从 2025 年至 2028 年，碳含量基准线每年下调 2.5%，自 2029 年起每年下调 5% 并最终归零。

（三）CCA 需进一步完善碳定价规则、碳数据管理等

对于美国而言，在没有统一碳定价的情况下实施碳关税政策是一项重大挑战。根据边际减排成本曲线，排放每吨碳的履约成本不同，具体需要通过市场价格机制来体现。而碳定价的缺失会导

致对边际减排成本高于平均水平的生产商保护不足，对边际减排成本低于平均水平的生产商保护过度，这并不利于协同实现减排目标。

此外，CCA 仍有以下问题待解决。一是对在原产国已支付碳费的产品，未提及具体豁免机制。根据 CBAM 新草案，对于已加入欧盟碳市场或与欧盟碳市场挂钩的国家可以实施碳关税豁免，然而按照 CCA 的规定，如果某产品碳密集度高于美国平均碳排放强度，即使在原产国已支付了全额碳费，且这一费用可能相当于甚至高于 CCA 的收费，也无法获得与之相应的豁免权。二是 CCA 对高于行业平均水平的国内外碳排放一视同仁进行惩罚性收费，但 CCA 的默认标准仅与进口国整体碳强度有关，而非具体某单一产品的碳强度。由于美国制造商的碳排放强度低于大多数外国竞争对手平均水平，这对处在工业化进程中的发展中国家不利。三是 CCA 只允许具有透明的、可核实碳排放数据的国家提供生产数据，但法案中未提及相关数据的具体评价标准。这意味着如果出口国碳排放数据标准达不到美国要求，则无论该国生产的产品有多“绿色”，都可能面临全范围碳排放强度违约，这对碳数据统计制度仍不健全的发展中国家而言，无疑是一大挑战。

四　欧美实施碳关税的可能影响与应对举措

欧盟 CBAM 与美国 CCA 在纳入行业、管辖对象、计算方法等方面虽存在明显差异，但二者都是为了防止“碳泄露”、促使出口国采取气候应对与减碳行动，其深层次目的均在于通过对发展中国家设置绿色贸易壁垒，保护自身企业的国际竞争力。欧美碳关税一旦实施，将深刻改变国际贸易体系和产业格局，提升我国碳密集产品生产和经营成本，影响原料、化学品等出口，削弱我国在国际市场中的竞争优势，对此应予以重视并积极谋划应对举措。

（一）可能影响

一是碳关税将对我国经贸活动产生深远冲击。在全球尚未形成统一碳定价体系的情况下，欧盟实施 CBAM 将增加我国高碳行业对欧出口成本，提升碳密集产品出口价格，削弱相关产业竞争力。国内研究表明，CBAM 实施后，中国对欧盟出口总额的 5%~7% 会受到影响。例如，欧盟在 CBAM 草案修订版中新增了化学品和塑料制品等，而 2021 年我国有机化学品出口金额为 692 亿美元，根据化学品平均产值排放计算，化学品出口对应排放超过 1000 万吨，按出口欧盟比例，我国化学品需承担的碳成本在 2 亿 ~5 亿欧元。此外，与欧盟依据碳价征税不同，美国 CCA 以相对碳排放强度为碳税征收标准线，这对我国制造业等高碳行业尤为不利。据相关统计，美国整体经济碳密集度比其他贸易伙伴低近 50%，我国碳密集度更是美国的 3 倍多，其中钢铁行业碳排放因子约为美国的 1.5 倍。按照 CCA 相关规定，预计 2024 年中国出口每吨钢铁的碳税为 45.10 美元，到 2028 年该税额将上涨至 54.82 美元。

二是欧美推行“碳平价”方案将削弱我国产业竞争力。一方面，CBAM 要求与欧盟碳价挂钩，通过“碳平价”推动各国协同减排。中欧碳价差距一直较大，2020 年欧盟平均碳价为 28.28 美元 / 吨，同期中国试点碳市场的平均价格仅为 27.48 元 / 吨，如果仅按显性碳价支付费用，将大大增加我国企业的出口成本。另一方面，为了降低出口产品的含碳量，出口企业需要采取节能减碳新技术、新工艺等进行产品升级改造。但欧盟 CBAM 并未考虑以上“隐性碳价”，这意味着即使在国内已支付减排成本的“绿色”产品，在出口欧盟时仍需支付高额碳关税，这无疑会加重我国企业负担。

三是碳关税将引发新一轮国际贸易和碳定价规则之争。碳关税政策是后疫情时代各国抢占国际气候治理权制高点的手段之一，也是发达国家和发展中国家的利益与规则之争。发展中国家与欧盟、美国等发达经济体本处在不同发展阶段，全球产业链分工、贸易结构、科技水平等各不相同，欧美等西方国家和地区试图通过碳关税政策引领新的碳定价规则和国际贸易规则，抢占低碳产业价值链制高点，重塑符合自身利益的低碳体系和全球产业竞争格局。碳关税一旦实施，将加剧全球范围内的贸易失衡，发展中国家不仅有被隔离在价值链低端的风险，还将不得不面对新一轮碳定价规则和贸易规则带来的压力。为更好应对国际碳关税冲击，发展中国家需加大低碳转型力度，及时采取节能减排举措，在激烈的市场角逐中赢得主动权和窗口期。

（二）应对举措

一是以制度型开放和规则引领积极参与全球气候治理体系建设。中国是最大的发展中国家和碳排放量最大的国家，也是负责任大国，应在全球气候治理体系中发挥引领作用。一方面，我国可依托联合国、世界贸易组织、二十国集团等国际组织框架开展多边合作，积极参与气候治理规则及标准制定，争取维护广大发展中国家的权益，在应对气候变化方面努力寻求同各国的“最大公约数”。另一方面，与欧美等西方国家主动开展沟通斡旋，尽可能争取“求同存异”。可加强碳规则、碳市场交易等对接，探索碳足迹、直接和间接碳排放等数据标准互认，尤其注重对欧美碳关税条款的合规性应对。

二是深入推进共建“一带一路”绿色发展等区域合作。可通过搭建“一带一路”绿色政策对话沟通平台，依托“一带一路”能源合作伙伴关系、“一带一路”可持续城市联盟等合作机构，推动共建“一带一路”国家绿色转型，提升产业合作的绿色化程度。还可依托《区域全面经济伙伴关系协定》（RCEP）、上合组织、“金砖 +”等区域合作机制，同发展中国家协同推动基础设施、能源、交通、建筑等领域绿色转型，鼓励开展科技含量高、资源消耗低、环境污染少的产业合作示范项目。

三是加强我国低碳发展能力建设。应认真研判碳关税政策对我国经贸活动可能带来的冲击，科学测算欧美碳关税覆盖行业及产品的碳排放量，合理评估碳价成本上涨对企业经营成本的可能影响，并及时做好风险应对。进一步了解欧盟碳排放标准和机制，及其对我国碳排放监测报告核查（MRV）体系、履约机制、标准等可能影响，完善相关政策文件、标准以及配套措施，提高自身低碳发展能力。

四是加快能源等重点行业低碳转型步伐。进一步加大风电、光伏等可再生能源的开发利用，以市场化手段推动相关主体参与绿电交易、实施技术减排等，从产业链各环节全面降低碳排放量。同时，积极组织开展行业国际对话沟通，建立常态化对话机制，尽可能避免信息不对称和政策误判。鼓励企业结合自身实际情况制定低碳发展目标，重点做好原料、化学品等碳密集产品节能降耗和减排优化工作。

五是完善碳数据统计制度和碳市场交易机制。我国已初步建立MRV体系，重点排放行业已有相关核算方法和报告指南，全国统一碳排放权交易市场、国家核证自愿减排量（CCER）和绿证制度也得以初步建立。下一步可将更多行业及主体纳入碳市场交易中，更新完善碳排放MRV体系规则、企业碳排放核算和报告方法等基础统计制度，加快健全CCER、绿证制度等。

参考文献

房毓菲:《碳中和视角下国际碳边境调节机制的影响与应对》,《中国能源》2021年第10期。

景春梅、何七香、张超:《应对气候外衣下的“绿色打压”》,《半月谈》内部版2021年第7期。

曾桉、谭显、王毅、高瑾昕:《碳中和背景下欧盟碳边境调节机制对我国的

影响及对策分析》,《中国环境管理》2022 年第 1 期。

European Parliament, 2021. Revising the Energy Efficiency Directive: Fit for 55 package.

European Commission, Proposal for a Regulation of the European Parliament and of the Council Establishing a Carbon Border Adjustment Mechanism. 2021.

https://www.epa.gov/green-power-markets/what-green-power

https://ec.europa.eu/clima/eu-action/european-green-deal_en#european-green-deal

https://ec.europa.eu/info/strategy/priorities-2019-2024/european-green-deal/finance-and-green-deal_en

The United States Environmental Protection Agency (EPA), 2022. Inventory of U.S. Greenhouse Gas Emissions and Sinks.

U.S. Senate,117th Congress (2021-2022).S.4355: Clean Competition Act.

World Steel Association Economics Committee, 2020. Steel Statistical Yearbook.

World Steel Association, 2022. 2022 World Steel in Figures.

B.23 我国加入CPTPP参与全球气候治理合作的有关建议

谢兰兰*

摘　要： 当前，我国正在为申请加入CPTPP进行全面规则对接准备。与CPTPP其他规则相比，气候变化是个牵涉面广泛的综合性问题，既关系到缔约国间的气候治理合作，也影响着低碳减排领域的经贸合作方向。做好CPTPP气候规则对接，主动完成自我适应，在优势领域和CPTPP自愿规则方面进行超前探索，将有效提升我国低碳能源产业国际竞争力、强化我国在全球气候治理中的话语权和议程制定权。

关键词： 气候治理　CPTPP　自愿性机制

应对气候变化是一个高度复杂的国际议题，同时也是个需要国际社会高度协作的议题，只有各国相向而行才能达成目标。但是，由于各国所处经济发展阶段不同，利益诉求千差万别，气候治理的短期投入和收益极不平衡，特别是对于发展中国家来说，要同时保持经济增长与承担减碳义务面临着重重困境。从联合国框架下全球气候合作谈

---

* 谢兰兰，经济学博士，中国国际经济交流中心副研究员，主要研究方向为国际经济与贸易。

判的沿革历史来看，达成一个所有国家都能接受的气候治理协议基本不可能。在实践层面上，相对于多边协议，区域性经贸协定对环境与贸易的协调更具优势[①]。这种优势来自协定参与方数量有限，更容易达成灵活性和包容性兼具的共识，同时也更注重兼顾气候治理与经贸合作的平衡[②]，从而提高参与者积极性。因此，将气候议题嵌入自贸协定，通过全球日益密织的自贸网络以渐进方式为各国提供可选项和迂回空间更具可操作性，也是推动可持续的、包容的全球气候治理合作的现实选择。

CPTPP 是将气候变化纳入议题的新一代高标准区域自贸协定代表之一。2021 年 9 月 16 日，我国正式向 CPTPP 保存方新西兰提出加入申请，目前正在进行全面对接 CPTPP 经贸规则的准备。加入 CPTPP 不但有利于我国有效参与全球贸易、投资和新经贸规则体系的构建，也为我国深度参与全球气候治理合作提供了新契机。

一　CPTPP 气候治理相关议题的内容和主要特征

近年来，国际社会对环境保护和气候治理达成广泛共识，气候与贸易、投资深度融合，规则约束增强甚至硬法化等趋势凸显[③]，与气候治理相关的经贸活动日益成为全球最具深度合作前景的领域之一。与之相应的，近年来，由欧美发达经济体主导的高标准自贸协定中均添加了环境保护章节或条款，并嵌入气候治理内容，以此作为开展脱碳

① 唐海涛、陈功:《CPTPP 环境规则：承诺、创新及对我国法完善的启示》,《重庆理工大学学报》(社会科学) 2019 年第 8 期。

② 郑玲丽、刘畅:《环境问题的冲突与协调模式研究——以〈跨太平洋伙伴关系协定〉为例》,《太平洋学报》2015 年第 4 期。

③ 韩剑、刘瑞喜:《中国加入 CPTPP 参与全球环境经贸规则治理的策略研究》,《国际贸易》2022 年第 5 期。

经贸活动的指导原则[①]。

目前，在经贸合作中纳入气候治理合作尚处于起步阶段，自贸协定规则设定受参与国利益诉求影响较大，为了降低谈判难度，一般不涉及全球气候谈判中的敏感领域，且内容繁简各异，软条款居多，还无法形成规范统一的文本示范。作为率先纳入气候变化议题的新一代自贸协定，CPTPP 在气候条款设置上也存在类似问题，仍可对今后自贸协定的气候治理规则形成示范和引领。CPTPP 气候相关议题设置具有如下特征。

第一，议题广泛多元。CPTPP 与气候直接相关的议题被纳入第 20 章环境章节中。除缔约国的一般性义务规定外，所涉及的实质性条款可以归纳为透明度与公众参与、私营部门参与、国际合作、气候变化、制度安排、磋商和争端解决机制等。此外，第21章（合作与能力建设）和第 23 章（发展）部分条款涉及援助合作和包容性增长，亦间接与气候议题相关。CPTPP 就气候变化问题在程序事项、制度安排和争端解决等方面架构了一套比较完整的规则，并就国际合作、主体参与、经贸合作、技术和资金援助等方面做了相应安排，体现了对环境和气候治理的关切（见表 1）。

第二，软硬兼备，既有硬约束也有软建议。从内容上看，CPTPP 延续了 95% 的 TPP 规则条款，在环境和气候议题上凸显了典型美式经贸协定的强约束特征，设置了许多硬性约束条件以推动缔约国对条约的有效执行。如强调公众参与和信息公开透明，要求缔约方建立专门环境委员会和国家咨询机构，公开提供与臭氧层保护相关的计划和活动，消除环境友好型产品和服务的贸易壁垒等约束性措施。同时条款中引入环境保护和气候治理的自愿性机制，体现了更高的自愿管理理念。第 20.10 条要求缔约方要鼓励企业在环境相关政策和实践中自

① 龚伽萝、姚铃：《多边气候协定对国际贸易气候规则的影响路径》，《对外经贸实务》2022年第 4 期。

愿采取与国际公认标准和指南相一致的社会责任。第 20.11 条承认灵活的自愿性机制有助于实现高水平环境保护和完善国内监管，鼓励全社会创设增进环境绩效的自愿机制。如，自愿审计和报告、自愿分享信息，鼓励广泛市场主体和非政府组织制定和推广自愿性标准等。虽然这些规则不具约束性，鼓励缔约国自发推进实施，但是前瞻性地将高标准环境气候治理理念嵌入规则条款中，将对今后的自贸协定具有一定示范和引领效应。

第三，率先加入推进气候经贸合作内容。CPTPP 鼓励各缔约国广泛开展气候治理经贸合作以应对共同的气候变化问题。鼓励合作领域包括：能源效率、低排放技术及替代性清洁和可再生能源资源的开发、可持续交通和可持续城市基础设施、森林砍伐和退化问题的处理、排放监测、市场和非市场机制、信息和经验分享、合作和能力建设活动、环境产品与服务的双诸边合作项目等。通过经贸合作将发达国家对发展中国家的单向度气候治理援助和发展中国家的气候治理成本经济化，进而提升参与国气候治理的积极性和行动力，是化解气候治理资金缺口和技术转移瓶颈的有效方式。

第四，形成了更具可操作性、强有力的环境磋商和争端解决机制。CPTPP 架构了一套相对健全、更具可操作性的环境磋商和争端解决机制。设置了环境磋商、高级代表磋商和部长级磋商三个递进式的磋商层次，为缔约国提供了三重环境磋商机会，力求通过协商化解争端，在争端无法通过协商解决的情况下，请求方最终还可诉诸争端解决程序。上述争端解决机制如果能够成功加强关键的监测要素，并考虑其他缔约国对环境承诺的政治远景，将成为解决环境问题具有开创性的国际司法实践[①]。

① 唐海涛、陈功：《CPTPP 环境规则：承诺、创新及对我国法完善的启示》，《重庆理工大学学报（社会科学）》2019 年第 8 期。

表 1　CPTPP 与气候变化相关的主要章节和条款

规则	主要内容
透明度和公众参与	程序事项（第 20.7 条）；公众参与机会（第 20.8 条）；公开意见（第 20.9 条）
私营部门参与	企业社会责任（第 20.10 条）；提高环境绩效的自愿性机制（第 20.11 条）
国际合作	合作框架（第 20.12 条）
气候变化	臭氧层保护（第 20.5 条）；向低排放和适应性经济转型（第 20.15 条）；环境产品与服务（第 20.18 条）
制度安排	环境委员会与联络点（第 20.19 条）
磋商和争端解决机制	环境磋商（第 20.20 条）、高级代表磋商（第 20.21 条）、部长级磋商（第 20.22 条）；争端解决（第 20.23 条）
对外援助和联合发展	合作与能力建设（第 21 章）；发展（第 23 章）

资料来源：根据 CPTPP 文本梳理。

二　挑战与差距

CPTPP 体现了新一代高标准自贸协定融入气候议题的发展趋势，凸显了全球气候治理体系的重要发展，与我国达成“双碳”目标的方向具有高度一致性。我国已经初步构建起“1+N”“双碳”政策体系，在优化调整能源结构、发展绿色低碳新能源产业等领域全面展开行动。并宣布在 2030 年非化石能源消费占到一次能源消费比重的 30%，且不再新建境外煤电项目等重大自主贡献举措，在气候治理领域走在全球前列，单纯从规则角度看，与 CPTPP 11 个缔约国在环境和气候领域的谈判不存在绝对障碍。从高标准自我提升的角度对标差距，可作为我国加入 CPTPP 准备期和今后商签升级自贸协定的借鉴。

第一，CPTPP 的气候议题设置比我国已签署的自贸协定更具进步性。

气候议题并未纳入我国对外缔结自贸协定的主流规则条款中。目前，我国已经与 26 个国家签订了 19 个自贸协定，其中只有 3 个设置了环境专章，分别是中国 – 格鲁吉亚自由贸易协定（第 9 章：环境与贸易）、中国 – 韩国自由贸易协定（第 16 章：环境与贸易）和中国 – 瑞士自由贸易协定（第 12 章：环境问题），但均未设计和安排气候治理与合作议题。这说明包括发达经济体在内的经贸伙伴更加重视我国超大规模市场带来的经济利益，气候治理合作还不是主要关注领域，也折射出我国在气候议题设置上欠缺引领性，既没有将我国气候治理的经验和成效形成规则优势，也没有充分发掘在新能源、能源基础设施、绿色金融等优势气候经贸合作领域的发展机遇。此外，从协定文本的角度看，我国签署的自贸协定文本大多没有提前规划和设计环境和气候议题，文本内容零散，多为原则性规定，可操作性弱，没有形成统一的方略。

第二，我国气候治理的社会自愿机制刚起步，还达不到 CPTPP 的高标准要求。

我国是全球最大的石化能源消费国，正处于构建“双碳”减排体系的初级阶段，近两年才开始全面推广绿色低碳发展理念，但是由于降碳强度大，经济社会系统正处于降碳阵痛期，远未达到碳减排与经济社会绿色可持续发展的平衡状态，市场主体、非政府组织、民众对气候治理的参与程度不高，远谈不上全社会构建增进环境绩效的自愿性机制。目前，部分企业开始推动绿色低碳转型和低碳科创活动，率先承担起气候变化环境责任，但主动制定碳减排目标的企业比例仍然较少。据统计，2021 年我国上市公司中只有 16% 的企业具有明确的碳减排目标①。

第三，公众参与渠道不畅通，环境信息透明度不足。

应对气候变化离不开公众的支持与广泛参与已经达成国际共识。客观上看，我国国民对气候变化存在认知滞后和钝化等问题，全社会没有

① 田成川:《加快绿色低碳创新是企业保持国际竞争力的必然选择》，凤凰网 (ifeng.com)，https://gongyi.ifeng.com/c/8HEv5yuPIvQ。

形成气候治理的广泛共识。个人、企业、非政府组织等多元主体广泛参与的气候治理体系方面进展缓慢。我国目前签署的包含环境章节的自贸协定均未涉及公众参与领域。在环境信息披露方面，我国也刚展开行动。2021 年，生态环境部印发了《环境信息依法披露制度改革方案》，方案要求，2022 年完成上市公司和发债企业信息披露有关文件格式修订，2023 年开展环境信息依法披露制度改革评估，2025 年基本形成环境信息强制性披露制度。同时，目前国内还没有形成统一的 ESG（环境、社会和治理）披露准则，企业 ESG 信息披露主要基于自愿，未强制要求上市公司进行 ESG 披露，与国际通行做法尚存差距（见表 2）。

表 2　我国关于企业 ESG 信息披露政策和监管要求

政策文件	颁布机构及时间	主要内容
《关于构建绿色金融体系的指导意见》	中国人民银行、财政部等七部委联合印发，2016 年 8 月 31 日	逐步建立和完善上市公司和发债企业强制性环境信息披露制度
《关于印发〈环境信息依法披露制度改革方案〉的通知》	生态环境部，2021 年 5 月 24 日	2022 年完成上市公司和发债企业信息披露有关文件格式修订；2023 年开展环境信息依法披露制度改革评估；2025 年基本形成环境信息强制性披露制度
《上市公司治理准则》修订	中国证监会，2018 年 9 月 30 日	首次确立了 ESG 信息披露的基本框架，增加了利益相关者、环境保护与社会责任章节，第 95 条明确规定：上市公司应当依照法律法规和有关部门要求披露环境信息、社会责任及公司治理相关信息
《公开发行证券的公司信息披露内容与格式准则第 2 号—年度报告的内容与格式（2021 年修订）》；《公开发行证券的公司信息披露内容与格式准则第 3 号—半年度报告的内容与格式（2021 年修订）》	中国证监会，2021 年 6 月 28 日	将“公司治理”整理为独立章节，体系化地要求公司披露 ESG 信息，鼓励公司主动披露积极履行环境保护、社会责任的工作情况

续表

政策文件	颁布机构及时间	主要内容
《上市公司投资者关系管理指引（征求意见稿）》	中国证监会，2021 年 2 月	将“公司的环境保护、社会责任和公司治理信息”列为上市公司与投资者沟通的主要内容，要求上市公司召开投资者说明会，对 ESG 信息披露事项进行说明
《上交所科创板股票上市规则》	上海证券交易所，2020 年 12 月 31 日	要求科创板上市公司应当在年度报告中披露履行社会责任的情况，并视情况编制和披露社会责任报告、可持续发展报告、环境责任报告等文件
《上海证券交易所上市公司自律监管指引第 1 号——规范运作》	上海证券交易所，2022 年 1 月 7 日	要求上市公司加强社会责任承担工作，鼓励及时披露公司承担社会责任的做法和成绩，并对上市公司环境信息披露提出了具体要求
《深圳证券交易所上市公司自律监管指引第 1 号——主板上市公司规范运作》	深圳证券交易所，2022 年 1 月 7 日	要求公司在年度报告中披露社会责任履行情况，纳入“深证 100 指数”的上市公司单独披露社会责任报告；鼓励其他公司披露社会责任报告，并将“是否主动披露环境、社会责任和公司治理（ESG 信息披露）履行情况，报告内容是否充实、完整”作为信息披露工作的考核内容

资料来源：根据《可持续发展丨关于 ESG 信息披露制度法规的梳理与简析》整理，http://news.sohu.com/a/577341114_121123827。

三 对接 CPTPP 规则推动全球气候治理合作的建议

事实表明，将气候变化和可持续发展目标内化为贸易政策，并通过多层次经贸合作安排推进是实现全球气候目标的重要路径。充分了解 CPTPP 相关规则，利用申请加入前的准备期做好规则对接，主动完成自我适应，在我国优势领域和 CPTPP 自愿规则方面超越性探索，无

论对满足 CPTPP 入围资格，还是提高我国低碳能源产业国际竞争力、强化我国在全球气候治理中的话语权和议程制定权都具有重要的现实意义。

第一，推动国内气候规制与 CPTPP 规则全面对接。

借鉴和参考 CPTPP 规则，为环境产品与服务出口及相关领域投资做好法律法规、制度和技术支持，推动低碳产品和技术贸易自由化。考虑在《外商投资法》中对环境产品与服务领域投资予以专门规定，明确相应的准入和审查标准，尽快推动我国对环境产品和服务技术标准制定。

鼓励非政府组织和市场主体探索环境和气候资源评估机制。与国际接轨，建立有约束力的绿色信息披露制度。加快完成环境气候信息主动披露制度，探索出台关于 ESG 信息披露的专门法规，提升环境和气候透明度建设。提高企业对环境气候信息披露的认识水平和能力，切实提高环境信息依法披露水平，回应社会关切，保证公众的充分知情权和参与权。

第二，将气候治理议题广泛纳入我国自贸协定安排，提升我国全球气候治理制度性话语权。

目前，在自贸协定中嵌入气候议题只是开端，议题内容相对简单，硬约束少，未形成气候治理 + 经贸合作的统一规则模板。考虑到我国在气候变化和贸易问题上的国际影响力，适时将气候议题引入自贸协定，有助于提升我国在气候领域的制度性话语权[①]。应以申请加入 CPTPP 为契机，先行先试，在商签和升级自贸协定时主动增设气候章节，结合我国“双碳”目标进展，主动设计以我国为主的气候治理合作条款，优先设置包括能源贸易倡议、全球能源互联网、能源转型技术创新、新能源技术解决方案等在内的国际合作事项，继续深化已有

① 陈红彦:《自由贸易协定：提升我国全球气候治理制度性话语权的新路径》,《法学》2020 年第 2 期。

国际能源和减排合作机制，特别是在清洁能源、能源数字化、能源基础设施建设、储能、电力和绿色金融等优势领域加强与 CPTPP 缔约国的经贸和技术合作。如，东盟是我国电力企业对外直接投资和工程承包项目的主要市场。随着 RCEP 落地实施，东盟区域市场对我国扩大开放，我国与 CPTPP 中东盟成员国的经贸合作更为便利，可着力加强与这些国家的电力标准互认互通，进一步深化与这些国家的能源电力合作①。同时要尽快形成统一的气候示范文本，以自贸协定切入提升我国气候治理规则话语权。

第三，强化与 CPTPP 发展中缔约国合作，推动建立区域气候治理自愿合作机制。

温室气体减缓和适应取决于充足的能源转型资金、先进的降碳技术和稳定的替代能源供应，这也是阻碍发展中国家实现气候目标和低碳能源转型的主要制约因素。发达国家是否愿意提供资金和节能减排技术，发展中国家是否愿意在发展的同时承担自愿减排义务，是未来全球气候谈判的关键问题②。最大限度激发发展中国家参与全球气候治理的意愿，推动基于自愿的气候治理合作是提高全球气候治理成效、低成本减排的关键。事实表明，单向援助的可持续性和效果无法得到保障，只有搭建互惠互利合作平台，以市场化方式运作的自愿合作机制才更具可持续性。在全球减排缺口不断扩大的背景下，通过资金、技术、设备、能源等多种市场化合作形式可有效串联各国减排努力。我国与 CPTPP 大部分缔约国都保持着良好的经贸合作关系，CPTPP 的缔约国大部分为发展中国家，气候治理能力和经验不足，面临资金和技术制约，可以这些国家为重点合作对象，加强能源和绿色低碳贸易、

① 《RCEP 为中国东盟深化能源电力合作带来新机遇》，https://baijiahao.baidu.com/s?id=1744272101044342992&wfr=spider&for=pc。

② 曹俊金：《气候治理与能源低碳合作：发展、分歧与中国应对》，《国际经济合作》2016 年第 3 期。

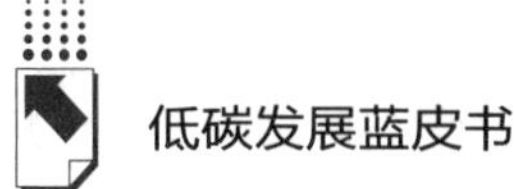

服务、投资合作，增加可再生能源信贷和适应气候变化融资，并协助建设碳交易基础设施和碳交易市场，通过市场化机制为其募集更多气候资金并获得先进的减排技术和设备，提高减排水平和可持续发展能力，同时输出我国规则和标准，在推动构建区域气候治理自愿合作机制中发挥领导作用，增进与 CPTPP 缔约国的气候合作共识与信任，实现气候能源领域经贸合作双赢，为加入 CPTPP 争取更广泛的支持基础。

第四，积极开展气候技术援助和合作能力建设，输出我国规则和标准。

CPTPP 成员国发展水平差距大，合作能力建设和包容性发展也是重要议题。虽然这些议题以鼓励性措施为主，并没有设置硬约束，但对应对气候变化至关重要。国际能源署认为，如果没有国际合作，全球实现净零排放将推迟数十年。温室气体排放减缓和适应，既需要资金和技术，更需要加强发展中国家的能力建设。由于《巴黎协定》多为原则性和自愿性规则，发达国家对发展中国家的技术援助和合作能力建设机制落实难度大，积极性低。我国应加强与重要国际组织在气候治理方面的援助项目合作，并与 CPTPP 缔约国加强气候治理信息和经验分享，持续对发展中缔约国进行降碳技术援助和合作能力建设，输出中国规则和标准，积极探索对发展中国家能源技术转移和知识产权保护机制路径。

案例篇

B.24

加快县域新能源开发　助力乡村全面振兴

何勇健　申伟东　李　强　吴玉林*

摘　要： 本文阐述了县域“新能源+”开发对促进乡村全面振兴的重要意义，总结了国家电投集团县域新能源开发的实践与探索，形成了国家电投县域“新能源+”开发的思路、重点和目标，结合实践和国家战略，总结提出促进全国县域“新能源+”开发的若干建议。

* 何勇健，国家电力投资集团有限公司战略规划部（政策研究室）主任、国家电投战略研究院院长，兼任中国电力发展促进会副会长，正高级经济师；申伟东，正高级经济师，国家电投集团战略规划部副主任，主要研究领域为绿色低碳能源转型政策与实践、县域与乡村能源发展等；李强，高级工程师，国家电投集团浙江分公司党委书记、总经理，主要研究领域为企业管理、新能源产业发展和综合智慧能源等；吴玉林，高级工程师，国家电投集团战略规划部政策研究处副处长，主要研究领域为能源电力政策、核能产业发展、综合智慧能源产业发展等。

关键词： 县域 “新能源 +” 乡村振兴

近年来，国家电投立足新发展阶段，贯彻新发展理念，构建新发展格局，较早提出大力开展县域新能源开发，推进整县屋顶分布式光伏建设，实施乡村清洁能源建设工程，打造“新能源 + 生态治理 + 乡村振兴”的耦合发展路径，为推进农业产业转型升级、乡村全面振兴，促进乡村经济社会可持续发展注入新的动力。

一 县域“新能源 +”开发是促进乡村全面振兴的重要抓手

（一）县域“新能源 +”开发有利于农民增收致富

我国“十四五”规划要求，农业基础更加稳固，城乡区域发展协调性明显增强，乡村振兴战略全面推进，全体人民共同富裕迈出坚实步伐。分布式能源资源开发利用、能源综合利用、数字化技术水平的不断提高，不仅可以助力创新农村能源生产消费模式，还可以助力实现农村能源清洁转型和自给自足。同时，开展县域新能源开发，是实现农民增收致富、推进城乡协调发展的重要举措。利用农户闲置土地和农房屋顶，建设分布式风电和光伏发电及一定比例储能，不仅可以创新农村能源生产消费模式，实现自发自用、余电上网；而且可以使农户获取稳定的租金或电费收益。村集体可以公共建筑屋顶、闲置集体土地等通过入股、分红等方式协同参与项目开发，通过“资源变资产、资金变股金、农民变股东”方式，实现资产盘活、长期受益。

专栏 1　河南省兰考县农户屋顶光伏开发

国家电投针对兰考县发展特点，定制整县开发方案，以兰考县域屋顶分布式光伏发电项目为抓手，推进兰考能源革命与县域新能源开发，提升清洁能源供给水平，增加农户收入。

国家电投在兰考县签约5000家农户，覆盖兰考县50个行政村，总装机约为50MW，预计每年可为农户带来每户1200~2000元的新增收入，进一步推动共同富裕在兰考的实践示范。

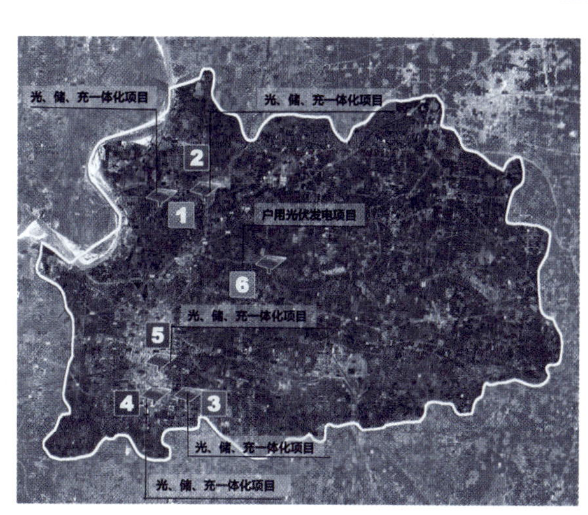

图1　兰考县整县开发方案

（二）县域“新能源+”开发有利于乡村绿色发展

“新能源+生态”的开发模式是牢牢守住“保障国家粮食安全”“不发生规模性返贫”两条底线，构建“以生态振兴推动实现乡村振兴”新格局中的重要落地举措。在荒漠、盐碱地、采矿采煤塌陷区等县域乡村环境治理重点区域，推广“新能源+生态修复”“新能源+矿山治理”“光伏+治沙”等模式，促进新能源与生态的绿色融合发展。在农业种植区、林区、牧区合理布局“农光互补”“林光互补”“牧光互补”等项目，打造发电、牧草、种养一体化生态复合工程。结合新型城镇化

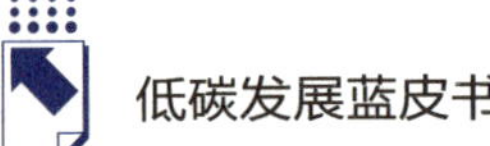

建设、易地搬迁安置区配套基础设施提升完善和郊区亮化等工程，建设“新能源＋农村景观示范”，推动新能源与路灯、座椅等公共设施一体化发展。以“新能源＋生态”开发模式从助力治理环境问题和带动实现乡村风貌改善提升，迭代升级助力农业农村整体绿色发展。

专栏2　辽宁省朝阳县整县开发

朝阳县隶属于辽宁省朝阳市，位于辽宁省西部。光伏年均等效发电小时数 1400h，风电年均等效发电小时数 2800h 。朝阳市 2020 年电力缺口 1309MW，电量缺口 51.4 亿 kWh，朝阳具有较好的消纳条件。

国家电投结合辽宁省朝阳县县域资源禀赋，打造“绿色清洁能源基地＋”的县域新能源开发样板房，涵盖“县域屋顶光伏＋美丽乡村＋设施农业＋三网融合＋千家万户”等内容。助力朝阳县创建“中国北方清洁能源示范县”，以朝阳县县域新能源开发为突破口，推动朝阳市市域的综合智慧能源开发，建设国内首个绿色智慧能源示范城市。

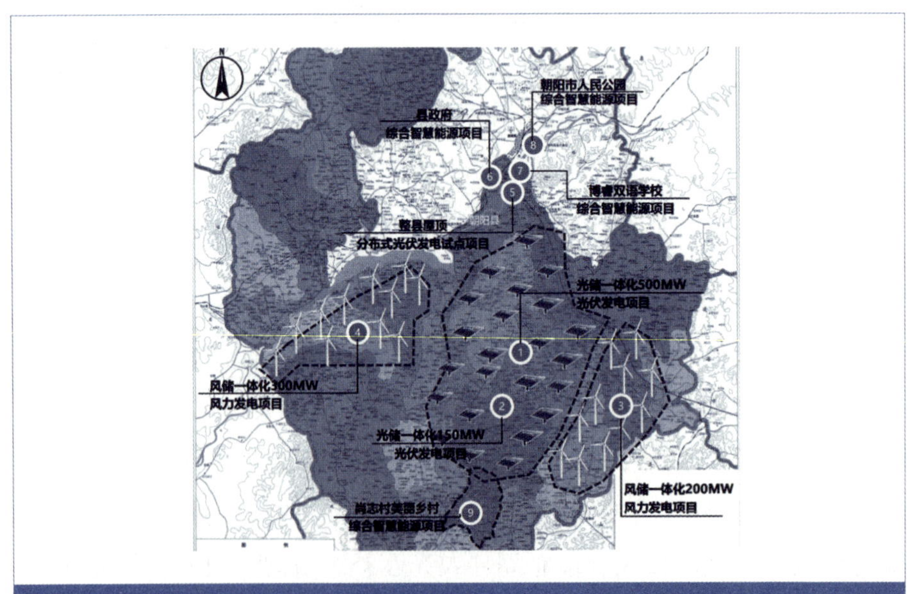

图2　朝阳县整体开发方案

整县建成规模化新能源项目1150MW、综合智慧能源项目42个，平均每年可发电量25.2亿kWh，增加地方政府税收1.1亿元/年，增加就业180人/年，户均光伏增收600元/年，减排二氧化碳208万吨/年。

（三）县域“新能源+”开发有利于乡村产业融合发展

推进县域新能源开发，实现产业链上下游协同发展，促进乡村产业融合提升，是实现乡村生态振兴的重要途径。国家电投联合相关农业科研院所，探索土地综合利用、土壤改良、农机绿色电动化、农产品深加工等农业产业化发展模式，打造新型生态农业产业链；联合农业生产、加工、销售等上下游产业链企业及涉农头部产业集团，探索打造生产者、消费者、采购商等多环联通的农产品市场服务类平台，打通有机农产品的产销链路，推进农业“产业链+价值链”相互赋能；联合数字化企业共同打造数据驱动的“天枢一号”绿色植物工厂管理模块，在农产品生长过程中实现全过程跟踪管控，有效提升绿色农产品附加值，实现数字赋能农业发展。通过上述融合发展举措，培育能源链、产业链和价值链的耦合路径，构建农业“低碳E点”生态圈，助力打造可持续的新时代乡村生态振兴发展体系。

专栏3　青海省共和县牧光互补项目

由于干旱少雨和以往过度放牧，青海省共和县原有的牧场成了一片戈壁沙丘，是黄河上游风沙危害最严重的地区之一。国家电投从2011年开始，在当地建设光伏电站，太阳能电池板的铺设减弱了地表蒸发量、提高了土壤水分，这里的植被逐渐得到恢复，生态环境得到明显改善。

板上发电、板下牧羊，现代科技与传统自然和谐共生的巨幅画卷在青藏高原铺陈开来。研究结果显示：光伏电站建设对区域土壤水分条件的改善和植被恢复产生了良好影响，平均风速降低41.2%，空气温度日均减温0.5℃，空气湿度日均增湿2.1%，20厘米深度土壤增湿32%。

尽管由此带来了建设成本的增加，但通过与周边牧民签订园区放牧协议，加上光伏园区建设与运维给周边村民带来就业机会，以及在光伏电站内套种昆仑雪菊、透骨草等经济作物，国家电投摸索出一套“光伏+生态+惠民”模式，发展光伏经济的同时，还带动了当地交通、城镇建设和旅游业的发展，加速了黄河上游少数民族地区的发展、繁荣与稳定。

图3 牧光互补项目

二 国家电投推进县域“新能源+”开发的目标与思路

国家电投结合在新能源开发、综合智慧能源、“三网融合”等领域丰富的实践积累，以县域新能源开发作为推动经济社会发展的重要抓手，助推农业农村能源革命，实施产业扶贫，赋能美丽乡村建设，取得了一系列成效经验，为我国乡村振兴战略的实施及共同富裕的实现提供了路径参考。

（一）国家电投推进县域“新能源+”开发现状与目标

国家电投基于清洁能源、综合智慧能源、数字化转型实践，提前布局县域新能源开发工作，构筑发展新跑道。2021 年 3 月，国家电投发布县域市场开发作业指导书，明确县域新能源开发的实施路径、方案设想，宣贯“智慧城市 · 美丽乡村”成功案例，县域新能源开发顺利起步；2021 年 6 月，印发《关于进一步加快县域市场开发的通知》，明确县域新能源开发目标、实施路径、保障措施；第一批 7 个县域新能源开发样板房已于 8 月底前全部开工，第二批 8 个样板房已全部完成作战图，第三批 56 个重点县域已有 33 个完成作战图、14 个县域开工。

截至 2022 年 6 月底，国家电投累计开工整县屋顶分布式光伏开发试点名单 230 个，实现核准 906 万千瓦，开工 700 万千瓦。未来三年，国家电投集团计划开展 565 个县域的开发工作，“十四五”实现县域新能源开发数量超过 1000 个，开发县域新能源超过 6000 万千瓦，实现碳减排总量超过 5500 万吨，将极大推动我国县域清洁能源发展，增强县域经济，助力乡村实现振兴繁荣目标。

（二）加快县域“新能源+”开发的思路和重点

一是助力农村能源革命，打造绿色低碳乡村。充分利用县域及农村丰富的风能、太阳能以及秸秆、林业废弃物等能源资源，打造供能充足的“县—乡—村”三级清洁能源供应网络，将农村较为分散的用能体系通过分布式光伏、分散式风电等进行联通，实现能源就地开发与就地消纳，开展县域及农村新型电力系统建设试点示范，大幅减少农村化石能源消耗，助力我国实现“双碳”目标。在实施层面，结合屋顶光伏、农光互补、渔光互补、集中式与分散式风电、地热、生物质、储能等多种方式构建综合智慧能源系统，以智能化能源生产、能量储存、能源供应、能源消费和智慧化管理与服务为主线，为乡村用

户提供综合能源一体化解决方案，涵盖横向“电、热、冷、气、水、氢”等多品种能源协同供应，实现纵向“源、网、荷、储、用”等环节之间互动优化，构建“物联网”与“务联网”（服务互联网）无缝衔接的能源生态体系，逐步实现县域园区与乡村产业的清洁能源电量100%全替代，建设“零碳”园区与“零碳”乡村。通过绿电的大规模开发带动产业转型，构筑“新能源+”发展体系：在公共建筑用能领域，通过在政府办公楼、学校、医院、商业设施等部署绿色智慧能源体系，利用地源热泵、屋顶光伏等系统设备优化组合提供绿色能源，实现清洁零碳政府、智慧零碳校园、绿色零碳公园、科技零碳景观、清洁低碳医院等各类“零碳”应用示范场景；在交通领域，推进县域及乡村交通充电基础设施建设，构筑打造“绿电+储能+充电”的全域绿色交通体系，结合电动汽车下乡等政策，在公共交通、农用车辆、居民用车等大力推广电能替代；在农用机械领域，推动农用机械电气化，多维度提升农村整体用能电气化水平。

二是助力农村产业扶贫，提升农民获得感与幸福感。依托本地资源，以县域新能源开发提升当地产业发展水平，辐射并带动周边农村协同发展，打通能源链与农业链的耦合路径，为农民提供大量的本地就业岗位，实现农民稳定增收，并通过产业增效拓展当地财政收入来源。以县域新能源开发带动数字化与信息化产业的发展，为电商扶贫引入、“互联网+”农产品出村进城以及打造农村特色的智慧医疗、智慧教育与智慧文旅产业提供坚实保障。在实施层面，打造数字农业与绿能植物工厂，通过建立综合智慧能源管控服务平台，在土地承包、食品追溯、种植管理等方面实现智慧农业与数字农业，以绿能植物工厂为依托，通过清洁电力种植高品质农作物，集约种植节约土地实现农业低碳绿色发展。以能源网为基础部署乡村振兴智慧平台，实现能源网、政务网与社群网互融互通，建设“智慧能源+智慧县域+智慧乡村”，通过数据共享、业务互通，为村民提供政务、文旅、农业、教育、医疗、交通、就业等各种便利。在电商领域，为村民提供农产品外销和生活用品平台，积累电商平台流量和用户，农户可通过平台获取优质种子、化肥等物资，在线获取农业种植教育、金融贷款等服务；在医疗领域，为农村提供远程诊疗、廉价优质药品等服务，利用数字化设施使在外务工人员实时掌握老人孩子的健康情况；在教育领域，联合相关大学与教育机构，为村内儿童提供优质师资远程教育，实现城乡享有同等水平教育资源；在文旅领域，发展田园观光、农耕体验、健康养生、民俗体验、村落游览等休闲农业，提升乡村旅游竞争力，为游客提供定制化旅游服务。

三是助力农村污染治理，建设美丽乡村。开展县域新能源开发，实现能源供给清洁化、集约化，大幅减少农村化石能源消费以及散烧造成的环境污染，加强大气、水、土壤污染的综合治理，持续改善县域和乡村环境，打造无废县域，建设美丽乡村。在实施层面，利用农村丰富的农业废弃物、林业废弃物等生物质资源，建设农村生物质资源循环利用体系，形成“农业—环境—能源—农业”绿色低碳闭合循环发展模式，将工业和生活垃圾从源头分类，利用分散式处置设备制备成垃圾衍生燃料，用于供热工程和发电工程等领域。对餐厨垃圾统一处理，采用厌氧发酵技术产生沼气，用于热电联产或居民供气，形成分布式能源体系。利用光伏发电组件减弱地表蒸发量、提高土壤水分蓄积的优势，开展以“牧光互补”“农光互补”“林光互补”“光伏治沙”等方式为代表的光伏生态修复开发，将能源发展、农业发展、沙化治理进行良性耦合协同，阻止牧场退化，改善草场生态，实现土地利用价值最大化，为农牧民创造更大的经济价值，显著提高生态环境效益。对于闭坑和历史遗留矿山开展矿区环境综合治理、“光伏 + 矿山”生态修复、采煤沉陷区生态治理综合利用等措施，恢复绿水青山。

三　加快县域新能源开发、助力乡村振兴的几点建议

县域兴衰直接影响乡村进退，不断壮大县域经济，有利于加快推动农业全面升级、农村全面进步、农民全面发展。乡村振兴关系全局发展，应与县域发展通盘考虑，并紧紧依托县域经济全面发力。通过大力推进县域新能源开发，推动优质发展资源更多地流向县域，推进县域经济加快发展，辐射带动乡村加快全面振兴步伐。从国家电投的实践经验来看，高质量实施县域新能源开发、推进乡村振兴，可以以新能源（综合智慧能源）为抓手，从能源革命、产业扶贫、环境治理三个维度协同推进，实现经济社会效益最大化。

（一）开展全国县域新能源开发统一规划，扩大新能源开发范畴，推动县域与乡村连片资源统筹

以当前整县屋顶分布式光伏开发为出发点，结合国家乡村振兴战略，进一步拓展县域新能源开发的覆盖范围及实施内涵，涵盖光伏风电、综合智慧能源、配电网建设、基层治理体系数字化水平提升等领域，将县域能源开发拓展为县域及乡村经济社会的整体转型，实现资源高效利用，以此实现乡村振兴与共同富裕。

（二）立足县域乡村供能及用能的分散式特点，以县或连片村为单位开展新型电力系统建设试点，推进县域乡村“微能源系统”模式的新型电力系统构建

通过改革试点，激发社会资本活力，加快分布式能源、储能、综合智慧能源、虚拟电厂等新型电力系统所配套的基础设施建设，提升系统峰谷调节能力，为推动构建以新能源为主体的新型电力系统积累宝贵经验。

（三）加快分布式发电市场化交易政策落地，以强有力的体制改革推动能源系统加速转型

根据《关于开展分布式发电市场化交易试点的通知》等政策要求，对当前已开展的分布式发电市场化交易试点情况进行总结分析，在全国范围优选县域及乡村，开展分布式发电市场化交易政策落地试点。通过试点，研究电网企业与能源开发企业的“权、责、利”新分配机制，为加快推进电力市场改革积累实践经验，为农村能源革命注入新动力。

B.25
构建区域性核能零碳供暖大系统研究

吴 放*

摘 要： 在我国实现碳达峰、碳中和目标的背景下，以清洁化和低碳化为主要特征的能源行业转型进程不断加快。核能的生产和使用几乎不会排放烟尘等污染物及二氧化碳等温室气体，核能非电应用和核能发电一样，日益受到各国关注，在能源行业清洁化低碳化进程中扮演着更重要的角色。近年来，我国以提高核能利用效率为核心，持续开展核能综合利用的探索与实践，获得了许多宝贵经验，其中区域性核能供暖是核能综合利用探索的最重要成果之一。区域性核能供暖旨在面向区域供暖的零碳替代这一重大问题，依托区域能源及核电发展规划，提出完整的零碳供暖解决方案。本文就构建区域性核能供暖大系统的若干重要方面，如大型核能供暖热源规划、区域骨干热网构建、与其他清洁能源协同等进行了分析和探讨。

关键词： 区域性核能供暖 区域骨干热网 辅助热源 长距离输热 水热同传

* 吴放，国家电力投资集团有限公司核能发展总工程师，山东核电党委书记、董事长，正高级工程师，长期从事核能、可再生能源领域研究。

《中共中央 国务院关于完整准确全面贯彻新发展理念做好碳达峰碳中和工作的意见》指出：实现碳达峰、碳中和目标，要坚持“全国统筹、节约优先、双轮驱动、内外畅通、防范风险”原则。在实现“双碳”目标的进程中，居民供暖既是能源清洁低碳替代的难点，又是民生保障的重点。构建区域性核能供暖大系统设想的基本考虑是充分利用核能安全、稳定、清洁、低碳的特点，通过梯级利用显著提高核能利用效率，推动我国大型核电基地逐步转型为大型清洁低碳能源基地，深度融入能源绿色低碳发展，为解决区域经济社会绿色转型过程中清洁低碳供电、清洁低碳供暖等重大能源问题提供一体化方案。

长期以来，我国北方地区冬季居民集中供暖以燃煤供暖和火电热电联产机组供暖为主，燃煤供暖污染物排放量较高，是造成北方地区冬季空气污染加重的主要因素之一[①]，因燃煤供暖造成的二氧化碳排放总量相当可观。为了减少污染、降低碳排放，一些城市推进天然气供暖等清洁低碳的燃煤供暖替代方案。但天然气供暖成本较高，需要投入较高的财政补贴，且我国天然气主要依赖进口，天然气供应的稳定性容易受国际市场波动的影响。近期欧洲的地缘政治危机和能源危机强烈暗示：国际市场天然气供应链问题不是单纯的经济问题，更是关乎一个国家能源安全的大问题。

我国核电技术领先，核电装备制造能力强，核电安全运维绩效良好，核电行业整体自主化程度高，发展核电将有力支撑我国能源自主化和能源安全，通过核能综合利用不断提高核电基地供能能力，将进一步提升核电对我国能源的贡献。

对在运及规划的核电基地重新定位，在确保其安全可靠发电的同时，通过对核电机组供热改造或按热电联产机组建设，使其成为大型

① 陈家杨、夏建军、单明、梁炜、王志洁：《北方冬季供热对大气环境的影响》，《区域供热》2019 年第 5 期。

核能清洁零碳热源基地，并建设跨区域骨干热网，连接其他核能供热热源基地，为区域中心城市和县域居民集中供暖。这种区域性核能供暖方式可以成为胶东半岛等北方区域居民集中供暖清洁化、零碳化的重要手段。区域性核能供暖具备现实可行、稳定可靠等特点，其供暖成本大大低于天然气供暖，略高于或与燃煤供暖持平。区域性核能供暖是我国集中供暖领域的一项创新，其主要技术特征包括核能热电联产清洁能源基地、跨区域的长距离骨干热网、跨区域的供热联合运行调节以及与之相关的其他新技术。

一 国内外核能供热发展现状

（一）国内外核能供暖的总体情况

核能发电是核能转换为电能的过程。从核裂变释放核能到最终转换成电能的过程中，必须经过热能转换阶段。从技术角度看，核能用于供暖供汽是很自然的事情，国际上核能供暖的起步稍晚于核能发电，即从 20 世纪 60 年代末就开始利用各类核电站供暖供汽。欧洲一些高纬度国家冬季漫长且寒冷，住宅和公共设施供暖需求强烈，世界上首批核能供暖项目正是在这些国家首先建成，并陆续有新的核能供暖项目建成。北欧的芬兰、瑞典，东欧的乌克兰，及俄罗斯一些地区均有核能供热机组运行，但这些机组大多是早期的二代压水堆机组，供热范围仅限于核电厂周围的城镇供暖，其管线覆盖范围、供热热量都比较有限。

据国际原子能机构（IAEA）的统计，2019 年，世界各国（除中国以外）共有 56 个反应堆提供核能供热，总供热热量大约为 673 万吉焦。自 2019 年起，山东海阳核电厂依托三代先进压水堆对常规岛进行技术改造，与海阳市共同建成了全国首个零碳供暖城市，2021~2022 年供暖季累积供暖热量达 200.3 万吉焦。海阳核能供暖已经安全可靠运行

3 个供暖季。海阳 2# 机组正在开展 900MW 供暖能力改造，海阳 3#、4#、5#、6# 机组已经按照热电联产规划。另外，海阳小堆项目已经获准开展前期工作，主要用于对外供应蒸汽、核能供暖备用和热法海水淡化。

（二）国内核能供暖技术发展情况

我国的核能供暖技术大体分为两类：低温核供热和核热电联产[①]。第一类是自 20 世纪 80 年代以来持续研发的供热堆技术，包括 20 世纪 90 年代初清华大学研发成功的低温供热堆技术，以及在此基础上推出的 NHR200- Ⅰ型和 NHR200- Ⅱ型系列供热堆技术。此后，中核集团推出“燕龙”泳池式供热小堆，国家电投集团也推出了一体化供热小堆。这些供热堆主要用于居民供暖和供应工业蒸汽，其单堆供热能力大致在 200MW，大体上可满足一个县级城市 500 万平方米的供暖需求。第二类是山东海阳核电率先开展的大型压水堆机组热电联产技术“暖核一号”，目前已形成适用于园区级（供热能力 30MW）、县域级（供热能力 200MW）和区域级（供热能力 N*900MW）三种供热规模的系列技术。

我国的核能供热技术从发展到落地推广前后经历了大约 40 年时间。单纯的供热堆在技术研发成功之后一直未能实现工程落地，其主要原因在于：一方面，由于供暖期较短导致机组利用率低，而燃煤供暖供汽成本较低，因而核能供暖经济性较差；另一方面，单纯用于供热的核能供热堆在选址和公众可接受性方面存在较大的困难。依托大型压水堆热电联产的核能供热技术，从研发到工程实施仅用了三年，主要是依托核电厂选址解决了选址和公众接受性的难题，通过热电联产提高能源利用效率解决了利用小时数和经济性的问题。

---

① 王建强、戴志敏、徐洪杰:《核能综合利用研究现状与展望》,《中国科学院院刊》2019 年第 4 期。

（三）国内核能供暖工程实践情况

2018 年前，我国核能供热仅限于若干研究院所和核电厂内，其技术和规模与大规模对外供热有较大差别，未真正触及核能供热的“落地”及“落地”所面临的各种困难和问题。

自 2018 年起，海阳核电在确保核电机组安全稳定运行的前提下，在国内率先开展核能对外供热的探索与实践，陆续实现了大型核电厂热电联供技术的开发和国内首个核能对外供热工程项目的落地，建成了国家能源核能供热商用示范工程“暖核一号”，成功解决了核能供热“技术开发”和核能供热“项目落地”两大难题。国家能源核能供热商用示范工程的经济效益、环保效益、社会效益显著，为公众、行业和政府带来了实实在在的好处，为核能供热技术应用赢得了良好的政策和舆论氛围，为我国核能产业和供暖产业发展开辟了新跑道、探索了新路径，带动了后续其他核电厂核能供热项目的技术研发和工程实施。

北方在运核电机组已纷纷考虑通过技术改造实现核能热电联产，新规划建设的核电机组也从设计上就开始考虑核能供热。2021 年，秦山核电厂利用机组富余能力，利用辅助蒸汽实现对厂区外供暖，成为我国南方地区首个核能集中供暖项目，其核能供暖工程结合电厂热源特点，引入模块化设计建造技术，成为一大亮点。2021 年，田湾核电站启动对外供应蒸汽的方案论证和设计工作，主要为核电厂工业企业提供清洁低碳蒸汽，该项目于 2022 年 2 月正式动工。此外，红沿河核电站、防城港核电站等也陆续建成或启动了对外供热和供汽项目。从核能供热工程实践可以看出，核能供热技术已逐渐成熟，民众接受程度也在提高。

（四）国家对核能供暖的政策支持

近年来，核能供热产业在国内获得极大的关注，有了比较好的政策环境。2017 年，由国家发改委、国家能源局、国家财政局等十部门共同制定的《北方地区冬季清洁取暖规划（2017-2021）》明确指出研究核能供热，推动现役核电机组向周边供热，安全发展低温泳池堆供暖示范[①]。2021 年 3 月发布的《中华人民共和国国民经济和社会发展第十四个五年规划和 2035 年远景目标纲要》明确提出：开展山东海阳等核能综合利用示范[②]。2021 年 10 月发布的《中共中央 国务院关于完整准确全面贯彻新发展理念做好碳达峰碳中和工作的意见》明确提出：积极稳妥开展核电余热供暖[③]。目前，山东省正在编制胶东半岛核能供热规划，辽宁等有核电的省份也在推进区域核能供暖的发展。

可以预期，未来核能供暖技术将得到进一步的发展和推广，核能供暖产业将迎来更广阔的发展空间。

二　构建区域性核能供暖大系统

（一）区域性核能供暖大系统的优势

我国北方地区传统的供暖方式存在诸多问题，以胶东半岛区域冬季供暖为例，存在以下特点：热源以燃煤锅炉和火电热电联产为主，在当前“双碳”背景下热源清洁化、低碳化是供暖领域脱碳的重点；供热热源分散布置而且靠近城市集中供热居民区，占用了宝贵的城市土地，并且供暖季对城市的空气污染问题突出；各市县区供热热网相互独立，无法实现区域之间的互备和调节，能源利用效率较低。

---

① 国家发改委、国家能源局、国家财政局等十部委:《北方地区冬季清洁取暖规划（2017-2021）》。

② 《中华人民共和国国民经济和社会发展第十四个五年规划和 2035 年远景目标纲要》，http://www.gov.cn/xinwen/2021-03/13/content_5592681.htm。

③ 《中共中央 国务院关于完整准确全面贯彻新发展理念做好碳达峰碳中和工作的意见》，http://www.gov.cn/zhengce/2021-10/24/content_5644613.htm。

相对于传统的供暖方式，区域性核能供暖大系统则能够解决上述问题，核能供暖不会向环境排放二氧化硫、氮氧化物及颗粒物等伴随燃煤供暖的污染物，有利于改善冬季城市空气质量。同时，核电厂选址通常远离中心城市，核能供暖可减少城市宝贵土地资源的占用。另外，由于核能供暖热源远离供热城市供热负荷区域，必须建设长距离输热管网，同时由于单个大型核电基地可提供大容量供热能力，构建供热管网时需要考虑多个核电基地互联互通及联合运行、联合备用，更好实现供热能力最大化、供热安全性和供热可靠性的平衡。

核能供暖不是单纯通过增加能源消耗来提高供热能力，而是通过大幅提高核能的利用效率增加清洁热能供给。大力发展核能供暖有利于区域一次能源消费总量控制和能源结构调整，有利于能源生产和能源消费环节的脱碳减碳。

（二）区域性核能供暖大系统的规划

在我国北方地区，如胶东半岛和辽东半岛，目前已建成或在建若干大型核电基地，将大型核电基地转型升级为大型核能热电联产基地，作为大型基础热源承担区域基础供暖负荷。配套建设跨区域的供热骨干管网，实现区域及区域内各骨干热源点的互联互通。可消纳风光等可再生能源及谷电的大型储热设施，以及小型供热堆等可作为辅助热源接入骨干管网，进一步提高备用及调峰能力。原有的城市供暖锅炉则改造成为换热站或配备热泵机组的大温差换热站。

以胶东半岛为例，推动将海阳核电基地、石岛湾核电基地、招远核电基地及其他在规划的核电基地等建设成为核能热电联产基地，单一基地供热能力可达 2 亿平方米左右，总供热能力能够满足未来青岛、烟台、威海等主要城市及县域供暖需求。

至 2030 年供暖季，海阳核电基地投运 6 台热电联产机组，国核示范核电基地投运 6 台热电联产机组，莱阳核电基地投运 6 台热电联产机组与1台一体化小堆，招远核电基地投运6台热电联产机组，4个大型核能热电基地联合运行，可基本实现青岛、烟台、威海地区燃煤供热替代，实现胶东半岛“超低碳”供热，打造北方地区清洁供热样板。

为充分利用清洁热源，提高胶东半岛清洁能源供热的可靠性及热网的灵活性，对胶东半岛各地区热网进行升级改造，统一各地区热网设计标准，在用热量较大区域对供热骨干热网进行连接，构建胶东半岛大型供热管网，从而实现各大型供热基地的互相备用和联合运行，降低区域热网对单一大型热源基地的依赖性，提升供热的可靠性和灵活性。

（三）支撑区域性核能供暖大系统的若干关键技术

1. 大型核能供暖热源基地的规划和建设

大型核能热电联产基地作为供热网络中的主力热源，数量有限，且选址条件苛刻。为实现经济输送，降低供热成本，需要合理规划大型核能热电联产基地的供热方向和供热能力。目标是通过大型核能热电联产基地联合运行，供热范围基本覆盖厂址周边城镇集中供暖区域，供热能力在满足城镇集中供暖负荷需求的同时，要充分考虑未来负荷的增长。对于在运的核电机组，可采用改造的方式实现热电联产；对于规划建设的核电项目，可按热电联产机组进行设计、建设；对于群堆厂址，设计时可统筹考虑多机组联合运行，实现灵活备用。还可利用压水堆和高温气冷堆联合运行实现更高效的能源利用，满足更多样化的供暖、供汽需求。

在半岛建成4~5个大型核能热电联产基地，每个基地布置6台大型压水堆，参照海阳核能供热三期工程供热能力，每个堆按照1000MW供热能力规划，总供热能力可达24~30GW，其中预留25%~33%的备用能力，以提高供热的安全性和可靠性。从而实现胶东半岛青岛、烟台、威海地区大部分燃煤取暖锅炉、小型燃煤热电联产替代问题，实现半岛区域热源结构的转型升级。

2. 区域骨干管网的规划和建设

区域骨干热网是区域性核能供暖大系统的重要能源基础设施，必须统一规划、适度超前建设。在骨干热网规划和建设时，还要充分考虑各参与方的利益，调动其积极性，尤其应保障热源基地所在地政府和企业的利益。

区域骨干热网是互联互通的，由多条引自热源基地的大直径供热管道构成，同时根据地形及传输的需要设置若干升压站。大型核能热电联产基地热源侧根据需要建设隔压站或热源分配站。在途经的热负荷用户侧设置分支管道，通过当地的换热站取用热量，或连接其他热源、储热设施。

由于核电机组选址远离人口密集区和中心城市，大温差供热技术为长距离输热提供了很好的解决方案，使长距离供热的经济性可以与燃煤锅炉供热成本相当，为城市集中供热开辟了新途径。大温差集中供热技术于 2007 年由清华大学提出，太原市古交电厂远距离输热工程已验证该技术的可行性和经济性[①]。由于区域性核能供暖大系统的传输距离更远，采用大温差技术的经济性会更好。因此，在规划骨干热网时，应考虑采用大温差技术。

由于骨干管网庞大，热源点、用户点较多，骨干管网的设计面临许多技术挑战，如水力计算、事故模拟等，需加强这方面的研究和工程验证。长输管道由于管道长、流速高，需要多级加压，对水力动态安全分析是极大的考验[②]。为保障供热管网运行安全，需建立热源、热网、热用户一体化的水力分析模型，根据分析结果和工程经验，制定防范水锤和汽化的措施，开发核能热电联产机组与热网联合运行规程

① 王林文:《太原市基于吸收式大温差供热技术应用及问题探讨》,《区域供热》2020 年第 5 期。

② 华靖、付林、江亿:《太古长途输热管线汽化风险的分析和防范措施》,《区域供热》2018 年第 1 期。

及事故响应策略。长距离输热还涉及管道路由规划、管道材质选择、热煤参数选择、保温技术、管道除污、疏水和排气、泄漏监测、中继泵站规划等一系列关键技术①。

3. 区域辅助热源中心的规划和建设

区域性核能供暖大系统中应设置大型水储热设施或小型供热堆及其他清洁热源组成的区域辅助热源中心。其主要功能是用于核能供暖大系统正常运行时的热源补充、尖峰负荷的调节，也可作为主力热源的部分备用。

大型水储热设施可以有效吸纳弃风弃光，用作热源调节，还可以接入其他清洁热源（如计算中心余热、生物质电厂余热等）。热源侧设置大型水储热设施，可以平衡热用户日间负荷波动，平滑核电机组抽汽调节，进行热网调峰提高核电供热质量，还可作为热网备用热源，应对核电机组的计划停机，增强系统供热可靠性和稳定性。

在适当位置建设小型供热堆，作为备用热源或调节热源。由于骨干热网的存在，小堆的选址更具有灵活性。构建区域性核能供暖大系统，鼓励各种形式的清洁热源就近接入区域辅助热源中心，最大限度促进可再生能源消纳。

在规划区域热源辅助中心时，其位置应尽量靠近用户侧，同时也要因地制宜、灵活布置，初步测算每1000万平方米供热面积应至少配置一个区域辅助热源中心。

4. 区域性供暖大系统的调度及联合运行中心

区域性核能供暖大系统中需建设调度及联合运行总中心及若干局域分中心，利用先进的信息通信技术，对系统中的热源进行监控、调度和调节，使系统具备正常调度和事故响应能力。

---

① 陈继平、刘冲:《热水供热长距离输送技术》,《电力勘测设计》2018年第3期。

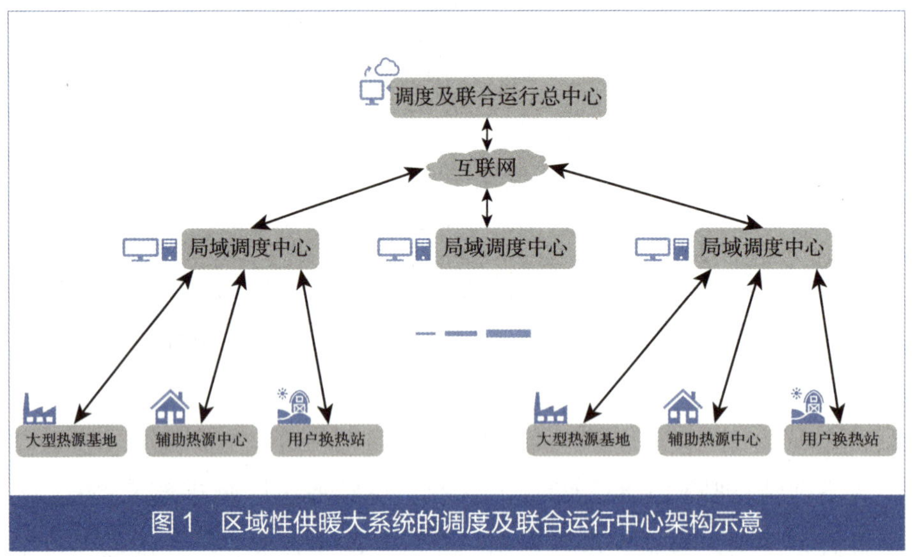

图1　区域性供暖大系统的调度及联合运行中心架构示意

通过设置必备的调节控制设备和热计量装置等手段，实现从热源、一级管网、热力站、二级管网及用户终端的全系统的运行调节、精准控制和管理，加强在线水力优化和基于负荷预测的动态调控，构建具有自感知、自分析、自诊断、自优化、自调节、自适应特征的智慧型供热系统[①]，对热网运行状况进行实时监测、分析、预测、控制，并在大数据、云计算的基础上进行实时监测、报告和优化处理，打造智能热网，解决供热生产、运营过程中的复杂性和动态性问题。在此基础上，热源、管网和热用户制定联合运行策略，通过联合运行技术实现核能供暖大系统安全、可靠运行。

5. 其他的衍生技术及应用

（1）水热同传技术

水热同传技术是将长输热网的双管系统改为单管系统，从而大幅降低长距离管网的投资和运行费用，在低成本供热的同时还可以为城市低成本供水，一体化解决城市清洁取暖及淡水需求问题。

① 钟崴、陆烁玮、刘荣:《智慧供热的理念、技术与价值》,《区域供热》2018 年第 2 期。

长距离水热同传主要分三个环节：海淡水加热、水热同传、水热分离。其主要特征是，在核电厂内利用常规岛抽汽加热海淡水，达到设计参数后利用既有的核能供热管道送至目标城市；在城市侧利用水热分离装置从高温海淡水中提取热量，并送至城市热力管网用于市政供暖；降温后的海淡水排至城市水源地，如水库或者河流。经计算，当核能供暖距离大于 50 公里时，采用水热同传技术的经济性优于常规大温差长输供热技术。

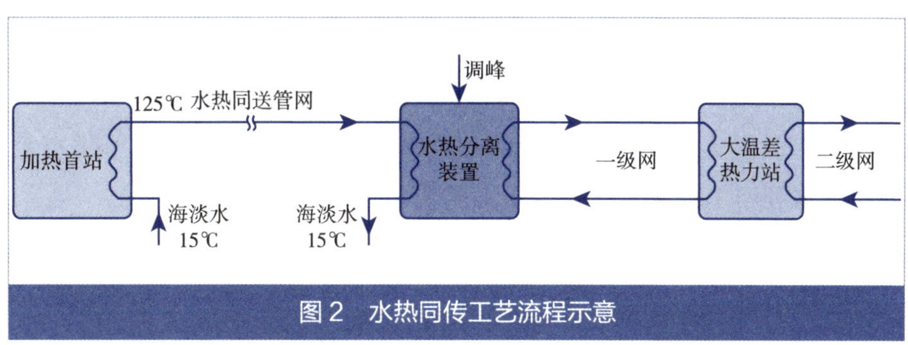

图 2　水热同传工艺流程示意

海阳核电 2020 年建设投产了“水热同传”示范工程，该工程利用海阳核电厂的反渗透海水淡化装置产生 7.5 吨 / 小时淡水，利用汽轮机抽汽加热至 85℃，然后利用一根预制聚氨酯不锈钢管道输送至核电厂生活区，满足生活区供热供水部分需求。基于该技术的“一种为社区提供可负担的清洁低碳能源和清洁饮用水的综合解决方案”获得 2022 年金砖国家可持续发展目标解决方案大赛“环境保护及清洁能源使用组”最高奖项，表明该技术有较好的推广应用前景。

利用碳钢管道输送高温海淡水需要考虑管道腐蚀问题，需开展海水淡化水对碳钢管道腐蚀特性实验研究，包括腐蚀类型、腐蚀产物组成、腐蚀速率变化规律及腐蚀机理等，进而提出适用于工程的管道材质建议或者水质调节建议。

（2）水热分传技术

我国《海水淡化利用发展行动计划（2021-2025 年）》明确提出，沿海缺水地区要将海水淡化水作为生活补充水源、市政新增供水及重要应急备用水源，逐年提高海水淡化水在水资源中的配置比例，建设海水淡化示范城市和示范工程，推动辽宁、天津、河北、山东、浙江等沿海缺水地区建设大型海水淡化工程。

为提高非供暖季骨干管网的利用率，利用供热管道在非供暖季传输淡水，将核能基地生产的海淡水输送至城市水源地，如水库或者河流，作为区域的市政用水、农业灌溉、生态涵养等的水源。在规划时，需综合考虑海淡水供水能力以及用户需水的适配特征，综合权衡输水过程的水量损失、工程经济成本以及生态影响等方面，开展可供水范围海淡水利用工程方案比较分析，给出海淡水利用的推荐方案。

（3）核电厂内部热源改造技术

在国家能源核能供热商用示范工程中，为保障核安全及供热系统安全，山东核电在堆机控制策略、核岛主系统及主设备影响分析、系统设计瞬态分析、辐射防护措施、燃料灵活循环、实物保护改造等方面已开展大量研究，形成了一系列可推广、可复制的技术成果。为提升大型压水堆超大规模抽汽供热能力，在常规岛关键设备研制方面还需进一步攻关，如设备制造商、设计院所和高校联合研制具备频繁调节能力的汽轮机再热调节阀等。

（4）高效大温差换热机组

该技术主要是通过在用户侧热力站设置大温差换热机组，利用一级热网的高温水或其他高品位能源作为驱动，大幅降低一级热网的回水温度，在增加热网输送能力的同时，经济高效地挖掘热源的余热供热。通过该技术可使热源的供热能力提高 30% 以上，输送能力提高 80% 以上，在不改造原有热网的情况下实现经济输送，大幅降低供热成本。回水温度越低，越有利于降低热源的供热成本，从而降低整个项目的供热成本。

吸收式换热器在清洁供暖的发展中起到关键作用，多级与多段吸收式换热器的提出与研发，对进一步优化系统的运行性能至关重要。对应用在太原市的多台不同容量的双吸收式换热机组进行全供暖工况的性能测试和分析，结果表明机组整体温度效率水平高，机组运行性能优异①。目前国内以太原为首，银川、石家庄以及内蒙古赤峰、山西大同等地级市均在应用吸收式大温差热泵来降低末端一次网回水温度，涉及供热面积超过 10 亿平方米。大温差供暖技术给北方集中供暖提供了新的思路并作出良好的示范，可在热源不足或者供热面积增长过快地区推广应用②。

三　关于推动区域性核能供暖大系统建设的若干建议

区域性核能供暖是一项系统性工程，需要在核能开发与利用、城市规划与热网规划、项目建设运行模式、财税政策等各个方面做好顶层设计、统筹规划，确定总体推进路径，做好相关政策的统筹衔接。

一是建议在严格监管、确保绝对安全的前提下，加快核电项目的审批、建设，为核能热电联产基地建设创造基础条件。

二是建议核电企业结合规划研究成果提前布局，新建核电机组按热电联产、余热利用等方案同步设计、建设和运行，提高机组热效率和供热能力，提升核能长距离供热项目经济性。

三是立足长远，统筹做好骨干管网的规划、建设，按照先易后难、

① 易禹豪、谢晓云、江亿:《应用于太原市的双级大温差吸收式换热器运行性能实测与分析》,《区域供热》2019 年第 5 期。

② 王林文:《太原市基于吸收式大温差供热技术应用及问题探讨》,《区域供热》2020 年第 5 期。

由近及远、区域统筹、分步实施的工作思路，积极创新核能供热投融资和运营新模式、新机制，推动核能供热长输管线等工程实施。

四是建议出台鼓励核能供暖技术研发与创新的支持政策，持续加强对核能供暖大系统监测、控制、联合运行技术的研究，为核能供暖大系统的安全、稳定运行提供技术保障。

五是建议将核能供暖项目纳入 CCER 核证范畴和碳交易市场，进一步体现核能清洁供暖的社会价值和经济价值，并充分发挥碳排放权交易机制在促进低碳技术创新和经济低碳转型领域的重要作用[①]。

六是建议进一步研究核能供暖价格测算方法，并通过财政、价格、金融等措施[②]，协调居民、热力公司、核电企业等利益相关方，实现多方共赢。

① 张修凡、范德成：《我国碳排放权交易机制和绿色信贷制度支持低碳技术创新的路径研究》，《湖北社会科学》2021 年第 11 期。

② 王晓军、王嘉、王源、崔凯、孙枫然：《长距离热水供暖输送项目经济性分析》，《煤气与热力》2019 年第 4 期。

B.26
后　记

《中国碳达峰碳中和进展报告》由国家电力投资集团有限公司和中国国际经济交流中心联合编写，每年呈现“双碳”最新进展及权威专家的深度解读、分析与建议。2021 年报告出版以后，受到政府部门、专家学者和业界的一致好评，国内外主流媒体均进行了深度报道和宣传，为党中央、国务院有关部门推动“双碳”工作提供了重要参考。

2022 年以来，国内外形势更为复杂，乌克兰危机、地缘政治、极端天气、能源市场震荡等因素叠加，各国将能源安全作为优先事项，煤炭消费增加，核电和天然气被列入绿色能源，国际碳中和进程“回摆”。国内疫情形势严峻，保安全、稳增长需求更为迫切，“双碳”工作推进面临前所未有的挑战。

《中国碳达峰碳中和进展报告（2022）》继续秉持全球视野、战略高度、实事求是、系统客观的原则，透过化石能源消费暂时增加的现象，洞悉欧洲国家更大力度发展新能源、加速能源绿色低碳转型的本质，作出国际社会仍将坚定碳中和方向的判断。我国在经济高质量发展和现代化国家建设目标要求下，将确保能源安全和经济发展的底线，把握节奏，积极稳妥推进“双碳”工作。

2022 年报告邀请国家发改委能源研究所、北京大学、清华大学、中国石油、中化等权威机构、大学、央企及业内知名专家，全面把握“双碳”国内外动态，深入剖析问题和挑战，提出科学合理的政策建议。新时期推进“双碳”工作，要做好“先立后破”，准确把握能源安全内涵，狠抓煤炭清洁高效利用，促进煤电与新能源融合发展，加快建设新型能源体系，大力发展新型储能，探索“绿电—绿氢—绿氨”等新模式，健全碳排放、绿电绿证等市场体系，强化能源国际合作与规则对接。全书由 1 个总报告和大家视角、专题篇、政策篇、国际篇以及案例篇等 5 个专题报告组成，共收录领导和专家文章近 30 篇。

感谢国家电力投资集团有限公司董事长钱智民、中国国际经济交流中心常务副理事长张晓强对本书的细心指导，感谢中国国际经济交流中心副理事长兼秘书长张大卫、中国国际经济交流中心副理事长王一鸣等领导的关心和支持，感谢其他撰文领导和专家的鼎力支持，感谢社会科学文献出版社的专业付出，也感谢课题组各位成员的辛勤劳动。

希望本书能为国家积极稳妥推进“双碳”目标实现贡献智慧，也为同行和从业者掌握“双碳”进展、研判未来走势提供参考和帮助。敬请专家和读者朋友们批评指正！

国家电力投资集团有限公司课题组
中国国际经济交流中心课题组
2022 年 11 月 24 日

中国社会发展数据库（下设 12 个专题子库）

紧扣人口、政治、外交、法律、教育、医疗卫生、资源环境等 12 个社会发展领域的前沿和热点，全面整合专业著作、智库报告、学术资讯、调研数据等类型资源，帮助用户追踪中国社会发展动态、研究社会发展战略与政策、了解社会热点问题、分析社会发展趋势。

中国经济发展数据库（下设 12 专题子库）

内容涵盖宏观经济、产业经济、工业经济、农业经济、财政金融、房地产经济、城市经济、商业贸易等12个重点经济领域，为把握经济运行态势、洞察经济发展规律、研判经济发展趋势、进行经济调控决策提供参考和依据。

中国行业发展数据库（下设 17 个专题子库）

以中国国民经济行业分类为依据，覆盖金融业、旅游业、交通运输业、能源矿产业、制造业等 100 多个行业，跟踪分析国民经济相关行业市场运行状况和政策导向，汇集行业发展前沿资讯，为投资、从业及各种经济决策提供理论支撑和实践指导。

中国区域发展数据库（下设 4 个专题子库）

对中国特定区域内的经济、社会、文化等领域现状与发展情况进行深度分析和预测，涉及省级行政区、城市群、城市、农村等不同维度，研究层级至县及县以下行政区，为学者研究地方经济社会宏观态势、经验模式、发展案例提供支撑，为地方政府决策提供参考。

中国文化传媒数据库（下设 18 个专题子库）

内容覆盖文化产业、新闻传播、电影娱乐、文学艺术、群众文化、图书情报等 18 个重点研究领域，聚焦文化传媒领域发展前沿、热点话题、行业实践，服务用户的教学科研、文化投资、企业规划等需要。

世界经济与国际关系数据库（下设 6 个专题子库）

整合世界经济、国际政治、世界文化与科技、全球性问题、国际组织与国际法、区域研究 6 大领域研究成果，对世界经济形势、国际形势进行连续性深度分析，对年度热点问题进行专题解读，为研判全球发展趋势提供事实和数据支持。

法律声明